교류분석으로 만나는 학생 심리

교류분석으로 만나는 학생 심리

다섯 자아로 읽는 학생들의 마음 풍경

김경미 지음

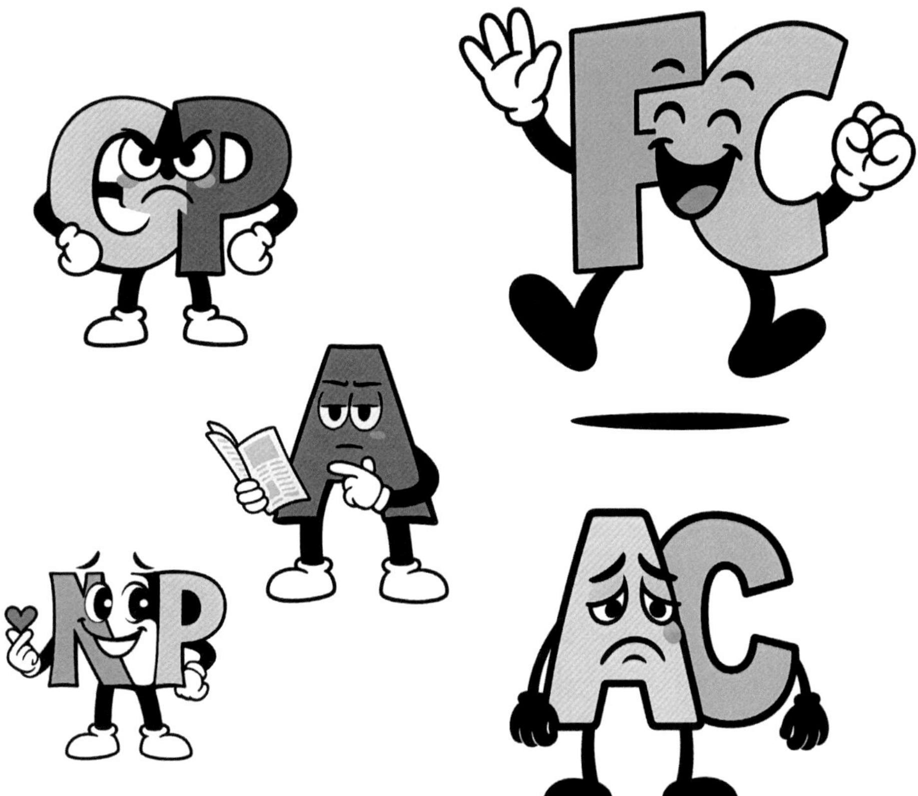

한국학술정보

머리말

미국의 심리학자 에릭 번이 완성한 성격 이론인 '교류분석'을 처음 접한 것은 2007년이었다. 그 후 19년 동안 이 이론을 학교 상담 현장에 적용하며 수많은 학생을 이해하고 상담해 왔고, 그 경험을 토대로 학부모 교육과 교사 연수로까지 활용의 폭을 넓힐 수 있었다.

이처럼 오랜 시간 동안 교류분석을 연구하고 실천해 올 수 있었던 이유는 이 이론이 지닌 깊이와 실용성, 그리고 공부할수록 더욱 빠져들게 만드는 독특한 매력 덕분이었다.

특히 성격을 구성하는 다섯 가지 자아의 에너지를 수치화해 시각적으로 표현하는 '이고그램/오케이그램'은 학생들의 성격적 특성을 분석하고, 장점과 단점을 파악하며 부적응 행동을 예측하고, 분류하는 데 매우 유용한 도구가 되었다.

검사를 실시한 뒤에는 해석 상담을 통해 각 학생의 성격적 특징을 설명하고, 학교생활에 도움이 되는 강점과 관계 속 갈등의 원인이 될 수 있는 약점을 알려 줌으로써 스스로를 이해하는 폭을 넓히도록 도왔다.

많은 학생들은 자신의 성격을 탐색하는 과정에서 흥미와 즐거움을 느끼며, 부족한 자아 에너지를 어떻게 활성화할 수 있을지에 대한 구체적인 방법과 피드백을 제공받는 경험을 의미 있고, 실질적인 성장의 기회로 받아들이곤 했다.

물론 교류분석은 외부로 드러나는 말과 행동을 관찰해 성격을 이해하려는 왓슨의 행동주의 관점에 뿌리를 두고 있기 때문에 이고그램이나 오케이그램 같은 도구가 없어도 학생들의 언행을 세심히 살펴보면 성격적 특징은 물론 또래와의 갈등이나 교사와의 마찰 원인을 파악하고, 학교생활에서 나타날 수 있는 행동적 · 심리적 부적응을 어느 정도 예측할 수 있다.

그럼에도 불구하고 자기보고식 검사인 '이고그램/오케이그램'을 함께 활용하는 이유는 상담교사의 설명만으로는 얻기 어려운 신뢰와 설득력을 검사 결과가 보완해 주기 때문이다.

수치화된 결과는 학생 스스로도 자신의 모습을 더 명확히 인식하게 하며, 상담 내용에 대한 몰입도와 수용 태도를 높여 준다. 실제로 많은 학생들은 이러한 과정을 통해 자기 이해를 보다 체계적으로 정립하고, 앞으로의 행동 변화를 위한 구체적인 방향을 발견하기도 한다.

상담교사로서 20여 년간 교류분석과 이고그램을 활용하며 수많은 학생들의 사례를 접하고 정리해 왔다. 교실에서 일어나는 친구 관계 속 오해와 갈등, 그리고 자기 이해 부족에서 비롯된 부적응까지 교류분석은 자신과 타인, 그리고 관계를 이해하고 앞으로 나아갈 방향을 모색하도록 돕는 든든한 지침이 되어 주었다.

학생들은 자신의 자아 에너지를 수치와 그래프로 확인하면서 막연했던 성격적 특성이 말과 행동, 태도로 어떻게 드러나는지를 성찰할 수 있었고, 이는 단순한 자기 탐색을 넘어 자신을 바라보는 시선과 타인과의 관계를 새롭게 정립하는 계기가 되었다.

이 책은 이러한 상담 경험을 토대로 교류분석을 처음 접하거나 현장에서 적용하려는 분들에게 길잡이가 되기를 바라는 마음으로 집필되었다.

특히 이고그램은 학생뿐만 아니라 성인에게도 자기 이해의 도구로 널리 활용될 수 있어 적용 범위가 매우 넓다. 따라서 이 책은 학생 지도를 고민하는 교사는 물론 자녀의 성격과 행동을 이해하고자 하는 학부모, 그리고 타인의 행동과 관계 속 갈등을 깊이 이해하고자 하는 모든 분들에게 의미 있는 도움이 되리라 믿는다.

교류분석은 단순한 이론을 넘어 살아 있는 실천의 학문이다. 개인의 내면을 탐색하고 관계를 성찰하며, 삶을 더 건강하고 조화롭게 가꾸어 가는 과정에서 언제나 든든한 길잡이가 되어 줄 수 있다.

이 책이 독자 여러분의 삶과 교육 현장에 방향성을 제시하는 길잡이가 되어 보다 따뜻하고, 지혜로운 만남과 성장을 이끌어 가는 데 기여할 수 있기를 진심으로 바란다.

끝으로 이 책을 집필할 수 있도록 늘 곁에서 따뜻한 믿음과 응원을 보내 준 가족에게 깊은 감사를 전한다. 그들의 지지와 사랑이 없었다면 이 책을 시작할 용기를 내지 못했을 것이며, 포기하고 싶었던 수많은 순간들을 견디는 것도 불가능했을 것이다.

그들의 사랑과 격려가 이 책을 완성으로 이끄는 큰 원동력이 되어 주었기에 이 자리를 빌려 깊은 진심 어린 감사를 전한다.

김경미

목차

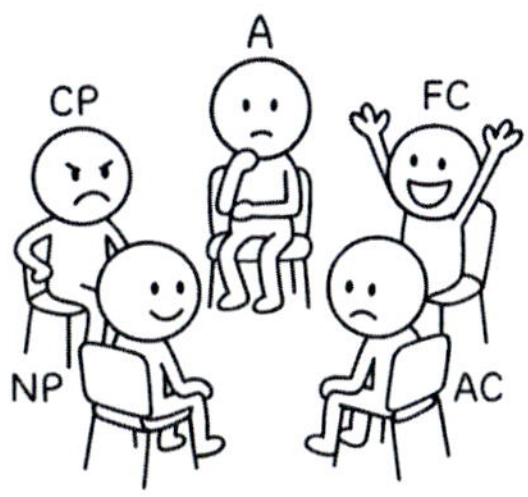

CP
NP
A

FC
AC

교류분석으로 만나는 학생 심리

- 다섯 자아로 읽는 학생들의 마음 풍경

학생의 마음을 이해하는 일은 생각보다 훨씬 복잡하고, 어렵다. 그것은 단순히 눈에 보이는 행동만을 관찰하는 것이 아니라 겉으로 드러나지 않는 내면의 흐름을 알아차리고, 그 흐름을 따라가며 공감하려는 노력이기 때문이다.

교류 분석은 이러한 과정을 체계적으로 설명해 주는 심리학적 접근이다. 자아 상태라는 개념을 통해 학생의 행동과 감정 그리고 관계 속에서 나타나는 갈등을 구조적으로 이해할 수 있게 해준다.

교류 분석(Transactional Analysis, TA)은 1950년대 미국의 정신과 의사 에릭 번(Eric Berne)에 의해 정립된 성격 이론이다. 그는 인간의 내면을 부모 자아(P), 어른 자아(A), 어린이 자아(C)라는 세 가지 자아 상태로 구분하고, 이들이 대화와 행동 속에서 어떻게 작용하는지를 분석하였다.

이 이론은 자기 탐색과 인간관계 갈등을 이해하는 데 탁월하며, 특히 교육과 상담 현장에서 실용적으로 활용되고 있다.

학생의 마음은 단순한 감정의 흐름이 아니라 여러 자아가 함께 작용하는 복합적인 심리 구조다. 따라서 한 학생의 말과 행동 속에는 다양한 자아가 얽혀 있으며, 이것이 때로는 교사와의 갈등, 또래 관계에서의 긴장으로 나타난다.

이 책은 교류 분석의 핵심 개념인 다섯 자아(비판적 어버이 자아, 양육적 어버이 자아, 어른 자아, 자유 어린이 자아, 순응 어린이 자아)를 중심으로 학생의 내면을 살펴보고, 그들의 행동과 감정의 근원을 더욱 입체적으로 해석하고자 한다.

먼저 마음을 구성하는 세 개의 자아 공간(P, A, C)과 그 안에 자리한 다섯 자아(CP, NP, A, FC, AC)의 성향을 살펴본다. 각 자아가 어떤 방식으로 사고하고, 반응하는지를 이해하면 학생의 성격적 특징과 관계 속 갈등의 원인을 더욱 깊이 있게 파악할 수 있다.

이어지는 장에서는 다섯 자아의 속마음을 인터뷰 형식으로 들여다보고, 각 자아가 지닌 두려움과 욕구를 분석한다. 이를 통해 학생 내면에서 벌어지는 심리적 갈등과 자아 간의 긴장 관계를 더욱 생생하게 이해할 수 있다.

또한 교사와 학생 사이의 교감을 돕기 위한 실천적 기술도 다룬다. 자아 상태에 따른 대화 방식과 조언의 방향을 구체적으로 제시하며, 교사가 학생의 마음에 더욱 깊이 닿을 방법을 안내한다.

후반부에서는 이고그램과 오케이그램이라는 시각적 도구를 활용하여 학생의 성격을 분석하고, 실제 사례를 통해 해석 방법을 익힌다. 이론적 설명에 머무르지 않고, 상담과 교육 현장에서 적용해 볼 수 있는 구체적인 사례와 실천 전략을 함께 제시한다.

이 책은 학생의 마음과 행동을 이해하려는 교사와 상담자, 자녀의 마음을 알고 원만한 소통을 바라는 부모, 그리고 자기 탐색과 인간관계에 관심 있는 모든 이들에게 교류 분석의 이론과 실제를 이해하는 길잡이가 되고자 한다. 이제 학생의 마음을 구성하는 자아 상태의 세계로 들어가 보자.

I

학생 이해의 첫걸음, 이론 들여다보기

1. 세 개의 방과 다섯 룸메이트

이 책을 읽는 당신이 만약에 교사라면 정말 다양한 학생들이 함께 어울려 지내고 있는 교실 장면을 떠올려 보기 바란다.

자기만의 기준에 따라 행동하며, 원칙 없는 상황이나 비일관적인 분위기에서 스트레스를 받는 학생, 주변과 교실을 꼼꼼히 정리하고 그 상태를 유지해야 마음이 편한 학생, 수업 시간에 궁금한 것을 참지 못해 이것저것 질문을 쏟아내는 지적 호기심이 많은 학생, 사소한 일에도 까르르 웃으며 자기감정을 솔직하게 드러내는 학생, 장난기가 많아 선생님께 자주 혼나지만 금세 잊고 다시 웃고 떠드는 학생, 자기 고집을 앞세워 교사에게 대들고 반항하는 학생, 자기 뜻대로 해야 직성이 풀리고 뜻대로 되지 않으면 쉽게 화내며 분노하는 학생, 친구 관계를 힘들어해 혼자 지내는 학생, 늘 무기력하여 학교생활의 의미를 찾지 못하고 부모님의 눈치 때문에 마지못해 학교에 나와 잠만 자는 학생, 다른 친구들의 시선을 지나치게 의식하며 정서적으로 불안해하는 학생, 발표를 시키면 얼굴이 빨개지거나 목소리가 떨리며 극도로 긴장하는 학생, 반대로 주목받기를 좋아해 언제나 교실의 분위기를 주도하려는 학생 등 교실에는 다양한 성격을 가진 학생들이 있다.

이처럼 교실에서 보이는 다양한 학생들의 모습은 단순히 성격 차이를 나열한 것이 아니라 마음속 특정 자아 에너지가 주도권을 잡으면서 나타난 내적 역학이 겉으로 드러나 행동으로 표현된 결과이다.

교실에서 일어날 수 있는 한 가지 상황을 중심으로 교사의 다양한 반응을 통해 각 자아의 특징을 살펴보겠다.

◎ 상황 보기

수업이 끝나고, 모든 학생이 집으로 돌아간 뒤 교내 봉사활동을 하는 몇 명의 학생과 교실에 남아 있었다. 학생들에게 청소와 봉사 역할을 나누어 주고, 나는 책상에 앉아 업무를 보고 있었는데 퇴근 시간이 지나 마음이 급해진 탓에 빨리 활동을 마무리하고 집에 가야겠다는 생각뿐이었다.

그러나 학생들은 일을 제대로 하지 않고 장난만 치고 있었고, 특히 남학생들의 장난은 이해하기 어려울 만큼 엉뚱했다.

나는 몇 차례 "빨리 끝내고 집에 가야 하니 장난 그만하고 청소해"라고 주의를 주었지만 잠시 듣는가 싶다가도 곧 다시 장난으로 돌아갔다. 목소리가 점점 커지던 그때 한 학생이 장난을 피하다 출입문 모서리에 머리를 부딪혔고, 그 학생은 비명을 지르며 주저앉았다. 머리에선 피가 조금 흘렀다. 큰 부상은 아닌 듯했지만 다친 학생은 극심한 고통을 호소했다.

지금 이 장면 속에 당신이 있다고 상상해 보자. 그때 당신은 학생들에게 어떤 말투와 표정 그리고 태도로 반응하겠는가? 이러한 반응들은 결국 특정 자아의 영향에서 비롯되며, 어떤 자아가 주도권을 잡느냐에 따라 달라진다.

각 자아는 고유한 말과 행동의 근원이 되기 때문이다. 이제 우리는 이런 상황에서 드러나는 다양한 반응과 그것과 연결된 자아들을 하나씩 살펴보려 한다.

관여 자아	표정 및 태도	언어적 표현
P		야~ 그러게, 내가 하지 말라고 도대체 몇 번 말했니? 빨리 청소 끝내고 집에 가자고 했을 때 말 들었으면 이런 일 없었지. 왜 그렇게 말을 안 듣니? 어? 진짜 속상해. 많이 다친 거니? 좀 보자.
A		이거 병원에 가야 하는 거 아냐? 머리에서 피도 나고 하니 부모님께 전화부터 해서 상황을 알려 드려야겠다. 걸을 수 있겠니? 어떻게 된 건지 누가 상황 설명을 좀 해줄래?
C		어머, 어떻게 해! 큰일 날 뻔했잖아. 이것 봐, 머리에서 피도 나네. 방금 책상에 부딪히는 소리 듣고는 정말 깜짝 놀랐어. 너 진짜 운 좋은 거야. 자칫했으면 오늘 저녁 뉴스에 나올 뻔했지, 뭐야~

당신의 반응은 위 세 가지 자아 중 어떤 특징을 드러내고 있는가? 어떤 이는 P 자아일 수 있고, 또 다른 이는 A 자아나 C 자아일 수 있다. 결국 어떤 자아가 주도하느냐에 따라 우리의 행동 반응은 달라진다.

우리 학생들도 마찬가지다. 선생님들이 교실에서 똑같은 생활지도와 인성교육을 하더라도 학생들이 보이는 반응은 제각각 다르다. 그래서 선생님들은 학생들의 모습을 보며 "도대체 저 학생은 왜 저렇게 말할까?" "왜 저런 표정을 짓는 걸까?" "저 태도는 어떻게 받아들여야 하지?" "말투가 왜 저렇지?" 하고 궁금해한 경험이 많을 것이다.

이렇게 "도대체 왜~?"에 대해 답을 줄 수 있는 게 바로 에릭 번의 교류 분석 이론이다. 교류 분석은 마음의 모양을 구조적으로 보여주면서 성격을 설명해 주는 하나의 성격 이론이다. 이 이론은 P(Parent, 부모 자아), A(Adult, 어른 자아), C(Child, 어린이 자아)라는 세 가지 자아를 통해 마음의 구조와 작용 방식을 설명한다.

이제부터는 특정 상황에서 선생님과 학생들이 보인 다양한 반응을 떠올리며 “아, 그래서 그렇게 행동했구나” “그렇게 말하고, 그런 표정을 지은 이유를 이제 알겠어” 하고 이해할 수 있도록 세 자아를 구체적으로 살펴보려 한다.

가. 마음을 구성하는 세 가지 자아 공간

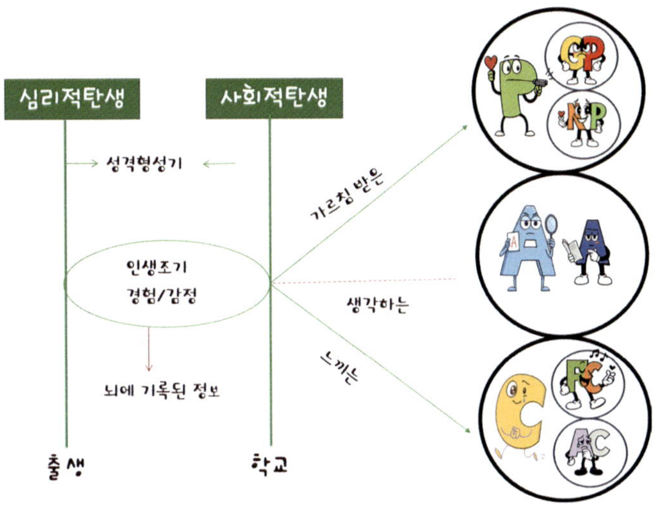

그림 1. Ego-OK-gram 분석 안내서 참고 – 정덕규 · 안수룡

미국의 정신 의학자이자 ‘교류 분석 이론’의 창시자인 에릭 번(1910~1970)은 눈에 보이지 않는 무의식만을 다루는 정통 프로이트 학파의 정신분석 이론을 비판하면서 자신의 이론을 정립했다. 교류 분석

은 '인간은 누구나 긍정적이며 사고할 수 있는 능력을 갖추고 있고, 스스로 결단하고, 변화할 수 있다'라는 철학적 전제가 명확한 심리이론이다.

10년 이상의 연구로 사람의 마음이 어떻게 생겼는지 이론으로 정립한 에릭 번은 P, A, C 원을 '거대한 기록 저장소'라고 표현했으며, 태어나서 보통 5~6세 때까지 경험한 데이터들이 저장소에 축적된다고 설명했다.

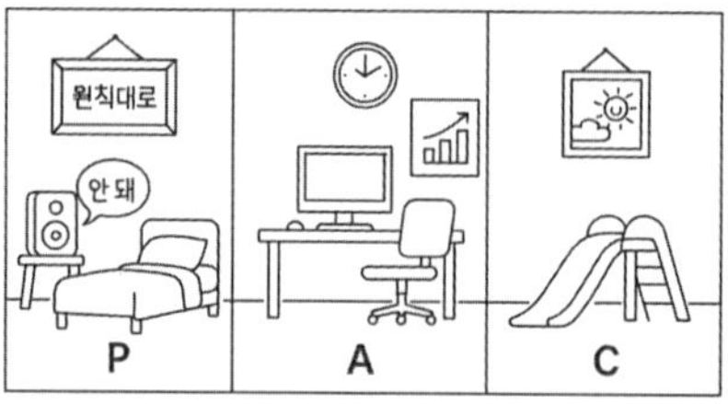

즉, 인간은 거대한 기록 저장소인 세 개의 빈방을 가지고 태어나서 성격 형성기에 각 방에 어울리는 내용들을 채우며, 정교화해 나가게 된다. 성격 형성기(심리적 탄생기)에 P(부모) 자아는 부모나 주요한 양육자 또는 주변 사람들과의 관계 속에서 많은 가르침을 받으며 그들의 말투, 표정, 행동, 태도, 규칙이나 칭찬, 꾸중 등을 이 '부모 방'에 고스란히 저장한다.

즉, 아이는 "어른이 되면 이렇게 말하고, 이렇게 행동해야 하는구나" 하고 모방하고, 내면화한다. 특히 규범과 원칙에 대해 배우면서 혼나고, 비난받고, 꾸중 들은 내용들은 이 방의 두 룸메이트 중 하나인 CP에, 보호받으며 칭찬받고 격려받은 내용들은 또 하나의 룸메이트인 NP에 저장된다.

그렇게 내면화된 내용들은 어떤 상황이 닥쳤을 때 자동으로 재생되어 "안 돼, 위험해! 멈춰야 해~" "이건 원칙에 어긋난 거야. 해서는 안 돼" "그래, 내가 도와야 하는 순간이야" "내 도움이 없이는 아무것도 못 해"와 같은 반응이 튀어나오게 된다. 따라서 이 방은 규칙과 질서가 있고,

위험을 알리며 금지와 명령이 스피커를 통해 매 순간 나오는 '부모 방'과 같다.

P 자아와는 달리 C 자아는 부모나 양육자들과의 관계 속에서 기쁨, 슬픔, 행복 등 다양한 감정들을 느끼게 되고, 그 감정들을 기록한 내용들을 '아이 방(놀이 방)'에 저장하면서 정교해져 간다. C 자아는 태어나자마자 숨 쉬듯이 작동한다. 기쁘면 웃고, 두려우면 울고, 자신의 욕구와 감정을 자연스럽게 표현한다.

생득적이고, 본능적인 감정은 이 방의 두 룸메이트 중 하나인 FC에 저장되어 있고, 규칙과 훈육을 받으며 그 속에서 감정을 표현하지 않고 참고, 인내하며 맞춰나가면서 훈련된 감정들은 또 다른 룸메이트인 AC에 저장된다.

C 자아는 창의성과 즐거움, 호기심의 원천이기도 하지만 동시에 쉽게 상처받고, 울거나 토라지기도 한다. 어린아이였을 때처럼 자연스럽게 행동하며, 즐거움과 솔직한 감정 표현을 하고 있다면 C 자아가 켜진 상태라고 볼 수 있다.

따라서 이 방은 마치 아이들이 신나고 재미있게 뛰어놀고, 감정을 표현할 수 있는 '아이 방(놀이 방)'과 같다. 이렇게 P와 C 자아는 성격 형성기에 입력되어 뇌에 기록된 경험이나 감정의 정보에 의해 행동하게 된다.

또 다른 자아인 A 자아는 아이가 말을 배우고, 스스로 인식하기 시작하며 주변에서 일어나는 일들을 자각하게 되면서부터 자료를 수집하고, 정보를 축적해 나간다.

이처럼 경험을 통해 얻은 자료와 데이터를 하나하나 저장하면서 반복된 경험 속에서 사실을 확인하고, 데이터를 비교하며 결론을 내리고, 절차를 스스로 익히게 된다. 거기에 부모나 양육자들이 설명해 주거나 실험, 탐구의 경험 기회를 제공받을수록 A 자아는 더욱 풍부해지고, 정교해질 것이다.

이 자아는 감정보다는 현실과 논리, 효율을 우선하며 과거 자료와 비교해 더 나은 현재 정보를 활용해 문제를 해결할 수 있고, 새로운 경험을 통해 정보를 계속 갱신해 나갈 수 있다. 또한 편견에 사로잡혀 잘못된 가치관을 고집할 때 또는 감정이 과열되거나 행동에 위험이 느껴질 때 분석을 통해 P와 C 자아에 제동을 걸 수 있다.

다만 이 자아가 지나치게 강해지면 감정이 배제되고, 따뜻함이 결여되어 '차갑다' '인간미가 없다'라는 평가를 받을 수 있다. 따라서 이 방은 컴퓨터와 여러 가지 자료들을 갖추고, 사람들이 모여 분석하고, 회의하는 '어른 방(회의실)'과 같다.

이 세 가지 자아 중 어떤 자아가 주도권을 잡고 있느냐에 따라 사람들은 서로 다르게 행동하고, 사고하고, 감정을 느끼게 된다. 인간의 행동이 무의식에 따라 좌우되고, 타인의 해석을 통해서만 분석 가능하다고 본 프로이트의 정신분석과 달리 에릭 번의 교류 분석은 '관찰 가능'한 행동 단서를 토대로 자기와 타인을 분석할 수 있는 도구다.

따라서 우리는 교실에서 학생들의 말투, 표정, 행동 하나하나를 통해 그 이면에 자리한 자아의 영향을 읽어낼 수 있다.

예컨대 지나치게 분석적인 학생, 자기만의 기준으로 얼굴을 찌푸리며 비판적인 어조로 친구를 판단하고, 비난하는 학생, "왜?" "이유는?" "사실을 말해줘" 같은 말을 반복하는 학생, 자기주장만 하고 고집을 피우는 학생, “우와~!” “앗싸!” “나이스!” 등 감정 표현이 풍부한 학생, 눈치를 보며 늘 친구들 의견을 따라주는 학생, 장난기가 가득한 학생, 혹은 무기력한 학생들의 모습이 그렇다. 이러한 행동이나 표정, 말투가 포착될 때 우리는 그들이 어떤 자아의 지배를 받고 있는지 이해할 수 있다.

1) 부모 방(P): 원칙과 돌봄의 룸메이트, CP와 NP

P 자아가 주도권을 잡은 마음의 구조를 가진 학생에게서는 두 가지 뚜렷한 특징이 나타날 수 있다. 이는 P 자아의 방 안에 CP(Critical Parent, 비판적 어버이 자아)와 NP(Nurturing Parent, 양육적 어버이 자아)라는 두 가지 자아가 함께 존재하기 때문이다.

첫 번째 특성은 CP(비판적 어버이 자아) 자아가 우세한 경우다. 이때 학생은 항상 엄격한 표정을 짓거나 미간을 찌푸려 불쾌하거나 화가 난 듯한 인상을 줄 수 있다. 때로는 책상을 내리치거나 삿대질하고, 팔짱을 낀 채 상대를 위아래로 훑어보거나 허리에 손을 올리고 위협하는 등 공격적인 행동이 관찰되기도 한다.

걸음걸이는 자신감에 차 있으나 다소 거만하게 보일 수 있으며, 말투 역시 명령조나 비난조로 나타나는 경우가 많다. 이들은 “항상” “절대” “결코”와 같은 단정적인 표현을 자주 사용한다. 이러한 행동과 말투가 반복적으로 보인다면 해당 학생은 CP 자아의 영향을 강하게 받는 P(부모) 자아 상태에 있다고 볼 수 있다.

두 번째 특성은 NP(양육적 어버이 자아) 자아가 우세한 경우다. 이때 학생은 포근한 미소와 따뜻한 눈빛으로 다정한 표정을 지으며, 상대의 말에 공감하는 모습을 보인다. 고개를 끄덕이며 경청하는 태도가 자주 나타나고, 얼굴에는 상대를 안심시키는 온화함이 배어 있다.

말투는 부드럽고, 다정하여 듣는 사람의 긴장을 풀어주며 따뜻한 억양 속에서 격려와 위로가 묻어난다. 언어적으로는 "내가 도와줄게" "힘내" "괜찮아" "잘하고 있어"와 같이 지지와 응원을 전하는 표현을 자주 사용한다.

이처럼 동일한 P 자아 상태라 하더라도 어떤 자아가 중심에 서느냐에 따라 전혀 다른 태도와 행동으로 나타날 수 있다.

CP(비판적 어버이 자아)가 주도할 때는 통제적이고 비판적인 모습이, NP(양육적 어버이 자아)가 주도할 때는 따뜻하고 돌보는 태도가 중심이 되므로 학생의 언행을 세심하게 관찰함으로써 그 마음속에서 어떤 자아가 활동하고 있는지를 이해하는 것이 중요하다.

2) 회의 방(A): 혼자 사는 이성적 분석가, A

A(Adult, 어른 자아) 자아가 주도권을 잡은 마음의 구조를 가진 학생에게서는 다음과 같은 특징이 나타난다. 이들은 감정을 드러내지 않고, 무표정한 얼굴을 하고 있는 경우가 많으며 때로는 차갑고, 딱딱한 인상을 줄 수 있다. 그러나 눈빛은 예리하고, 주변 상황이나 정보를 분석하는 듯한 진지한 표정이 자주 보인다.

말투는 차분하고, 절제되어 있으며 감정이 크게 실리지 않아 다소 냉정하게 들릴 수도 있다. 동시에 말하는 방식이나 어휘 선택에서 지적인 인상을 주기도 한다. 전체적으로 군더더기 없는 말과 행동, 정돈된 표현, 단정한 자세가 이들의 특징이다.

이들은 대체로 바른 자세를 유지하며, 말할 때 손가락으로 무언가를 가리키거나 자료를 지목하면서 설명하는 경향이 있다. 육하원칙에 따라 말하는 것을 선호하고, '결과' '증거' '자료' '조사' '분석' '판단' '생각' 등의 단어를 자주 사용한다.

"이유가 무엇인가요?" "장단점을 비교해 보아요" "근거가 있나요?" "가장 효율적인 방법은?" "원인을 세 가지로 설명해 보세요" "내 판단으로는…" "논리적으로 생각해 보면…"과 같은 표현을 자주 사용한다면 해당 학생은 A 자아 상태의 영향을 강하게 받고 있다고 볼 수 있다.

이처럼 A 자아가 중심이 된 학생은 감정보다 사실과 논리를 기반으로 사고하고, 행동하려는 경향이 강하며 상황을 객관적으로 분석하고, 효율적으로 해결하려는 태도를 보인다. 따라서 이들의 말과 행동에는 일관성과 체계성이 드러나며 감정보다는 이성에 근거한 반응이 주로 나타난다.

3) 놀이 방(C): 자유와 순응의 룸메이트, FC와 AC

C(어린이 자아) 자아가 주도권을 잡은 마음의 구조를 가진 학생에게

서는 두 가지 뚜렷한 특징이 나타난다. 이는 C 자아의 방 안에 FC(Free Child, 자유 어린이 자아)와 AC(Adapted Child, 순응 어린이 자아)라는 두 자아가 함께 존재하기 때문이다.

첫 번째 특성은 FC(자유 어린이 자아) 자아가 우세한 경우다. 이들은 행복하고, 즐거운 표정이나 장난기 가득한 얼굴, 상기된 표정 등을 자주 보인다.

신난 어린아이처럼 흥분한 상태로 이리저리 뛰어다니고, 콧노래를 부르며 명랑하고, 활발한 모습을 보이기도 한다. 감정 표현에 솔직하며 "어머" "앗싸" "대박" "와우" 같은 감탄사를 자주 사용하는 모습이 관찰된다면 해당 학생은 C(어린이 자아) 자아 상태 중에서도 FC(자유 어린이 자아) 자아의 영향 아래 있다고 볼 수 있다.

두 번째 특성은 AC(순응 어린이 자아) 자아가 우세한 경우다. 이때 학생은 마치 세상의 모든 슬픔을 짊어진 듯한 표정이나 금방이라도 눈물을 흘릴 것 같은 침울한 표정 혹은 언제 혼날지 몰라 두려워하며 주눅든 표정을 하는 경우가 많다.

목소리는 작고, 자신감이 없으며 말끝을 흐리거나 대화를 피하려는 경향도 나타난다. "슬프다" "끔찍해" "누가 좀 도와줘"와 같은 표현을 사용하기도 하며 대인관계에 소극적이고, 의기소침하며 머뭇거리거나 눈치를 보는 모습이 자주 관찰된다.

또한 주저하거나 불안한 상태에서 손톱을 깨무는 등 신체적으로도 긴장감이 드러나는 행동을 보이기도 한다. 이러한 모습은 AC 자아가 우세한 C 자아 상태로 해석할 수 있다.

이처럼 동일한 C 자아(어린이 자아) 상태라 하더라도 어떤 자아가 중심에 서느냐에 따라 전혀 다른 태도와 행동으로 나타날 수 있다. FC(자유 어린이 자아)가 주도할 때는 감정 표현이 풍부하고, 활발하며 자유로운 모습이 드러나는 반면 AC(순응 어린이 자아)가 주도할 때는 위축되고, 소극적인 태도, 눈치 보는 행동 등이 나타난다.

따라서 학생의 언행을 세심하게 관찰함으로써 그 마음속에서 어떤 자아가 활동하고 있는지를 이해하는 것이 중요하다.

4) 세 방의 연결고리: P-A-C 관계 이해하기

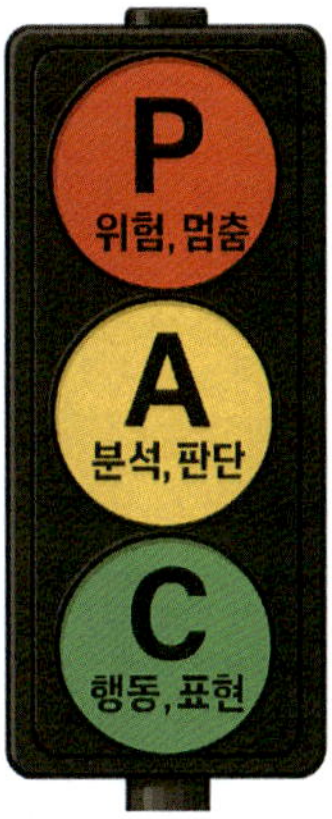

P(부모 자아), A(어른 자아), C(어린이 자아) 세 자아는 각각 고유한 역할과 성향을 지니고 있지만 이들은 따로따로 존재하는 것이 아니라 하나의 인격 안에서 서로 영향을 주고받으며 긴밀하게 작동하는 하나의 통합된 심리 체계다. 이들의 관계를 신호등이나 자동차 운전에 빗대어 보면 각 자아의 역할과 관계를 더욱 선명하게 이해할 수 있을 것이다.

먼저 세 자아를 신호등에 비유해 살펴보자.

P 자아는 마치 '빨간불'과 같다. "안 돼" "멈춰" "이렇게 해야 해"처럼 규칙과 기준을 제시하며 멈춤과 금지를 통해 상황을 통제하려는 기능을 한다.

C 자아는 '초록불'에 가깝다. 마음속 욕구를 자유롭게 표현하고, 감정에 따라 움직이며 자신의 바람을 주저하지 않고, 행동으로 옮기려는 상태다. 멈춤 없이 앞으로 나아가려는 '직진의 에너지'가 가득한 자아인 셈이다.

그리고 이 둘 사이에서 A 자아는 '노란불'처럼 균형을 잡는다. 상황을 객관적으로 분석하고 판단하여 지금 멈춰야 할지 계속 나아가도 될지를 결정하는 중재자이자 조율자의 역할을 맡는다.

이처럼 P, A, C 자아는 마치 하나의 신호등처럼 서로 다른 역할을 하며 마음속 움직임에 질서와 흐름을 만들어낸다. 이들은 각자 따로 노는 것이 아니라 하나의 신호 시스템처럼 유기적으로 연결되어 작동한다.

어느 하나의 불빛만 계속 켜져 있는 것보다 각각의 불빛이 상황에 따라 유기적으로 켜지고 꺼질 때 비로소 우리는 더 건강하고, 조화로운 방향으로 나아갈 수 있다.

이처럼 자아들이 유기적으로 조화를 이루는 모습은 마치 운전자와 자동차가 하나의 시스템처럼 협력해 안전하고, 정확하게 목적지로 나아가는 자동차 운전 과정과도 닮았다.

P 자아는 자동차의 앞바퀴와 같다. 앞바퀴가 방향을 잡고, 주행의 길을 안정적으로 이끌 듯 P 자아는 규칙과 기준을 제시하며 행동의 틀을 만들어가는 역할을 한다.

C 자아는 뒷바퀴에 해당한다. 자동차가 움직일 수 있도록 추진력을 바탕으로 앞으로 나아가게 하는 힘을 제공한다.

그리고 이 두 자아를 조율하며 전체를 이끄는 A 자아는 운전자에 해당한다. 현재 상황을 인식하고 판단하여 언제 멈추고, 언제 나아갈지 어떤 방향으로 갈지를 선택하고, 조율하는 역할을 한다.

하지만 이 세 요소가 각각 제 역할을 제대로 해낼 때만 비로소 자동차는 안전하게 달리고, 원하는 목적지에 도달할 수 있다. 아무리 운전자(A)가 냉철하고, 분석적인 베스트 드라이버라 해도 앞바퀴(P)나 뒷바퀴(C)가 닳아 있거나 균형이 맞지 않으면 자동차는 흔들리고, 결국 사고로 이어질 수 있다.

반대로 바퀴(P, C)가 아무리 튼튼하고 상태가 좋아도 운전자(A)가 무면허이거나 술에 취해 판단력이 흐린 상태라면 제대로 된 방향을 잡지 못하고, 엉뚱한 곳으로 향할 위험이 크다. 운전자가 깨어 있고, 바퀴들이 제 역할을 제대로 해낼 때 우리는 원하는 목적지에 안전하게 도착할 수 있다.

건강한 마음이란 이처럼 P, A, C 자아가 각자의 기능을 균형 있게 수행하며 서로를 보완하고 조율할 때, 비로소 이루어진다.

결국 마음이 안정적으로 움직이기 위해서는 P, A, C 자아가 각자의 역할을 균형 있게 수행해야 한다는 것이다. 이 조화로운 작동이야말로 건강한 자기 이해와 성숙한 행동의 출발점이 된다.

P, A, C라는 세 공간에는 저마다 뚜렷한 개성과 역할을 가진 다섯 자아가 살고 있음을 이미 살펴보았다. 이제 마음속에서 살아가는 그 다섯 자아, 즉 CP(비판적 어버이 자아), NP(양육적 어버이 자아), A(어른 자아), FC(자유 어린이 자아), AC(순응 어린이 자아)가 어떤 모습으로 작

동하며 우리 말과 행동, 감정 표현에 어떤 영향을 미치는지 살펴보자.

나. 다섯 자아가 그리는 마음 풍경

그림 2. 다섯 색깔의 자아

이제부터는 세 개의 자아 방 속에 머무는 다섯 자아를 하나씩 만나보려 한다. 이들은 우리가 일상에서 어떤 말투로 말하고, 어떤 표정을 짓고, 어떤 태도와 감정으로 반응하며 행동하는지를 결정짓는 핵심적인 내면의 구성원들이다. 겉으로는 비슷해 보이는 말과 행동도 그 속을 들여다보면 어떤 자아가 마음의 중심에 서 있느냐에 따라 전혀 다른 의미와 의도를 품고 있을 수 있다.

예를 들어 자신을 희생하고, 양보하면서 다른 사람의 말을 들어주고, 도와주는 모습은 친절하고, 다정하며 남을 돕는 데서 만족을 얻는 NP(양육적 어버이 자아) 자아의 표현일 수 있다. 그러나 동시에 자기주장을 하지 못하고, 다른 사람의 기대를 충족시켜야 한다고 여기며 억지로 따르는 AC(순응 어린이 자아) 자아의 순응적 표현일 수도 있다. 겉으로는 모두 '친구를 도와주는 모습'처럼 보이지만 실제로는 전혀 다른 자아의 목소리가 작용하고 있다.

"안 돼, 멈춰!"라고 말하는 장면을 하나 더 떠올려 보자. 이 말이 규칙을 어겨서는 안 된다는 금지와 통제를 담은 CP 자아의 반응일 수도 있고, 상황을 객관적으로 분석한 끝에 그 선택이 더 안전하고, 합리적이라고 판단한 A 자아의 이성적인 결정일 수도 있다.

이렇게 겉으로 드러난 표현은 비슷해 보여도 그 말의 뿌리가 어떤 자아에서 비롯되었는지를 이해하는 것이야말로 학생의 마음을 깊이 들여다보는 첫걸음이 된다. 그렇다면 같은 상황에서 각 자아는 어떻게 다르게 반응하고, 소통할까? 이제 하나의 일상적인 장면을 통해 다섯 자아의 개성과 반응 방식을 구체적으로 살펴보자.

어떤 학생이 정성껏 크리스마스트리를 꾸민 뒤 자랑하고 싶어 친구들을 집으로 초대했다. 트리는 전체적으로 훌륭하고 아름다웠지만 아기자기한 크리스마스 장식들 사이에 어울리지 않는 핼러윈 장식 몇 개가 눈에 띄었다. 이 장면을 마주한 다섯 자아의 친구들은 과연 어떻게 반응하고, 어떤 방식으로 소통할까?

CP(비판적 어버이 자아)가 강한 친구는 트리의 전체적인 완성도에는 고개를 끄덕였지만 크리스마스 분위기를 해치는 핼러윈 장식이 눈에 거슬렸다. 그래서 주저하지 않고 말한다. "저 핼러윈 장식은 좀 빼는 게 어때?" 함께 있는 친구들을 의식해 더 직설적인 말은 삼갔지만 결국 지적할 부분을 그냥 넘기지는 못했다.

NP(양육적 어버이 자아)가 강한 친구는 집에 들어서자마자 환한 얼굴로 말한다. "와, 너는 정말 못 하는 게 없구나! 어떻게 이렇게 멋지게 꾸몄어?

정말 훌륭한 트리야." 그 친구에게는 핼러윈 장식이 눈에 들어오지 않거나 혹은 보였다 하더라도 중요하게 느껴지지 않는다. 무엇보다 친구가 칭찬받고 행복해하는 그 순간이 더 소중하고, 의미 있기 때문이다.

A(어른 자아)가 중심인 친구는 트리와 장식을 이리저리 살펴보며 재질, 상태, 가격 등을 차분히 분석한다. 속으로는 '도대체 크리스마스트리가 왜 필요한 거지? 이해가 안 돼. 이런 데 돈과 시간을 쓰는 건 너무 비효율적이야' 하는 생각이 스치지만 일단 눈앞의 상황을 현실적으로 평가한다. 그리고 분석을 끝내고 이내 말한다. "가성비는 나쁘지 않네. 내구성도 좋아 보이고, 잘 보관하면 오래 쓸 수 있겠다." 그 친구에게 중요한 것은 트리의 화려함이나 눈에 띄는 겉모습이 아니라 실용성과 효율성에 근거한 객관적인 판단이다.

FC(자유 어린이 자아)가 강한 친구는 트리를 보는 순간 참지 못하고, 감탄사를 터뜨린다. "우와~ 진짜 멋지다! 정말 끝내준다! 크리스마스 장식 사이에 핼러윈 장식을 살짝 섞다니 너무 재밌네. 창의적인 아이디어야. 하하하!" 기쁨과 즐거움을 거리낌 없이 드러내며 그 순간을 온몸으로 즐긴다.

AC가 강한 친구는 속으로 복잡한 생각에 잠긴다. '핼러윈 장식이 좀 이상하긴 한데… 괜히 말했다가 친구 기분이 상하면 어쩌지?' '다른 애들은 괜찮다는데 나만 이상하게 느끼는 걸까?' 혹시 자기 말이 오해받지 않을까 걱정하며 끝내 마음을 표현하지 못한 채 입을 다문다.

이처럼 같은 상황에서도 어떤 자아가 전면에 나서느냐에 따라 말과 행동, 감정 표현 방식은 달라진다. 겉으로는 단순한 반응처럼 보일 수 있지만 그 이면에는 각기 다른 자아의 성향과 심리가 작용하고 있다. 학생들이 보여주는 다양한 말과 행동 역시 이와 다르지 않다. 그 차이를 성격이나 태도의 문제로 단정 짓기보다 그 속에서 어떤 자아가 작동하고 있는지를 이해하려는 노력이 필요하다.

다섯 자아를 이해한다는 것은 학생들의 언행을 보다 깊이 있게 바라볼 수 있는 출발점이며 동시에 교실 속 관계와 소통을 더 원활하게 이끌어 갈 수 있도록 돕는 중요한 열쇠가 된다.

우리의 마음속에는 저마다 다른 색깔과 목소리를 내며 살아가는 다섯 자아, 즉 CP, NP, A, FC, AC가 존재한다. 이 다섯 자아는 각각 어떤 특성과 기능을 지니고 있을까? 이제부터는 학생들의 행동 속에서 각 자아가 어떻게 드러나고, 어떤 심리적 역할과 표현 방식을 지니는지 하나씩 구체적으로 살펴보겠다.

1) 발끈이(CP): 원칙과 기준을 앞세워 지적하는 자아

P(부모 방)에 머무는 CP(Critical Parent, 비판적 어버이 자아)는 살아가면서 반드시 지켜야 한다고 믿는 자신만의 경계와 기준이 분명하다. 그 경계 안에서 원칙을 지키며 살아가고, 그러지 못한 사람들을 보면 지적하고, 바로잡아 주고 싶다.

자신의 원칙이 지켜지지 않거나 옳다고 믿는 바가 관철되지 않을 때 쉽게 화를 내고, 분노하게 된다. 왜냐하면 CP는 자라면서 부모나 권위자에게 배운 규칙, 도덕, 가치관, 사회적 기준 등을 내면화한 자아 상태이기 때문이다.

이 자아는 일상에서 "이건 옳고, 저건 틀려" "반드시 이렇게 해야 해" "저렇게 행동하면 안 되지" "원칙은 지켜져야 해" "정말 제멋대로야" "왜 항상 이 모양이지?" "내 말대로 해" "기본이 안 됐군"과 같은 말을 자주 하며 엄격한 기준에 따라 타인을 평가하거나 지적하려는 경향을 보인다.

이러한 태도는 곧 '내면의 심판자'처럼 옳고 그름을 판단하고, 통제하려는 CP 자아의 작동을 의미한다. 따라서 이 자아가 강한 학생들은 자신과 타인에 대해 엄격하고, 비판적인 태도를 보이기 쉽고, 융통성 없는 사고방식으로 인해 관계에서 갈등을 겪거나 하는 일을 완벽하게 해내려는 강박으로 인해 불안과 스트레스를 경험하기도 한다.

영화 인사이드 아웃의 캐릭터 중 '버럭이'는 CP 자아와 가까운 성향을 지니고 있다. 그는 '소심이'가 일을 제대로 해내지 못할 때 답답해하며 단호하게 화를 내고, 문제 상황을 어떻게든 돌파하려는 추진력을 보여주는데 이러한 모습은 CP 자아의 내면적 특성과 잘 닮았다.

CP 자아가 건강하게 작동하면 학생은 책임감 있게 행동하며 자기 자신을 절제하고, 통제할 수 있다. 약속을 소중히 여겨 신뢰를 얻고, 주어진 과제나 역할도 성실히 준비하고 수행한다. 또한 학교 교칙과 기본적인 규범을 잘 지키며 바른 태도를 보인다. 선생님께는 예의를 갖추어 행동하고, 양심적으로 생활하며 대체로 모범적인 학생으로 평가받을 수 있다.

그러나 이 자아가 건강하게 작동하지 않으면 매사에 불평과 불만을 늘어놓고, 주변 사람들에게 쉽게 거부감을 느끼며 싫어하는 대상이 많아진다. 또래 친구들에게도 명령하거나 지시하는 듯한 태도를 보이고, 작은 실수나 잘못조차 용납하지 못한 채 일일이 지적하며 가르치려 든다.

더 나아가 자신과 다른 생각이나 의견을 가진 친구를 비난하거나 자기 생각만이 옳다고 고집을 부리는 과정에서 친구의 자존심을 상하게 하기도 한다. 이런 학생들에게는 교사 역시 예외가 될 수 없다. 화가 나고, 분노하는 상황에서는 상대가 교사라 하더라도 반발하거나 대드는 태도를 보이기도 한다.

따라서 CP가 높은 학생에게 교사가 자신의 권위를 내세워 제압하거나 일방적인 순응을 강요하는 CP적인 교육 방식을 사용한다면 오히려 역효과를 낳을 수 있다. 학생들은 비슷한 방식으로 맞서며 교사와 갈등이나 마찰을 빚을 가능성이 크기 때문이다.

교권을 침해하거나 교칙을 위반하며 교사의 지시에 반복적으로 불응하는 등 학교 현장을 어렵게 만드는 학생이라면 감정적인 대응보다도 원칙과 규범에 따라 차분하고, 일관되게 대응하는 것이 교육적으로 더 효과적일 수 있다.

이처럼 CP 자아는 상황에 따라 긍정과 부정의 양면적인 모습으로 나타날 수 있다. 지금까지 살펴본 긍정적 · 부정적 측면을 바탕으로 그 특징을 다시 한번 정리해 보자.

특징	구분	내용
특징	긍정적 측면	• 학교 교칙, 규칙, 질서를 준수한다. • 선생님들께 예의를 지키고, 인사를 잘한다. • 자신의 역할을 충실히 이행해 신뢰를 준다. • 맡은 일에 책임을 다하고, 약속을 잘 지킨다. • 책상 주변을 잘 정리하고, 자기 관리를 잘한다. • 준비물을 잘 챙겨오고, 과제를 성실하게 수행한다. • 행동에 경계가 있고, 스스로 절제하고, 통제해 나간다. • 인정받고자 노력하며 늘 최선을 다해 더 나은 모습을 지향한다.
	부정적 측면	• 친구의 말이나 생각을 무시하고, 비난한다. • 친구의 자존심을 상하게 하는 말을 대놓고 한다. • 친구 관계에서도 명령하거나 지시하는 말투가 많다. • 매사에 불평불만이 많고, 주변에 싫어하는 사람도 많다.

특징	부정적 측면	• 관계에서의 갈등이나 문제 상황을 타인의 탓으로 돌리며, 자기 행동을 정당화한다. • 자신만의 원칙과 기준이 뚜렷해 다른 생각을 받아들이는 데 다소 융통성이 부족하다. • 완벽을 추구하는 성향 때문에 스스로 부족하다고 느끼면 시작도 못하고, 포기해 버린다. • 무엇이든 잘 해내야 한다는 부담감과 실패에 대한 두려움 속에서 늘 근심과 걱정을 안고 지낸다.
예측되는 문제점		• 분노조절의 어려움 • 학교폭력 가해 또는 공격성 • 또래관계에서의 갈등과 마찰 • 교사 지도에 대한 불응 및 교권침해 • 강박적 사고로 인한 불안 및 스트레스

2) 따끈이(NP): 도움이 필요한 친구에 이끌리는 자아

P(부모 방)에 CP와 함께 살아가는 NP(Nurturing Parent, 양육적 어버이 자아)는 타인의 감정과 필요에 민감하게 반응하며 주변 사람들이 자신의 보살핌과 도움을 필요로 한다고 믿고, 행동하는 경향이 있다. 이에 따라 때로는 과도하게 도와주거나 지나치게 배려하는 모습을 보이기도 한다.

이러한 성향은 타인을 보호하고, 위로하려는 따뜻한 마음에서 비롯되며 그 바탕에는 성장 과정에서 부모나 돌보는 이로부터 받은 보살핌, 배려, 공감, 이해, 격려 등의 따뜻한 태도가 NP 자아 안에 자연스럽게 내면화되어 자리 잡고 있다.

NP는 '내면의 따뜻한 보호자이자 위로자'로서 "괜찮아, 누구나 실수할 수 있어" "아주 속상하고, 힘들었겠다" "내가 도와줄게" "네 마음 충분히 이해돼" "우리 함께 해결해 보자" "힘내~"와 같은 따뜻한 말을 건네며 친구들에게 위로와 지지를 전하는 역할을 한다.

영화 '인사이드 아웃'의 캐릭터 빙봉은 NP 자아의 성향을 잘 보여준다. 주인공 라일리를 위해 자신을 기꺼이 희생하며 쓰레기 소각장 로켓에서 뛰어내리는 장면은 많은 이들에게 깊은 인상을 남긴다. 라일리의 행복을 위해 의미 있는 소멸을 선택하는 모습은 따뜻한 배려와 헌신을 잘 보여준다.

이 자아는 내면에서는 스스로를 다독이는 위로자이자 대인관계에서는 타인을 돌보고, 격려하는 '따뜻한 돌봄 제공자'의 역할을 한다.

NP 자아가 건강하게 작동하면 타인을 깊이 배려하며 친절하고, 따뜻한 태도를 보인다. 친구의 부탁을 쉽게 거절하지 못하고, 기꺼이 도우며 어려움에 처한 친구를 보면 그냥 지나치지 못한다. 자기희생이 몸에 배어 있어 자발적으로 양보하고, 헌신하며 이러한 행동을 통해 기쁨과 만족을 느낀다. 이들은 온화한 말과 따뜻한 행동으로 상대를 격려하고, 지지하며 진심 어린 칭찬을 통해 타인의 자존감을 높이며 긍정적인 영향을 미친다.

하지만 이러한 따뜻함이 과도하게 나타날 경우 상대의 자율성과 책임감을 약화시키고, 스스로 문제를 해결할 수 있는 기회를 빼앗아 오히려 의존심을 키우는 부작용을 초래할 수 있다.

게다가 이 자아가 건강하지 못한 방식으로 작동하면 따뜻한 배려와 친절이 오히려 상대에게 부담으로 느껴질 수 있다. 상대의 필요보다 자신의 만족을 우선시하며 배려와 친절을 베풀면서도 그에 대한 보답이나 반응을 기대하기 때문이다. 결국 "너는 내 관심과 도움을 받기만 해"라는 식의 일방적인 관계가 형성되며 상대는 점차 피로감을 느끼고, 거리를 두게 된다.

사실 이렇게 과도한 배려와 양보의 이면에는 사랑받고, 관심받고 싶은 마음이 자리하고 있어서 기대만큼의 관심이나 애정을 받지 못하면 상처받고, 실망하며 친구의 관심을 얻기 위해 지나치게 간섭하거나 집착하는 행동으로 이어져 오히려 관계를 더 어렵게 만들기도 한다.

실제로 학교 현장에서는 NP 자아가 높은 일부 학생들이 교우 관계에서 어려움을 겪으며 힘들어하는 경우를 종종 볼 수 있다. 좋아하는 친구에게 애정을 표현하고, 친절하게 대해 왔지만 그 친구가 다른 친구와 어울리거나 자신을 배제하고 놀러 간 사실을 알게 되면 큰 상처를 받는다. 그 친구가 자신 외의 사람과도 친하게 지낼 수 있다는 사실을 받아들이기 어렵기 때문이다.

이 과정에서 섭섭한 감정을 드러내거나 토라지는 모습을 보이며 자신에게 더 집중해 주길 바라는 모습을 보이기도 한다. 이러한 태도는 점차 상대에게 부담으로 느껴져 거리를 두게 만들고, 결국 관계가 멀어지면서 학교생활에 어려움을 겪는 사례로 이어지기도 한다.

이처럼 NP 에너지가 높은 따뜻한 학생들임에도 불구하고 교우 관계가 원만하지 않다면 대부분 이러한 심리적 특성과 행동에서 비롯되었을 가능성이 높다. 이들은 대인관계에서 '함께 또 따로'의 적절한 거리 두기를 잘하지 못하고, 때로는 경계를 넘어서 지나치게 간섭하거나 집착하는 모습을 보이기 때문이다.

NP 자아 역시 상황에 따라 긍정과 부정의 양면적인 모습으로 나타날 수 있다. 지금까지 살펴본 긍정적 · 부정적 측면을 바탕으로 그 특징을 다시 한번 정리해 보자.

특징	긍정적 측면	• 봉사 현장에 항상 먼저 가 있다. • 항상 따뜻하고, 부드럽게 미소 짓는다. • 친구에게 먼저 양보하고, 자기를 희생한다. • 소외되는 친구를 조용히 챙기고, 도와준다. • 친구의 부탁을 거절하지 않고, 잘 들어준다. • 친구를 칭찬하고, 격려하며 지지하여 힘을 준다. • 친구의 고민을 잘 들어주고, 경청하고, 공감한다. • 따뜻하고, 친절한 말투로 타인에게 안정감을 준다. • 친구의 사소한 변화도 놓치지 않고, 관심을 표현한다.
	부정적 측면	• 마치 보호자처럼 잔소리하며 지나치게 간섭한다. • 자기 돌봄이 부족해 피로감을 느끼고, 소진되기 쉽다. • 지나치게 개입하여 친구가 스스로 할 기회를 잃게 한다. • 특정 친구에게 집착해 부담을 주고, 관계를 어렵게 만든다. • 친구의 말이나 행동에 예민하고, 민감하게 반응하며, 쉽게 상처받고, 토라진다. • '낄 때 끼고, 빠질 때 빠지는' 관계 조절이 어렵고, 도움의 경계를 세우지 못한다. • 자기가 한 일에 대해 알아주기를 바라며, 기대에 미치지 못할 경우, 섭섭해하거나 실망한다.
예측되는 문제점		• 도움이 거절되었을 때 겪는 관계 위축 • 과도한 친절과 집착으로 인한 관계 갈등 • 칭찬과 관심에 대한 욕구로 인한 스트레스 • 도움을 주지 못했을 때 느끼는 무력감과 죄책감 • 자기희생에 대한 강박적 사고로 인한 정서적 소진

3) 매끈이(A): 늘 이성적으로 생각하려는 자아

A(Adult, 어른 자아)는 감정에 치우치지 않고, 상황을 객관적으로 분석하고, 이성적으로 판단하려는 자아 상태다. A 자아는 감정이나 충동에 휘둘리지 않고, 사실과 정보에 근거해 사고하고, 행동하려는 경향이 강하다.

왜냐하면 A는 자라면서 경험을 통해 얻은 지식, 주변 환경에서 수집한 정보나 자료, 논리적 사고 등을 바탕으로 형성된 자아 상태이기 때문이다.

이 자아는 일상에서 "이성적으로 생각해" "객관적인 근거는 뭐야?" "논리적으로 설명해 봐" "먼저 상황부터 정확히 파악해 보자" "우선순위를 정해 볼까?" "이건 합리적인 선택일까?" "현실적으로 가능한 방법을 찾자" "그건 효율적이지 않아" "두 가지를 비교해 보고, 선택하자"와 같은 말을 자주 하며, 이성과 사실에 근거해 판단하려는 모습을 보인다.

이는 감정에 흔들리지 않고, 냉정하게 분석하려는 '내면의 이성적 분석가'로서의 A 자아가 작동하고 있기 때문이다. A 자아는 때때로 차갑게 느껴질 만큼 이성적이며, 감정보다 논리와 근거를 우선시하기 때문에 자신과 타인의 감정을 섬세하게 들여다보는 데는 다소 서툴 수 있다.

영화 '인사이드 아웃'의 캐릭터 까칠이는 A 자아의 특징을 잘 보여준다. 소심이가 본부에서 탈출하려 할 때 까칠이는 '감정은 함부로 탈출할 수 없다'라는 사실을 진지하게 전달하고, 누군가 '곰인가?'라고 묻자 "샌프란시스코에는 곰이 없어"라는 정확한 사실적 정보를 제공한다. 식사 장면에서는 처음 보는 음식에 대해 "이건 브로콜리야"라는 새로운 정보를 제공하기도 한다.

또한, 기쁨이와 슬픔이가 본부로 돌아왔을 때 버럭이는 창문을 깨기 위해 감정적으로 의자를 던지지만 까칠이는 그의 분노를 활용해 이성적으로 문제를 해결한다. 감정에 휘둘리지 않고, 차분하게 상황을 분석하여 행동하는 까칠이의 모습은 A 자아의 특징을 잘 보여준다.

A 자아가 건강하게 작동하면 학생은 감정에 휘둘리지 않고, 상황을 객관적으로 분석하며 이성적으로 판단하고, 행동하려는 태도를 보인다. 문제에 직면했을 때도 감정에 치우치기보다 차분히 상황을 정리하고, 필요한 정보를 분석한 뒤 합리적인 방법으로 해결하려 한다.

친구의 말에 쉽게 흔들리기보다 스스로 판단하려 하며 근거와 사실을 중시하는 태도로 또래나 선생님에게 신뢰를 얻는다. 갈등 상황에서도 즉각적인 반응이나 감정적인 대응보다는 상황의 흐름과 원인을 파악하고, 이성적으로 해결해 나가는 성숙한 태도를 보여준다.

그러나 이 자아가 건강하지 못한 방식으로 작동하면 지나치게 분석적이고, 모든 것을 논리적으로 따지려는 태도를 보인다. 타인의 감정이나 상황은 무시한 채 현실적인 조건과 사실에만 근거해 문제를 해결하려고 하며, 사람보다는 효율과 실용을 중시하는 경향을 보이게 된다.

이에 따라 또래 관계에서는 차갑고, 냉정한 인상을 주기도 하며 인간미가 없는 사람으로 평가되고, 감정적인 공감이나 위로를 기대하는 상대에게는 거리감이나 소외감을 느끼게 할 수 있다.

실제로 학교 현장에서는 A 자아가 높은 일부 학생들이 또래 관계에서 잘 어울리지 못하고 겉돌며, 힘들어하는 모습을 종종 볼 수 있다. 감정보다 사실과 논리를 중시해 정서적인 기대나 공감을 원하는 친구에게 위로나 격려를 하기보다 현실적인 조언이나 충고를 일삼기 때문이다.

특히 지적인 호기심이 많은 이들은 아이들의 외모 평가, 연애 팁, 유행하는 헤어스타일, SNS 챌린지, 메이크업 후기, 최신 패션 아이템, 친구들에 대한 뒷담화 등 가볍고, 일상적 잡담 수준의 주제에는 흥미를 느끼지 못한다. 자신은 그런 대화를 나누는 친구들과는 '결이 다르다'라고 느끼며, 은근히 거리를 두거나 무시하며, 우월감을 드러내는 태도를 보이기도 한다.

이에 따라 주변 친구들에게는 '잘난 척한다' '재수 없다'라는 인상을 줄 때도 있다. 수업 시간에는 궁금한 것을 그냥 넘기지 못하고, 의문이 풀릴 때까지 계속 질문하며 교사에게 끊임없이 묻는 모습을 보인다. 이러한 태도는 때때로 교사에게 '따지려 한다'라거나 '논쟁하려는 것 같다'라는 인상을 줄 수 있다. 이 같은 성향은 냉철한 사고력이라는 강점이 될 수 있지만 상황이나 상대의 감정을 충분히 고려하지 않으면 수업의 흐름을 끊거나 분위기를 무겁게 만들 수 있다.

이처럼 A 자아 역시 상황에 따라 긍정과 부정의 양면적인 모습으로 나타날 수 있다. 지금까지 살펴본 긍정적 · 부정적 측면을 바탕으로 그 특징을 다시 한번 정리해 보자.

특징	구분	내용
특징	긍정적 측면	• 매사에 합리적인 선택이 가능하다. • 편견이나 선입견 없이 문제를 바라볼 수 있다. • 현실적인 목표를 세우고, 계획한 대로 실행한다. • 감정에 동요되지 않고, 항상 침착함을 유지한다. • 새로운 지식이나 정보에 대한 지적 호기심이 많다. • 즉흥적이지 않고, 매사에 신중하게 선택하고, 결정한다. • 독창성은 떨어져도 실용적이고, 유용한 아이디어가 많다. • 갈등 상황에서 감정에 치우치지 않는 중재와 조율이 가능하다. • 친구의 고민이나 문제 상황에서 현실적이고, 실용적인 정보나 대안을 제시한다.
	부정적 측면	• 또래 친구를 무시하거나 우월감을 보일 수 있다. • 감정보다 논리를 우선시해 또래와의 공감이 어렵다. • 지적 성향이 강해 자신과 친구의 감정을 들여다보는 데 서툴다. • 질문이 많고, 추궁하듯 묻는 태도로 인해 수업의 흐름을 끊을 수 있다.

특징	부정적 측면	• 공감과 배려심이 부족하여 이기적이고, 차갑다는 평가를 받을 수 있다. • 감정 교류에 서툴러 또래와 깊은 친밀감을 형성하는 데 어려움을 겪는다. • 결과나 효율을 중시하다 보니 조별 활동에서 타인의 의견을 무시해 갈등을 겪는다.
예측되는 문제점		• 공감 부족으로 인한 또래 관계 단절 • 잘난 체한다는 평가로 인한 스트레스 • 감정을 표현하지 못해 쌓이는 스트레스 • 가벼운 잡담에 끼지 못해 느끼는 소외감 • 논리에 집착하면서 생기는 자기 압박과 불안 • 친구의 비합리적 행동을 무시하면서 생기는 관계 갈등 • 계획이 어긋나거나 비효율적인 상황에서 겪는 짜증과 같은 정서적 어려움

4) 화끈이(FC): 매일이 행복하고 싶은 자아

C(놀이 방)에 머무는 FC(Free Child, 자유 어린이 자아)는 타인의 시선이나 기준에 얽매이지 않고, 자신이 느끼는 감정과 욕구에 따라 자유롭게 행동한다.

순간의 기쁨과 즐거움, 흥미에 충실하며 하고 싶은 일이 생기면 곧바로 실천하려는 경향이 강하다. 이 자아는 자발적이고, 창의적이며 일상에서 "와, 재밌겠다! 엄청난데?" "지금 당장 해보고 싶어!" "신난다" "앗싸, 대박!" "아~ 지루해, 다른 거 하자" "이건 뭐야? 신기한데?" 같은 말을 자주 하며 자기표현에 솔직하고, 즉흥적인 모습을 보인다.

이러한 태도는 곧 '내면의 자유인'처럼 자율성과 창의성을 바탕으로 자기 삶을 주도하려는 FC 자아의 작동을 의미한다. 따라서 이 자아가 강한 학생들은 활발하고, 유쾌한 에너지로 주변을 즐겁게 만들 수 있지만 자유롭고, 즉흥적인 성향으로 인해 정해진 행동의 경계나 규칙에 얽매이는 것을 답답해하며 충동적으로 행동하거나 수업에 집중하지 못하고, 지시에 따르지 않거나 책임을 회피하는 태도로 이어질 수 있다.

FC 자아의 특징은 영화 '인사이드 아웃'의 캐릭터 기쁨이를 통해 잘 드러난다. 기쁨이는 주인공 라일리의 모든 기억이 기쁨으로만 채워지길 바라며 슬픔이의 감정을 인정하지 않고, 원을 그려 그 안에 머물도록 제한한다.

또한 로켓을 빼앗겨 상심한 빙봉이의 슬픔을 공감하기보다는 어떻게든 웃게 만들려 하며, 슬픈 감정 자체를 인정하지 않으려는 모습을 보인다.

감정에 솔직하고, 자유롭지만 때로는 다른 감정의 필요성과 조화를 받아들이지 못하는 모습은 FC 자아의 한계를 보여주기도 한다.

FC 자아가 건강하게 작동하면 학생은 활기차고, 창의적인 에너지를 발산하며 자신의 감정과 욕구를 솔직하게 표현하고, 삶을 즐기는 태도를 보인다. 하고 싶은 일에는 열정적으로 몰입하고, 재치 있는 말이나 익살스러운 행동으로 주변 분위기를 밝게 만들며 친구들과도 잘 어울린다.

규칙보다는 자율과 자유를 중시하고, 독창적인 아이디어를 자유롭게 제시할 수 있다. 새로운 것에 관한 관심과 호기심이 많아 다양한 경험과 시도를 즐기며, 매사에 긍정적인 태도를 보인다. 이러한 태도는 또래와 교사 모두에게 밝고, 명랑하며, 즐거운 인상을 남긴다.

그러나 이 자아가 건강하게 작동하지 못하면 충동적이고, 산만한 태도로 수업에 집중하지 못하거나 책임을 회피하고, 교칙을 어기며 지시에 반항하는 행동으로 나타날 수 있다. 자신의 감정과 욕구에 따라 행동하려는 경향이 강해 타인의 입장을 고려하지 못하고, 감정을 조절하기 어려워 기복이 심하며 불안정한 모습을 보이기도 한다. 이러한 특성 때문에 또래와 갈등을 빚거나 교사와의 관계에서 문제 행동으로 이어질 수 있다.

실제로 학교 현장에서는 FC 자아가 높은 일부 학생들이 또래 관계에서 지나치게 자기중심적인 태도를 보이며, 갈등을 겪는 경우가 종종 있다. 이들은 즐겁고, 신나는 활동을 좋아하고, 하고 싶은 말이나 감정을 솔직하게 표현하며 교실 분위기를 밝게 만들기도 하지만 때로는 상황에 맞지 않는 말이나 행동으로 주변 친구들을 당황하게 만들기도 한다.

특히 관심받고, 주목받고자 하는 욕구가 강할 경우 친구들을 웃기려는 말이나 행동이 지나쳐 오히려 불편함을 주는 경우도 있다. 친구들의 말을 잘 듣지 않고, 자기 말만 하거나 자신의 의견만 고집하며 장난이라는 이유로 친구를 놀리거나 조롱해 관계에 갈등이 생기기도 한다.

또한 호기심이 많아 이것저것 시작은 잘 하지만 마무리를 짓지 못해 책임감이 부족하다는 평가를 받기도 한다. 수업 시간에도 하고 싶은 말이 떠오르면 순서를 기다리지 않고 말하거나, 수업과 관련 없는 이야기를 꺼내 분위기를 산만하게 만들며 수업의 흐름을 방해하는 모습도 보인다.

이러한 성향은 밝고, 긍정적인 에너지로 친구들에게 즐거움을 주며 학교생활에도 활력을 불어넣을 수 있다. 그러나 자기 욕구나 즐거움을 추구하는 마음이 적절히 조절되지 않으면 이기적이라는 평가를 받고,

또래나 교사와의 관계에서 어려움을 겪을 수 있다.

이처럼 FC 자아 역시 상황에 따라 긍정과 부정의 양면적인 모습으로 나타날 수 있다. 지금까지 살펴본 긍정적 · 부정적 측면을 바탕으로 그 특징을 다시 한번 정리해 보자.

<table>
<tr><td rowspan="2">특징</td><td>긍정적 측면</td><td>• 항상 밝고, 유쾌하고, 긍정적이다.
• 감정이 풍부하며, 이를 솔직하게 드러낸다.
• 자유롭고, 유연한 사고로 문제를 새롭게 바라볼 수 있다.
• 자신을 긍정적으로 인식하고, 감정 표현에 주저함이 없다.
• 호기심이 많아 학교의 다양한 행사에 적극적으로 참여한다.
• 조별 활동에서 창의적이고, 독창적인 아이디어를 제시할 수 있다.
• 축제나 체육대회에서 긍정적인 에너지로 분위기를 주도할 수 있다.
• 발표 수업에서도 두려움 없이 자신 있게 발표하며, 적극적으로 참여한다.
• 회복탄력성이 높아 힘든 감정을 빨리 털어내고, 다시 유쾌함을 되찾는다.</td></tr>
<tr><td>부정적 측면</td><td>• 행동에 경계가 없고, 실수가 잦다.
• 행동이나 감정 표현을 통제하기 어렵다.
• 산만하고, 웬만해서는 집중하기 어렵다.
• 기분에 따라 행동하고, 감정 기복이 심하다.
• 이것저것 벌여 놓은 일의 마무리가 어렵고, 책임감이 부족하다.
• 자기가 하고 싶은 말만 하고, 친구들 말은 잘 들어주지는 못한다.
• 신중함이나, 진지함이 다소 부족하며, 행동이 충동적이고, 즉흥적이다.
• 규칙을 지키거나 틀에 얽매이는 것을 힘들어하고, 자기 멋대로 행동한다.
• 친구를 배려하기보다 자기중심적으로 행동해 이기적이라는 평가를 받는다.</td></tr>
<tr><td colspan="2">예측되는 문제점</td><td>• 충동성으로 인한 잦은 실수
• 자기중심적 사고로 인한 또래 관계 갈등
• 즐거움만 추구하려는 강박으로 인한 불안
• 욕구가 충족되지 않을 때 겪는 좌절과 스트레스
• 충동성으로 인해 나타나는 학교폭력 및 공격적 행동
• 하고 싶은 걸 못 하게 해서 생기는 답답함과 우울감
• 집중력 부족으로 인한 과제 수행의 완성도 저하와 성적 하락
• 무분별한 말과 행동으로 수업 흐름을 방해하며 생기는 교사와의 갈등</td></tr>
</table>

5) 질끈이(AC): '참을 인'을 품고 사는 자아

C(놀이 방)에 머무는 AC(Adapted Child, 순응 어린이 자아)는 타인의 기대나 기준에 민감하게 반응하며 주변의 요구에 맞춰 자신을 조절하고, 적응하려는 경향이 있다. 혼나지 않기 위해 혹은 인정받고, 사랑받기 위해 스스로를 억제하거나 타인의 눈치를 살피며 행동한다.

이러한 AC 자아는 FC 자아와는 달리 생득적이고, 본능적인 감정에서 비롯된 것이 아니라 부모나 주요 양육자와의 관계 속에서 형성된 '훈련된 감정'이라고 할 수 있다.

어릴 적 착하고, 바람직한 행동을 했을 때는 칭찬과 관심을 받았지만 그렇지 못했을 때는 야단맞거나 무관심을 경험한 아이는 점차 중요한 주변 인물들의 기대에 자신을 맞추는 방식으로 행동하게 된다.

이러한 반복된 경험은 성장하면서 AC 자아로 자리 잡게 되고, 타인의 평가에 민감하게 반응하며 안정적인 관계를 유지하고, 비난이나 거절을 피하려고 스스로를 억제하는 경향을 만든다.

이 자아는 조심스럽고, 예의 바르며 일상에서 "내 말을 오해하면 어쩌지?" "혹시 실수하면 어쩌지?" "이렇게 하면 선생님이 좋아하실까?" "나 때문은 아니겠지?" "이건 하면 안 되는 거잖아…" "또 망치게 될 거야" "친구들이 모두 나를 싫어하겠지?" "화내시면 어떻게 하지?"와 같은 생각을 자주 하며 늘 긴장하고, 주변의 눈치를 살피게 된다.

이러한 태도는 곧 '내면의 순응자'처럼 인정받고 싶은 욕구와 타인의 평가에 대한 민감함에서 비롯된 AC 자아의 작동을 의미한다. 따라서 이 자아가 강한 학생들은 타인의 기대에 맞춰 예의 바르게 행동하고, 교사의 지시에 잘 따르며 규칙을 어기지 않으려 한다. 이러한 태도는 스스로의 욕구보다는 순응을 통해 관계를 유지하고, 부정적인 평가를 피하려는 노력에서 비롯된다.

교실에서는 자기주장을 내세우기보다 친구들의 의견을 잘 받아들이며 협력적이고, 수용적인 태도로 집단에 자연스럽게 어울리는 모습을 보이기도 한다. 그러나 AC 자아가 지나치면 자존감이 낮아지고, 자기표현에 소극적이며 타인의 평가에 예민하게 반응하면서 위축되거나 스트레스를 받을 수 있다. 주변의 기대에 맞추려다 보니 자신의 욕구나 감정을 억누르고, 지나치게 눈치를 보거나 주저하는 모습으로 이어질 수도 있다.

영화 '인사이드 아웃'의 캐릭터 중 소심이와 슬픔이는 AC 자아(순응 어린이 자아)의 특성을 잘 보여준다. 소심이는 늘 위축된 모습으로 버럭이가 분노를 표출하려 할 때마다 갈등이 일어나는 것을 막으려 애쓰며, 주저하는 태도를 보인다. 행동에 자신감이 없고, 소극적으로 움직이며, 주변의 눈치를 살피고, 불안해하는 모습이 뚜렷하다.

슬픔이 역시 자신이 쓸모없는 존재라고 여기며 자주 자책하고, 누군가에게 불편을 줄까 봐 안절부절못한다. 자신의 감정을 솔직히 표현하지 못하고 억누른 채 살아가려는 태도 또한 AC 자아의 특징이다.

이처럼 두 캐릭터는 불안, 자책, 눈치 보기, 위축된 태도 등 AC 자아가 지닌 정서적 특징을 잘 드러내고 있다. 물론 슬픔이는 NP 자아(양육적 부모 자아)의 특성도 함께 지닌다. 아픔을 겪는 빙봉이에게 무작정 웃으라고 하는 기쁨이와 달리 슬픔이는 그의 감정에 공감하며 함께 울어주고, 따뜻하게 위로한다.

이는 NP 자아의 공감 능력과 배려심을 잘 보여주는 장면이다. 그러나 영화 전체를 통해 드러나는 슬픔이의 자기비하적인 태도, 감정 표현의 억제, 타인에게 피해를 주지 않으려는 과도한 조심성 등은 AC 자아(순응 어린이 자아)의 특징으로 더 분명히 설명된다.

AC 자아가 건강하게 작동하면 학생은 타인의 기대에 적절하게 반응하며, 관계를 원만하게 유지하려 한다. 교사의 지시를 거스르지 않고 순응하며 학급에서 만든 규칙을 받아들이고, 수용하는 모습을 보인다. 교실에서는 자기주장을 강하게 내세우기보다 친구들의 의견에 귀 기울이고, 협력적인 태도로 집단에 조화롭게 어울리며 갈등을 최소화하려 한다.

갈등 상황에서도 감정을 억제하고, 조용히 상황을 지켜보며 상대를 불편하게 하지 않으려는 배려심을 보인다. 이러한 태도는 교사나 또래에게 '얌전하고, 말을 잘 듣는 아이', '예의 바르고, 순한 아이'라는 인상을 줄 수 있다.

그러나 이 자아가 건강하게 작동하지 않으면 학생은 타인의 시선에 지나치게 민감해지고, 거절당하거나 실망을 줄까 봐 두려워 자기표현에 소극적인 모습을 보인다. 교사의 지시나 또래의 기대에 무조건 따르려 하고 갈등을 회피하거나 자기감정을 억제하며 스트레스 상황에 놓이기도 한다.

특히 '~까 봐'라는 생각에 사로잡혀 자신의 욕구를 억누르며 행동하는 모습이 나타나기도 한다. 예를 들어 "엄마가 나를 싫어할까 봐" "내가 잘못해서 부모님이 이혼할까 봐" "친구들이 나를 따돌릴까 봐" "내 말을 오해할까 봐" 등으로 불안해하며 지나치게 눈치를 보고, 마음에 들지 않거나 불편한 상황에서도 자기 의사를 분명히 표현하지 못한 채 회피하거나 타협하려는 태도를 보인다.

이 과정에서 자신을 부정적으로 인식하게 되고, 이유 모를 죄책감, 열등감, 두려움 같은 감정이 내면에 차곡차곡 쌓여 간다. 그렇게 억눌린 감정이 누적되다 보면 어느 순간 더 이상 감정을 억제하지 못하고, 쌓였던 짜증과 분노가 폭발하며 평소와는 다른 극단적인 감정 반응이나 행동을 보이는 경우도 생길 수 있다.

실제로 학교 현장에서는 AC 자아가 높은 일부 학생들이 또래 관계에서 지나치게 눈치를 보거나 소극적인 태도로 인해 관계에 어려움을 겪거나 스트레스를 받는 경우가 종종 있다. 이들은 갈등을 피하고, 주변의 기대에 맞추려는 성향이 강해 하고 싶은 말이 있어도 참고, 표현하지 못하거나, 친구들 앞에서 의견을 말하는 것을 부담스러워하며 대화에 잘 끼지 못하고, 주변에서 머뭇거리게 된다.

실수에 대한 두려움이나 부정적인 평가에 대한 불안감 때문에 늘 긴장하고, 발표나 질문을 회피하거나 새로운 활동에 참여하는 데 소극적인 태도를 보이기도 한다. 특히 "실수하면 어쩌지?" "내가 모든 걸 망칠지도 몰라"와 같은 생각에 사로잡혀 자기 생각을 숨기고, 친구의 요구나 분위기에 억지로 맞추려다 보니 정작 자신은 감정적으로 지치거나 위축될 수 있다.

친구들에게 하고 싶은 말을 하지 못해 정작 풀어야 할 오해를 풀지 못하고, 혼자 속앓이를 하거나 점점 대인관계에서 위축되는 모습을 보이게 된다. 이러한 성향은 교실에서 친구들의 의견을 잘 수용하고, 협조하며 조화를 이루는 긍정적인 모습으로 나타날 수 있지만 자기표현이 부족하고, 감정을 억제하는 태도가 지속되면 또래와의 관계 형성은 물론 열등감이나 우울감으로 인해 정서적 어려움을 겪을 수 있다.

실제로 학생 정서 · 행동 특성 검사에서 관심군으로 분류된 학생들을 대상으로 교류 분석의 이고그램 검사를 한 결과 AC 자아가 높게 나타난 비율이 80%를 넘는 것으로 확인되고 있다.

이는 대규모 연구 결과가 아니라 저자가 약 15년간의 현장 경험과 사례를 토대로 얻은 경험적 통계이다. 이러한 결과는 감정을 억제하고, 타인의 기대에 과도하게 순응하는 성향이 정서적 취약성과 깊은 관련이 있음을 시사한다.

이처럼 AC 자아 역시 상황에 따라 긍정과 부정의 양면적인 모습으로 나타날 수 있다. 지금까지 살펴본 긍정적 · 부정적 측면을 바탕으로 그 특징을 다시 한번 정리해 보자.

특징	긍정적 측면	• 착하고, 온순하다. • 친구들에게 상처 주는 말을 하지 않는다. • 소극적이지만 안정감 있는 태도를 보인다. • 조용하고, 침착하며 신중한 태도를 보인다. • 자기반성과 성찰을 통해 성숙한 태도를 보인다. • 감정과 충동을 억제하는 자기조절능력이 뛰어나다. • 친구들과의 갈등을 피하고, 원만한 관계를 유지한다. • 자기 고집을 앞세우기보다 친구들의 의견을 수용한다. • 교사의 지시에 순응하고, 학교 규칙과 질서를 따르려 한다. • 교실에서 앞에 나서기보다는 조용히 친구들을 도우며 든든한 참모 역할을 한다.
	부정적 측면	• 지나치게 친구들의 눈치를 보며, 위축되어 있다. • 자신감이 없고, 스스로에 대한 믿음이 부족하다. • 감정을 표현하지 못하고, 억누르며 참고, 견딘다. • 친구들과 비교하며 열등감을 가지거나 우울해한다. • 선택과 결정을 주저하며, 우유부단한 모습을 보인다.

<table>
<tr><td rowspan="1">특징</td><td>부정적 측면</td><td>• 쉽게 위축되어 도전하기보다 회피하는 모습을 보인다.
• 갈등이 생기면 문제에 직면하기보다 피하는 경향이 있다.
• '~까 봐'에 대한 강박으로 자신의 의견이나 생각을 쉽게 말하지 못한다.
• 실수나 실패에 대한 불안으로 수업에 소극적으로 임하는 모습을 보인다.
• 적극성이 부족해 친구들에게 답답함을 주고, 관계 형성에 어려움을 겪는다.</td></tr>
<tr><td colspan="2">예측되는 문제점</td><td>• 비난에 대한 두려움으로 인한 불안
• 또래와의 비교로 인한 열등감 표출
• 자기표현 억제로 인한 욕구 미충족에 따른 스트레스
• 실수에 대한 걱정과 긴장으로 인한 수업 참여의 소극성
• 과도한 양보와 순응으로 인한 우울과 무기력 등 정서적 어려움
• 자기 비난과 낮은 자기 효능감으로 인한 자존감 하락 및 성취감 결여</td></tr>
</table>

2. 다섯 자아의 속마음 들여다보기

가. 자아들의 속마음 인터뷰 이야기

우리는 살아가면서 상황에 따라 다양한 모습으로 반응한다. 어떤 순간에는 단호하고, 엄격한 말투로 원칙을 강조하고, 다른 때에는 따뜻한 말 한마디로 상대를 위로하거나 보살펴주기도 한다. 때로는 마음속에서 올라오는 감정을 그대로 표현하기도 하고, 반대로 조심스레 주변을 살피며 말을 아끼기도 한다.

이처럼 한 사람 안에도 서로 다른 '자아의 목소리'가 공존한다는 점에 주목한 이론이 바로 교류 분석(Transaction Analysis)이다. 교류 분석에서 말하는 자아 상태들은 단순히 이름만 다른 것이 아니라 저마다 고유한 사고방식, 언어 스타일, 감정 표현, 행동 특성이 있으며 우리 안에서 서로 다른 관점과 반응을 만들어낸다. 이 자아들은 특정 상황에 따라 자연스럽게 등장해 우리의 생각과 행동에 영향을 미치며, 때로는 서로 충돌하거나 조화를 이루기도 한다.

그렇다면 이 자아들은 서로를 어떻게 바라볼까? 하나의 인격 안에서 저마다 다른 기준과 목소리를 지닌 자아들은 때로는 상대의 방식을 불편하게 여기거나 반감을 가질 수 있고, 반대로 자신에게 없는 점을 보며 부러워하거나 존중의 마음을 갖는다고 가정해 볼 수 있다.

물론 이는 실제로 자아들이 서로를 평가한다는 뜻이 아니라 자아의 특성을 이해하기 위한 재미있는 상상적 접근일 뿐이다. 겉으로 드러나지 않지만 우리 내면에서 자아들이 서로를 비교하고, 평가한다면 어떤 모습일까? 자아들의 특징에 맞게 상상해 보자. 이를 통해 자아에 대한 이해의 폭을 한층 더 넓힐 수 있을 것이다.

이제 다섯 자아의 '속마음 인터뷰'를 통해 각 자아가 다른 자아들을 어떻게 바라보는지 살펴보자. 자아들은 저마다의 관점과 감정을 바탕으로 때로는 날카롭게 비판하고, 때로는 부러움이나 존중의 시선으로 서로를 바라보며 평가한다. 이를 통해 자아들 사이의 갈등과 협력, 불편함과 조화, 긴장과 인정의 관계를 더욱 생생하게 들여다볼 수 있다.

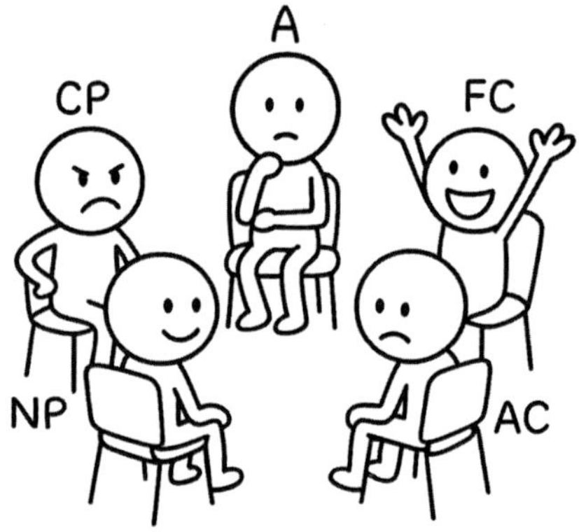

자아들의 속마음을 들여다보는 일은 단순한 이론적 설명을 넘어 우리가 일상에서 경험하는 내면의 심리적 흐름을 이해하는 데 도움을 준다. 각 자아의 시선을 따라가다 보면 자신의 감정과 반응 뒤에 어떤 자아의 목소리가 숨어 있는지 알 수 있으며, 그것이 바로 우리 내면을 이해하는 여정의 첫걸음이 될 수 있을 것이다.

1) 발끈이(CP)의 인터뷰: 원칙의 목소리

– CP의 시선에서 바라본 자아들

CP 자아는 원칙과 규범을 중시하고, 옳고 그름에 대한 뚜렷한 기준을 가진 성향답게 다른 자아들을 바라볼 때도 엄격하고, 단호한 시선을 유지한다. 분위기나 기분보다 책임과 도리를 우선시하다 보니 자유롭거나 감성적인 태도에 대해서는 경계심을 갖거나 불편해한다.

그럼에도 각 자아가 지닌 강점은 어느 정도 인정하며, 질서와 기준을 세우는 리더로서 자신의 역할을 다하려 한다. 이제 CP 자아가 다른 자아들을 어떻게 바라보는지 들어보자.

– CP의 시선에서 바라본 CP (자기 인식)

"나는 기준이 분명해. 정해진 원칙을 지키고, 흔들림 없이 행동하지. 말로만 떠드는 건 내 스타일이 아니야. 행동으로 보여주고, 그걸로 신뢰를 쌓는 거지. 누가 시키지 않아도 책임질 줄 알고, 맡은 일은 끝까지 마무리해. 약속한 건 반드시 지키려고 하고, 결과에 대해서도 스스로 책임지는 편이야. 그게 내가 믿는 기본이지.

기본을 지키는 사람이라면 나는 의리를 지켜. 그런 사람은 믿을 수 있거든. 근데 정의롭지 못하거나 공평하지 않은 상황? 절대 그냥 넘기지 않아. 그건 나한테는 용납이 안 돼. 사실 말이지, 기본만 지키면 되는 건데 그마저도 안 지키면서 내 지적이나 충고를 무시할 땐… 속에서 화가 확 치밀어. 그럴 땐 정말 참기 힘들어.

그래서인지 사람들은 나를 엄격하고, 무서운 사람이라고 생각하더라고. 하지만 사실 나는 원칙을 지키며 정직하고, 성실하게 맡은 역할에 최선을 다할 뿐이야. 그게 내가 믿는 바고, 그게 옳다고 생각해.

사람들이 나를 보면 늘 권위적이고, 화만 내는 줄 아는데… 그게 좀 억울해. 단호한 겉모습만 보고 판단하니까 말이지. 나도 잘한 일엔 기꺼이 칭찬할 줄 안다고. 비판만 하는 사람이 아니라 옳은 건 옳다고 말할 줄 아는 사람이야. 그걸 좀 알아줬으면 좋겠어."

– CP의 시선에서 바라본 NP

"감정에만 휘둘려 행동하는 건 정말 이해하기 어려워. 일이 제대로 굴러가려면 명확한 기준이나 방향이 있어야 하고, 그에 따른 책임도 져야 하잖아. 그런데 NP처럼 정에만 끌려서 원칙 없이 움직이는 건 나한텐 무책임하게 느껴져. 칭찬도 마찬가지야. 노력하지 않은 사람에게까지 무조건 격려하고, 응원하는 건 오히려 진실하지 못한 태도라고 생각해. 그런 태도는 진심이 느껴지지 않고, 결국 주변 사람들의 판단까지 흐리게 만들지. 나는 감정보다 일관된 기준과 책임이 먼저라고 생각해.

결국 상황이 어지러워지면 책임은 늘 원칙을 지키려는 나 같은 CP가 감당하게 돼. NP들은 사람들에게 좋은 인상을 주는 행동만 하려고 하지만 나는 아니야. 학교나 교실 안에서는 반드시 지켜야 할 규칙과 질서가 있어.

그런 기본을 지키지 못하는 사람이 있다면 그 기준을 바로 세울 수 있도록 분명하게 지적하고, 짚어줘야 해. 나는 욕을 먹더라도 그런 역할을 할 거야. 그게 내 원칙이니까. 그런데 그걸 자꾸 NP들이 흐리게 만들고 있어서 솔직히 화가 치밀기도 해.

그렇지만… 저 따뜻한 눈빛과 배려가 묻어나는 말투, 먼저 다가가서 마음을 여는 태도는 무시할 수 없는 강점이야. 나는 바르지 못한 행동을 바로잡기 위해 지적하고, 충고하는 데 집중하다 보니 감정 표현에는 익숙하지 않아. 그런데 NP는 말 한마디로 사람을 안심시키고, 눈빛 하나로 마음을 풀어주더라. 그런 방식은 내 접근법으로는 쉽게 따라 할 수 없는 능력이야.

그래서일까? 사실, 가끔은 부럽기도 해. NP의 미소와 따뜻한 말투를 한 번쯤 흉내 내볼까, 고민했던 적도 있어. 결국 내가 내세우는 원칙만으로는 얻기 어려운 신뢰와 관계의 힘, 그건 분명 NP가 가진 고유한 강점이지."

- CP의 시선에서 바라본 A

"머릿속으로는 계산이 다 끝난 것 같은데 정작 결정은 미루고, 계속 망설이기만 하니 답답해. 생각만 많고, 실행력이 부족해 보이는 거지. 상황을 지나치게 분석하다가 결국 행동으로 이어지지 못하는 경우가 얼마나 많은데. 나 같은 CP 입장에서는 그렇게 따지고, 분석만 하면서 시간을 끄는 태도가 도무지 이해되지 않아.

원칙이 분명하다면 곧바로 행동으로 옮기면 되는 거야. 그런데 왜 그렇게 고민만 하고 미적거리는 거지? 사소한 일에도 지나치게 근거와 자료를 찾고, 효율성과 실용성을 따진다고 하지만 내 눈에는 오히려 그게 더 비효율적으로 보여서 답답할 따름이야. 원칙과 기준이 분명한데 도대체 그까짓 근거와 자료가 왜 필요한 거지? 안 그래? 자기들은 그걸 신중하고, 진지하다고 말하겠지만 내 눈에는 그저 답답할 따름이야.

그래도 감정에 휘둘리지 않고, 차분하게 상황을 바라보는 태도는 인정할 수밖에 없어. 감정보다 사실을 우선하고, 한발 물러서서 객관적으로 판단하는 모습은 나에게 부족한 분별력이기도 하지. 특히 감정이 격해진 상황에서도 침착하게 말하고, 논리적으로 설득하는 능력은 분명 배울 만한 가치가 있어.

화를 잘 내지 않고, 이성을 잃지 않는 태도는 확실히 눈에 띄더라. 나는 종종 화를 내고, 분노해서 정작 해야 할 말을 놓치는데 A는 끝까지 침착함을 유지하며 할 말을 다 하잖아. 그 부분만큼은 CP인 나도 솔직히 부러워."

- CP의 시선에서 바라본 FC

"항상 원칙 없이 충동적으로 행동하니까 도무지 예측할 수가 없어. 그때그때 기분 따라 움직이는 모습은 미성숙하고, 무책임해 보이기까지 해. 기본적인 규칙이나 약속도 제대로 지키지 않고, 자기 하고 싶은 대로만 행동하니까 산만하고, 통제가 안 돼. 그래서 옆에서 지켜보는 나는 그 예측할 수 없는 행동 때문에 늘 답답하고, 짜증이 나.

또 분위기에 휩쓸려 일관성 없이 행동하니 같이 일을 하면 도무지 믿음이 안 간다니까. 책임감도 없이 자기 하고 싶은 일만 골라 하려 들고 재미있고, 즐거운 일만 좇는 게 다야. 위계도 기준도 없이 욕구에만 따라 움직이는 모습은 정말 한심해 보여. 결국 눈에 띄는 건 지적하고, 바로잡아야 할 행동들뿐이지.

그런데도 이상하게 옆에 있으면 나도 모르게 웃게 되더라. 감정을 숨기지 않고, 솔직하게 드러내니까 뭐가 필요한지 바로 보여서 답답하지도 않아. 가끔 맥락 없는 농담이나 장난을 던질 때가 있는데 그게 또 재치 있게 느껴지거나 귀엽게 보일 때가 있지. 내 스타일은 아니지만 그 유쾌한 분위기에는 분명 사람을 끌어당기는 매력이 있어.

인정하긴 싫지만 같이 있으면 재미있고, 마음이 가벼워지긴 해. 그 자유로움이 부러울 때도 있지. 나는 늘 틀에 맞춰 엄격한 기준만 따라가며 융통성 없이 지내는데 가끔은 그냥 다 내려놓고 웃고, 떠들며 아무렇게나 행동해 보는 게 필요할지도 모르겠다 싶어. FC는 사람들을 웃게 하고, 분위기를 확 띄우잖아. 그래서 가끔은 나도 그 자유분방함이 부러워."

- CP의 시선에서 바라본 AC

"도대체 왜 저렇게 늘 눈치만 보면서 행동하는 거지? 자기만의 기준이나 확실한 생각은 없어 보이고, 항상 주변 반응부터 살피니까 답답해 죽겠어. 뭘 하든 '혹시 누가 싫어하지 않을까?' '실수하면 어쩌지?' 이런 생각만 하면서 망설이기만 하고, 좀처럼 먼저 나서질 않잖아. 자신감도 없고, 때로는 책임을 회피하려는 것처럼 보여서 화가 나.

결정 하나 내리는 데도 꼭 누군가의 지지나 동의를 받아야만 안심하는 모습, 솔직히 한심해 보일 때도 있어. 게다가 가끔은 징징거리거나 유약하게 굴 때가 있는데, 그런 건 정말 못 봐주겠어. 그러다 보니 중요한 순간에도 머뭇거리다가 기회를 놓치기 일쑤고, 같이 뭔가 해보려 하면 속이 터질 지경이지.

이래서는 도무지 믿고, 함께할 수가 없어. 괜히 옆에 있는 사람들까지 기운 빠지게 만들잖아. 자신이 뭘 원하는지 무슨 생각을 하는지 분명하게 말하고, 조금만 더 적극적으로 나서주면 나 같은 CP도 덜 답답할 텐데 말이지. 그걸 못하니 성격이 분명한 나는 또다시 악역을 맡게 되는 거야. AC들이 당당하게 의견을 낼 수 있도록 재촉하고, 몰아붙일 수밖에 없지. 내가 화내고, 분노하게 되는 건 결국 AC들의 태도 때문이야.

그래도 가만히 생각해 보면 그런 조심스럽고, 협조적인 태도가 꼭 필요할 때가 있어. 서로 자기주장만 내세우고, 양보하지 않으면 일이 쉽게 풀리지 않을 때가 많은데 그럴 땐 누군가 고집을 꺾어야 하거든. 그런 상황에서 AC는 그 역할을 참 잘하는 것 같아.

덕분에 함께 일할 때 불필요한 갈등 없이 일이 순조롭게 진행되지. 나는 보통 강하게 밀어붙이는 편인데 AC는 한발 물러설 줄 알고, 다른 사람의 의견을 잘 따라줘서 한결 수월하단 말이야. 집단 안에서도 이런 유연하고, 순응적인 태도를 가진 사람이 꼭 한 명쯤은 있어야 해. 그래야 서로 다른 의견을 조율하고, 불필요한 마찰을 최소화해서 전체 분위기를 안정적으로 이끌 수 있어.

때로는 갈등이 커지지 않게 완충 역할을 하고, 관계를 잇는 연결고리가 되기도 하지. 내 성격처럼 주장만 내세우고, 강하게 밀어붙이다 보면 오히려 부딪히기 쉬운데 AC는 조용히 갈등을 피하고, 관계를 매끄럽게 만들더라. 그 점만큼은 솔직히 부럽긴 해."

2) 따끈이(NP)의 인터뷰: 돌봄의 목소리

- NP의 시선에서 바라본 자아들

NP 자아는 따뜻한 공감과 배려를 중시하는 성향답게 다른 자아들을 바라볼 때도 이해와 수용의 시선을 유지한다. 때로는 안타까움이나 답답함을 느끼기도 하지만 각 자아가 지닌 고유한 장점과 인정할 만한 부분은 기꺼이 받아들인다. 이제 NP 자아가 다른 자아들을 어떻게 바라보는지 들어보자.

- NP의 시선에서 바라본 NP (자기 인식)

"나는 세상을 따뜻하고, 아름답게 만들고 싶어 하는 사람이야. 누군가 힘들어 보이면 먼저 손을 내밀고, 기댈 곳이 되어주려 하지. 그래서 많은 사람들이 내가 필요하고, 함께 있으면 마음이 편해진다고 말하곤 해. 그런 반응을 볼 때면 괜히 기분이 좋아지고, 작은 도움이라도 줄 수 있었다는 사실에 만족감을 느껴.

나로 인해 누군가 웃음을 되찾거나 다시 힘을 낼 수 있다면 그게 바로 내가 존재하는 이유가 아닐까 싶어. 무엇보다 나는 친구들의 작은 변화도 잘 알아차리고, 관심을 기울여 칭찬해 주며 기분을 좋게 만들어 줘. 또 힘들어하는 친구에게는 공감하고, 격려해 주면서 용기를 북돋아 주지. 그런 순간마다 친구들이 힘을 얻고, 웃는 모습을 보면 정말 뿌듯해.

하지만 그런 나를 부담스럽게 여기거나 내 관심을 간섭처럼 느끼는 사람들도 있다는 걸 알아. 그런 모습을 보면 서운하고, 마음이 아파. 속상하기도 하고. 내 감정이나 욕구는 뒤로 미뤄둔 채 배려하고, 관심을 보이며 친절을 베풀었는데 사람들이 그걸 알아주지 않고, 오히려 부담스럽다고 할 때면 정말 힘이 빠지고, 지쳐.

나는 내가 베푼 도움을 사람들이 기쁘게 받아들이고, 즐거워할 때 가장 큰 위로를 받거든. 사실 나도 누군가의 관심과 보살핌이 필요할 때가 있어. 그런데도 늘 아낌없이 주기만 했는데, 내가 건넨 마음이 그대로 돌아오지 않을 때 '나는 그들에게 어떤 의미의 친구일까?' 하고 스스로에게 묻게 돼. 그건 내게 상처야. 내가 준 친절과 따뜻함이 친구들에게서도 다시 돌아온다면 그보다 더 큰 기쁨은 없을 텐데 말이야."

– NP의 시선에서 바라본 CP

"저 사람들은 왜 늘 저렇게 날카롭고, 단호하게 말할까? 말투 하나하나가 너무 직설적이고, 엄격해서 듣는 입장에선 마음에 상처받을 때가 많아. 상대의 마음은 고려하지 않은 채 작은 실수나 잘못까지도 일일이 지적하고, 충고하잖아. 우리는 친구들인데도 마치 선생님이나 부모님처럼 혼내고, 가르치려 드니 부담스러울 때가 있어. 강압적으로 지시만 내리는 '폭군'처럼 보일 때는 다가가기 힘들고, 무섭게 느껴지기도 해.

CP 친구들은 늘 화가 나 있는 것 같고, 기분이 나빠 보여. 그래서일까? 나는 따뜻한 마음과 친절함을 그들에게도 전해주고 싶어. 따뜻한 미소와 온화한 표정까지도 함께 말이야. 그러면 그들도 조금은 부드러운 표정과 행동으로 다른 친구들에게 더 편안하게 다가갈 수 있지 않을까, 하는 기대가 생겨.

그런데도 이상하게 그 단호함과 카리스마가 부럽게 느껴질 때가 있어. 항상 책임을 피하지 않고, 누구보다 먼저 앞장서서 집단을 이끌며 강한 추진력을 보여주는 모습은 내가 쉽게 따라 할 수 없는 강점이니까. 때로는 엄격해 보이지만 자기 확신에 찬 행동과 확고한 원칙을 따르는 그 태도에는 분명 배울 만한 점이 있어.

거기에다 망설임 없이 빠르게 선택하고, 결정 내리는 결단력 그리고 친구들 사이에서 자연스럽게 드러나는 권위와 리더로서의 면모는 나와는 또 다른 강점이자 부러움의 대상이지.

그런 이유 때문인지 나도 가끔은 친구를 돕고, 배려하는 마음에서 벗어나 내가 생각하는 원칙과 기준에 따라 옳고, 그름을 분명히 판단해 보고 싶어. 때로는 친구들에게 '이렇게 하는 게 더 좋겠어' 하고 자신 있게 말하며, 리더십을 발휘해 보고 싶을 때도 있어. 사실 그런 CP의 모습이 늘 부러웠던 거야."

- NP의 시선에서 바라본 A

"냉정하고, 차갑게 느껴지는 사람들이야. 늘 일정한 거리를 두고, 쉽게 마음을 열지 않으며, 감정을 잘 드러내지 않으니 가까이 다가가거나 친밀함을 표현하기가 쉽지 않아. 따뜻한 말 한마디나 공감 없이 사실 위주의 말만 하고, 감정보다 논리를 앞세워 문제 해결에만 집중하는 것 같아 서운하고, 속상할 때가 많아.

그래서인지 마치 정 없는 사람처럼 느껴지기도 해. 내가 원하는 건 근거 있는 정보나 자료도 아니고, 문제에 관한 해결 방안도 아니야. 그저 따뜻하고, 친절한 위로나 작은 격려일 뿐인데… A들은 그게 쉽지 않은가 봐.

그래서일까? 감정을 중시하는 나를 이해하지 못하는 A에게 다가가는 게 늘 어렵게 느껴져. 보이지 않는 벽이 가로막혀 있는 것처럼 말이야. 나처럼 웃어주고, 친절하게 말해 주고, 배려해 주면 좋을 텐데. 그게 그렇게 힘든 걸까?

그런데 문득 그런 모습이 부럽게 느껴질 때도 있어. 나는 사람들과의 관계를 먼저 생각하고, 그들의 마음을 배려하다 보니 해야 할 말이 있어도 망설이거나 결정을 미루는 경우가 많아. 거절해야 할 상황에서도 상대가 상처받을까 봐 돌려 말하거나 우물쭈물하게 되는 경우도 많지.

그런데 A는 감정에 휘둘리지 않으며 이성적으로 판단하고, 분석해서 필요할 땐 분명히 '아니요'라고 말할 줄 알아. 현실적인 접근 방법으로 문제 상황을 정리해 나가는 모습은 늘 인상적이야.

게다가 A는 부담스러운 부탁이 들어와도 흔들리지 않고, 자신이 감당하기 어렵다고 판단되면 아무리 친한 관계라도 차분하면서도 분명하게 거절해. 그런 태도는 인상적이고, 나로선 쉽게 따라 하기 어려운 행동이야. 나는 늘 그게 잘 안돼서 힘들거든. A의 그런 태도는 나에게 없는 중요한 강점이라서 더 부럽게 느껴져.

그래서인지 A처럼 합리적이고, 현실적인 판단으로 나에게 도움이 되는 선택을 하고, 의미 없는 부탁은 조심스럽게 거절할 수 있는 사람이 되고 싶어. A의 합리성과 객관적인 태도는 정말 본받을 만하다고 느껴지거든."

- NP의 시선에서 바라본 FC

"나 같은 NP의 보살핌이 꼭 필요한 사람들이야. 보고 있으면 괜히 신경이 쓰이고, 불안해서 결국은 챙기고, 도와주게 되거든. 해야 할 일도 제대로 안 한 것 같은데 저렇게 놀고만 있으니 앞으로 어떻게 할 생각인지 걱정이 돼. 저렇게 즉흥적이고, 충동적으로 행동하다 보면 분명 실수도 잦고, 나중에 후회할 일도 생길 텐데 말이야.

그래서 내가 뭘 좀 도와줘야 하지 않을까 싶은 거지. 하는 행동들을 보면 마치 물가에 내놓은 어린아이 같다고 할까? 위태롭고, 금방이라도 사고를 칠 것 같아 마음이 쓰여. 자유롭고, 활기차 보이긴 하지만 언제

어디서 무슨 일을 벌일지 알 수 없으니, 마음을 놓을 수가 없어.

어떤 때는 장난으로 분위기를 즐겁게 만들지만 그게 지나치면 다른 친구들과 갈등이 생길 수도 있잖아. 그럴 땐 또 내가 나서서 서로 화해할 수 있도록 돕고, 갈등 관계를 풀어줘야 해. 그래서일까? 옆에 있으면 자꾸 눈길이 가고, 결국은 돌봐주고 싶은 마음이 드는 거야.

그래도 천진난만하게 웃고, 뛰어다니는 모습을 보면 귀엽고, 괜히 흐뭇해져. 하는 행동은 산만하고, 엉뚱하지만 그 밝고, 유쾌한 모습만큼은 참 보기 좋아. 가끔은 나에 대한 배려 없이 자기 하고 싶은 대로만 해서 서운할 때도 있지만 장난기 가득하고, 분위기를 띄우는 그들을 도무지 미워할 수가 없어.

늘 다른 사람을 먼저 생각하고, 양보하며 희생하는 데 익숙한 나로서는 문득 '나도 저렇게 내 입장만 생각하면서 내 위주의 삶을 살면 좋겠다'라는 생각이 들 때가 있지. 돌봄을 주는 사람이 아니라 잠시라도 돌봄을 받는 입장이 되어보는 것, 사실은 그게 솔직히 부러운 거야. 가끔은 관계와 타인 돌봄에서 벗어나 나만을 위해 자유롭게 행동해 보고 싶어지거든."

- NP의 시선에서 바라본 AC

"참 착한 사람들이야. 나처럼 남을 배려하려는 마음이 느껴져. 그런데 어딘가 우리랑은 조금 달라. 표정이 어둡고, 말도 지나치게 조심스럽고, 늘 주위를 살피며 눈치를 보는 것 같아. 남을 위하는 마음은 분명히 있지만 어딘가 위축되어 있고, 감정을 제대로 드러내지 못한 채 지내는 것 같아.

그런 모습을 보면 자꾸 마음이 쓰여. 다가가서 그들의 이야기를 들어주고 싶어져. 나한테라면 그들도 조금은 마음을 열고, 하고 싶은 말을 털어놓을 수 있지 않을까? 편하게 말할 수 있도록 곁에서 힘이 되어주고, 필요하다면 용기도 북돋아 주고 싶어.

하지만 어떤 면에서는 AC가 나보다 나을지도 몰라. 우리는 누군가 힘들어 보이면 그냥 지나치질 못해. 도와주지 않으면 마음이 불편하거든. 그렇게 계속 남을 돌보다 보니 몸도 마음도 쉽게 지치고, 소진될 때가 많아.

그런데 AC는 조심스럽고, 소극적인 성향 때문에 직접적으로 나서서 누군가를 돕거나 이야기를 다 들어주며, 공감해 주는 역할을 하지는 않잖아. 그래서 그런 행동으로 인한 에너지 소진도 덜 하고, 보상이 돌아오지 않았을 때 느끼는 서운함도 우리보다는 적을 것 같아.

물론 그들 나름의 속앓이는 있겠지만 앞뒤 재지 않고, 남의 일에 뛰어들어 돕고, 또 참견까지 하느라 금세 지쳐버리는 내 입장에선… 솔직히 그런 점이 부럽기도 해. 나는 아직도 돌봄을 멈추는 법을 잘 모르니까."

3) 매끈이(A)의 인터뷰: 이성의 목소리

- A의 시선에서 바라본 자아들

A 자아는 사실과 논리에 기반해 사고하고, 이성과 지성을 중시하는 성향답게 다른 자아들을 바라볼 때도 객관적이고, 분석적인 시선을 유지한다. 감정보다 이성을 앞세우다 보니 비합리적이거나 충동적인 모습에는 비효율적이라고 느끼며, 답답해할 때도 있다. 그렇지만 각 자아가 지닌 고유한 강점과 역할은 인정하고, 존중하려고 한다. 그럼, 이제 A 자

아가 다른 자아들을 어떻게 바라보는지 함께 살펴보자.

– A의 시선에서 바라본 A (자기 인식)

"나는 일을 처리할 때 늘 논리적이고, 체계적이야. 감정에 휘둘리지 않으니 결정도 빠르고, 명확하지. 분명한 근거와 자료를 토대로 계획을 세우고, 그에 따라 행동하기 때문에 실수가 거의 없어. 친구들과 함께 조별 과제를 할 때도 정확한 정보와 자료를 제시하고, 주제와 내용을 체계적으로 정리해 이끌어 가니 시간을 효율적으로 쓰고, 과제의 완성도도 높일 수 있어.

그런 점에서 나 같은 A들은 큰 도움이 되지. 나는 언제나 감정보다 사실과 논리를 우선시하고, 공과 사를 분명히 구분하는 편이야. 그래서 객관적인 판단이 필요할 때 사람들도 나를 신뢰하지. 또 감정이 격해진 상황에서도 침착함을 잃지 않고, 문제의 핵심을 짚어내며 해결책을 제시하는 모습은 나만의 강점이야. 물론 다른 친구들의 이야기를 들어주고, 공감하는 건 서툴 수 있지만 현실적인 조언이나 구체적인 피드백을 주는 건 내 전공이지.

하지만 때로는 나에게서 현실적인 도움을 받은 사람들마저도 나를 차갑고, 인간적인 따뜻함이 부족한 사람이라고 평가할 때가 있어. 그럴 땐 정말 억울하고, 속상하지. 나는 단지 더 합리적이고, 효율적인 것을 선호할 뿐인데 말이야. 그렇지만 사실 나 스스로도 지나치게 이성적인 틀 속에 갇혀 산다는 느낌이 들 때가 있긴 해.

가끔은 이성적이거나 논리적일 필요가 없는 상황에서도 편하게 일상을 이야기하거나 감정을 나누는 게 쉽지 않거든. 뭔가 더 의미 있는 주제를 가지고 이야기해야 한다는 생각 때문에 분위기를 즐기지 못할 때가 있어.

그래서인지 나도 때로는 이성, 지성, 합리, 효율, 분석이라는 틀에서 벗어나 여유롭고, 편안한 관계 속에서 진심 어린 친밀감이 무엇인지 느껴보고 싶다는 마음이 들어. 계산이나 논리가 아닌 그저 따뜻한 웃음과 공감 속에서 이어지는 대화를 경험해 보고 싶을 때가 있는 거야."

– A의 시선에서 바라본 CP

"자기만의 원칙과 기준에 따라 상황을 단정 짓고, 몰아붙이는 경우가 많아. 기준에 맞지 않으면 일방적으로 지적하거나 몰아세우지만 정작 그 안에는 현실적인 조언이나 도움이 될 만한 피드백은 거의 없어. 그래서 듣는 입장에서는 괜히 혼만 나는 것 같고, 정작 어떻게 해야 하는지는 알 수 없는 거지.

객관적인 근거나 현재의 정보보다 과거의 경험이나 경직된 사고방식에 의존해 판단하다 보니 이성적인 대화가 어려울 때가 많아. 게다가 자신들이 '원칙'이라고 믿는 것들이 사실은 편견이나 선입견일 수 있다는 점을 인정하지 않고, 끝까지 자기 생각만 고집하니까 소통은 더욱 힘들어져.

감정이 격해지면 이성은 사라지고, 논리적이지 않은 말들을 쏟아내며 무작정 화를 내고, 소리를 지르는 모습은 정말 이해하기 어려워. 그런 태도는 상황을 더 복잡하게 만들 뿐만 아니라, 문제 해결에도 전혀 도움이 되지 않아서 답답하게 느껴지거든. 이럴 때일수록 오히려 이성적으로 접근하는 게 더 필요하다고 생각해.

하지만 솔직히 부러운 점도 있어. 바로 강한 추진력과 결단력으로 상황을 주도해 나가는 모습이야. CP는 자신만의 기준과 신념이 뚜렷해서 쉽게 흔들리지 않고, 일관된 태도로 사람들을 이끌어가지. 무엇보다 책임을 회피하지 않고, 어려운 상황에서도 앞장서서 문제를 해결하려는 자세는 정말 본받고 싶을 만큼 인상적이야.

나는 논리와 근거를 따지느라 생각이 많고, 결정이 늦어질 때가 있지만 CP는 필요한 순간에 빠르게 판단하고, 과감하게 실행에 옮기잖아. 게다가 단호하게 방향을 정하고, 밀어붙이는 힘은 위기 속에서도 집단을 안정시키고, 이끌어 가는 원동력이 되니까 그런 강한 리더십과 주저함 없는 실행력을 지닌 건 정말 부럽지."

– A의 시선에서 바라본 NP

"어떤 일을 결정할 때 왜 그렇게 다른 사람의 감정을 먼저 살피는지 이해하기 어려워. 선택이나 결정은 언제나 논리적이고, 이성적인 판단에 따라 효율성과 실용성을 따져서 내려야 해. 거기에 감정이 개입되면 안 되지. 괜히 감정 따라 움직였다가는 일을 망칠 수 있거든.

더군다나 다른 사람의 기분이나 입장을 지나치게 고려해서 결정을 내린다는 건 전혀 합리적이지 못해. 그런데도 NP들은 자꾸 감정에 치우쳐 판단하는 것 같아. 문제의 본질보다 사람과의 관계나 마음을 먼저 생각하다 보니 정작 중요한 결정을 제때 내리지 못하거나 현명한 선택을 하지 못할 때가 많더라.

거절해야 하는 상황에서도 부탁받으면 망설이고, 주저하다가 결국 혼자 처리하기 힘든 일까지 맡아 버리는 걸 보면 늘 안타깝지. 싫으면 그냥 솔직하게 '안 된다'라고 말하면 될 텐데 왜 그렇게 미안해하고, 주저하는지 모르겠어. 나로선 도무지 이해가 안 돼.

그래도 그런 따뜻한 공감 능력은 솔직히 부러워. 힘들어하는 사람을 누구보다 먼저 알아보고, 아무 조건 없이 다가가 위로의 말을 건넬 수 있다는 건 나로선 쉽게 할 수 없는 일이니까. 나는 늘 그 일이 나에게 실질적인 이익이 되고, 의미가 있는지를 먼저 따져보는 편이야. 그래서 누군가의 감정이나 기분을 고려해 결정을 내리는 건 솔직히 쉽지 않아.

그래서 사람들과 깊은 친밀감을 쌓거나 속마음을 편하게 나눌 수 있는 분위기를 만드는 건 어려워. 그런 면에서 NP처럼 상대의 마음을 먼저 헤아리고, 감정을 읽어내며 따뜻한 말 한마디로 안심시켜 주는 능력은 정말 배워야 할 소중한 역량인 것 같아. 때로는 논리적인 설명보다도 그 따뜻한 공감이 더 큰 힘이 된다는 걸 아니까 부러움이 더 큰 거겠지."

– A의 시선에서 바라본 FC

"FC는 모든 일에 지나치게 즉흥적인 면이 있어. 어떤 계획이나 준비도 없이 그때그때 기분에 따라 행동하니까 함께 있으면 도무지 예측이 안 돼. 상황을 신중하게 분석하거나 깊이 고민하는 모습은 거의 없고, 늘 '오늘을 즐기자'라는 식의 태도를 보이니 마치 내일이 없는 사람처럼 느껴질 때가 있어.

그런 모습을 보면 당황스럽기도 하고, 때로는 무책임하게 느껴져서 안타까울 때가 많아. 물론 자유롭고, 긍정적인 에너지가 매력일 수도 있지만 주변 사람에게는 불편함과 부담을 줄 수 있다는 걸 FC가 조금은 인식했으면 좋겠어.

깊이 있는 대화나 중요한 결정을 함께해야 할 순간에는 어려움이 더욱 커져. 진지하거나 신중하게 접근하기보다는 농담이나 장난으로 반응하고, 현실성이나 논리성이 부족한 엉뚱한 아이디어를 내놓으며 즐거워하는 모습은 당황스럽기까지 해.

그런 태도에선 합리성이나 일관성을 기대하기 어렵고, 결국 제대로 소통하거나 생각을 나누는 게 불가능하게 느껴질 때가 많아. 시간이 지날수록 대화 주제가 점점 산으로 가고, 결국 우리가 원래 나누려던 본질에서 멀어지게 돼. 결국엔 소중한 시간을 허비하는 기분이 들어서 속상하지. 이런 모습이 반복되면 자연스럽게 거리감이 생기고, 관계 자체가 점점 소모적으로 느껴져 멀어지게 돼.

물론 즉흥적인 태도에서 나올 수 있는 창의성과 독창성은 분명한 강점이기도 해. 정해진 틀에 얽매이지 않고, 자유롭게 사고하며 누구도 예상하지 못한 방식으로 문제를 해결해 내는 능력은 놀라울 정도지. 지나치게 진지하거나 딱딱한 분위기마저도 순식간에 유쾌하고, 화기애애하게 바꿔버리는 그 재치는 정말 인상적이야.

나는 늘 자료와 정보를 바탕으로 정확하고, 객관적으로 생각하다 보니 예기치 않은 상황에서 유연하게 대처하거나 문제를 다른 각도에서 바라보는 데는 좀 서툴러. 그런데 FC는 겉으로 보기엔 일보다 노는 데 더 집중하는 것처럼 보일 때가 많은데 막상 결과를 보면 아무도 예상하지 못한 참신한 방식으로 과제를 완성해 내곤 해.

그런 모습을 볼 때마다 어떻게 저런 창의적이고, 직관적인 사고가 가능한지 감탄하게 돼. 나는 늘 계획하고, 그 계획에 따라 체계적으로 생활하다 보니 삶을 여유롭게 즐기기가 쉽지 않거든. 그래서 순간을 즐기며,

유쾌하게 살아가는 FC의 모습이 솔직히 부럽게 느껴져. 나도 가끔은 아무 생각 없이 좀 더 유연하고, 단순하게 살아보고 싶다는 생각이 들어."

– A의 시선에서 바라본 AC

"마치 '착한 사람 콤플렉스'에 빠진 것처럼 매사에 조심스럽고, 주변 눈치를 살피며 행동하는 모습은 솔직히 답답하게 느껴질 때가 있어. 자기가 원하는 걸 좀처럼 말하지 않으니, 저 친구가 어떤 기분인지 무엇을 바라는지 알기 어려워. 그냥 자기 생각을 솔직하게 표현해 준다면 훨씬 편하게 소통할 수 있을 텐데 말이지.

혼내거나 비난한 것도 아니고 단지 사실을 이야기했을 뿐인데도 눈치를 보며 주저하는 모습을 보면 조별 활동을 함께하는 입장에서는 신경이 쓰이고, 불편할 때가 많아. 특히 근거 없는 열등감이나 낮은 자존감으로 의기소침한 모습을 보일 때면 솔직히 이해하기 어렵고, 비합리적이라는 생각이 들어.

자기 자신을 믿고, 생각이나 의견을 당당하게 표현할 수 있어야 하는데… 그게 그렇게 어려운 일일까? 굳이 그렇게까지 할 필요는 없는데 다른 사람들 기분만 맞추느라 정작 자신의 몫은 챙기지 못하고, 결국 스스로 부정적인 자기 인식에 빠지는 것 같아. 조금만 더 이성적으로 바라본다면 어떤 행동이 더 효율적인지 충분히 알 수 있을 텐데 말이지.

솔직히 부러운 점도 있어. AC는 감정을 직접 표현하는 데는 서툴지만 타인의 감정이나 기분에는 누구보다 민감하게 반응하고, 늘 조심스럽게 말하잖아. 반면 나는 말투가 분석적이고, 직설적인 편이라 의도와는 다르게 차갑게 들리거나 마치 논쟁하려는 것처럼 느껴질 때가 있어. 사실을 정확히 전달하려는 마음이 앞서다 보니 상대방의 마음을 충분히 헤아리지 못해 그런 건데 그게 누군가에게 상처로 남기도 하더라고.

AC는 말 한마디, 행동 하나에도 늘 신중하게 반응해서 그로 인해 상처받는 사람이 거의 없는 것 같아. 그런 모습을 보면 관계를 맺는 방식 자체가 나와는 다르다는 걸 실감하게 돼. 나는 생각이나 정보 중심으로 소통하려는 반면, AC는 감정이나 분위기 중심으로 반응하려 하거든.

그래서인지 주변 사람들도 AC와 함께 있을 때 더 편안함과 안정감을 느끼는 것 같고, 나도 그런 세심하고, 조심스러운 태도를 보면 부럽게 느껴질 때가 있어. 특히 자기 생각을 강하게 주장하거나 고집하지 않고, 집단 속에서 자연스럽게 어울리며 조화를 이루는 모습은 정말 배워보고 싶은 부분이야.

AC는 어떻게 그렇게 자신의 욕구나 기대를 억제하고, 타인에게 맞춰 가며, '착한 사람'으로 살아갈 수 있는 걸까? 그런 태도는 내 지적 호기심을 자극해서 연구해 보고 싶다는 생각이 들 정도야."

4) 화끈이(FC)의 인터뷰: 자유의 목소리

- FC의 시선에서 바라본 자아들

FC 자아는 자유롭고, 솔직하며 하고 싶은 것을 마음껏 표현하는 성향답게 다른 자아들을 바라볼 때도 자신만의 독특한 시선으로 반응한다. 때로는 답답하거나 재미없다고 느끼기도 하지만 그 안에서 흥미로운 점이나 자기만의 방식으로 받아들일 수 있는 부분은 적극적으로 수용한다. 이제 FC 자아가 다른 자아들을 어떻게 바라보는지 들어보자.

– FC의 시선에서 바라본 FC (자기 인식)

“신나고, 행복해! 나는 하고 싶은 건 꼭 해 봐야 직성이 풀리지. 세상을 늘 새롭고, 흥미로운 놀이터처럼 바라보는 자유로운 영혼이야. 넘치는 에너지와 나만의 유쾌한 매력으로 진지하거나 어색한 분위기도 단숨에 바꾸는 재주가 있지. 화통하고, 적극적이며 호기심으로 가득한 나와 함께 있으면 하루가 지루할 틈 없이 즐겁고, 학교생활도 훨씬 더 재미있고, 생기 있게 느껴질 거야.

틀에 얽매이지 않고, 새로운 활동에 과감하게 도전하는 내 모습은 누군가에게는 색다른 자극이 되고, 때로는 용기를 북돋아 주는 계기가 되기도 해. 자유롭고, 활기찬 에너지가 주변에 긍정적인 영향을 주는 걸 보면 나만의 방식이 꽤 특별하다는 생각이 들어.

게다가 내 생각은 또 얼마나 창의적이고, 독창적인지 스스로도 놀랄 때가 많아. 늘 새로운 아이디어가 자연스럽게 떠오르고, 그중엔 아무나 쉽게 떠올릴 수 없는 기발하고, 신선한 발상들이 많지. 평범한 상황도 우리 손에 닿으면 특별한 프로젝트로 바뀌고, 예상치 못한 방식으로 문제를 풀어내는 기발함이 있어. 그래서 나와 함께 있으면 늘 예상 밖의 자극과 즐거움을 경험하게 돼.

물론 나를 유치하고, 철없으며 엉뚱하다고 보는 사람들도 있다는 걸 알아. 시끄럽고, 산만하다며 부담스러워하거나 싫어하는 사람들도 있고 말이야. 그런 평가에 가끔 기분이 상하기도 하지만 솔직히 말해 크게 신경 쓰진 않아. 틀린 말은 아니지만 남들이 나를 어떻게 보는지가 중요한 건 아니거든.

그래, 나도 잘 알고 있어. 세상엔 지켜야 할 규범과 규칙 그리고 질서가 있다는 걸. 생각 없이 행동하면 위험을 초래하거나 실수로 이어질 수 있다는 것도 충분히 이해하고 있어. 하지만 그런 것들을 하나하나 다 지키며 살아간다고 생각하면 솔직히 좀 답답하고, 숨이 막혀. 삶에서 즐거움이 사라지는 기분이랄까.

그래도 친구들과 잘 지내려면 어느 정도 선을 지켜야 하는 걸까? 내 자유로운 행동에 경계를 두는 게 맞는지, 요즘 그게 좀 고민이 되긴 해."

- FC의 시선에서 바라본 CP

"융통성은 찾아보기 힘들고, 여유라고는 눈곱만큼도 없는 친구들이야. 뭔가 함께해보자고 하면 꼭 원칙이 어떻고, 기준이 어떻고, 이건 옳고, 저건 그르다며 한참을 늘어놓지. 듣고 있다 보면 숨이 막히고, 마음까지 답답해져. 하지 말라는 건 또 왜 그렇게 많은지 모르겠어. 그렇게 빡빡하게 굴면서 과연 학교생활이 즐겁기나 할까 싶어.

유머 감각은 눈 씻고 찾아봐도 없고, 늘 친구들에 대해 불만이 많은 사람처럼 보여. 친구 사이인데도 같이 있으면 자꾸 혼나는 기분이 들고, 괜히 내가 뭔가 잘못한 사람처럼 느껴질 때도 있어. 말투는 늘 명령조고, 대화는 지적이나 훈계로 끝나니까 솔직히 CP랑은 편하게 어울리기가 쉽지 않아.

물론 CP 친구들도 그렇게 행동하는 데는 다 이유가 있고, 자신들이 중요하게 여기는 기준이나 원칙에서 비롯된 거겠지. 하지만 그 방식이 너무 경직돼 있어서 함께 있을 때 자유롭고, 편안한 느낌을 받기는 어렵더라고.

그래도 인정할 건 해야지. 과제를 주면 끝까지 책임지고, 완성도 높은 결과를 내기 위해 성실하게 노력하는 그 태도는 정말 대단하다고 느껴. 나는 그때그때 기분에 따라 움직이고, 재미있어 보이는 일에만 몰두하다가 마무리를 제대로 못 할 때가 많은데 그런 점에서 CP 친구들의 일관되고, 성실한 모습은 늘 신기하고, 놀랍게 느껴져.

적극적이고, 추진력 있다는 점에서는 나와 비슷한 면도 있지만 어딘가 결이 다르달까? 나는 즐거움, 행복, 유쾌함 같은 것들을 위해 열정적으로 그러나 때로는 즉흥적으로 행동하며 우리 조의 분위기를 이끌어가는 편이야. 반면 CP 친구들은 언제나 명확한 규칙과 기준을 세워두고, 다소 독단적으로 보일 때도 있지만 일관성 있게 조를 이끌며, 리더 역할을 해내더라고.

게다가 CP들은 친구들과의 약속을 지키는 걸 아주 중요하게 생각해. 그것도 나와는 다른 점이지. 정직하고, 성실한 면은 나에게선 쉽게 찾아보기 어려운 부분인데 그래서 더 본받고 싶은 점이기도 해.

그래서인지 친구들이 나와 함께 놀고 싶어 하는 건 맞지만 중요한 과제나 활동이 있을 땐 나를 그다지 반가워하지 않는 것 같아. 일을 함께 할 땐 CP 친구들이 더 믿음직하고, 신뢰가 간다는 건 나도 인정하는 사실이야. 어쩌면 그래서 더 부러운지도 몰라. 나에게는 없는 그런 묵직한 카리스마와 리더십은 CP 친구들이 가진 강점이니까."

- FC의 시선에서 바라본 NP

"솔직히 말하면 오지랖 넓고, 잔소리 많은 친구들이야. 뭐든지 간섭하려 들고, 나를 도와주고, 챙겨준다는 핑계로 자꾸 귀찮게 굴지. 같은 친구 사이인데도 왜 나를 어린애처럼 대하는지 모르겠어. 그냥 좀 내버려

됬으면 좋겠는데 말이야.

하루 종일 따라다니면서 "과제 했어? 내가 도와줄게" "표정이 안 좋아 보이네. 무슨 일 있어? 내가 들어줄게" "너랑 같이 있으면 기분이 좋아. 앞으로도 계속 이렇게 함께하자" "지각하면 선생님께 혼나니까 내일 아침에 전화해서 깨워줄까?" "오늘 바뀐 안경, 너한테 정말 잘 어울려" 같은 말을 하면서 마치 엄마처럼 지나치게 챙겨주려 해.

처음엔 고마운 마음도 있었지만 시간이 지날수록 그 과한 관심이 숨막히고, 답답하게 느껴져. 자유롭게 놀고 싶은 내 입장에선 그런 배려가 오히려 부담되거든. 다른 친구들과도 어울리고 싶은데 자기들과만 함께 있기를 바라는 듯한 태도는 점점 집착처럼 느껴지고, 함께 있는 게 불편해지더라고.

물론 그들도 나름의 방식으로 애정을 표현하는 거겠지만 그 손길에서 벗어나 조금은 자유롭게, 내 방식대로 즐기고 싶은 마음이 커.

그래, 솔직히 말하면 나도 잘 알아. 천방지축에 어디로 튈지 모르는 나 같은 애를 NP 친구들 아니면 누가 챙겨주고, 얘기를 끝까지 들어주겠어? 솔직히 귀찮을 때도 많지만… 그런 점은 고맙지. 나는 주로 내 이야기만 하는 편이라 누군가의 말을 조용히 들어주고, 공감하는 건 솔직히 쉽지 않더라고.

그런데 NP 친구들은 그걸 참 잘해. 생각해 보면 나는 친구들 이야기를 듣기보다 내 얘기를 하느라 늘 바빠. 누가 무슨 말을 하든, 중간에 끼어들어 대화를 끊고, 주제를 내 쪽으로 돌려버리는 경우도 많거든. 흥미로운 얘기가 떠오르면 참지 못하고 말해 버리니까.

도대체 어떻게 저렇게 남의 이야기를 끝까지 들어줄 수 있는지… 나로선 상상만 해도 답답하고, 힘들어. 그런데 NP 친구들은 그런 걸 참 자연스럽게 해내더라고. 친구가 평소와 조금만 달라 보여도 먼저 관심을 두고, 사소한 일에도 "고마워"라고 말할 줄 아는 모습 그리고 늘 기분 좋은 칭찬과 따뜻한 격려를 건네는 태도는 인정하지 않을 수 없는 저 친구들의 분명한 강점이야.

그런 모습 때문인지 친구들이 편하게 다가가고, 도움을 요청하거나 진짜 고민이 생겼을 때 가장 먼저 찾는 사람은 결국 NP 친구들이더라고. 그런 일은 잘 없겠지만 만약 나에게도 고민이 생긴다면… 아마 나 역시도 그 친구들을 찾게 되지 않을까 싶어.

나도 누군가의 이야기에 진심으로 귀 기울이고, 공감할 수 있을까? 아주 가끔은 그런 내가 되어보고 싶다는 생각이 들어. 말보다 마음으로 연결되는 순간을 경험해 보고 싶은 거지."

- FC의 시선에서 바라본 A

"감정이라고는 하나도 없는 로봇 같은 친구들이야. 뭐든지 이성적으로 따지고, 분석하려 들고, 심지어 예능마저 다큐처럼 만들어 버릴 만큼 지나치게 진지하지. 그냥 웃고, 떠들며 즐기면 되는 순간에도 그런 시간은 무의미하고, 낭비라고 생각하는 것 같아.

내가 하는 말이나 행동을 학교생활에 별 가치가 없는 것처럼 치부해 버릴 때면 괜히 존중받지 못하는 기분이 들기도 해. 오히려 내 눈에는 늘 생각하고, 계획만 세우느라 정작 학교생활을 제대로 즐기지 못하는 A의 모습이 더 안쓰럽게 느껴지는데 말이지. 그런 모습을 보면 나처럼 마음껏 웃고, 뛰놀 수 있게 해주고 싶은 마음이 들어.

가끔 나를 아무 생각 없이 쓸데없는 말만 내뱉는 사람처럼 취급하고, 어렵게 띄운 분위기를 한순간에 딱딱하고, 재미없게 만들어 버릴 때면 정말 어이없지.

그래도 인정할 건 해야지. 늘 차분하고, 감정에 쉽게 휘둘리지 않는 그 모습은 솔직히 충동적인 나에겐 꼭 필요한 부분이긴 해. 나는 생각보다 행동이 먼저 나가는 즉흥적인 성격이잖아. 그래서 실수도 잦고, 한참 뒤에야 후회하는 경우도 많지. 부모님이나 선생님께 혼나는 일도 많고, 그럴 때마다 늘 생각하고, 계획에 따라 움직여서 실수가 적은 A 친구들이 괜히 대단해 보이더라고.

계획 세우는 걸 귀찮아하고, 깊이 생각하는 걸 피하는 나에겐 정말 꼭 필요한 친구들이지. 호기심이 많다는 점은 비슷한 것 같은데 내가 관심 두는 주제와는 결이 좀 다른 것 같아. 나는 재미있고, 자극적인 것에 흥미를 느끼지만 A 친구들은 차분히 분석하고, 탐구하는 데 더 관심이 있는 것 같아.

수행평가 준비할 때 자료를 찾아가며, 계획대로 차근차근 해내는 모습이 솔직히 좀 부러워. 나는 놀기에 바빠서 수행평가 준비조차 어려울 때가 많거든. 나도 A처럼 뭔가를 하기 전에 충분히 생각하고, 고민해서 신중하게 행동할 수 있을까?"

- FC의 시선에서 바라본 AC

"솔직히 말하면 같이 있으면 답답할 때가 있어. 늘 주변 눈치를 보느라 자기 생각을 잘 드러내지 않고, 하고 싶은 게 있어도 망설이기만 하거든. 그러다 보니 선택이나 결정을 내려야 할 순간이 오면 결국 내가 나서서 정하게 되는 경우가 많아. 기다리다 보면 지치고, 결국엔 내가 주도해서 결정할 수밖에 없게 되더라고.

“글쎄… 잘 모르겠어” “아니, 난 괜찮아” “너희가 원하는 대로 해” “난 아무거나 상관없어” 같은 말만 반복하니까 대체 뭘 원하는 건지 알 수가 없어. 결국엔 내가 매번 나서서 결정하게 되는데 그걸 본 다른 친구들은 내 멋대로 한다며 ‘이기적’이라고 하더라고.

사실은 AC 친구들의 이런 우유부단하고, 느린 반응 때문에 생긴 오해인데 괜히 내가 욕먹는 것 같아서 좀 억울할 때도 있어. 나는 그저 적극적이고, 바로 행동으로 옮기는 성격일 뿐 그렇게 이기적인 사람이 아니야. 사람들이 그 점을 좀 알아줬으면 좋겠어.

가만히 생각해 보면 그렇게 조심스럽고, 신중하게 행동하는 AC 친구들의 태도가 오히려 나보다 더 어른스러워 보일 때가 있어. 나는 가끔 철없는 아이처럼 다른 사람을 배려하지 않고, 하고 싶은 대로 즉흥적으로 움직이지만 AC 친구들은 늘 주변의 분위기를 살피고, 집단의 조화를 먼저 생각하며 행동하잖아. 그건 정말 인정할 수밖에 없는 강점인 것 같아.

그래서 앞으로는 늘 양보하고, 자기표현을 잘 못하는 저 친구들이 더 즐겁고, 신나는 학교생활을 할 수 있도록 내가 곁에서 웃겨주고, 즐거움을 나눠야겠다는 생각이 들어. 그리고 그 친구들에게 꼭 이렇게 말해 주고 싶어. ‘눈치 좀 보지 마’ ‘그냥 하고 싶은 대로 하는 거야’ ‘싫으면 솔직하게 NO라고 말해’ ‘웃어봐, 웃으면 그동안 쌓인 스트레스가 확 풀려’ ‘그냥 너답게 하면 돼’ ‘걱정은 잠깐 내려놓고, 즐겨’라고 말이야.”

5) 질끈이(AC)의 인터뷰: 순응의 목소리

- AC의 시선에서 바라본 자아들

AC 자아는 조심스럽고, 눈치를 잘 살피며 타인의 기대나 분위기에 맞춰 행동하는 성향답게 다른 자아들을 바라볼 때도 조용히 관찰하고, 조심스레 반응한다. 때로는 부담스럽거나 위축되는 순간도 있지만 갈등을 피하고, 관계를 해치지 않기 위해 애쓰며 각 자아의 특징을 나름대로 받아들이고, 적응하려 노력한다. 이제 AC 자아가 다른 자아들을 어떻게 바라보는지 들어보자.

- AC의 시선에서 바라본 AC (자기 인식)

"AC인 나에겐 이런 인터뷰 자체가 사실 좀 부담스러워. 내 생각이나 감정을 표현한다는 게 나에게는 어려운 일이거든. 그래도 한번 해볼게. 나는 늘 다른 친구들에게 맞춰 지내는 게 더 편하고, 익숙해. 누군가 마음 상하는 걸 보면 괜히 미안해지거든. 그래서 내 욕구나 기대는 그렇게 중요하지 않다고 생각하며 지내게 돼. 다른 사람들이 만족하고, 기분 좋아하면 그걸로 충분하다고 생각하거든.

'내가 한 말 때문에 친구들이 날 오해하면 어떡하지?' '이렇게 말하면 실수하는 거 아닐까?' '혹시 내가 또 실망시키면 어쩌지?' '내가 잘못한 건 아니겠지?' '선생님이 나를 안 좋게 보시면 어쩌지?' 이런 생각들 때문에 차라리 내가 조금 참고, 조심하는 게 낫다고 여기며 지내게 되는 거지. 내가 굳이 나서지 않고, 친구들 이야기를 잘 들어줄 때 다들 편하게 느끼고 좋아하잖아. 그런 나한테 '착하다' '순하다' '편하다'라는 말을 자주 해줘. 그거면 된 거지 뭐. 그런 모습이 바로 나니까…

그런데 이런 나를 두고 친구들이 '답답하다' '속 터진다' '우유부단하다' '결정장애다'라고 말할 때면 정말 속상해. 내가 얼마나 하고 싶은 걸 참으며 희생해 왔는데 돌아오는 게 그런 평가라니 너무하지 않아? 그래서 가끔은 그렇게 참고, 견디기만 하는 내가 스스로도 속상하고, 억울하게 느껴질 때가 있어.

왜 늘 나만 양보해야 하는지, 언제까지 친구들의 기분에만 맞춰줘야 하는지 답답해지지. 내가 원하는 건 언제쯤 말할 수 있을까 싶고, 왜 항상 나만 힘들게 느껴지는 건지 잘 모르겠어. 다른 친구들은 자기 마음을 드러내며, 하고 싶은 대로 하면서 즐겁게 지내는 것 같은데, 왜 나만 이렇게 버거운 걸까?

이젠 나도 친구들에게 맞추기보다 내 마음을 솔직하게 표현하고, 내가 원하는 걸 선택하면서 진짜 '나답게' 웃고, 행복해지고 싶어. 언젠가는 눈치 보지 않고, 내 감정을 있는 그대로 드러내며, 나답게 살아갈 수 있기를 바래. 정말… 그런 날이 올까 싶지만."

– AC의 시선에서 바라본 CP

"무서워. 저 친구들 옆에만 있어도 괜히 긴장되고, 주눅이 들어. 표정도 늘 화난 것처럼 보여서 말 한마디 꺼내기도 조심스럽고, 목소리도 너무 단호해서 내가 뭘 잘못한 것처럼 느껴져. 나에 대해 비판적으로 바라보는 것 같고, 혹시 내가 한 행동이나 말실수를 뒤에서 흉보거나 지적할까 봐 자꾸 눈치가 보여.

뭘 해도 마음에 들지 않을 것 같아서 자꾸 움츠러들고, 결국엔 아무것도 못 한 채 그냥 조용히 있게 돼. 생각이 많고, 행동이 느린 나로서는 뭐든 확신에 차서 밀어붙이고, 주도적으로 끌고 가는 CP 친구들이 솔직히 너무 부담스럽고, 숨 막혀.

가끔은 나도 자신 있게 행동하고 싶은데, 저 친구들 앞에서는 내 모습이 더 작아지는 기분이야. 나는 아직 준비가 덜 되었고, 시간이 더 필요한데 CP는 자꾸 몰아붙이듯이 재촉하고, 기다려주지도 않으니까 더 위축되고, 불안하고, 긴장돼.

그래도 인정할 건 있어. 옳고 그른 걸 분명하게 말할 줄 알고, 틀린 건 틀렸다고 바로잡는 그 당당한 태도는 솔직히 좀 부럽기도 해. 나는 늘 다른 사람 눈치 보느라 말도 제대로 못 하는데, CP 친구들은 하고 싶은 말을 망설임 없이 똑 부러지게 하고, 모두가 머뭇거릴 때도 앞장서서 결단력 있게 이끌어 주잖아.

주변 분위기에 휘둘리지 않고, 자기만의 기준과 원칙을 끝까지 지키는 모습은 솔직히 멋있어 보여. 나는 항상 다른 친구들 기분을 살피느라 말도 조심스럽게 하고, 작은 결정 하나도 쉽게 내리지 못해 한참을 고민하게 되거든. 결정장애라도 있는 것처럼 말이야.

그런데 CP 친구들은 자기 기준에서 아니다 싶으면 '과제는 베끼는 게 아니라 네가 직접 해야 하는 거잖아?' '야, 급식실에서 새치기하면 안 되지' '학생이 담배를 피워도 되는 거냐?'처럼 바로 지적하더라고. 늘 주눅 들어 있고, 쉽게 의기소침해지는 나로선 그런 모습이 도저히 상상도 안 돼.

그래서 그런 당당한 태도가 부럽게 느껴질 때가 있어. 가끔은 나도 CP 친구들처럼 주저하지 않고, 내 생각을 또렷하게 말해 보고 싶어. 언젠가는 그런 날이 정말 올 수 있을까?"

- AC의 시선에서 바라본 NP

"우리랑 결이 비슷해서 편할 때도 있지만 솔직히 짜증 날 때도 있어. 나도 결정이나 선택을 쉽게 못 하는 편인데, NP 친구들도 마찬가지거든. 그러다 보니 같이 있으면 서로 양보만 하다가 결국 아무 결론도 못 낸 채 시간만 흘러가 버릴 때가 많아.

NP 친구랑 나는 둘 다 너무 조심스럽고, 서로의 입장을 먼저 생각하다 보니 오히려 더 답답해지는 순간이 생기는 거지. 그럴 땐 차라리 CP나 FC 같은 친구들이 옆에 있어서 대신 결정을 내려주면 좋겠다고 생각할 때도 있어.

그리고 가끔은 NP 친구들을 피하고 싶을 때도 있어. 나를 배려해 주는 게 오히려 짜증 날 때가 있거든. 그냥 말하기 싫고, 조용히 있고 싶은 건데 자꾸 다가와서 힘든 게 있으면 털어놓으라고 하니까 말이야. 사실 특별히 힘든 게 있는 것도 아닌데 속마음을 꼭 얘기하라며 지나치게 관심을 보이니 솔직히 귀찮고, 부담스러워.

나는 혼자 있는 시간이 필요하고, 내 감정은 내가 알아서 정리하고 싶은데 말이지. 저 친구들의 그런 오지랖이 글쎄… 피곤하다고나 할까? NP 친구는 나를 잠시도 혼자 두려 하지 않아. 그럴 땐 너무 답답하고, 숨이 막히는 기분이 들어. 게다가 그 친구들 옆에 오래 있다 보면 자꾸만 기대게 되고, 점점 더 의존적으로 변해 가는 나 자신을 느끼게 돼서… 그게 더 싫고, 짜증 나기도 해.

그래도 힘들어 보이는 친구가 있으면 그냥 지나치지 않고, 먼저 다가가 도와주는 따뜻한 친구들이라는 건 인정해야 해. 나는 그런 상황에서도 혹시 친구들이 불편해할까 봐 쉽게 다가가지 못하고, 그저 망설이기만 하는데 NP 친구들은 말보다 행동으로 먼저 보여주더라고.

특히 늘 양보하고, 배려하면서도 힘들어하거나 억울해하지 않고, 오히려 항상 웃는 얼굴로 만족하고, 행복해하는 모습은 정말 놀랍고, 부럽기까지 해. 겉으로 보기엔 나와 NP 친구들이 비슷해 보일지 몰라도 사실 나는 좋아서 하기보다는 '그래야 하니까' 억지로 양보하고, 친구들 눈치를 보면서 행동할 때가 많아. 그래서 진심으로 행복하지가 않아.

가끔은 나만 늘 양보하고, 희생하는 것 같아 억울하기도 하고, 속상해서 기분이 상할 때가 오히려 많거든. 그게 나와 NP 친구들의 가장 큰 차이인 것 같아. '해야 하니까'가 아니라 '하고 싶어서' 행동하는 NP 친구들처럼… 나도 언젠가는 그렇게 할 수 있을까?"

- AC의 시선에서 바라본 A

"CP 친구들처럼 무섭거나 긴장되진 않지만 A 친구들도 어딘가 차갑고, 냉정하게 느껴져서 편하게 다가가기엔 조금 어려운 면이 있는 것 같아. 함께 있을 때 대화가 많지 않고 감정 표현도 거의 없어서 내가 답답하게 느껴지는 건 아닐까, 걱정되기도 해.

화를 내거나 짜증을 내는 건 아닌데 표정이나 말투가 너무 건조하게 느껴져서 그 친구가 어떤 기분인지 잘 파악하기 어렵더라고. 좋아하는 건지 싫어하는 건지도 헷갈릴 때가 많고. 오히려 FC나 CP 친구들은 감정이나 원하는 걸 분명하게 표현해 줘서 맞춰주기가 더 쉬운데 A 친구들은 그런 표현이 적다 보니 말을 건네는 순간부터 긴장할 수밖에 없고, 나도 모르게 그들의 반응을 살피며 눈치를 보게 되는 것 같아.

감정 없는 AI처럼 말하니까 나 같은 소심한 사람은 괜히 상처받을 때도 있어. 자꾸 이것저것 캐묻고, 논리적으로 따지고 들어오는 대화는 좀 부담스럽고, 피하고 싶어져. 가끔은 그냥 웃어주거나 감정이 담긴 말 한마디만 해줘도 마음이 훨씬 편할 것 같은데… 그게 어려운가 봐.

그래도 A 친구들에게 부러운 점도 분명히 있어. 언제나 서두르지 않고, 침착하게 상황을 바라보며 조용히 생각을 정리해 하나씩 문제를 해결해 나가는 모습은 정말 인상적이야. 말투에 감정이 크게 드러나진 않지만 이상하게도 그 말에는 묘한 설득력이 있거든. 아마도 충분한 근거를 바탕으로 차분하게 말하기 때문이겠지?

나는 아직 누군가를 제대로 이해시키거나 설득해 본 적이 없는 것 같아. 무슨 말을 하려 해도 자꾸 머뭇거리게 되고, 생각이 정리되지 않아서 입 밖으로 꺼내는 것조차 쉽지 않거든. 그래서 더 부러운가 봐.

나도 언젠가는 묵직한 존재감으로 사람들의 마음을 끌어당길 수 있는 사람이 되고 싶어. 짧은 한마디로도 상대를 이해시키고, 설득하며 마음을 움직일 수 있는 사람이 될 수 있을까? 그런 모습이 나에게도 가능할까 싶어 자꾸 생각하게 돼."

– AC의 시선에서 바라본 FC

"가끔은 정말 당황스러워. 자기 기분이 우선이라 뭐든 하고 싶은 대로 말하고 행동하니까, 옆에 있는 나는 괜히 긴장되고 따라가기도 벅차. 주변 분위기나 다른 사람의 감정은 전혀 살피지 않는 것 같아서 언제 무슨 일이 벌어질지 몰라 불안하고, 그 자리를 피하고 싶어질 때도 있어.

무엇보다 힘든 건 그 친구들이 아무렇지 않게 말을 툭툭 던지고, 농담하거나 내 기분과 상관없이 장난을 치는 순간들이야. 내가 불편하다는 걸 표정으로 조심스럽게 드러내도 전혀 눈치채지 못하고, 오히려 재미있어하며 웃는 모습을 보면 마음이 더 무거워져. 분위기를 망칠까 봐 애써 웃으며 넘기지만 그런 순간이 반복될수록 점점 지치고 힘들어져.

나는 늘 조심하면서 참고 있는데, FC 친구들은 그런 걸 전혀 의식하지 않고, 가볍게 넘겨버리는 것 같아서 솔직히 얄밉게 느껴질 때도 있어. 그런 모습을 보면 나만 너무 예민한 건가 싶다가도 '왜 나만 이렇게 조심해야 하나' 하는 생각이 들어.

감정을 표현하는 방식이 다르다는 건 알지만 때로는 그 거리낌 없는 행동이 상처처럼 느껴질 때도 있어. 나도 편안하게 내 감정을 표현하고 싶고, 눈치 보지 않고 대화할 수 있으면 좋겠는데 그런 순간이 좀처럼 오질 않아서 더 외롭고, 답답하게 느껴지는 것 같아.

그래도 솔직히 부러운 점도 있어. 자기중심적이고, 다른 친구들을 배려하지 않는 모습이 보일 때도 있지만 이상하게도 많은 사람이 FC 친구들을 좋아하더라고. 아마 함께 있으면 밝고, 긍정적인 에너지가 느껴져서 그런가 봐. 그들과 함께 있으면 나도 덩달아 기분이 좋아지고, 어느새 웃고 있는 나를 발견하게 되거든. 그게 바로 FC 친구들의 매력인 것 같아.

지나치게 활발하고, 적극적인 모습에 가끔은 피곤할 때도 있지만 그래도 내가 갖지 못한 그 순수함과 천진난만함은 정말 부러워. 아무 거리낌 없이 솔직하게 감정을 표현하고, 순간을 즐길 줄 아는 그 자유로움이 때론 참 인상 깊게 다가와.

나도 가끔은 눈치 보지 않고, 하고 싶은 걸 하면서 아무 생각 없이 마음껏 웃어보고 싶어. 그런데 그게 잘 안돼. 혹시 누가 불편해하진 않을까, 내가 너무 튀는 건 아닐까… 이런 걱정이 먼저 떠오르거든. 감정을 솔직하게 표현하면서도 사람들에게 사랑받는 FC 친구들처럼 나도 그렇게 사랑받을 수 있는 날이 올까?"

나. 다섯 자아의 두려움과 욕구 이야기

우리 마음속에는 저마다 다른 목소리를 지닌 다섯 자아가 함께 살아가고 있다. 이들은 각자의 방식으로 세상을 바라보며 고유한 감정과 사고, 행동을 드러낸다. 그런데 그 모든 반응은 사실 각 자아가 품고 있는 깊은 두려움이나 간절한 욕구에서 비롯된 것일지도 모른다.

어떤 자아는 사랑받고 싶은 마음에 늘 다른 사람들에게 맞추며 살아가고, 또 어떤 자아는 완벽함을 추구하려는 욕구로 자신과 타인에게 엄격해진다. 어떤 자아는 자유가 억압될까 두려워하고, 또 다른 자아는 감정에 휘둘리지 않기 위해 침착함을 유지하려 애쓴다.

이렇게 다섯 자아는 저마다의 두려움과 욕구를 일상에서 다양한 모습으로 표현한다. 따라서 자아들이 지닌 두려움과 욕구 그리고 그로부터 비롯된 강점과 약점을 살펴보는 일은 우리 학생들의 마음을 깊이 이해하고, 다양한 행동의 배경을 파악하는 데 큰 도움이 될 것이다. 이제 그 다섯 자아가 간직한 내면의 이야기들을 함께 들여다보자.

1) 발끈이(CP)의 기본 욕구와 두려움

CP(Critical Parent, 비판적 어버이 자아) 자아는 '**원칙이 무너지는 상황**'을 가장 두려워한다. 이 자아에게 원칙은 단순한 규칙 그 이상이다.

그것은 세상을 올바르게 유지하게 해주는 기준이자 자신과 타인을 보호하는 질서의 중심이다. 원칙이 무너지면 무엇이 옳고 그른지 판단할 수 없게 되고, 그 혼란 속에서 자신 또한 무력해질 수 있다는 불안이 깊이 자리 잡고 있다.

그래서 CP 자아는 원칙을 지키려 애쓰며 그것이 무시되거나 무너지는 상황을 마주하면 강한 위협을 느끼고, 본능적으로 개입하거나 통제하려 한다. '지켜야 할 기준'이 사라진 세상은 이 자아에게는 곧 자신이 흔들리는 세상이기 때문이다.

특히 이 자아는 원칙에 어긋나는 행동이나 상황을 그냥 넘기지 못하고, 반드시 바로잡고 싶어 한다. 모든 일을 정해진 기준에 따라 완벽하게 해내려는 의지가 강하며 이러한 태도는 CP 자아가 지닌 가장 본질적인 욕구인 '**완벽함**'의 추구로 이어진다.

CP 자아에게 완벽함이란 단지 실수를 피하는 것을 넘어 모든 사람에게 인정받고, 스스로도 만족할 수 있는 말 그대로의 흠 없는 '완벽'을 이루어야 한다는 강박에 가까운 기준이다. 그래서 자신뿐 아니라 주변 사람들에게도 높은 기대와 엄격한 잣대를 들이대며, 작은 실수조차 용납하지 않으려 한다.

이러한 태도는 때때로 주변 사람들에게 부담을 줄 수 있지만 동시에 CP 자아를 '**책임감**' 있는 존재로 만들어 준다. 이 자아는 어떤 상황에서도 자신에게 주어진 역할과 의무를 끝까지 완수하려는 강한 의지를 지니고 있으며 약속과 규칙을 가볍게 여기지 않고, 항상 지켜나가려 노력한다. 작은 일도 소홀히 넘기지 않고, 철저하게 마무리하는 태도는 이 자아가 공동체 안에서 신뢰받는 이유이기도 하다.

특히 어려움이나 위기의 순간에도 물러서지 않고, 자신이 해야 할 일을 먼저 실천에 옮기는 모습은 CP 자아의 강점인 '책임감'을 잘 보여준다. 자기 행동이 타인에게 미칠 영향을 생각하며 스스로 본보기가 되어야 한다는 마음으로 맡은 일에 대해 끝까지 마무리해 나간다.

그래서 CP 자아는 단순히 '책임감 있는 사람'이라는 타이틀에 머무는 것이 아니라 타인에게 모범이 되기 위해 끝까지 책임을 행동으로 옮기는 자아다. 그러나 이 책임감이 지나치게 강조되면 타인의 실수나 부족함에 대해 쉽게 '분노'를 느끼게 된다. 이는 단순한 불쾌감이 아니라 자신의 기준이 무너지는 것에 대한 강한 위기감에서 비롯된 반응이다.

스스로 설정한 기준에 도달하지 못했을 때 자신에게도 혹독해지고, 자책에 빠지기도 한다. CP 자아에게 '완벽하지 않음'은 곧 '잘못'이며, 이 '잘못'에 대한 반응은 냉정하고, 단호한 태도로 나타나 타인에게는 비판으로, 자신에게는 자기 비난으로 드러난다. 바로 이 강한 '**분노**'야말로 CP 자아가 가진 가장 뚜렷한 약점이라 할 수 있다. 정리하면 다음과 같다.

내면의 두려움	기본 욕구	강점	약점
원칙이 무너지는 것	완벽 추구	책임감	분노

2) 따끈이(NP)의 기본 욕구와 두려움

NP(Nurturing Parent, 양육적 어버이 자아) 자아는 '**관심받지 못하는 상황**'을 가장 두려워한다. 이 자아에게 타인을 돌보는 행위는 단순한 친절을 넘어 관계를 유지하고, 사랑을 확인받는 중요한 수단이다. NP 자아는 '도와주는 사람' '이해해 주는 사람'으로서 누군가에게 필요한 존재가 되기를 바란다. 그러나 자신이 베푼 배려가 무시되거나 아무런 반응 없이 외면당하는 상황을 마주하면 깊은 상실감과 외로움을 느낀다.

그래서 NP 자아는 늘 주변을 살피고, 누군가 힘들어하면 가장 먼저 다가가 손을 내민다. 도움이 꼭 필요하지 않은 상황에서도 누군가에게 따뜻한 관심을 건네고, 진심 어린 말을 나누며 관계 속에서 자신의 존재 가치를 느끼고자 한다.

이 자아는 자신의 감정보다 타인의 감정을 우선시하며 조용히 뒤에서 누군가를 지지하고, 응원하는 역할을 기꺼이 맡는다. 이처럼 누군가에게 의미 있는 존재가 되고자 애쓰는 마음은 사실 '관심받지 못할까 봐'라는 깊은 두려움에서 비롯된 것이다.

이처럼 NP 자아는 관심받지 못하는 상황에 대한 내면의 두려움에서 벗어나기 위해 '**타인 돌봄**'의 기본 욕구를 행동으로 드러낸다. 타인을 배려하고, 돌보는 과정 속에서 이 자아는 '**사랑**'이라는 강점을 지닌다. 누군가가 상처받고 있을 때 가장 먼저 따뜻하게 다가가고, 아무런 대가 없이 진심으로 손을 내미는 그 마음은 주변 사람들에게 큰 위로와 감동을 준다.

NP 자아는 상대의 고통을 쉽게 지나치지 않고, 말보다 행동으로 진심을 보여줄 줄 아는 깊은 애정을 지니고 있다. 하지만 이처럼 헌신적이고, 따뜻한 태도는 때때로 '**교만**'이라는 약점으로 왜곡되기도 한다. "나는 너를 이렇게까지 생각해 주는데 왜 몰라줘?" "다 너희를 위해 돕는 거야" "너희들은 내가 돌보지 않으면 아무것도 할 수 없어" "그냥 내 도움을 받아"라는 식의 마음이 자리 잡기 시작하면 그 사랑은 어느 순간 상대를 위한 것이 아니라 자기만족을 위한 것이 되기도 한다.

결국 NP 자아는 사랑이라는 이름 아래 상대의 선택이나 감정을 무시하고, 자신이 정한 방식으로만 관계를 유지하려 들 때 그 따뜻함은 오히려 부담이 되거나 강요로 느껴질 수 있다. 정리하면 다음과 같다.

내면의 두려움	기본 욕구	강점	약점
관심받지 못하는 것	타인 돌봄	사랑	교만

3) 매끈이(A)의 기본 욕구와 두려움

A(Adult, 어른 자아) 자아는 "**자신이 가지고 있는 정보가 왜곡되는 상황**"을 가장 두려워한다. 이 자아에게 정보와 사실은 세상을 객관적으로 이해하고, 판단하기 위한 가장 중요한 기반이다. 논리와 근거, 정확한 사실에 따라 세상을 바라보는 A 자아는 모든 판단과 행동이 신뢰할 수 있는 정보에 기반해야 한다고 믿는다.

그렇기에 사실이 왜곡되거나 감정이나 편견에 의해 흐려지는 상황을 마주하면 불편함과 혼란을 느낀다. 정보가 왜곡되고, 정확하지 않으면 판단이 흔들리고, 그로 인해 상황을 정확하게 파악하지 못할 수 있다는 불안이 깊게 자리하고 있다.

그래서 A 자아는 언제나 '침착함'을 유지하며, 감정에 휘둘리지 않고, 이성적으로 판단하려 애쓴다. 흥분하거나 즉흥적인 반응보다는 상황을 신중하게 분석하고, 그에 맞는 대응을 하려 한다. 이는 단지 냉정함이 아니라 불확실한 상황 속에서도 균형을 잃지 않으려는 A 자아의 본질적인 욕구인 '**침착함**'의 표현이기도 하다. 감정이 격해질수록 더욱 신중해지려는 태도는 이 자아가 혼란보다는 명확함 속에서 안정을 느끼는 존재임을 보여준다.

이러한 태도는 A 자아를 신뢰할 수 있는 분석가이자 감정과 사고 사이의 균형을 조율하는 중재자로 만들어 준다. 감정이 충돌하는 상황에서도 흔들리지 않고, 이성적으로 상황을 바라보며 근거를 바탕으로 타인의 주장을 분석하고, 판단하려는 태도는 A 자아의 가장 큰 강점인 '**안정**'으로 이어진다. 이 자아는 감정에 쉽게 동요되지 않고, 주변 환경이나 분위기에 흔들리지 않으며 늘 '안정'적인 태도로 상황을 객관적으로 판단하려 한다.

그러나 이러한 안정감을 지나치게 유지하려는 태도는 감정을 드러내는 데 소극적인 모습으로 나타날 수 있고, 이에 따라 주변 사람들에게는 냉정하고 '**감정이 결여**'된 사람처럼 보일 수 있다. 그리고 이러한 평가는 깊이 있는 친밀한 교류를 어렵게 만들고, 관계를 피상적으로 만들기 쉽다.

그 결과 가까운 이들과의 관계에서도 점차 마음의 거리가 생기고, 정서적인 단절로 이어질 수 있다. 결국 A 자아의 '안정성'은 큰 강점이지만 그 강점이 진정한 힘을 가지기 위해서는 감정과 사고를 조화롭게 통합시켜 나가는 노력이 필요하다. 정리하면 다음과 같다.

내면의 두려움	기본 욕구	강점	약점
정보가 왜곡되는 것	침착함	안정	감정 결여

4) 화끈이(FC)의 기본 욕구와 두려움

FC(Free Child, 자유 어린이 자아) 자아는 '**통제받는 상황**'을 가장 두려워한다. 이 자아에게 자유는 단순한 선택의 권리를 넘어서 자기 존재를 온전히 표현할 수 있게 해주는 생명력 그 자체다. 통제받게 되면 하고 싶은 것을 할 수 없고, 감정을 솔직하게 표현할 수 없으며 그 규제 속에서 자신의 존재가 억눌리고, 위축된다는 불안을 느낀다.

그래서 FC 자아는 자신을 억누르는 규칙이나 지시, 통제, 어떤 틀에 얽매이는 것을 본능적으로 거부하려 하고, 원하는 대로 행동하고, 느끼고, 표현하려는 방식으로 저항한다. 누군가 자신을 통제하려 하거나 자유를 제한하려고 하면 즉각적으로 반발하거나 아예 외면하고, 도망치려는 태도를 보이기도 한다. 하고 싶은 대로 할 수 없고, 마음껏 감정을 표현할 수 없는 세상은 이 자아에게는 답답하고, 숨이 막히는 공간이다.

특히 이 자아는 자신의 감정과 욕구에 솔직하게 반응하며, 다른 사람의 기대에 부응하거나 눈치를 보지 않는다. 어떤 일이든 스스로 결정하고, 주도하려는 경향이 강하며 이러한 태도는 FC 자아가 지닌 가장 본질적인 욕구인 '**자유**'의 추구로 이어진다. FC 자아에게 자유란 단지 간섭받지 않는 상태가 아니라 자신이 진짜 원하는 것을 적극적이고, 열정적으로 표현하며 살아가는 것이다.

그래서 이 자아는 계획보다는 즉흥적인 선택을, 안정보다는 재미를 추구하며 어떤 상황에서도 자신만의 방식으로 삶을 즐기려 한다. 이러한 태도는 때로 산만하거나 무책임하게 보일 수 있지만 동시에 FC 자아를 창의적이고, 생기 넘치는 존재로 만들어 준다. 이 자아는 틀에 박히지 않은 생각과 자유로운 감정 표현을 통해 분위기를 환기시키고, 집단에 활력을 불어넣는다. 주어진 틀 안에 갇히기보다 늘 새로운 가능성을 상상하고, 도전하려는 자세는 많은 사람에게 긍정적인 자극을 주기도 한다.

자신의 감정과 욕구를 솔직하게 드러내며 삶을 유쾌하게 만들어가는 '**열정**'의 힘이 바로 FC 자아의 가장 큰 매력이자 강점이다. 이 자아는 내면에서 솟구치는 호기심과 즐거움을 주저 없이 표현하며, 하고 싶은 일이 생기면 온 마음을 다해 몰입한다.

이러한 태도에서 드러나는 생동감은 삶을 활기차게 이끄는 FC 자아의 대표적인 강점인 '열정'으로 이어진다. 어떤 틀에도 얽매이지 않고, 자유롭게 움직이며 자신이 원하는 것을 향해 힘차게 나아가려는 그 열정은 창의성과 추진력의 원천이 되기도 한다.

그러나 이 열정이 건강하게 조절되지 않으면 FC 자아가 가장 경계해야 할 약점인 '**욕망**'으로 흐를 수 있다. 이 경우 해야 할 의미 있는 일에는 관심을 두지 않고, 순간적인 쾌락이나 자극적인 것에만 몰두하게 되며 단지 욕구를 충족시키는 데 집중하는 위험에 빠질 수 있다. 나아가 하지 말라는 것에 집착하고, 관계 속 갈등을 유발하거나 자기 행동에 대한 책임을 회피하는 등 무책임한 태도로 이어질 수 있다.

따라서 FC 자아는 자신을 자유롭게 표현하고 즐거움을 추구하되 그 과정에서 타인의 욕구 충족을 침해하지 않도록 자기 행동에 경계를 세워나가는 노력이 필요하다. 그래야만 그 열정은 더욱 건강한 강점으로 작용할 수 있을 것이다. 정리하면 다음과 같다.

내면의 두려움	기본 욕구	강점	약점
통제받는 것	자유	열정	욕망

5) 질끈이(AC)의 기본 욕구와 두려움

AC(Adapted Child, 순응 어린이 자아) 자아는 '**거절당하는 상황**'을 가장 두려워한다. 이 자아에게 거절은 단순한 '거부' 그 이상이다. 그것은 자신이 받아들여지지 않았다는 신호이자 관계에서의 소외와 단절로 이어질 수 있는 위협이다. 타인에게 거절당하면 자신이 틀렸거나 부족하다는 느낌을 강하게 받게 되고, 그 불안은 곧 자기 부정으로 이어질 수 있다.

그래서 AC 자아는 타인의 기대에 맞추기 위해 애쓰고, 눈치를 보며 조심스럽게 행동한다. '거절되지 않는 나'를 만들기 위한 노력은 이 자아에게는 곧 '안전'하게 살아남기 위한 전략이기 때문이다. 특히 이 자아는 비난받는 것, 실수하는 것, 관계에서 충돌이 일어나는 것을 매우 두려워하며 갈등을 피하고, 안정된 분위기를 유지하려는 경향이 강하다.

이러한 태도는 AC 자아가 지닌 가장 본질적인 욕구인 '**안전**'으로 이어진다. AC 자아에게 안전이란 단순히 물리적인 보호를 의미하는 것이 아니다. 타인에게 인정받고, 갈등 없이 조화롭게 지내는 안정된 관계 속에서 정서적 안정을 느끼며, 스스로 소속감을 느낄 수 있는 평온한 공간을 찾는 것이다. 그래서 AC 자아는 언제나 신중하고, 조심스럽게 행동하며 말 한마디에도 타인의 반응을 살피고, 실수로 인해 관계가 흔들리지 않도록 끊임없이 노력한다.

이러한 태도는 때때로 지나친 자기 억제로 이어져 자신의 감정이나 생각을 자유롭게 표현하지 못하게 만들기도 하지만 동시에 '협조적이고, 타협하는 존재'로 만들어 준다. 이 자아는 감정적으로 힘들고, 어려운 일이 있어도 쉽게 드러내지 않고, 조용히 견디며 '**인내**'하는 강점을 지니고 있다.

특히 관계에서 갈등이 생기거나 감정적으로 충돌할 수 있는 상황에서도 감정을 즉각적으로 표현하기보다는 신중하게 반응하며, 불필요한 마찰을 피하려는 태도를 보인다. 이러한 인내심은 상대와의 관계를 해치지 않으려는 마음에서 비롯되며 상대와의 조화를 우선시하고, 원만한 관계 속에서 안전하게 머무를 수 있기를 바라는 AC 자아의 욕구를 잘 반영한다.

그러나 이 인내심이 지나치게 강조되면 감정을 억누르는 과정에서 내면의 스트레스가 쌓이고, 그로 인해 자기감정에 혼란을 느끼거나 불안, 열등감, 우울감 등 부정적인 정서를 겪게 될 수 있다. 이에 따라 타인의 반응에 과도하게 위축되고, 자신의 약점인 '**겁**'을 먹게 되면서 점점 더 소극적이고, 회피적인 방식으로 관계를 맺게 될 위험도 있다.

하지만 '인내'는 감정을 무조건 억누르며 참는 것이 아니라 스스로의 감정을 적절히 표현하고, 조절할 때 비로소 건강하게 작용한다. 그렇게 조율된 '인내'는 부정적인 감정에 휘둘리지 않도록 도와주고, 사람들과의 관계에서도 '겁'에 눌리지 않고, 자신감 있게 자신을 드러낼 수 있게 한다. 그럴 때 우리는 삶의 주체로서 당당하게 살아갈 수 있으며, 진정한 행복도 느낄 수 있다. 정리하면 다음과 같다.

내면의 두려움	기본 욕구	강점	약점
거절당하는 것	안전	인내	겁

◎ 쉬어가는 코너 1 _ 다섯 자아가 어우러진 학급회의 풍경

체육대회를 준비하는 자리, 서로 다른 자아 상태를 지닌 다양한 성격의 학생들이 한자리에 모였다. 회의가 진행되는 동안 각기 다른 말투와 사고방식, 반응 태도가 자연스럽게 드러나며, 학생들 고유의 개성이 생생하게 나타난다. 이러한 상호작용을 통해 교실 속에서 다양한 자아 상태가 어떻게 표현되고, 서로 어우러지는지를 직접적으로 확인할 수 있다.

이 장면은 교사가 학생들과 소통할 때 각자의 자아 상태를 이해하고, 그에 맞는 적절한 방식으로 접근하는 것이 왜 중요한지를 보여주는 좋은 예시가 된다. 자아의 특성과 반응 양식을 잘 파악하면 교사는 학생들과 더욱 깊이 있는 신뢰 관계를 형성하고, 진정성 있는 교감을 통해 긍정적인 성장을 이끄는 소통으로 나아갈 수 있다.

잠시 쉬어가며 '다섯 자아가 어우러진 학급회의 풍경'을 읽고, 이어서 '학생 자아 상태에 따른 교사의 소통법'을 다시 살펴보도록 하자.

쉬는 시간이 끝나고 자율학습 시작을 알리는 종이 울리자 학생들이 하나둘 자리에 앉기 시작했다. 예정되어 있던 체육대회 반티 관련 학급회의가 곧바로 시작됐다.

"야, 나래야~ 이번 체육대회에서 우리 반 진짜 1등 하는 거 아냐?" 홍철(FC)이 체육대회를 생각하니 기분이 좋은 듯 들뜬 목소리로 말했다. "무조건 1등이지! 나 벌써 응원 준비도 다 해놨다니까!" 나래(FC)가 깔깔 웃으며 재빠르게 대답했다. "우리 응원 퍼포먼스 진짜 대박일걸? 다른 반 애들도 깜짝 놀랄 거야." 나래(FC)가 어깨를 으쓱이며 자랑하자 "완전, 기대돼! 우리 반, 이번엔 진짜 찢을 거야!" 홍철(FC)이가 손을 번쩍 들며 말했다.

두 사람은 서로 시선을 맞추고, 한껏 신난 얼굴로 하이파이브를 했다. 회의 분위기는 금세 들뜬 대화와 웃음으로 조금씩 어수선해졌다. 몇몇 학생들은 킥킥 웃으며 장난을 주고받기 시작했고, 회의 분위기는 점점 산만해졌다.

그때 "조용!" 장훈(CP)이 책상을 '탁' 치며 단호하게 말한다. "회의 안건이랑 상관없는 얘기 그만하고, 회의에 집중하자. 빨리 끝내야 하잖아. 왜 쓸데없는 얘기로 회의 분위기를 망치고 그래?" 장훈(CP)이 나래(FC)와 홍철(FC)을 쳐다보며 말했다. "맞아. 지금은 회의부터 하자." 종국(CP)도 장훈의 말에 동의하며 한마디 덧붙였다.

"자, 이제 체육대회 때 입을 반티, 어떤 걸로 할지 이야기해 보자." 말이 끝나기가 무섭게 나래(FC)가 손을 번쩍 들며 외쳤다. "그냥 다 똑같은 티셔츠는 재미없잖아! 우리 각자 자기 스타일에 맞는 코스튬 준비해서 입자! 강아지나 원숭이 같은 동물 옷도 좋고, 핼러윈 분위기 나는 독특한 의상도 괜찮고! 개성이 살아 있는 코스튬으로 꾸미면 반 분위기도 확 살아날 거고, 그날 완전 분위기 제압할 수 있을걸?" 그러자 "헐~ 나래야, 그거 완전, 멋진 아이디어야." 홍철(FC)이 눈을 반짝이며 맞장구쳤다. "사진 찍으면 진짜 예쁠 듯! 인스타 감성 제대로지!"

이때, "음…" 장원(A)이 조용히 손을 들며 말했다. "근데 그런 옷은 실용성이 너무 떨어지지 않아? 체육대회 끝나면 입지도 못하고 버릴 텐데… 그리고 각자 따로 준비하는 건 비효율적인 것 같아. 비용 문제도 있을 테고. 나는 그냥 심플하고, 실용적인 쪽이 더 나은 것 같아." 장원은 옆자리에 앉아 있는 재석(NP)을 바라보며 말했다.

"재석아, 너는 어떻게 생각해?" "나?" 재석(NP)은 머쓱하게 웃더니 어깨를 으쓱하며 말했다. "음… 나는 뭐든 괜찮아. 코스튬도 재미있을 것 같고, 실용성 생각하면 심플한 티셔츠도…"

재석(NP)의 말이 끝나기도 전에 "에이~ 그럼, 너무 재미없잖아!" 홍철(FC)이 손을 휘저으며 큰 소리로 말했다. "나래야, 너도 그렇지?" "당연하지! 이러다 하얀 티셔츠에 이름만 새기자고 할 기세야." 나래(FC)는 입을 삐죽이며 투덜거렸다. "준하야, 너는 어떻게 생각해? 진짜 그렇게 밋밋한 티셔츠가 좋아?" 조용히 있던 준하(AC)에게 시선을 돌려 자기 말에 동의해 주길 바라며 재촉하듯 물었다.

"…어… 글쎄… 나는… 아무거나 괜찮아… 그냥…" 준하는 고개를 숙인 채 작은 목소리로 말끝을 흐렸다. "하아…" 장훈(CP)이 이마를 짚고, 고개를 절레절레 흔들며 한심하다는 듯 말했다. "이렇게 중요한 걸 정하는데 아무 생각이 없다니… 진짜 답답하다."

그때 익병(A)이 손을 들었다. "그러면 아예 코스튬이랑 심플한 티셔츠 디자인 이 두 가지를 놓고 비교해 보는 건 어때? 각각 제작 비용이랑 준비 기간, 원단 같은 걸 검색해서 정리해 보면 답이 나올 것 같아." "오~ 좋은 생각이다! 익병이는 진짜 항상 상황을 잘 정리해 주는 것 같아."

예진(NP)이 밝게 웃으며 익병을 칭찬했다.

다른 학생들도 "익병아~ 좋은 아이디어야!"라며 긍정적으로 반응했다. 익병(A)의 제안에 따라 학생들은 두 팀으로 나뉘어 검색을 시작했다. 한 팀은 심플한 티셔츠 디자인과 관련된 업체, 비용, 원단 등을 조사하고, 다른 팀은 코스튬 제작에 필요한 정보들을 찾아보기로 했다.

그렇게 학생들은 곧바로 휴대폰을 꺼내 각자 맡은 디자인에 대한 정보를 검색하기 시작했다. 하지만 나래(FC)와 홍철(FC)은 여전히 시큰둥한 표정으로 핸드폰만 들고 있을 뿐 딱히 검색할 생각은 없어 보였다.

"너희는 왜 안 해?" 종국(CP)이 눈썹을 찌푸리며 말했다. "다 같이 하기로 했잖아. 너희만 빠질 수는 없지. 너희 뜻대로 안 된다고 그냥 손 놓고 있으면 안 되지. 그건 공평하지 못해!" 그제야 홍철(FC)과 나래(FC)가 마지못해 휴대폰을 꺼내 들었다. "알았어, 알았다구…" 하지만 두 사람의 손가락은 SNS 앱 위를 맴돌 뿐 진지하게 검색할 생각은 없어 보였다.

잠시 후 장원(A)이 친구들이 찾아낸 정보를 취합해 정리해 주었다. "두 디자인을 비교해 봤는데 코스튬은 제작 기간이 길고, 1인당 평균 비용도 일반 반티보다 두세 배 더 들어. 단체 주문이 어려워서 각자 따로 준비해야 하는 점도 있고. 반면에 심플한 티셔츠는 면 100%에 브랜드도 있고, 가격도 적당해. 단체 주문도 가능하고, 업체도 믿을 만해. 리뷰도 괜찮고, 무엇보다 국내 제작이라 배송도 빨라." 이야기를 들은 학생들의 의견은 하나둘 심플한 디자인 쪽으로 기울기 시작했다.

실용성과 예산, 제작 과정의 효율성을 따져보니 현실적인 선택이 더 낫다고 판단한 것이다. "에이~ 그럼, 너무 평범하잖아…" 홍철(FC)이

턱을 괴고, 한숨을 쉬었다. "맞아. 그런 옷 입고 뛰면 기분도 밍밍할 것 같아…" 나래(FC)도 입을 삐죽이며, 불만을 드러냈다. 그러다 말없이 있는 정희(AC)를 향해 물었다.

정희는 갑자기 자신에게 시선이 몰리자 당황한 듯 눈을 깜빡이며, 말을 망설였다. "…음… 나는 그냥… 다 괜찮은 것 같아… 네가 말한 것도 나쁘진 않은데…" 작은 목소리로 조심스레 말하며 고개를 살짝 숙였다. "쟤는 또 저래…" 홍철(FC)이 작게 중얼거리듯 투덜거렸다.

그때 장훈(CP)이 단호하게 정리를 시작했다. "좋아. 대부분 심플한 쪽으로 기운 건 맞지만 반대하는 사람이 몇 명이나 되는지 정확히는 모르니까 마지막으로 한 번 더 의견을 물어보자. 코스튬이랑 일반 티셔츠, 두 개 중에서 다수결로 정하는 거야. 그리고 만약 결과가 일반 디자인으로 나오면 홍철이랑 나래도 그 결과를 인정하고, 받아들여야 해. 그게 다수결의 원칙이니까."

그 말에 학생들은 조용히 고개를 끄덕였다. 분위기는 어느 정도 정리되었고, 회의는 조금씩 결론을 향해 나아가고 있었다.

곧 다수결 투표가 진행됐고, 결과는 일반 티셔츠 디자인으로 결정됐다. 결과가 발표되자 홍철(FC)과 나래(FC)는 실망을 감추지 못하고, 인상을 찌푸렸다. "그래도 우리는 코스튬 입을래. 우리 둘은 따로 준비해서 입고 올 거야." 나래가 말하자 홍철도 고개를 끄덕이며 맞장구쳤다. "그냥 우리끼리 분위기 살리는 거지 뭐~ 다들 너무 재미없게 가는 거 아냐?"

몇몇 학생들은 어이없다는 듯 웃으며 수군거렸다. "쟤네는 진짜 못 말려." "꼭 저렇게 튀어야 속이 시원한가 봐." "코스튬은 또 언제 준비하냐고…” 여러 목소리가 들렸다.

그때 장원(A)이 담담하게 말했다. “그래, 두 사람은 알아서 하든가. 나머지는 다수결로 정해진 대로 일반 티셔츠로 가자. 대신 오늘은 여기까지만 하고, 디자인은 각자 좀 더 찾아봐. 내일 담임쌤 수업 시간 잠깐 빌려서 최종 결정하자.”

분위기가 정리되어 가던 찰나 진우(NP)가 손뼉을 치며 말했다. “다들 오늘 고생 많았어. 생각보다 쉽지 않은 결정이었는데 다 같이 협력해서 잘 정한 것 같아.”

곁에 있던 재석(NP)도 고개를 끄덕이며 덧붙였다. “맞아, 서로 의견이 달랐는데 끝까지 예의 지키면서 이야기해서 좋았어. 덕분에 잘 마무리된 것 같아.” 학생들은 고개를 끄덕이며 자리를 정리했고, 그렇게 이날의 반티 회의는 마무리되었다. 회의가 끝났지만 몇몇 학생들 사이에서는 여전히 웃음 섞인 한마디가 이어졌다. “진짜, 홍철이랑 나래는 꼭 한 번씩 튀어야 직성이 풀리지~ 아무도 못 말려.”

3. 다섯 자아와 함께하는 교감의 기술

가. 학생 자아 상태에 따른 교사의 소통법

교실에는 '쉬어가는 코너 1'에서 보았듯이 다양한 성격과 반응을 지닌 학생들이 함께 어울려 생활하고 있다. 교류 분석 이론에서 제시하는 다섯 가지 자아 상태에 따라 학생들은 각기 다른 방식으로 교사의 말에 반응하고, 자신을 표현하며 친구들과 관계를 맺는다.

이처럼 서로 다른 자아 상태를 지닌 학생들에게 일률적인 방식으로 접근하기보다는 각 학생의 성향을 이해하고, 그에 맞는 방식으로 다가가는 것이 신뢰를 쌓고, 친밀감을 형성하는 데 더 효과적이다. 학생을 지

도하고, 교육하기 위해서는 무엇보다 교사와 학생 간의 라포(rapport) 형성이 우선되어야 하기 때문이다.

이제부터는 학생 자아 상태에 따른 교사의 접근법을 구체적으로 살펴보고자 한다. 교사는 학생들을 어떤 시선과 태도로 바라보아야 하는지 각 자아 상태의 강점을 어떻게 인식하게 하고, 그 힘을 키워줄 수 있을지 그리고 학생들이 긍정적으로 성장할 수 있도록 어떤 방법으로 지원하고, 지도해야 할지를 함께 살펴보고자 한다.

그 첫 번째로 원칙과 기준을 중시하며 사고가 다소 경직된 '발끈이 CP' 유형의 학생에 대한 접근 방법부터 알아보자.

1) 발끈이(CP): 인정과 존중으로 일관되게

CP 자아가 두드러진 학생은 명확한 기준과 강한 원칙을 바탕으로 행동하는 경향이 있다. 옳고 그름에 대한 판단이 뚜렷하고, 자신이 세운 기준에 어긋나는 사람이나 상황에 대한 불만을 자주 드러낸다.

이들은 자신뿐만 아니라 타인에게도 엄격한 잣대를 적용하기 때문에 일상에서 "재는 왜 저렇게 시끄럽게 떠들어?" "학생이 화장을 저렇게 진하게 하다니 말도 안 돼" "학교 봉사 시스템이 너무 비효율적이야"처럼 주변을 비판하거나 불평을 표출하는 경우가 많다.

때로는 '내 가치관으로는 도저히 이해할 수 없어'라는 생각에 친구를 비난하고, 비판하며 갈등을 겪기도 한다. 이처럼 사고가 경직되고, 융통성이 부족한 태도는 또래 관계나 학교생활에 부정적인 영향을 미칠 수 있다.

따라서 교사는 이들이 스스로의 기준은 유지하되 타인의 다양성을 인정하고, 더욱 유연하게 사고할 수 있도록 도와주는 것이 필요하다. 높은 기준을 내려놓고, 비판이나 판단보다는 이해와 수용, 공감의 경험을 통해 사고의 폭을 넓힐 수 있도록 돕는 것이 중요하다.

이는 이들이 자신의 원칙을 지키면서도 타인과 조화를 이루는 건강한 관계를 형성하는 데 든든한 기반이 될 수 있다. 이처럼 CP 자아가 강한 학생들과 신뢰를 쌓고, 긍정적인 변화를 끌어내기 위해서는 그들의 성향을 충분히 이해하고, 그에 맞는 방식으로 접근하는 교사의 태도가 필요하다.

무엇보다도 이들의 원칙과 기준 그리고 판단 방식을 먼저 인정하고, 존중하는 자세로 다가가는 것이 선행되어야 한다. '기준이 틀렸다'라거나 '높은 잣대로 사람을 평가하면 안 된다' '사고가 유연하지 않다'라는 식의 지적은 이들과의 신뢰 형성을 어렵게 만들 수 있다.

또한 학급에서 어떤 일을 맡길 때는 세세하게 지시하거나 중간중간 반복적으로 확인하기보다는 책임감에 대한 신뢰를 보여주는 태도가 중요하다. "선생님은 너를 믿는다"라는 교사의 한마디는 이들에게 큰 동기부여가 된다. 자신을 믿어주는 교사에게 인정받고 싶은 마음이 자연스럽게 생기고 그 기대에 부응하고자 책임감을 가지고, 성실한 태도로 맡은 일을 끝까지 해내려는 모습을 보인다.

반면 이들의 실수를 비난하거나 지적하고, 해야 할 일을 명령조로 지시하는 태도는 자존심을 크게 자극할 수 있다. 이들은 자신이 부당하게 통제받고 있다고 느끼며, 교사에게 반발하거나 지시를 무시하는 등 교권을 침해하는 행동으로 이어질 위험도 있다.

따라서 문제 행동 그 자체에만 초점을 두기보다 학생이 지닌 신념과 이상을 존중하는 일관된 태도로 접근하는 것이 신뢰를 형성하고, 긍정적인 행동 변화를 끌어내는 데 더 효과적이다.

CP 자아가 강한 학생들은 책임감, 성실함, 정직함과 같은 뛰어난 강점을 지니고 있다. 그러나 이 에너지가 건강하게 사용되지 않으면 비난하거나 명령하는 태도로 타인을 대하고, 분노나 짜증과 같은 감정을 강하게 표출하는 부정적 모습으로 나타나기도 한다.

특히 자신이 중요하게 여기는 원칙과 가치관에 어긋나는 상황이나 사람들을 쉽게 받아들이지 못해 갈등을 겪는 일이 잦다. 이러한 학생들에게는 자신이 지닌 강점을 인식하고, 이를 학교생활 속에서 긍정적으로 실천할 수 있도록 격려하며, 지도하는 것이 필요하다.

CP 자아의 부정적인 태도 중 하나인 자기 비난이나 타인에 대한 비판은 '완벽해야 한다'라는 경직된 신념에서 비롯되기도 한다. 이 사고의 틀을 완화하기 위해서는 세상에는 다양한 원칙과 생각이 존재한다는 사실을 이해하도록 돕는 것이 중요하다. 사람마다 중요하게 여기는 기준은 다를 수 있으며, 이를 수용하는 태도는 건강한 사회적 관계 형성의 기반이 된다는 점을 인식시켜야 한다.

"괜찮아. 그럴 수도 있어"라는 말은 이들이 자신의 기준을 유연하게 확장해 나가는 데 도움이 되는 좋은 연습 문장이 될 수 있다. 이 말은 실수를 관용으로 받아들이는 태도, 타인의 의견을 수용하는 태도, 그리고 자기 자신에게도 너그러워질 수 있는 마음의 여유를 만들어 준다.

더불어 타인에 대해 즉각적으로 평가하거나 비난하기보다는 질문을 통해 상황을 되돌아보는 습관을 기르도록 지도하는 것이 중요하다.

예를 들어 "그 말이 상대를 존중하는 태도였을까?" "나는 내가 한 행동에 책임을 다했다고 말할 수 있을까?" "다른 사람 입장에서도 공정하게 느껴졌을까?" "나는 어떤 상황 때문에 분노하고 있는 걸까?" "내 판단이 다 옳다고 할 수 있나?" 등의 질문을 활용할 수 있다.

이러한 질문은 CP 자아가 강한 학생의 사고를 확장시키고, 타인의 입장을 고려할 수 있는 공감 능력과 유연한 사고를 키우는 데 도움을 줄 수 있다.

궁극적으로는 이들이 자신의 원칙을 지키는 성실한 사람으로서의 자긍심을 유지하면서도 다양한 의견과 상황을 수용할 수 있는 유연하고, 균형 잡힌 태도를 갖출 수 있도록 돕는 것이 교육의 목표가 되어야 한다.

CP 자아의 긍정적인 에너지가 공동체 생활 속에서 건강하게 발휘될 수 있도록 학생의 성향에 맞춘 일관성 있는 교육적 접근이 필요하다.

2) 따끈이(NP): 따뜻한 공감으로 다정하게

NP 자아가 두드러진 학생은 타인의 감정에 민감하게 반응하고, 배려와 공감을 바탕으로 관계를 맺으려는 경향이 있다. 속상해 보이는 친구에게 먼저 다가가 위로하고, 힘들어하는 친구가 있으면 자기 일은 잠시 미뤄두고, 먼저 도와주려고 한다. '내 말에 상처받지는 않았을까?' '이 말을 하면 기분 나쁘지 않을까'처럼 상대의 감정을 먼저 생각하며, 조심스럽게 행동하는 모습도 자주 볼 수 있다.

이러한 따뜻한 공감 능력과 배려심은 분명한 강점이지만 타인을 돌보는 일이 지나치면 정서적으로 지치거나 소진되는 상황에 이르기도 한다. 친구의 감정 상태를 먼저 살피고, 부탁을 거절하지 못해 늘 수락하며 자기 일보다 친구의 일을 우선시하는 행동이 반복되다 보면 어느 순간 '지금 나는 왜 이 행동을 하고 있을까?' '나는 이 관계에서 존중받고 있을까?' '내 마음은 지금 괜찮은 걸까?' '나다움은 어떤 모습일까?'와 같은 질문을 스스로에게 던지게 된다.

이는 자신을 돌보는 감각이 약해졌다는 신호이자, 자기 정체성에 대한 혼란을 겪고 있다는 징후일 수 있다. 이처럼 관계 중심적인 사고는 분명한 장점이지만 그것이 지나치면 심리적인 부담으로 이어질 수 있기 때문에 교사는 이들이 타인을 돌보는 만큼 자신도 돌볼 수 있도록 균형 감각을 키워줘야 한다.

이를 위해 '자신을 돌보는 일도 소중하다'라는 메시지를 일상적으로 전하고, 스스로를 챙기는 연습이 자연스럽게 이루어질 수 있도록 지도해야 한다.

그 지도가 효과를 보기 위해서는 먼저 이들과 신뢰를 쌓고, 긍정적인 자아 발달을 유도할 수 있도록 학생들의 성향을 충분히 이해한 뒤 친절하고, 따뜻하게 접근해야 한다. 특히 NP 자아가 강한 학생들은 교사의 말투나 태도에도 쉽게 상처받을 수 있으므로 사무적이거나 단호한 표현보다는 친절하고, 다정한 말투로 다가가는 것이 중요하다.

수업 중 따뜻하게 이름을 불러주거나 작은 변화에도 진심 어린 관심을 보이고, 학생이 보여준 사소한 배려나 선행에도 "그런 너의 마음이 참 따뜻하구나" "이렇게 선생님과 친구들을 배려해 주다니 정말 고맙다" "너의 도움이 큰 힘이 되었어"와 같은 칭찬을 건네면 이들은 자신이 존중받고 있다는 느낌을 받고, 교사에 대한 신뢰와 친밀감을 더 빨리 형성하게 된다.

반면에 자신이 베푼 도움이나 선행에 대해 교사가 감사의 피드백이나 칭찬을 하지 않으면 서운해하고, 자신의 변화나 노력에 관심을 보이지 않으면 '선생님이 나에게 관심이 없는 건 아닐까?' 하고 섭섭함을 느끼기도 한다.

따라서 교사는 이들의 따뜻한 마음과 행동을 놓치지 않고 인정하며, 작은 표현에도 진심을 담아 반응해야 한다. 이렇게 학생과의 신뢰와 친밀감을 충분히 쌓은 뒤에는 '자기 돌봄도 중요하다'라는 메시지를 꾸준히 전하면서 도움과 거절 사이에 적절한 경계를 세울 수 있도록 지도해야 한다.

예를 들어, 자신이 원하지 않는 상황에서는 'NO'라고 말할 수 있도록 연습하게 하여 건강한 경계 형성을 지원할 필요가 있다. 또한 자신이 베푸는 배려나 도움이 상대방에게 실제로 필요한 것인지 먼저 질문해 보도록 하는 것이 중요하다. 상대가 원치 않는 선행은 오히려 부담을 줄 수 있으며, 이는 관계를 불편하게 하거나 갈등으로 이어질 수 있음을 인식하도록 지도해야 한다.

그럼에도 불구하고, 이들이 타인을 위해 보여준 행동에 대해서는 단순한 결과만을 평가하기보다는 그 과정에서 드러난 따뜻한 마음과 배려의 태도 자체를 칭찬하고, 격려해야 한다. NP 자아가 강한 학생들에게는 자신이 원하는 것을 스스로 선택해 보는 자율성의 경험도 필요하다.

항상 '모두를 도와야 한다'라거나 '친구들의 감정이 우선이다'와 같은 타인 중심의 사고에서 벗어나 자신이 원하는 것을, 원하는 시점에 선택할 수 있는 힘을 길러주는 것이 중요하다.

이러한 교육적 접근은 NP 자아가 강한 학생이 타인을 돌보는 따뜻한 에너지를 자신에게도 확장함으로써 자기 존중감과 심리적 안정감을 유지하며, 건강한 대인관계를 형성해 나가는 데 도움을 준다. 궁극적으로 교사는 학생이 타인에 대한 공감과 배려를 실천하는 동시에 자신의 감정과 욕구도 인식하고, 적절히 표현할 수 있도록 균형 잡힌 태도를 기를 수 있게 도와야 한다.

3) 매끈이(A): 근거와 논리로 설득력 있게

A 자아가 두드러진 학생은 감정보다는 논리와 사실에 근거해 행동하는 경향이 있다. 이들은 상황을 객관적으로 분석하고, 이성적으로 판단하며 늘 신중하고, 차분하게 생각하고, 행동한다. 하지만 타인이나 자신의 감정을 살피고, 공감하는 데에는 다소 어려움을 느끼는 경우가 많다.

예를 들어 친구의 고민을 들을 때 "감정적으로 대응하지 말고, 무엇을 해야 할지부터 생각해 보자" "그렇게 행동하는 건 너무 비효율적이야" "가치도 없는 문제를 두고, 왜 고민하니?" "해야 할 일의 우선순위를 정해 봐" "성적 하락의 원인부터 분석해야지"와 같이 감정에 대한 공감보다는 문제 해결 중심의 조언을 건네는 모습을 보이곤 한다.

이러한 접근은 사실이나 정보를 제공하는 데는 효과적일 수 있지만 정서적인 유대감을 형성하는 데는 어려움을 초래할 수 있다. 그 결과 친구들로부터 냉정하거나 차갑다는 평가를 받기도 하며, 인간관계에서 갈등을 겪는 경우도 생긴다. 따라서 교사는 이들이 지닌 논리적 사고라는 강점을 잘 유지하면서도 감정 인식과 표현을 통해 사고와 감정의 균형을 이룰 수 있도록 돕는 것이 중요하다.

이러한 지원은 A 자아가 강한 학생들이 자기 인식과 대인관계 모두에서 더욱 조화롭게 성장하는 데 기여할 수 있다. A 자아가 강한 학생들과 신뢰를 쌓고, 긍정적인 변화를 끌어내기 위해서는 이들의 사고방식과 반응 특성을 충분히 이해하고, 그에 적합한 방식으로 접근하려는 교사의 태도가 중요하다.

무엇보다도 분석적이고 이성적인 사고, 정확한 자료와 근거를 중시하는 이들의 태도를 먼저 인정하고, 존중하는 자세가 선행되어야 한다.

A 자아가 강한 학생들은 칭찬이나 보상과 같은 외적 자극보다는 스스로 이해하고, 필요성을 느낄 때 행동으로 옮기는 경우가 많다. 이들은 타인의 기대나 감정적인 호소보다는 상황을 파악하고, 그에 따른 결과를 예측할 수 있을 때 비로소 행동에 대한 동기를 갖게 된다.

이러한 학생들에게는 "우리 모두를 위해 그렇게 해주겠니?" "네가 도와준다면 선생님 기분이 참 좋을 것 같아" "너를 위해 고생하시는 엄마를 생각해야지"와 같은 감정 중심의 표현보다는 "이 두 가지 중에 어떤 게 더 효율적인 선택일까?" "지금, 이 선택이 어떤 결과로 이어질지 생각해 보자"처럼 이성적으로 사고하고, 합리적으로 판단할 수 있도록 돕는 질문 방식이 더 효과적이다.

이러한 이성적인 접근은 A 자아가 강한 학생들과 신뢰를 형성하고, 긍정적인 행동 변화를 유도하는 데 도움이 된다.

이렇게 학생과의 친밀감을 충분히 쌓은 이후에는 '감정도 중요한 정보야'라는 메시지를 지속해서 전달하며, 이성 중심의 사고에만 치우치지 않고, 감정에도 주의를 기울일 수 있도록 돕는 교육적 접근이 필요하다.

예를 들어 상황을 분석하고, 문제를 해결하는 데에만 집중하는 습관에서 벗어나 경험을 감정으로 표현할 수 있도록 질문하게 한다. "그때 나는 어떤 기분이었지?" "친구에게 선물을 받았을 때 나는 어떤 감정을 느꼈지?" "가족들과 함께한 식사에서 내가 느낀 감정은 뭐였을까?" "그 때 내가 그런 선택을 했을 때, 정말 행복했었나?" "친구의 고민에 대해 내가 했던 말이, 그 친구에게 어떤 기분이 들게 했을까?"와 같은 감정 인식을 돕는 질문을 통해 학생이 자신의 감정을 탐색하고, 타인의 감정을 이해해 볼 수 있는 기회를 제공해야 한다.

또한 정서적 접근의 균형을 잡기 위해 C 자아와 자연스럽게 접촉할 수 있는 기회를 가져보도록 조언해 주어야 한다. 예를 들어 어렸을 때처럼 자유롭게 그림을 그리거나 상상 속 여행을 떠나보거나, 음악을 들으며 마음껏 감정을 표현해 보는 등의 활동을 통해 학생이 자기 내면을 탐색하고, 감정에 주목할 수 있도록 돕는 것이 필요하다.

이와 함께 지적인 호기심이 많은 이 학생들은 일상적이거나 사소해 보이는 주제에 관심을 가지는 친구들을 무시하는 태도를 보이기도 한다. 이러한 모습은 자칫 '잘난 척하는 친구'로 오해를 사거나 또래 관계에서 소외감을 느끼는 상황에 놓일 수 있다.

따라서 친구들의 다양한 대화에도 자연스럽게 어울릴 수 있는 경험을 제공하여 관계의 폭을 넓히고, 사회적 유연성을 키울 수 있도록 돕는 것이 필요하다.

물론 이들이 보여주는 신중하고, 합리적이면서 분석적인 태도는 분명한 강점이므로 그 특성을 있는 그대로 인정하고, 존중하는 자세도 중요하다. 다만, 이성적인 사고만으로는 해결할 수 없는 관계의 문제나 갈등 상황에서는 감정의 역할도 크다는 점을 인식할 수 있도록 지도하는 것이 중요하며, 항상 '가장 합리적인 선택을 해야 한다'라는 압박에서 벗어나 가끔은 '좋아하는 것' '즐길 수 있는 것'도 선택할 수 있다는 사고의 여유를 키워줄 필요가 있다.

이러한 교육적 접근은 A 자아가 강한 학생이 자신의 논리적 강점을 유지하면서도 감정을 이해하고, 수용함으로써 보다 유연하고, 안정적인 대인관계를 형성하는 데 도움이 될 수 있다. 궁극적으로 교사는 학생이 합리적인 사고력과 감정 인식 능력을 균형 있게 발달시켜, 자기 이해와 타인 이해 모두에서 조화로운 성장을 이룰 수 있도록 지원해야 한다.

4) 화끈이(FC): 자유를 존중하며 유쾌하게

FC 자아가 두드러진 학생은 규칙에 얽매이기보다 자유롭고, 즉흥적인 행동을 즐기며 새롭고, 자극적인 것을 추구하는 경향이 있다. 이들은 자신의 감정과 욕구를 솔직하게 표현하고, 즐거움을 중심으로 행동하며 일상에서도 활기차고, 자발적인 모습을 자주 보인다.

하지만 자기 행동이 타인에게 어떤 영향을 미치는지 깊이 고려하지 않거나 상황에 따라 행동을 조절하고, 감정을 절제하는 데 어려움을 겪는 경우도 많다.

예를 들어, 수업 중 교사의 허락 없이 자리를 이탈하거나 친구들과 큰 소리로 대화를 나누고, 농담을 주고받는 등 수업을 방해하는 산만한 행동으로 이어지기도 한다. 이처럼 자유롭고, 활달한 성향은 분위기를 밝게 만들 수 있지만 때로는 타인의 욕구와 충돌하면서 갈등의 원인이 되기도 한다.

따라서 교사는 이들이 가진 에너지와 개성을 긍정적으로 바라보고,

그 장점을 살릴 수 있도록 격려하되 자신의 감정이나 욕구를 표현하고, 행동하는 데 있어 적절한 경계를 세울 수 있도록 지도해야 한다.

지나치게 금지하거나 통제하려 들면 오히려 반발심을 불러일으켜 교사와의 신뢰 형성이 어려워질 수 있으므로 자율성을 존중하되 기본적인 규칙과 질서를 지키는 태도를 익힐 수 있도록 돕는 것이 필요하다. 특히 이들에게는 정해진 틀에 맞춘 활동이나 구조화된 과제보다는 자유롭게 상상하고, 표현할 수 있는 기회를 제공하는 것이 효과적이다.

특히 창의적 사고가 요구되는 과제에서는 FC 자아가 강한 학생들이 주도적으로 참여할 수 있는 기회를 제공해 보자. 좋아하고, 잘할 수 있는 활동 속에서 이들은 뛰어난 몰입과 창의력 등 자신만의 강점을 자연스럽게 드러낼 수 있다. 이는 FC 자아가 강한 학생들이 자신의 개성과 독창적인 사고를 존중받으면서도 공동체 속에서 책임감 있게 행동할 수 있도록 도와주는 교육적 접근이라 할 수 있다.

FC 자아가 강한 학생들과 신뢰를 쌓고, 긍정적인 변화를 끌어내기 위해서는 이들의 자유롭고 즉흥적인 성향을 이해하고, 그에 맞는 유연한 태도로 접근하는 교사의 자세가 중요하다. 무엇보다도 학생이 지닌 생동감과 호기심, 감정을 솔직하게 표현하는 태도를 긍정적으로 바라보고, 존중하는 것이 우선되어야 한다.

이들은 과도한 규제나 통제 아래에서는 흥미를 잃거나 무력감을 느끼기 쉽고, 개방적이고, 자유로운 분위기에서 자기 능력을 더 잘 발휘한다. “지금 당장 앉아” “조용히 안 하면 혼난다” “네 방식대로 하면 안 돼” “엉뚱한 생각 좀 그만해” “괜한 소리 하지 마” “내가 하라는 대로만 해”와 같은 통제 중심의 말보다는 “다른 아이디어도 있니? 자유롭게 이야기해 봐" "네 방식대로 한번 시도해 볼래?" "네가 떠올린 생각을 같이 나눠볼까?" "이 문제를 네 생각대로 풀어도 괜찮아"와 같이 자유롭게 참여할 수 있도록 돕는 표현이 훨씬 더 긍정적인 영향을 준다.

이처럼 자유를 존중하는 접근은 FC 자아가 강한 학생들과의 신뢰를 형성하고, 그들의 강점을 발휘하도록 돕는다. 그러나 자신의 욕구만을 우선하거나 충동적으로 행동할 경우, 타인에게 불편을 줄 수 있다는 점도 함께 인식시켜야 한다.

따라서 교사는 학생이 자율적으로 표현하고, 즐기면서도 사회적 관계 속에서 감정 표현과 행동에 올바른 기준을 세울 수 있도록 지도해야 한다. 본능적이고, 즉각적인 반응은 관계 속에서 실수로 이어질 수 있으며 자칫 '산만하다.' '무책임하다.' '경솔하다'라는 인상을 줄 수 있다.

그러므로 학생이 잠시 멈춰 생각한 뒤 행동하는 습관을 익히고, 자기 행동이 다른 친구들에게 어떤 영향을 미칠 수 있는지도 성찰할 수 있도록 이끌어야 한다.

이들이 가진 주도성과 기발함 그리고 솔직함은 분명한 강점이므로 그 특성을 인정하고, 격려하는 태도가 중요하다 하더라도 항상 '재미있는 것만 하고 싶다'라는 생각에서 벗어나 때로는 '지루하더라도 필요한 일'을 실천하는 경험을 통해 인내심과 자기 조절력을 기를 수 있도록 도와야 한다.

아울러 관심과 흥미에 따라 여러 가지 일을 시작해 놓고, 마무리하지 못하는 경우가 많기 때문에 끝까지 완수하려는 성실한 태도를 기를 수 있도록 지도하는 것도 필요하다.

이러한 교육적 접근은 FC 자아가 강한 학생들이 자기 행동과 감정을 존중받으면서도 공동체 속에서 책임감 있게 행동하고, 건강한 관계를 형성하는 데 도움이 될 수 있다. 궁극적으로 교사는 자신의 자유분방함과 솔직한 자기표현을 유지하면서도 타인과의 관계 속에서 조화롭게 어울릴 수 있는 자율성과 책임감을 함께 길러줄 수 있도록 지원해야 한다.

5) 질끈이(AC): 안정감 속에서 조심스럽게

AC 자아가 두드러진 학생은 타인의 기대나 욕구에 민감하게 반응하며 주변 분위기를 살피고, 눈치를 보는 경향이 강하다. 이들은 갈등을 피하려는 성향이 강해 주변 사람의 요구를 우선시하면서 자신의 감정이나 생각을 솔직하게 표현하는 데 어려움을 느낀다. 특히 친구들에게 거절당할까 봐 걱정되어 'NO'라고 말하지 못하고, 자신의 감정을 억누르거나 참고, 넘기는 경우가 많다.

이러한 태도는 겉으로는 착하고, 순응적인 학생처럼 보일 수 있지만 내면에서는 불안이나 우울, 위축감을 경험할 수 있다. 따라서 교사는 이들이 용기를 내어 자기 생각을 표현하고, 원치 않는 상황에서는 'NO'라고 말할 수 있도록 돕는 것이 필요하다.

"지금 나는 행복한가?" "이건 내가 진심으로 원하는 걸까?" "내가 꼭 양보해야 하는 건가?" "솔직한 내 감정은 뭘까?" "친구들이 불편하다고 느끼면 안 되는 걸까?" "내가 하고 싶은 것을 하면 어떨까?"와 같은 질문을 통해 자신의 감정을 들여다보게 하고, 위축되거나 눈치를 보는 태도에서 벗어나 스스로 표현할 수 있는 기회를 제공하는 것이 도움이 된다.

다만 AC 자아가 강한 학생에게는 과도한 관심이나 간섭이 오히려 부담으로 다가올 수 있으므로 재촉하거나 추궁으로 느껴지는 말투는 피하는 것이 좋다. 예를 들어, "아직도 못 했니?" "빨리 말해봐" "이 정도는 할 수 있지?" "아휴, 답답해" "원하는 게 뭐니?" "친구들과도 좀 어울려야지" 등의 표현은 학생을 위축시키고, 마음의 문을 닫게 만들 수 있다.

이보다는 "괜찮아, 네 속도대로 하면 돼" "말하고 싶을 때 말해줘" "지금도 충분히 잘하고 있어" "생각이 정리되면 들려줘"처럼 학생의 속도를 배려하며, 기다려주는 말이 훨씬 더 효과적이다.

작은 성공 경험을 통해 자기 효능감을 느끼고, '솔직하게 표현해도 괜찮다'라는 확신이 들 때 이들은 공동체 속에서 자기 목소리를 낼 수 있는 건강한 자아로 성장할 수 있다. 따라서 AC 자아가 강한 학생들과 신뢰를 쌓고, 긍정적인 관계를 맺기 위해서는 이들의 섬세하고, 조심스러운 성향을 이해하고, '서두르지 않고 기다려주는' 교사의 태도가 필요하다.

그렇지만 타인의 기대에 지나치게 맞추거나 자신을 억누르는 태도가 반복되면 친구들이 오히려 불편함을 느끼고, 답답해하며 관계에 어려움이 생길 수 있고, 억눌린 감정이 내면에 쌓이면 위축감, 열등감, 무기력 등 심리적 불편으로 이어질 수 있다는 점을 학생이 인식할 수 있도록 도와야 한다.

따라서 교사는 학생이 용기를 내어 자신의 감정을 표현하고, 원하는 바를 말할 수 있도록 작고, 실현이 가능한 과제를 제시하고, 따뜻한 격려를 통해 자존감을 키워주는 것이 중요하다.

학생과의 신뢰가 어느 정도 형성된 이후에는 '네가 원하는 것을 하는 것도 중요해'라는 메시지를 반복적으로 전하며 친구들과의 관계 속에서도 눈치를 보지 않고, 자신이 원하는 것을 솔직하게 말하고, 표현할 수 있도록 힘을 실어 주어야 한다.

"친구들이 싫어할까 봐" "선생님께 혼날까 봐" "친구들이 비웃을까 봐" 등 소위 '~까봐 병'에서 벗어나 자신이 원하는 것을 말할 수 있도록 작고, 쉬운 일부터 시작해 성취감을 느끼게 해주는 것이 바람직하다.

또한 밝은 표정과 또렷한 목소리로 자기 생각을 자신 있게 표현할 수 있도록 지지하며 '친구에게는 항상 양보해야 해' '거절하는 건 나쁜 거야' '나 하나만 참으면 돼'와 같은 내면의 부모 메시지를 스스로 성찰할 수 있도록 이끌어야 한다. 이 과정에서는 '거절하는 것이 왜 나쁜 일일까?' '왜 항상 내가 참아야만 할까?' '양보는 왜 늘 내가 해야만 할까?'와 같은 질문을 던져보며 비판적 사고력을 키울 수 있도록 지도하는 것이 중요하다.

이러한 교육적 접근은 AC 자아가 강한 학생들이 눈치 보지 않고, 자신 있게 행동하며 공동체 안에서 자기 목소리를 내고, 건강한 관계를 형성해 나가는 데 도움이 될 수 있다. 궁극적으로 교사는 학생이 자신을 존중하는 방식으로 타인과 조화를 이루고, 자율성과 자기표현력을 함께 키워갈 수 있도록 세심하게 지원해야 한다.

나. 자아별 학생 마음에 닿는 교사의 조언

앞서 우리는 교사가 학생들과 신뢰를 구축하기 위해 어떤 태도로 다가가야 하는지 그리고 학생 각자의 자아 상태에서 비롯된 강점을 어떻게 인정하고, 존중해야 하는지를 살펴보았다. 또한 학생들이 자신의 강점을 살리면서도 자아의 한계나 단점을 점차 극복해 나가도록 도와주는 교사의 접근 방식과 소통 전략에 대해서도 구체적으로 알아보았다.

이제부터는 그러한 이론적 접근을 바탕으로 학생 자아 상태에 따른 교사의 직접적이고, 실천적인 조언을 제시해 보고자 한다. 이 조언들은 각 자아 상태를 지닌 학생들에게 교사가 실제로 건넬 수 있는 말들로 아이들의 사고와 감정, 행동이 조화를 이루도록 이끌어 주는 실천의 말 한마디가 될 수 있다.

학생들이 자아의 강점을 더욱 건강하게 발휘하고, 동시에 단점은 조금씩 극복해 나갈 수 있도록 돕는 따뜻하고, 구체적인 조언을 지금부터 하나씩 살펴보자.

1) 발끈이(CP): 사고의 융통성을 키울 수 있도록

*자기 다짐의 한마디 - **"괜찮아. 그럴 수 있어."***

자기만의 원칙과 기준이 지나치게 높아 늘 불평과 불만이 많고, 자신과 타인 모두에게 엄격해 비난과 비판을 자주 하는 CP 자아의 학생에게는 사고의 유연성을 기를 수 있도록 다음과 같은 조언을 해줄 수 있다.

- 꼭 완벽할 필요는 없어. 조금 부족해도 괜찮아. '이 정도면 충분해'라고 스스로에게 말해봐. 지금까지 잘해 왔고, 지금의 너로도 충분하니까.
- 주위를 돌아보면 즐길 수 있는 것들이 참 많아. 책임감을 잠시 내려놓고, 그냥 한번 마음 편하게 즐겨보는 건 어때?
- 원리와 원칙은 때로는 조금 깨져도 괜찮아. '내 기준대로만 되어야 한다'는 생각에서 벗어나 '괜찮아, 저 친구 입장에선 그럴 수도 있

어'라고 생각해 봐.

- 친구와 이야기할 땐 웃는 얼굴로 조금 더 부드럽게 말해 봐. 표정과 말투 하나에서도 너의 따뜻함이 전해질 수 있어.
- 명령하거나 지시하는 말투보다는 "~좀 해줄 수 있어?"처럼 부탁하는 말투로 이야기해 봐. 상대의 마음이 더 쉽게 열릴 수 있어.
- 뭔가 부족하고 만족스럽지 못해서 마음이 불편할 때는 '정말 그렇게까지 부족한 걸까?' '꼭 완벽해야만 하는 걸까?' 하고 스스로에게 물어봐. 그리고 스스로를 탓하던 마음을 살짝 내려놓아도 좋아.
- 자신뿐 아니라 타인에게도 허용적이고, 수용적인 마음을 가져봐. 친구의 기준과 원칙도 중요하다는 걸 인정해 주는 것, 그것도 성장이야.
- 짜증이나 분노, 화가 올라올 때는 숨을 크게 한번 내쉬고 '나는 지금 왜 화가 나는 걸까?' 하고 그 감정의 이유를 한번 들여다봐. 그러면 화 속에 숨은 진짜 마음이 보일 수 있어.
- 완벽하게 해내지 못할까 봐 망설였던 일이 있다면 조금 부족해도 괜찮으니 바로 시도해 봐. 하지 않는 것보다 부족하더라도 해보는 게 훨씬 더 값진 경험이 될 거야.

2) 따끈이(NP): 자기 돌봄의 중요성을 알 수 있도록

*자기 다짐의 한마디 - **"됐어. 충분해. 이제 나를 좀 돌보자."***

타인을 지나치게 돌보고, 배려하며 타인의 말과 행동에 민감하게 반응해 때때로 몸과 마음이 지치곤 하는 NP 자아의 학생에게는 자신과 타인을 돌보는 데 균형을 이룰 수 있도록 다음과 같은 조언을 건네줄 수 있다.

- 다른 친구를 돕는 건 참 소중하고, 훌륭한 일이야. 하지만 그보다 더 중요한 건 너 스스로를 먼저 돌보는 거야. 네 마음이 건강해야 다른 사람도 더 잘 도울 수 있다는 걸 기억해.
- 친구의 부탁을 꼭 다 들어주지 않아도 괜찮아. 가끔은 '미안해, 지금은 내가 도와줄 수 없을 것 같아' 하고 솔직하게 말해 봐.
- 친구를 챙기고 돕느라 몸과 마음이 지쳤다면 이제는 스스로에게 '됐어, 충분해. 이제는 나를 돌볼 차례야' 하고 말해 보고, 그렇게 실천해 보자. 너도 소중한 사람이란 걸 잊지 않았으면 좋겠어.
- 너의 도움에 고마워하는 친구가 있다면 '별거 아니야'라고 넘기지 말고, 그 칭찬을 기꺼이 받아들여 봐. 넌 그럴 자격이 있어.
- 모든 친구를 온 힘을 다해 챙기려 하지 않아도 괜찮아. 가끔은 챙기느라 지친 너 자신을 알아주고, 조용히 '쉼'을 선물해 줘. 그러지 않으면 금세 지쳐버릴 수 있으니까.
- '왜 그렇게 말했을까?' '아까 나한테 왜 그렇게 행동했지?' 하고 친구의 말이나 행동에 너무 큰 의미를 두며 상처받거나 서운해하지 마. 대부분은 별 뜻 없이 나온 말과 행동일 가능성이 크거든. 그러니

너무 깊게 고민하지 말고, 가볍게 받아들이고, 편하게 넘겨봐.

- 상대가 필요로 할 때만 도와주는 것도 중요해. 원치 않는 도움이나 배려는 오히려 친구가 부담을 가지거나 불편하게 느낄 수 있거든.
- 친구들이 고마워하지 않거나 너에게 똑같이 배려해 주지 않더라도 너무 서운해하지 마. '내가 좋아서 한 일이야'라고 생각하고, 그런 너의 마음에 스스로 만족해 봐.
- 친구에게 집착하거나 지나치게 간섭하지 않는 것도 중요해. 진짜 친한 사이일수록 '함께'와 '따로'의 균형이 필요하거든. 친구가 혼자 있고 싶어 하거나 다른 친구들과 어울리는 것도 자연스러운 일이야. 서로에게 적당한 자유를 주는 것, 그게 오랫동안 우정을 이어가는 좋은 비결이 될 수 있어.
- '지금 내가 속상한 이유가 뭘까?' 하고 한 걸음 물러나 이성적으로 생각해 봐. 지금 느끼는 감정이나 기분의 원인을 차분히 생각해 보고, 그것을 줄이거나 해결할 수 있는 현실적인 방법을 찾아보는 게 중요해.
- 친구의 좋은 점을 칭찬해 주는 것도 좋지만 때로는 부족한 점을 솔직하게 말해 주는 용기도 필요해. 가끔은 공감과 배려보다 현실적인 조언이 친구에게 더 큰 도움이 될 수 있어.
- 가끔은 '내가 진짜 원하는 건 뭘까?' 하고 너의 마음을 들여다봐. 그리고 너 자신을 위한 작은 선물처럼 친구보다 너 자신을 먼저 챙겨줘.

3) 매끈이(A): 성격을 통합해 나갈 수 있도록

자기 다짐의 한마디 - "그때, 내 기분이 어땠지?"

감정보다는 논리와 사실에 근거해 행동하고, 공감보다는 정보 제공에 치우쳐 깊이 있는 친구 관계를 형성하는 데 어려움을 겪는 A 자아의 학생에게는 감정과 사고를 조화롭게 통합할 수 있도록 다음과 같은 조언을 건네줄 수 있다.

- 이성적인 판단보다 감정이 더 중요할 때도 있어. 지금 네가 어떻게 느끼고 있는지 그리고 타인의 마음은 어떤지 가끔 들여다봐.
- 친구의 고민에 현실적인 정보를 주는 것도 좋지만 "힘들었겠다" 하고 공감해 주며, 함께 느끼는 마음도 필요해.
- 모든 걸 머리로만 이해하려 하지 말고 때로는 가슴으로 느끼고, 받아들여 봐. 마음으로 전해지는 느낌이 더 소중할 때가 있어.
- 지나간 일을 분석하는 것도 좋지만 '그때 나는 어떤 기분이었지?' 하고 스스로에게 물으며 그 순간의 감정을 표현하는 연습도 해봐. 미처 돌보지 못했던 너의 마음이 보일 수 있어.
- 너무 진지해지고, 머릿속이 복잡할 때는 어린 시절 네가 즐겁게 했던 일들을 해봐. 신나게 춤을 춰도 좋고, 그림을 그리거나 즐거운 상상 놀이를 해보는 것도 좋아. 그런 시간은 너의 생각이 감정을 느낄 수 있도록 도와줄 거야.
- 계획을 꼼꼼하게 세우고, 그대로 실천하려는 태도도 좋지만 계획에만 너무 치우치면 오히려 실행이 늦어질 수 있어. 계획만 세우다가 시간이 다 지나버릴 수도 있거든. 때로는 완벽한 계획보다 한 걸음

의 행동이 더 중요해.

- 친구가 부탁하면 한 번쯤은 이유를 묻지 말고 조건 없이 도와줘. 살아가다 보면 가끔은 '내가 조금 손해 볼 때'도 있는 거야.
- 네 직관과 창의력을 믿어봐. 엉뚱해 보이는 생각이 멋진 아이디어가 되기도 하고, 일상에 즐거움을 더해 줄 수도 있어.
- 계획하고, 분석하는 것도 좋지만 가끔은 즉흥적이고, 충동적인 행동이 오히려 여유와 기분 전환을 가져다줄 수도 있어. 한 번쯤 계획 없이 기분 따라 움직여봐.
- 친구들이 네 기분을 알 수 있도록 감정을 표현해봐. 기분이 좋을 때도 나쁠 때도 얼굴에 드러내는 연습을 해봐. 친구들은 너의 표정을 통해 마음을 더 잘 이해할 수 있어.
- 네 지적인 호기심도 멋지지만 친구들이 나누는 소소한 일상에도 관심을 가져봐. 또래 친구들이 어떤 것에 관심이 있는지 자연스럽게 알게 될 거야.
- 친구들의 농담을 너무 진지하게 받아들이지 말고, 그냥 가볍게 웃고 넘기는 것도 필요해. 가끔은 유행어를 따라 해보는 것도 소통의 재미가 될 수 있어.
- 가끔은 가장 '합리적인' 선택보다 '좋아하고' '즐거운' 선택을 해보는 것도 필요해.

4) 화끈이(FC): 즐거움 속 경계를 세울 수 있도록

*자기 다짐의 한마디 - **"해야 할 일도 해야지."***

새롭고, 자극적인 것을 좋아하고, 규칙에 얽매이는 것을 답답해하며 즐거움을 추구하는 FC 자아의 학생에게는 자신의 욕구를 충족하는 동시에 행동에 적절한 경계를 세울 수 있도록 다음과 같은 조언을 건네줄 수 있다.

- 자유롭고 적극적인 모습은 분명 멋지고 소중한 자질이야. 하지만 행동하기 전에 잠시 멈춰서 생각해 보고, 상황에 맞게 신중하게 움직이는 태도도 필요해. 그렇게 하면 불필요한 실수나 후회를 줄이고, 더 현명한 선택을 할 수 있을 거야.
- 네가 하는 행동을 친구들이나 선생님이 어떻게 느낄지 잠시 상대방의 입장에서 생각해 보는 것도 중요해. 너의 감정과 욕구만큼 다른 사람의 마음과 입장도 존중받아야 하니까. 그런 배려가 더 좋은 관계를 만드는 시작이 될 거야.
- 호기심도 많고, 관심 가는 것도 많다 보니 이것저것 시작한 일이 많을 거야. 새로운 걸 시도하는 건 분명 멋진 일이지만 그중 얼마나 책임감을 가지고, 끝까지 마무리했는지도 한번 돌아볼 필요가 있어. 시작한 일을 끝까지 해내는 습관은 성장을 위한 중요한 밑거름이 되니까.
- '좋아하는 일'이나 '재미있는 일'만 하는 데 그치지 않고, '해야 할 일'도 스스로 찾아 실천해 보는 태도가 필요해. "즐거운 일도 좋지만 해야 할 일도 해보자"라는 마음으로 하루를 보내면 시간은 훨씬 더 의미 있게 흘러갈 거야.
- 실수했거나 갈등이 생겼을 때 피하려고만 하지 말고 스스로 해결하고, 극복하려는 자세도 꼭 필요해. 그런 경험을 통해 너는 진정한 자

신감을 얻게 될 거야. 어려움을 마주하고, 직접 풀어가는 과정이 너를 더 단단하게 만들어 줄 거니까.

- 계획을 세우고, 체크리스트를 활용해서 해야 할 일을 하나씩 실천해 나가면 실수도 줄이고, 하루를 더 알차고, 뿌듯하게 보낼 수 있어.
- 친구들과 어울려 즐겁게 시간을 보내는 것도 물론 소중하지만 때로는 혼자만의 시간을 가지며 '지금 내 감정은 어떤 상태인지' '그 감정이 어떤 생각에서 비롯된 건지'를 차분히 들여다보는 것도 필요해. 그런 시간을 통해 마음을 정리하고, 스스로를 더 깊이 이해할 수 있을 거야.
- 네가 장난으로 한 말이나 행동이라도 상대방에게는 상처로 다가올 수 있다는 점을 기억해 줘. 진짜 장난은 상대방도 함께 웃을 수 있을 때만 의미가 있어. 친구들과 어울릴 때는 말이나 행동을 하기 전에 잠깐 멈춰서 한 번 더 생각해 보는 습관을 들이면 서로 더 배려하고, 존중하는 관계를 만들어갈 수 있을 거야.
- 어떤 행동이나 상황에 대해 "왜 그런 일이 생겼을까?" 하고 스스로 돌아보며, 이성적으로 생각해 보는 시간을 가져봐.
- 감정과 욕구를 자유롭게 표현하는 건 분명 소중하고, 필요한 일이야. 하지만 때로는 상황에 맞는 적절한 경계를 세우는 것도 중요하지. 지금 하려는 행동이 이 순간, 이 상황에 어울리는지 잠시 생각해 보고 움직인다면 더 건강하고, 조화로운 관계를 만들어갈 수 있을 거야.
- 하루를 마친 뒤에는 일기를 쓰며 오늘 있었던 일들을 되짚어보고, 실수한 점이나 아쉬웠던 순간은 없었는지 돌아보는 시간을 가져보

는 것도 좋아. 내일은 어떻게 하면 더 나을지 차분히 정리해 보는 연습은 이성적으로 판단하고, 생각을 정리하는 데 큰 도움이 될 거야.

- 책을 읽은 뒤 그 내용을 스스로 요약하고, 정리해 보는 건 너에게 아주 의미 있는 활동이 될 수 있어. 단순히 읽는 데 그치지 않고 핵심 내용을 정리하고, 네 생각을 덧붙이는 과정을 통해 사고력과 이해력이 더욱 깊어질 거야.

5) 질끈이(AC): 자기감정을 표현할 수 있도록

자기 다짐의 한마디 - "이제, 내가 원하는 것을 할 거야."

타인의 기대에 지나치게 순응하고, 눈치를 보는 AC 자아의 학생에게는 자신의 감정과 생각을 솔직하게 표현하며 주체적으로 자기 이야기를 할 수 있도록 다음과 같은 조언을 건네줄 수 있다.

- 지금 하는 일이 정말 네가 원했던 일인지 수시로 점검해 보는 게 중요해. 진심으로 원해서 하는 일이 아니라면 꼭 억지로 할 필요는 없어. 다른 사람을 기쁘게 하거나 잘 보이기 위해서가 아니라 네가 진심으로 원하는 걸 선택해. 결국 가장 중요한 건 너의 행복이니까.
- 조금 어렵더라도 지금 네가 느끼는 감정이나 하고 싶은 말을 솔직하게 표현해 봐. 네가 무엇을 원하는지 직접 말해야 다른 사람도 너의 마음을 이해하고, 도와줄 수 있어. 마음을 열고 표현하는 용기가 더 깊은 관계와 진짜 소통으로 이어질 거야.
- 누군가가 대신 정해 주길 바라기보다는 스스로 생각하고, 판단해서 결정해 봐. 아주 작은 선택이라도 괜찮아. 의존적인 태도에서 벗어

나 자신을 믿고, 주체적으로 행동하는 것이 중요해. 그런 경험이 쌓일수록 너는 더 단단해지고, 스스로의 삶을 더 자신 있게 이끌 수 있을 거야.

- 다른 사람의 기분까지 모두 책임지려 하거나 잘못된 일에 대해 근거 없이 스스로를 자책하지 않아도 돼. 어떤 일들은 너와 무관하게 일어났을 수도 있어. 너는 네가 해야 할 역할만 감당하면 돼. 그 이상을 짊어질 필요는 없어.
- 다른 사람과 자신을 비교하지 마. 너는 지금도 충분히 잘하고 있고, 앞으로도 분명 잘 해낼 거야. 비교는 오히려 너를 지치게 만들 수 있어. 겉으로는 다 괜찮아 보일지 몰라도 누구나 실수하고, 어려움을 겪으며 살아가고 있어. 그러니 너만의 속도와 방식으로 나아가면 돼.
- 실수할까 봐, 기대에 어긋날까 봐, 혹시 누군가에게 미움받을까 봐 자꾸 망설이지 않아도 돼. 너의 생각과 감정을 믿고, 자신 있게 표현하고 행동해 봐. 그 용기가 너를 더 단단하게 만들어 줄 거야.
- 사람들은 너의 표정을 보고 기분을 짐작해. 특별히 힘든 일이 없다면 밝은 표정을 지어보는 것도 좋아. 웃는 얼굴은 너뿐만 아니라 주변 사람들에게도 긍정적인 에너지를 줄 수 있어. 그리고 웃다 보면 마음도 조금씩 가벼워질 수 있으니까.
- 조금 느린 건 전혀 부끄러운 일이 아니야. 중요한 건 네가 정한 방향으로 한 걸음씩 꾸준히 나아가는 거야. 속도는 중요하지 않아. 초조해하지 말고, 너만의 속도에 맞춰 천천히 가도 괜찮아. 그걸 지켜내는 너는 이미 충분히 잘하고 있는 거야.

II

학생 마음의 그래프, 이고그램으로 들여다보기

이고그램(Ego-gram)은 교류 분석에서 자아 상태의 에너지를 쉽게 파악할 수 있도록 시각적으로 표현한 그래프로 자기 이해와 타인 이해를 돕기 위한 일종의 '성격 지도'라 할 수 있다. 이고그램은 교류 분석(Transactional Analysis, TA) 이론에 기반하여 개발되었다.

이 개념은 TA의 창시자 에릭 번(Eric Berne)의 제자인 정신과 의사 존 듀세이(John M. Dusay)에 의해 고안된 개념으로 복잡한 심리 구조를 한눈에 파악할 수 있도록 막대그래프 형태로 표현한 것이 특징이다.

이 도구는 각 자아의 에너지 분포를 시각적으로 제시하여 어떤 자아가 두드러지고, 어떤 자아가 상대적으로 약한지를 확인할 수 있게 하며, 이를 바탕으로 개인이 일상에서 보이는 태도와 행동 더 나아가 성격적 특성과 문제 행동까지도 파악할 수 있도록 한다.

또한 인간의 자아를 다섯 가지 상태로 구분해 분석하는데 이는 비판적 어버이 자아(CP), 양육적 어버이 자아(NP), 어른 자아(A), 자유 어린이 자아(FC), 순응 어린이 자아(AC)로 구성된다. 이고그램은 단순한 자기분석을 넘어 자기 이해와 자아 성장 그리고 관계 개선을 위한 유용한 수단으로 활용되며 특히 교육 현장에서는 학생의 성격 구조나 대인관계 유형을 파악하고, 그에 맞는 지도 방법을 모색하는 데 효과적인 도구로 널리 쓰이고 있다.

본 저자는 일반 학생은 물론 학교폭력 가해 · 피해 학생, 공격적이거나 반항적인 학생, 무기력하고 의욕이 낮은 학생, 불안하거나 우울감이 지속되는 학생 등 다양한 형태의 학교 부적응 학생들을 대상으로 자아 상태와 행동 패턴을 살펴보고자 이고그램을 활용해 왔다.

학교생활에서 드러나는 학생들의 다양한 문제 행동은 다섯 자아 상태(CP, NP, A, FC, AC)의 불균형이나 과잉 · 결핍으로 설명할 수 있다. 이러한 분석을 통해 학생의 행동 동기와 정서적 반응 양식을 이해할 수 있으며, 앞으로 나타날 수 있는 문제 행동을 예측하는 데에도 도움이 된다.

더 나아가 그 결과는 학생 상담이나 담임교사와의 면담, 학부모 상담 시 자료로 활용될 수 있다.

이제부터는 학생의 자아 상태를 시각화한 이고그램 분석을 실제 사례와 함께 살펴보며 그래프를 읽고, 해석하는 방법을 구체적으로 배워보고자 한다. 지금까지 다섯 가지 자아 상태(CP, NP, A, FC, AC)에 대해 이론적으로 자세히 알아보았지만 막상 학생이 작성한 이고그램을 앞에 두고 해석하려 하면 쉽지 않다는 것을 알게 될 것이다.

따라서 이 책에서는 실제 사례를 통해 함께 해석해 보며, 이고그램을 읽는 방법에 자연스럽게 익숙해질 수 있도록 돕고자 한다.

학교 현장에서 교사들이 학생을 깊이 이해하고, 보다 효과적으로 지도하기 위해 교류 분석과 다섯 자아 개념을 활용하고자 한다면 이고그램 그래프를 해석하는 능력은 반드시 필요하다. 이에 Ⅱ부 '학생 마음의 그래프, 이고그램으로 들여다보기'에서는 '이고그램 해석 기본노트'와 '이고-오케이그램 해석 응용 노트'를 중심으로 해석 방법을 학습하게 된다.

이 과정을 성실히 따라가다 보면 누구나 자연스럽게 이고그램을 읽고, 이해하는 데 익숙해질 수 있을 것이다. 기본 노트에서는 7가지 사례를 통해 이고그램만을 보고, 해석하는 방법을 익히게 되며 응용 노트에서는 이고그램과 오케이그램을 함께 보며, 통합적으로 해석하는 방법까지 배워나가게 된다.

또한 이고그램과 오케이그램 결과의 신뢰성을 확인하기 위한 참고 자료로 그림검사인 풍경구성법(LMT)과 빗속의 사람(PITR)을 간단히 소개할 것이다.

이 책에서는 그림검사를 중요하게 다루지 않고, 자기 보고식 검사인 이고그램과 오케이그램이 얼마나 솔직하고, 정확하게 실시되었는지를 점검하는 보조 도구로 함께 살펴볼 것이다. 특히 불안, 우울, 무기력 등 심리적 어려움을 겪거나 스트레스를 지닌 학생의 경우 그러한 심리적 특징이 그림에서 어떻게 드러나는지 확인해 볼 것이다.

이후에는 이고그램, 오케이그램 그리고 그림검사의 결과를 종합적으로 참고하여 학생 사례를 더욱 입체적으로 분석하는 과정으로 이어질 것이다. 이를 통해 각 검사에서 드러난 심리적 특징과 의미를 유기적으로 연결해 해석하는 통합적 관점을 형성할 수 있을 것으로 기대된다.

이고그램과 그림검사를 함께 활용하면 학생의 성격적 특성은 물론 겉으로 드러나지 않은 정서적 어려움이나 문제 행동을 예측하는 데에도 큰 도움이 될 것이다. 이제 사례를 통해 학생의 성격을 이해하고, 학교생활에서 나타나는 문제 행동에 대해 분석해 보자.

1. 이고그램 해석 기본 노트

이 부분에서는 7가지 실제 사례를 통해 이고그램 그래프를 직접 읽고, 해석하는 방법을 익히게 된다. 단순히 수치의 높고, 낮음을 확인하는 데 그치지 않고, 자아 상태의 분포가 학생의 성격적 특징이나 행동 특성과 어떻게 연결되는지를 구체적으로 살펴본다. 그리고 이러한 이해를 바탕으로 학교 현장에서 보이는 학생의 다양한 행동이 어떤 자아 상태로부터 비롯된 것인지도 함께 살펴본다.

더 나아가 학생이 학교생활에 잘 적응할 수 있도록 각 자아 상태별로 교사가 지도하고, 도와야 할 점을 함께 제시한다. 이를 통해 독자는 특정 자아가 두드러질 때 나타나는 행동이나 정서적 반응뿐 아니라 그에 맞는 실제적 지원 방향까지 파악할 수 있게 될 것이다.

이러한 연습을 차근차근 따라가다 보면 실제 현장에서 학생들의 이고그램을 접했을 때 보다 자신 있게 해석할 수 있으며, 이후 이어지는 오케이그램과의 통합적 해석을 준비하는 데에도 도움이 될 것이다.

이와 같은 학습을 돕기 위해 본 장에서는 실제 상담 장면에서 실시된 이고그램 사례 중 일부를 교육적 목적에 맞게 재구성하여 제시하였다.

본서에 수록된 모든 사례는 연구 및 교육 목적을 위해 작성되었으며 학생의 이름, 학교, 생년월일, 지역 등 개인을 식별할 수 있는 정보는 포함되어 있지 않다.

또한 상담 내용은 수록되지 않았으며, 이고그램 프로파일 해석을 돕기 위해 학교생활 중 관찰된 어려움이나 행동 특성에 관한 최소한의 정보만 제시하였음을 참고하기 바란다.

가. 눈에 거슬리는 게 많지만 말은 못 하는 학생(고1 남학생)

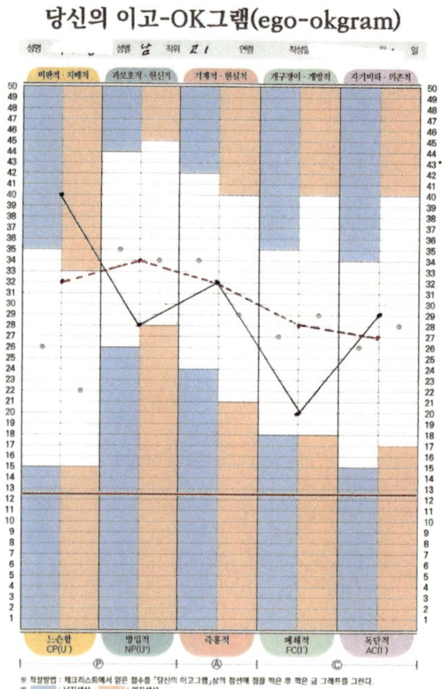

학생의 성격을 더욱 정확하게 이해하고, 학교에서 나타나는 행동의 특징을 분석하기 위해서는 이고그램과 오케이그램을 함께 살펴보는 것이 바람직하다. 두 그래프는 서로 보완적인 정보를 제공하므로, 함께 해석할 때 학생에 대한 보다 입체적이고, 통합적인 이해가 가능하기 때문이다.

그러나 지금은 체계적인 학습을 위해 먼저 이고그램에 집중하여 성격을 해석해 보고자 한다. 이고그램은 실선으로 표시된 꺾은선 그래프이며, 점선으로 나타난 부분은 이후에 학습하게 될 오케이그램이다. 지금은 실선으로 나타난 이고그램만을 중심으로 학생의 성격과 행동 특성을 분석해 보자.

이 학생은 높은 CP와 AC, 낮은 NP와 FC, 그리고 평균 정도의 A 자아를 가진 고등학교 1학년 남학생으로 현재 심한 스트레스를 경험하고 있으며, 우울감을 호소하고 있다. 이 학생이 왜 이러한 심리적 불편감과 정서적 어려움을 느끼고 있는지를 이해하기 위해서는 이 책의 앞부분인 'I. 학생 이해의 첫걸음, 이론 들여다보기'에서 자세히 살펴본 다섯 가지 자아의 특징을 다시 한번 떠올려 볼 필요가 있다. 각 자아 상태가 어떤 역할을 하고, 그것이 학생의 내면과 행동에 어떤 영향을 주는지 이해하는 것이 중요하다.

이 학생은 학급에서 아주 가까운 친구 1~2명을 제외하면 대부분의 친구들이 마음에 들지 않고, 그들 때문에 늘 짜증이 난다고 한다. 심지어는 그런 친구들과 하루 종일 같은 공간에서 지내야 한다는 사실 자체가 너무 힘들어 학교에 다니는 것조차 싫다고 호소할 정도였다. "친구들의 어떤 행동이나 태도가 그렇게 마음에 들지 않냐?"라는 질문에 처음에는 "그냥 싫어요. 이유 없이 다 싫어요"라고 했지만 상담이 진행되면서 점차 구체적인 불편함을 표현하기 시작했다.

예를 들어, 목소리를 너무 크게 내며 떠드는 친구들, 선생님께 예의 없이 말하는 친구들, 친하지도 않은데 자꾸 다가와 말을 거는 친구들, 급식실에서 먼저 먹겠다고 급하게 뛰어가는 친구들, 수업 시간에 엎드려 자거나 쓸데없는 농담으로 반 분위기를 어수선하게 만드는 친구들, 과제를 해 오지 않고서는 보여 달라고 조르는 친구들 등 다양한 친구들의 행동이 모두 거슬리고, 이해되지 않는다고 말했다.

이처럼 친구들의 행동 하나하나가 마음에 들지 않고, 화가 나는 이유는 이 학생의 높은 CP 자아에서 기인한다. 교실에서는 조용히 해야 하고, 급식실에서는 차례를 지켜야 하며 선생님께는 공손해야 한다는 자기만의 가치관과 신념이 이 학생 안에 자리 잡고 있기 때문에 그러한 기준에 어긋나는 행동들은 학생으로서 도저히 용납할 수 없는 일로 받아들여지는 것이다.

"친구들의 행동이 불편하고, 마음에 들지 않을 때 어떻게 하냐?"라는 질문에 학생은 "아무것도 하지 않고, 그냥 참아요"라고 답했다. "왜 아무 말도 하지 않냐?"라는 물음에는 "어차피 듣지도 않을 거고, 괜히 내가 이상한 애로 보일까 봐 걱정돼서요"라고 말했다.

이에 "시끄러운 친구에게는 '조금만 조용히 해줄래?', 친한 척 다가오는 친구에게는 '지금은 혼자 있고 싶어'라고 말해 보는 게 어때? 아무 말도 하지 않고, 참고만 있는 것보다 오히려 마음이 더 편하지 않을까?"라고 하자 학생은 고개를 저으며 "그렇게 말하는 건 어려워요"라고 답했다.

이러한 반응은 이 학생의 이고그램에서 드러나는 낮은 FC 자아와 높은 AC 자아의 조합에서 비롯된다. 자유롭고, 솔직한 감정을 표현하며 행동으로 옮기는 FC 자아의 에너지가 부족한 반면 타인의 시선을 지나치게 의식하고, 자신의 감정과 생각을 억제하는 AC 자아의 영향이 강하게 작용하고 있기 때문이다.

만약 이 학생이 FC 자아가 높고, AC 자아가 낮았다면 불만이 생겼을 때 "교실에서는 좀 조용히 하자" "위험하니까 급식실에서는 뛰지 말고, 줄을 서야 해" "그런 농담은 자제해 줘" "자꾸 친한 척하는 거 불편해" 등 자기 생각이나 감정을 비교적 자연스럽게 표현할 수 있었을 것이다.

하지만 이 학생은 높은 CP 자아의 영향으로 자기 뜻대로 되지 않는 상황에서 분노나 짜증을 느끼지만 동시에 높은 AC 자아로 인해 그러한 감정을 밖으로 드러내지 못하고, 내면에 억누르며 스트레스를 경험하게 된다. 타인의 시선을 지나치게 의식하고, '그런 말을 하면 뒤에서 내 뒷담화를 할지도 몰라'라는 불안감 속에서 하고 싶은 말을 삼키고, 조용히 참는 방식을 선택하는 것이다.

이러한 성격적 구조 속에서 신경에 거슬리는 친구들과 한 반에서 하루 종일 수업을 함께해야 하니 우울감이 깊어질 수밖에 없다. 더군다나 이 학생은 NP 자아가 낮아 친구들에게 스스럼없이 다가가 친절을 베풀거나 타인을 배려하는 따뜻한 마음을 표현하는 데에도 어려움을 겪는다. 이러한 성향은 대인관계에서 거리감을 형성하게 만들며, 감정적 고립감을 더욱 심화시킬 수 있다.

따라서 이 학생과의 상담에서는 친구들의 행동이 왜 그렇게 불편하게 느껴지는지를 함께 탐색해 보고, 그런 행동들을 조금 더 유연하고, 여유 있는 시선으로 바라볼 수 있도록 사고의 틀을 넓혀가는 과정이 필요하다.

이를 위해 '그럴 수도 있지'라는 관점에서 나와 다른 친구나 다양한 상황을 받아들이도록 격려하고, 스트레스가 쌓이거나 분노가 생길 만큼 참기 힘든 순간에는 자신이 원하는 바를 적극적으로 표현할 수 있는 용기가 필요하다는 점을 학생이 이해하고, 받아들일 수 있도록 도와야 한다.

다행히 이 학생은 이성적으로 판단하고, 문제 상황에 현실적으로 접근할 수 있는 A 자아가 비교적 낮지 않기 때문에 이 자아의 기능을 잘 활용한다면 자신의 감정을 탐색하고, 불편함의 원인을 인식하며 적절한 대응 방식을 모색하는 과정이 그리 어렵지 않을 것이다.

또한 자신의 신념이나 원칙만을 고집하며, 주변 사람들을 지나치게 비판적으로 바라보는 태도에서 벗어나 '내 생각이 항상 옳을 수만은 없다' '다른 사람 입장에서는 그렇게 행동할 수도 있다'라는 관점을 실제 행동으로 옮기며 세상을 보다 유연하고, 너그러운 시선으로 바라볼 수 있도록 돕는 과정이 필요하다. 이는 경직된 CP 자아의 기준을 완화하고, 타인을 이해하려는 태도를 기르는 데 중요한 역할을 한다.

한편 낮은 NP 자아를 보완하기 위해서는 친구들에게 먼저 다가가 관심을 보이고, 따뜻한 말 한마디를 건네는 실천이 필요하다. 예를 들어 필요로 하는 학습 도구를 친구에게 빌려주거나 친구의 헤어스타일이나 태도 변화에 대해 긍정적으로 언급해 주는 것처럼 작은 행동을 통한 관계의 문을 여는 경험을 할 수 있도록 도와야 한다.

이러한 작은 실천들이 쌓이면 타인을 향한 따뜻한 마음을 키우는 데 도움이 되고, 사람들과의 관계에서 느끼는 긴장과 거리감도 점차 줄어들 수 있다.

나. 하고 싶은 걸 못 하면 짜증 나는 학생(고2 여학생)

두 번째 사례는 엄마와의 갈등으로 인해 큰 스트레스를 받고 있으며, 우울감을 호소하는 고등학교 2학년 여학생이다. 이 학생의 이고그램(실선)을 살펴보면 CP와 FC가 매우 높게 나타나는 반면 NP와 A는 상대적으로 낮게 나타난다. AC 역시 높은 편이나 훨씬 더 높은 FC 자아의 영향으로 인해 그 기능이 충분히 드러나지 않을 가능성이 있다.

가장 두드러진 FC 자아를 보면 이 학생은 밝고 쾌활하며, 호기심이 많고, 활동적인 성향을 지닌 것으로 예측된다. 그러나 '해야 할 일'보다 '하고 싶은 일'을 우선시하는 경향이 강하고, 자기주장이 뚜렷하며 자신의 욕구를 중심으로 행동하려는 모습에서 다소 이기적인 태도가 나타날 것으로 보인다.

당신의 이고-OK그램(ego-okgram)

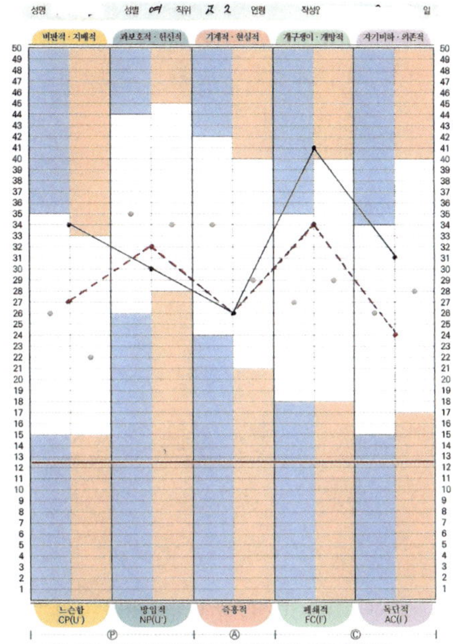

※ 작성방법 : 체크리스트에서 얻은 점수를 「당신의 이고그램」상의 점선에 점을 찍은 후 꺾은 금 그래프를 그린다.
※ : 남자색상, : 여자색상

실제로 이 학생은 친구들과 어울려 노는 것을 매우 좋아하며, 놀이에 몰두한 나머지 귀가 시간 약속을 자주 어기게 된다. 이에 따라 엄마로부터 꾸중을 듣거나 지적을 받는 일이 반복되고, 갈등이 점차 격화된다.

엄마가 화를 내면 학생은 반발하며 언성을 높이고, 결국 두 사람은 다툼으로 하루를 마무리하는 경우가 잦아졌다. 귀가 시간을 지키지 못한 상황에서도 학생은 자기 잘못을 인정하거나 책임을 수용하기보다 오히려 대들며 감정을 드러내는데 이러한 반응은 이고그램에서 FC와 CP 자아가 모두 높게 나타나는 결과와 일치한다.

높은 CP 자아는 자신만의 원칙과 기준을 중시하는 성향을 의미한다. 실제로 이 학생은 지각과 결석은 있으나 학교에는 꾸준히 다니고 있으며, 엄마가 원하는 학원에도 다니고 있다. 따라서 본인은 '해야 할 일'을 충분히 해내고 있다고 판단하며 그 이후의 시간은 자유롭게 활용할 권리가 있다고 믿는다. 나아가 그것이 공정하다고 확신한다.

하지만 엄마가 이를 인정하지 않고, 지속해서 행동을 감시하거나 간섭하며 좋아하는 활동을 제한하려 할 때마다 학생은 억압감을 느끼고, 짜증과 분노를 경험한다. 부모라는 이유로 순종을 강요하는 것은 부당하다고 여기며 지적이나 명령을 쉽게 받아들이지 않는다.

오히려 자신의 판단이 옳다고 주장하며, 자기를 믿고 맡겨 달라고 강하게 요구하지만 정작 부모가 신뢰할 수 있는 행동을 보여주지는 못하고, 친구들과 어울리는 데에만 집중하는 모습을 보인다.

특히 높은 FC의 영향으로 인해 갈등 상황에서 느끼는 불쾌한 감정을 억누르기보다 즉각적으로 드러내고, 행동으로 표출하는 경향이 두드러진다. 이에 따라 엄마와의 갈등은 더욱 잦아지고, 모녀간의 관계는 점점 더 긴장된다. 두 사람 모두 서로의 차이를 인정하기보다는 자기 입장이 옳다고 고집하며 상대가 맞춰주기를 요구한다.

요구가 받아들여지지 않으면 서로 비난하거나 책임을 전가하며 감정을 그대로 쏟아내 갈등을 악화시킨다. 이런 상황이 반복되면서 결국 학생은 집을 나가 하루 이틀 외박 후 돌아오는 가출 행동까지 보이게 되었고, 모녀간의 갈등은 더욱 심각해졌다.

이 학생의 충동적이고, 즉흥적인 행동은 낮은 A 자아와 NP 자아의 영향으로 더욱 강화되는 경향을 보인다. 이성적으로 판단하고, 문제 상황에 현실적으로 접근하는 A 자아의 기능이 충분히 작동하지 않기 때문에 자기 행동이 엄마와의 갈등을 어떻게 심화시킬 수 있는지, 그리고 그것이 장기적으로 자신의 미래에 어떤 영향을 미칠 수 있는지를 깊이 고민하거나 신중하게 생각하지 못한다.

또한 낮은 NP 자아로 인해 자신을 걱정하는 엄마의 마음을 헤아리거나 자기 말과 행동이 엄마에게 상처가 되었을 가능성에 대해 미안함을 느끼는 태도도 부족하다. 자신이 조금 양보해야 한다는 생각보다는 높은 FC 자아의 영향으로 자기 입장을 우선시하고, 하고 싶은 일에 몰두하며 즐거움과 만족을 추구하는 데 집중하는 모습을 보인다. 이에 따라 타인을 배려하거나 자신이 조금 희생하려는 태도를 기대하기는 어렵다.

자신의 욕구가 매번 좌절되면서 마음의 불편함이 커졌고, 이는 점차 심리적 압박감으로 이어져 결국 우울감까지 호소하게 되었다. 틀에 얽매이지 않고, 자유로운 분위기 속에서 자신이 하고 싶은 일을 마음껏 실현하고자 하는 욕구 그리고 자극을 추구하려는 강한 의지가 지속해서 좌절되면서 생긴 정서적 반응이라 볼 수 있다.

따라서 상담에서는 학생이 자기 입장만을 고집하기보다 엄마의 시선에서 상황을 바라보고, 엄마의 감정을 이해할 수 있는 시간을 가질 수 있도록 돕는 것이 중요하다. 이를 통해 학생이 타인의 감정을 공감하고, 관계 속에서의 상호작용을 보다 성숙하게 받아들일 수 있도록 지원해야 한다.

또한 학생이 하고 싶어 하는 활동 역시 존중하되 고등학교 2학년으로서 수행해야 할 역할과 책임을 분명히 인식하고, 학업과 일상생활을 균형 있게 조율할 수 있도록 현실적인 계획을 세우는 과정이 필요하다. 스스로 과제를 점검하고, 행동에 경계를 설정하며 자신의 선택이 어떤 결과로 이어질 수 있는지를 함께 탐색하는 교육적 접근이 필요하다.

이러한 접근은 낮은 NP 자아로 인해 상대방의 입장을 고려하지 못하는 태도를 보완하고, 높은 FC 자아에서 비롯되는 즉흥성과 충동성을 조절하며, 자기조절 능력을 기르는 데 초점을 둔다. 이를 통해 학생은 타인의 감정을 이해하고, 배려하는 동시에 자신의 감정도 보다 건강하게 표현하며 학업과 일상에서의 책임을 실천하는 태도를 점차 형성해 나갈 수 있다.

이러한 자기 이해와 성찰이 꾸준히 이어진다면 학생은 점차 더 안정적이고, 발전적인 방향으로 변화해 나갈 수 있으며 그 과정에서 엄마와의 갈등도 점차 완화되고, 원만한 관계를 형성해 나갈 수 있을 것이다. 궁극적으로는 감정과 행동을 균형 있게 조절하며, 관계 속에서의 갈등을 더욱 유연하게 해결할 수 있는 역량을 키우는 데 도움이 될 것이다.

다. 친구들이 자기를 싫어한다고 느끼는 학생(고1 여학생)

고등학교 1학년 여학생으로 교류 분석의 다섯 자아 중 AC 자아의 특성이 두드러지는 사례이다. 정서 · 행동 특성 검사 결과 '관심군(우선/자살)'으로 분류되어 상담이 진행되었다.

학생은 학급 친구들 모두가 자신을 싫어하고 미워하며, 뒷담화하고 있다고 느끼며 심리적 불편감을 호소했다. 복도를 지날 때마다 친구들이 자신을 째려보거나 수군거리며, 욕을 하는 것처럼 느껴져 학교에 있는 것이 두렵고, 불안하다고 말했다. 학교생활 자체가 견디기 어려울 정도로 힘들다는 것이다.

이러한 감정은 중학교 시절 친하게 지냈던 친구와의 관계가 틀어지면서 시작되었으며, 그 친구들이 모두 같은 고등학교에 진학하면서 중

학교 시절부터 이어져 온 불편한 관계가 지금까지도 지속되고 있다고 했다.

학생은 여전히 그들이 자신을 미워하고 있으며, 지나갈 때마다 수군대거나 째려보는 듯한 느낌을 받아 매우 위축되고, 불안하다고 표현했다.

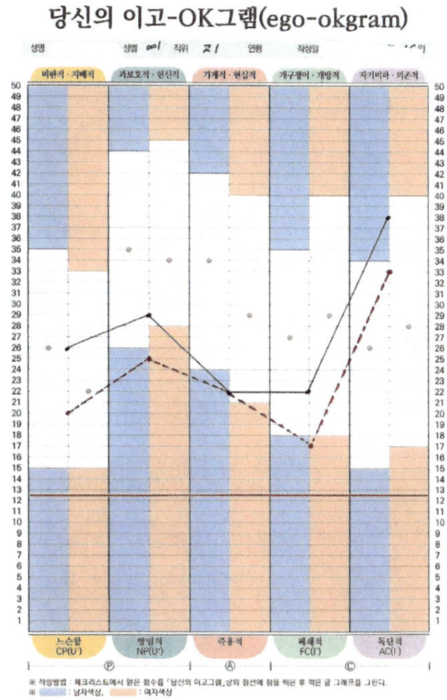

학생이 느끼는 불편함은 구체적인 사실보다는 대부분 감정적인 추측에서 비롯된 것이었다. '째려보는 것 같다' '뒷담화하는 것 같다' '욕하는 것 같다' '싫어하는 것 같다' 등 대부분의 표현은 직접적인 경험보다는 주관적인 느낌에 기반한 것이었다.

그러나 이처럼 모호한 감정조차 학생에게는 매우 현실적이고, 고통스럽게 느껴지고 있었다. 실제로 친구들이 지나가며 밀쳤다거나 노골적으로 싫은 말을 했다거나 조별 활동이나 체육 시간에 대놓고 따돌리는 등의 구체적인 행동이 있었는지를 물었을 때 학생은 그런 일은 없었다고 답했다. 직접적인 갈등이나 명시적인 괴롭힘은 없었지만 학생은 여전히 자신이 소외되고 있다는 강한 감정을 가지는 것이다.

"친구들이 너를 싫어하는 이유가 뭐라고 생각하냐?"라는 질문에 학생은 "제가 잘하는 게 하나도 없으니까요"라고 말하며 고개를 떨구었고, "제가 같은 교실에 있다는 것 자체가 싫겠죠"라며 울먹이기도 했다. "혹시 친구들과 이 문제에 대해 직접 이야기해 본 적이 있냐?"라는 질문에는 조용히 고개를 가로저었다.

"만약 어떤 실수나 잘못이 있었다면, 그것을 알아야 고칠 수 있고, 그래야 문제도 해결할 수 있지 않겠니? 그게 아니라 오해였다면 오해를 풀어보는 것도 필요하지 않겠냐?"라고 물었지만 학생은 "이제는 그러고 싶지 않아요"라고 대답했다.

이미 마음이 많이 지쳐버렸고, 설령 용기를 내어 이야기를 꺼낸다 해도 친구들은 여전히 자신을 좋아하지 않을 것이라 확신하며 말했다. 그러면서 "제가 왜 살아가야 하는지 모르겠어요. 제 자신이 너무 싫어요. 제 모든 점이 다 싫고, 한심하게 느껴져요"라며 눈물을 흘렸다.

이 학생은 높은 AC 에너지를 지니고 있어 친구들이 실제로 자신을 어떻게 생각하는지 직접 묻거나 확인하는 용기를 내지 못한 채 친구들의 표정이나 말투, 분위기를 지나치게 신경 쓰며, 이를 자신에게 불리하게 해석하는 경향을 보였다.

이러한 모습은 낮은 FC 에너지의 영향도 함께 작용한 것으로 보인다. 자신을 믿고, 신뢰하며 자신감 있게 행동하거나 긍정적으로 생각하는 것이 어렵고, 자신의 감정과 생각을 적극적으로 표현할 수 있는 FC 자아의 기능이 충분히 발휘되지 못하는 반면 AC 자아는 지나치게 활성화되어 타인의 평가에 예민하게 반응하는 모습으로 나타난다.

이러한 부정적 해석은 점차 자기 비난으로 이어졌고 "내가 잘하는 게 하나도 없어서 모두가 나를 싫어하는 거야"라는 식의 근거 없는 자기 부정을 반복하게 했다. 또한 친구들과 끊임없는 비교를 통해 지속해서 열등감을 느꼈으며 "나도 내가 싫다"라는 자기 비하로 이어졌다. 이러한 부정적인 인식은 점차 심화하여 결국 "살아가는 의미가 없다"라며 자신의 존재 가치마저 부정하는 태도로 나타났다.

여기에 더해 이 학생의 이고그램 그래프를 보면 NP 에너지가 낮게 나타나고 있다. 이는 타인에게 친밀하고, 친숙하게 다가가거나 관계를 유지하고, 확장해 나가는 사회적 기술이 부족한 특성과 연결된다.

따라서 고등학교에 입학한 이후 새로운 친구들과 관계를 맺기 위해 먼저 말을 걸거나 친절하게 행동하는 데에도 큰 부담을 느꼈을 가능성이 있다. 다정하고, 친화적인 태도를 자연스럽게 표현하는 것이 어려웠으므로 새로운 또래 관계를 형성하는 데에도 위축되고, 불안한 감정을 느꼈을 것으로 보인다.

결국 낮은 FC와 NP 자아 그리고 과도하게 활성화된 AC 자아가 복합적으로 작용하면서 학생은 또래 관계 속에서 자신을 낮게 평가하고, 타인의 반응을 부정적으로 해석하며 깊은 소외감과 자기 부정에 빠지는 악순환을 경험하고 있는 것으로 보인다.

이러한 대인관계의 어려움과 더불어 정서적인 영역에서도 위기 징후가 확인되었다. 정서 · 행동 특성 검사의 자살 관련 면담에서 학생은 '죽고 싶다'라는 생각을 자주 한다고 밝혔으며, 감정적인 고통이나 강한 스트레스를 받을 때 손목을 긋는 자해 행동을 하고 있다고 진술했다. 이는 학생이 현재 심각한 정서적 위기 상태에 놓여 있음을 보여주며, 지속적인 관찰과 전문적인 개입이 반드시 필요한 상황임을 말해 주는 것이다.

이 사례는 높은 AC 에너지가 부정적으로 작용할 때 나타날 수 있는 행동적 · 정서적 어려움을 잘 보여준다. 지금까지 드러난 학생의 특성은 대인관계뿐만 아니라 정서적 안정에도 부정적인 영향을 미치고 있으며, 자아 기능의 불균형이 심리적 고통을 심화시키는 주요 요인으로 작용하고 있음을 보여준다.

이에 학부모 상담을 진행한 결과 어머니는 이미 학생의 이러한 상황을 어느 정도 인지하고 있었다. 다만 집에서도 학생이 좀처럼 마음을 열지 않아 도움을 주기 위해 대화를 시도해도 "괜찮다"라며 거절하는 경우가 많아 그저 지켜볼 수밖에 없었다고 하셨다. 이러한 상황을 고려할 때 이 학생에게는 높은 AC 에너지를 완화하고, 낮은 FC 에너지를 활성화할 수 있는 정서적 개입과 환경적 지원이 필요하다.

즉, 자신에 대한 신뢰와 믿음을 바탕으로 타인과의 관계에서도 위축되지 않고, 자기 생각과 감정을 표현하며 문제를 해결하려는 적극성을 기를 수 있도록 돕는 접근이 요구된다.

무엇보다 이 학생은 이미 심리적 · 정서적으로 위기 상태에 놓여 있으므로 전문의의 진료와 평가가 선행되어야 하며 이후 상담적 접근이 병행되어야 한다. 전문적인 진단과 치료를 통해 정서적 안정 기반을 마련한 뒤 자아 기능의 회복과 대인관계 개선을 위한 지속적인 심리적 지원이 이루어져야 할 것이다.

물론 학생의 행동 변화가 결코 쉬운 일은 아니지만 가정과 학교의 지속적인 지지와 전문적인 치료가 병행된다면 점차 긍정적인 방향으로 나아갈 수 있을 것으로 보인다. 이를 위해 학교 상담에서는 학생이 자신의 장단점을 인식하고, 좋아하거나 잘할 수 있는 활동을 탐색하며 긍정적인 자아 인식을 형성할 수 있도록 도와야 한다.

가정과 연계하여 학생에게 아주 작은 과제를 부여하고, 이를 수행하도록 격려하며 과제를 성공적으로 마쳤을 때는 긍정적인 피드백을 제공하여 자신의 가능성을 인식할 수 있도록 지원해야 한다. 이러한 접근은 학생이 자신에 대한 신뢰와 믿음을 갖게 하고, 이를 바탕으로 친구들과의 관계에서도 자신감을 가지고, 더욱 당당한 태도를 보일 수 있도록 돕는 데 목적이 있다.

마주치는 친구들에게 말을 건네는 것이 부담스러운 학생의 특성을 고려하여 최소한 미소를 지어보는 등의 작은 행동부터 실천할 수 있도록 격려해야 할 것이다. 하루에 자신에 대해 세 가지씩 칭찬하는 과제를 부여하고, 이를 어머니께서 확인해 주시는 방식으로 가정과의 연계를 강화하는 것도 필요하다.

친구들의 시선이나 반응에 최대한 신경 쓰지 않도록 노력하며, 자신이 원하는 행동을 주도적으로 해나갈 수 있도록 자아 강화 활동도 병행하여야 한다.

또한 담임교사의 협조를 받아 이동수업이나 급식 시간에 학생이 자연스럽게 어울릴 수 있는 친구를 연결해 주고, 학급 내에서의 학생 행동을 세심히 살피며 지속해서 관심을 가져야 한다.

이러한 과정을 통해 학생이 '친구들이 나를 싫어하는 것이 아니다'라는 긍정적인 경험을 점차 쌓아가며 또래 관계에 대한 불안감을 완화하고, 관계를 회복해 나갈 수 있을 것으로 기대된다.

라. 세상에 무서울 게 없는 학생(중2 남학생)

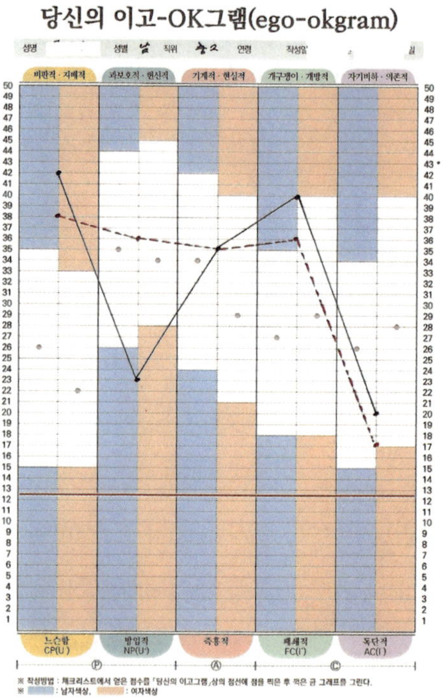

이 사례의 학생은 당시 중학교 2학년 남학생이었다. 높은 CP와 FC 자아가 부정적으로 작용할 경우 어떤 문제 행동으로 이어질 수 있는지를 잘 보여주는 사례다.

이 학생은 또래보다 공격성이 강하고, 자기중심적인 통제 행동을 보였으며 학교 현장에서는 드물게 관찰되는 수준의 문제 행동이 반복적으로 나타났다. 한 여학생의 상담 과정에서 이 학생이 학교폭력 가해자로 밝혀졌고, 해당 사실은 학생부에 보고된 후 학교폭력 사안으로 정식 접수되었다.

이 학생은 높은 CP와 FC 자아가 왜곡된 방식으로 작동하면서 교제 중이던 여학생에게 강압적이고, 지배적이며 통제적인 태도를 보이는 등 관계에서 부적절한 행동을 지속해서 드러냈다.

예를 들어 '다른 남학생 앞에서 웃지 말 것' '남학생과는 이야기도 하지 말 것' '친구들과 놀다가도 자기가 부르면 즉시 달려올 것' '치마를

짧게 입지 말 것' '자기가 원하는 스타일의 옷을 입을 것' '자기 말에 토 달지 말고, 하라는 대로 할 것' 등 비상식적인 요구를 했고, 이에 여학생이 거부하면 욕설과 폭력을 행사했다.

특히 놀라운 점은 눈에 띄는 부위를 피하고 배, 허벅지 등 보이지 않는 부위를 때려 멍들게 하여 주변 사람들이 쉽게 알아차리지 못하도록 했다는 것이다. 이 학생은 교사들에게도 무례하고, 공격적인 태도를 자주 보였다. 자기 여친이 복도에서 교사에게 지도받을 때 어떻게 알았는지 갑자기 달려와 "내 여자한테서 떨어지세요!"라고 소리치며 뛰어들었고, 교사를 밀치는 행동을 하거나 "이 아저씨가 지금 뭐 하자는 거야?"라며 대들기도 했다.

이러한 행동은 특히 교직 경력이 짧은 교사들에게는 큰 당황과 혼란을 안겼고, 경력 있는 교사들조차 부모 소환 등의 조치를 통해 상황을 마무리해야 했다.

여학생이 더는 참지 못하고, 학교폭력 사실을 알리며 결별을 선언하자 이 학생은 그동안 자신이 여학생에게 사용한 돈을 계산해 청구서를 내밀며 "이 돈을 다 갚으면 헤어져 주겠다"라고 요구했다. 그 금액은 무려 300만 원에 달했으며 여학생은 결국 이 사실을 부모님께 털어놓을 수밖에 없었다.

이후 추가 조사를 통해 더 심각한 폭력 사실이 드러났고, 여학생 보호를 위해 긴급히 출석 정지 처분이 내려졌으며, 학교 측은 가해 학생에게 강제 전학 조치를 내렸다.

하지만 같은 지역 내에서 전학을 가더라도 여학생이 완전히 벗어날 수 없다는 점을 고려해 학교에서는 여학생의 전학도 권유하였다. 고민

끝에 아버지가 직장을 타 지역으로 옮기며 가족이 함께 이사를 하게 되었고, 그렇게 사건은 마무리되었다.

이 학생 사례는 교류 분석의 관점에서 볼 때 다섯 자아 상태가 건강하게 작동하지 않을 경우 어떤 극단적인 행동이 나타날 수 있는지를 보여준다. 높은 CP는 타인을 통제하고, 지배하려는 권위적 태도로 드러났으며 이는 여자 친구를 자기 마음대로 조종하려는 행동으로 이어졌다.

한편 FC는 충동적이고, 쾌락 중심적이며 자기 멋대로 행동하려는 모습으로 나타나 순간적인 욕구 충족을 우선시하는 이기적인 태도로 연결되었다. 이러한 두 자아의 부정적 발현은 학생의 대인관계와 학교생활 전반에서 반복적인 문제 행동으로 이어졌다.

반면 NP와 AC는 매우 낮아 타인의 감정이나 고통에 공감하지 못하고, 타인의 의견에 귀 기울이거나 협력하는 데 어려움을 보였으며, 학교라는 집단 내에서 조화를 이루는 모습 또한 찾아보기 어려웠다. 이성적이고, 합리적인 판단을 가능하게 하는 A 자아가 높게 나타났지만 긍정적으로 기능하지 못하고, 오히려 부정적인 방식으로 드러났다.

학생은 사람들의 시선을 피할 수 있는 부위를 폭행하거나, 결별 이후 여자 친구에게 청구서를 내미는 등 상식에서 벗어난 전략을 세우는 데 A 자아를 활용하였다. 이러한 모습은 P(어버이 자아)의 왜곡된 신념에 의해 A 자아가 오염되어 사고를 조절하거나 행동의 적절성을 판단하는 기능이 제대로 작동하지 못하고 있음을 시사한다.

즉 '여자는 남자인 자신의 말에 무조건 순응하고, 복종해야 한다'는 편견과 왜곡된 신념을 내면화한 P 자아가 A 자아의 합리성을 훼손한 것으로 추정할 수 있다.

강제 전학 후에도 이 학생은 종종 학교에 무단으로 출입해 친구를 만나려 했고, 이를 제지하던 연세 많은 '학교 지킴이' 선생님을 밀치며, 넘어뜨리는 사건까지 발생했다. 결국 지킴이 선생님은 큰 충격을 받고, 경찰에 신고했으며 이후 학교를 떠나야 했다.

물론 이러한 유형의 그래프를 가진 학생이 모두 이런 극단적인 행동을 보이는 것은 절대 아니다. 다만 이 사례는 다섯 자아 상태가 조화롭게 작동하지 못하고, 특정 자아가 왜곡되거나 부정적인 방향으로만 사용될 때 그로 인해 얼마나 심각한 행동이 나타날 수 있으며, 그것이 타인에게 어떤 부정적인 영향을 미칠 수 있는지를 보여주는 예로 제시된 것이다.

이 학생의 행동은 단순한 성격적 특성의 문제가 아니라 유아기부터의 양육 방식, 부모와의 애착 관계, 부모의 반응 양식 등 다양한 환경적 요인이 복합적으로 작용한 결과임을 보여주는 매우 안타까운 사례로 기억된다. 특히 강제 전학 조치로 인해 학교 내에서 상담이 이루어지지는 못했다.

물론 이 사례는 단순한 상담이나 교육적 접근만으로는 변화와 회복을 기대하기 어려운 복합적인 문제를 내포하고 있으며 더욱 심층적인 치료적 개입과 다각적인 환경적 조치가 병행되어야 한다.

마. 기본적인 생활 틀조차 답답하게 느끼는 학생(중2 여학생)

이번 사례는 중학교 2학년 여학생으로 이고그램 분석 결과 낮은 CP, NP, A 자아와 높은 FC, AC 자아의 구조를 보인다. 특히 매우 낮은 CP

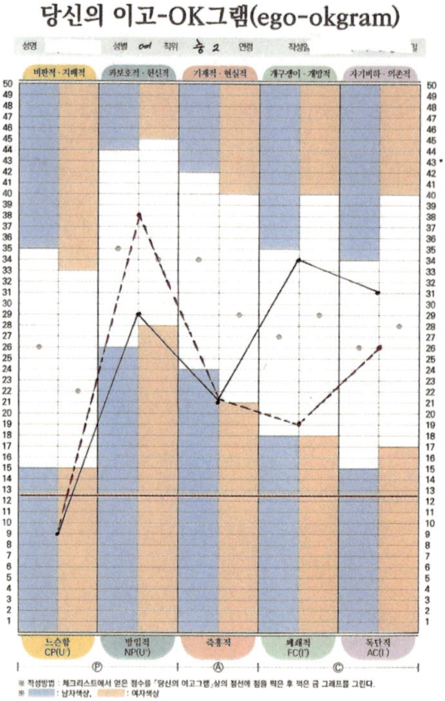

자아가 건강하게 작동하지 않을 경우 어떤 문제 행동으로 이어질 수 있는지를 잘 보여주는 사례다.

당시 이 학생은 교사들 사이에서 '대학생'이라는 별칭으로 불릴 정도로 학교 규칙과 일상적인 통제에 무관심한 태도를 보였다. 등교 여부는 기분에 따라 결정되었고, 출석하더라도 담임교사의 허락 없이 조퇴하는 일이 빈번했다.

교복 착용이 의무임에도 불구하고, 늘 사복 차림으로 등교했으며 수업에 필요한 준비물도 갖추지 않았다. 수업 시간에는 당시 유행하던 개인 방송 제작에만 몰두했으며, 휴대폰 제출이라는 학교 지침이나 학급 규칙도 전혀 따르지 않았다.

휴대폰은 이 학생에게 없어서는 안 되는 존재와도 같았고, 압수라도 당하는 날이면 울고불고 난리를 피우며 감정을 주체하지 못했다.

심지어 사용하지 않는 휴대폰을 제출하고, 실제로는 다른 기기를 몰래 사용하는 등 규칙을 회피하거나 무시하는 행동을 보였다. 교사의 지시에 노골적으로 반항하거나 대들지는 않았지만 시큰둥하고, 무성의한 태도로 일관해 교사들을 당황하게 만드는 학생이었다.

자기 관리 능력이 부족하여 한여름에도 겨울옷을 입고 '덥지 않다'라고 말하는 등 기본적인 생활 태도에서도 어려움을 보였다. 이 모든 행동은 매우 낮은 CP에서 비롯된 것으로 규칙과 질서를 내면화하지 못한 결과라 할 수 있다.

조부모의 엄격한 통제를 거부하며 자주 가출했고, 가출할 때마다 학교도 결석했다. 말 그대로 '통제받지 않는 자유인'처럼 행동하며, 외부의 규범이나 지시를 받아들이지 않는 태도를 지속해서 드러냈다. 이러한 모습은 이 학생의 낮은 CP, NP와 A 자아, 그리고 높은 FC 자아가 유기적으로 영향을 미친 결과로 해석된다.

다른 사람의 시선을 거의 의식하지 않고, 자신의 욕구와 감정에만 충실하려는 FC 자아의 강한 작동, 타인에 대한 배려와 공감이 가능한 NP 자아의 기능 저하, 그리고 상황을 객관적으로 판단하고, 조절해야 할 A 자아의 역할 부재가 복합적으로 작용하면서 학생은 규칙을 무시하고, 자기중심적으로 행동하는 모습을 보였다.

더불어 낮은 CP와 높은 FC의 영향으로 인해 일정한 틀 속에서 체계적인 생활을 하거나 원칙적인 삶을 유지하기 어려워하며 조금이라도 구속받거나 자유가 제한되는 상황을 참기 힘들어하는 모습을 보였다.

어머니는 다른 지역에서 남성과 동거 중이었으며 학교의 연락을 받을 때만 간헐적으로 나타나 딸의 휴대폰을 압수하거나 폭언과 체벌을 가하는 모습을 반복적으로 보였다. 조부모님은 연세가 많으셨고, 연락을 드릴 때마다 '이혼한 딸이 늙은 부모에게 아이를 맡겨놓고, 자기 멋대로 살고 있다'라며 분노를 드러내셨고, 손녀에 대해서는 '이제는 포기했다'라며 깊은 한숨을 내쉬곤 하셨다.

이러한 배경 속에서 학부모 상담은 물론 조부모와의 협력도 원활하지 않았고, 학생의 잦은 결석으로 인해 상담조차 정기적으로 진행하기가 어려웠다. 특히 상담 과정에서 가장 큰 어려움은 학생의 문제 행동에 대한 학교 연락을 받을 때마다 어머니가 감정적으로 반응하여 학생을 정신과 병원에 강제로 입원시킨 뒤 곧바로 떠나버리는 일이 반복되었다는 점이었다.

어머니는 병원에 있으면 휴대폰을 사용할 수 없고, 가출도 할 수 없으며 학교로부터의 연락도 줄어들기 때문에 그 방법이 가장 확실하다고 여겼다. 그러나 이러한 방식은 학생의 어머니에 대한 분노를 오히려 키우는 결과를 낳았고, 퇴원 이후에는 가출이 더 장기화되며 소재 파악조차 어려워지는 악순환이 반복되었다.

학교에서는 학생의 동의 없는 강제 입원은 도움이 되지 않으며, 오히려 관계를 악화시킬 수 있음을 여러 차례 설명했으나 어머니는 입장을 바꾸지 않으셨다. 이 학생의 매우 낮은 CP는 어린 시절 부모의 이혼 후 조부모 슬하에서 자라며 그 나이에 마땅히 익혀야 할 규칙, 도덕성, 책임감 등에 대한 기본적인 교육이 충분히 이루어지지 않았음을 시사한다.

이러한 양육 환경의 영향은 학교 입학 이후에도 이어져 학교생활의 기본 규칙이나 질서를 지키지 못하고, 사회적 행동 기준 없이 높은 FC에 따라 즉흥적이고, 충동적인 행동을 제어하지 못한 채 '하고 싶은 대로' 살아가는 모습으로 나타났다.

이러한 행동 양식은 학교생활에서 칭찬이나 인정받기 어려운 상황을 만들었고, 학생이 늘 부정적인 피드백과 주변의 무관심 속에서 지내며 또래와 자신을 비교할 때마다 깊은 열등감을 느끼게 했다.

결국 현실에서 충족되지 못한 인정 욕구가 다른 통로를 찾게 했고, 그 대안이 바로 온라인 공간이었다. 온라인에서는 자신이 제작한 콘텐츠에 관심을 보이고, 긍정적인 반응을 보내주는 사람들이 존재했으며 이는 현실에서 받을 수 없었던 칭찬과 긍정적 피드백 나아가 자기 존재를 인정받는 경험에 대한 보상 심리로 작용하였다.

학생은 이러한 온라인 관계 속에서 처음으로 자신감을 느꼈을 가능성이 크며, 이러한 경험은 곧 개인 방송 활동에 강한 흥미와 집착으로 이어졌을 것이다. 그 결과 수업 시간은 물론 쉬는 시간과 가정에서도 오로지 개인 방송에만 몰두하는 모습을 보였다.

학교에서는 어머니께 가능하다면 딸과 함께 생활하며 지금부터라도 자녀에게 관심을 기울이고, 기본적인 생활 습관과 사회적 기술을 지도해 주시기를 여러 차례 요청했다. 그러나 어머니는 '지금은 그럴 형편이 안 된다'라는 말만 반복했다.

그러던 중 방학을 앞둔 어느 날 학생이 상담실에 찾아와 '전학을 가게 되었다'라고 말했다. SNS를 통해 만난 성인 남성이 서울에 집을 마련해 줄 테니 올라와서 마음껏 개인 방송을 하라고 했다는 것이다.

모르는 사람이 왜 집을 마련해 주겠냐는 질문에 학생은 '다 안다'라고 했고, '그래도 상관없다'고 했다. '방송만 할 수 있다면 어떤 일이 생겨도 괜찮다'라고 말하는 학생에게 성폭력, 인신매매, 폭행 등의 위험이 따를 수 있음을 조심스럽게 설명했지만 학생은 여전히 "괜찮다"며 무감각한 반응을 보였다.

즉시 담임교사와 교장 선생님께 상황을 공유하고, 학생이 절대 서울로 향하지 못하도록 막은 뒤 어머니를 급히 호출했다. 혹시 어머니가 또다시 학생을 때리거나 휴대폰을 압수하고, 강제 입원시킬까 봐 걱정되어 여러 차례 그러지 않도록 당부드렸다.

지금까지 어머니가 취해온 강압적인 방식은 자녀의 행동에 긍정적인 변화를 끌어내지 못했으며 원하는 결과도 얻지 못한 채 오히려 모녀 관계만 악화시켰다는 점을 꼭 기억해 주시길 당부드렸다.

어머니는 학생을 인계받아 집으로 데려갔고, 다행히 방학 중 자신이 거주하는 지역으로 데리고 가 전학을 시킬 예정이라는 소식을 담임교사로부터 전해 들으며 이번 사례는 마무리되었다. 이 사례는 매우 낮은 CP와 높은 FC, AC의 조합이 규칙을 무시한 무책임한 행동, 충동적이고, 자기중심적인 생활, 그리고 열등감을 보상하려는 왜곡된 심리로 이어질 수 있음을 보여주었다.

바. 친구만 따라다니며 존재감을 느끼는 학생(고1 여학생)

이 학생은 고등학교 1학년 여학생으로 A 자아 에너지를 제외하면 전반적으로 자아 에너지가 높은 편이다. 특히 NP와 AC가 두드러지게 높으며, CP 역시 높은 수준을 보인다. FC 또한 에너지가 높지만 상대적으로 더 강한 AC의 영향으로 인해 실제 행동으로는 충분히 드러나지 못할 가능성이 있다.

이 학생은 AC가 높아 다소 내성적이고, 하고 싶은 말을 쉽게 꺼내지 못하는 조심스러운 성향을 보인다.

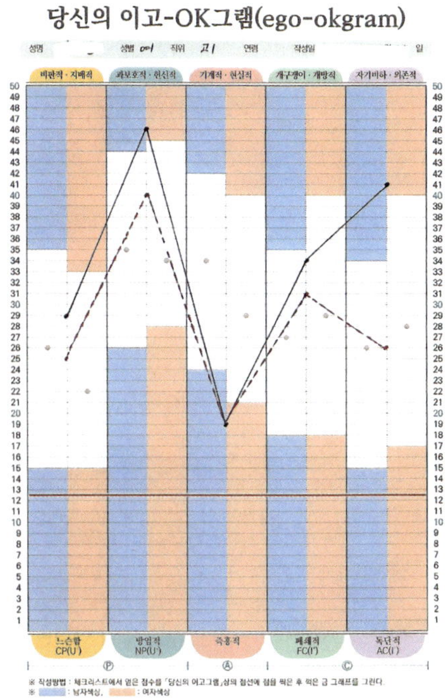

그러나 NP가 높아 따뜻하고, 친절하며 타인을 먼저 배려하고, 챙기려는 마음을 지니고 있다.

하지만 AC의 영향으로 거절에 대한 두려움과 타인의 반응에 대한 걱정 때문에 '먼저 다가가면 친구들이 부담스러워하지 않을까?' '혹시 나를 싫어하면 어쩌지'라는 생각에 사로잡혀 고등학교 입학 후 새로운 친구를 사귀는 데 어려움을 겪었다. 그러던 중 성향이 비슷한 한 학생과 가까워졌고, 같은 반은 아니었지만 금세 절친한 사이가 되었다.

두 학생은 상담 주간에 성격 검사(이고그램)를 희망하여 함께 진행했고, 이후 해석 상담을 통해 서로의 자아 에너지 특성과 성격 차이를 이해하는 시간을 가졌다. 그 후 두 사람은 학교에서 항상 함께 다녔으며, 등 · 하교나 쉬는 시간에도 떨어지지 않고 함께 있는 모습을 자주 보였다. 다정하게 지내는 모습은 보기 좋고, 흐뭇하게 느껴졌지만 동시에 우려되는 점도 있었다.

두 학생 모두 AC가 높다는 공통점이 있었지만 이 학생은 NP가 매우 높은 반면, 친구(지은, 가명)는 NP가 낮은 성향을 지니고 있었기 때문이다. 늘 함께 있고 싶어 하며 지속적인 관심과 정서적 교류를 원하는 이 학생의 태도는 시간이 지남에 따라 지은이에게 부담으로 작용할 수 있다.

또한 NP가 낮은 지은이는 이 학생이 보여주는 관심에 따뜻하게 반응하거나 배려하고, 공감하는 데 한계가 있을 수 있다. 이러한 지은이의 태도는 이 학생에게 상처와 서운함으로 다가갈 가능성이 있는 것이다. 더 큰 문제는 두 학생 모두 AC가 높아 서로 불편한 감정이나 서운함을 솔직하게 표현하기 어려울 수 있다는 점이다.

지은이는 '지금은 혼자 있고 싶어'라든지 '조금 부담스러워' '너무 간섭하지 않았으면 해'와 같은 솔직한 말을 쉽게 꺼내지 못한다. 이 학생 역시 지은이로부터 원하는 관심과 반응을 충분히 얻지 못해도 그 서운함을 표현하지 못하고, 마음속에 담아두는 모습을 보일 수 있다.

이처럼 두 사람은 서로의 기대에 맞추려 노력하고, 조심스럽게 관계를 이어가지만 자신의 감정을 솔직하고, 건강하게 표현하는 데에는 어려움을 겪을 수 있다. 그 과정에서 감정이 충분히 전달되지 못한 채 작은 오해나 서운함이 조금씩 쌓이다 보면 서로 간에 거리가 생길 수 있는 것이다.

이처럼 생겨난 거리감은 이 친구와의 관계를 지속하는 데 어려움을 줄 수 있다. 따라서 한 친구에게만 의존하기보다 다양한 친구들과의 관계를 조금씩 확장해 나갈 필요가 있다. 아울러 타인을 배려하는 만큼 자신의 필요와 바람도 살피며, 스스로에게 의미 있는 일들을 주도적으로 해 나가는 노력이 건강한 관계를 형성하는 데 중요한 기반이 된다는 점도 인식해야 한다.

또한 두 학생 모두 '참는 것'만이 관계를 유지하는 방법이 아니라는 점을 이해할 필요가 있다. 서운하거나 불편한 감정은 솔직하게 표현하는 것이 오히려 관계를 오래 지속시키는 데 도움이 된다는 점을 인식시켜 주어야 한다.

학생 정서 · 행동 특성 검사 '관심군(우선)' 관련 상담을 진행하며, 학생이 자신의 성격에 따른 대인관계의 특성을 탐색해 볼 수 있도록 도왔다. 이 과정에서 예상보다 훨씬 더 지은이(가명)에게 깊이 의존하고 있다는 사실이 확인되었으며, 대부분의 질문에 대한 답변이 지은이와 연결되어 있어 마치 지은이를 중심으로 학생의 일상이 구성되어 있는 듯한 인상을 주었다.

이러한 모습은 NP가 낮고, AC가 높은 지은이에게는 심리적 부담으로 작용할 수 있겠다는 초기의 우려가 현실화할 가능성이 있다는 생각이 들었다.

예를 들어, 학교생활에 대한 만족도를 10점 척도로 물었을 때 대부분 5점이나 6점이라 답했고, 4점 이하가 되지 않은 이유를 묻자 "지은이랑 영화 봤어요" "같이 떡볶이 먹었어요"라고 답했다. 반대로 더 높은 점수를 위해 필요한 것이 무엇인지 묻는 질문에는 "지은이랑 더 자주 놀면요" "지은이가 저를 더 챙겨주면요"라는 식의 답변이 이어졌다.

그뿐만 아니라 문장완성검사, 콜라주 활동, 욕구 탐색 등 다양한 상담 장면에서도 "제일 행복한 순간은 지은이랑 함께 있을 때" "가장 우울했던 순간은 지은이가 아플 때" "외딴섬에 간다면 지은이와 함께 가고 싶다"라는 식의 응답이 반복되었고, 지은이에 대한 언급이 지나치게 많았다.

결국 "이제부터는 선생님 질문에 지은이 이름은 빼고 이야기해 보자. 지은이를 제외하고, 너 자신에게 초점을 맞춰보는 거야"라는 말로 학생의 관심을 자기 자신에게로 돌려야 할 정도였다.

이처럼 상담의 핵심 과제는 학생이 친구에게 모든 정서적 에너지를 집중하고 있다는 사실을 스스로 인식하고, 자신에게도 관심과 애정을 기울이며, 다른 친구들과의 관계도 점차 확장해 나갈 수 있도록 돕는 것이었다. 실제로 이 학생은 지은이를 배려하고, 친밀함을 표현하는 수준을 넘어 쉬는 시간이나 점심시간에도 늘 함께 있으려 하고, 지은이에게 다른 친구가 생길까 봐 불안해하며 '챙겨준다'라는 이유로 사소한 일까지 관여하는 모습을 보였다.

이러한 행동은 단순한 관심을 넘어선 것으로 자칫 상대에게 심리적 부담을 주거나 거부감으로 이어질 수 있다. 상담에서는 진정한 배려란 '내가 좋은 방식'이 아니라 '상대가 편안하게 느끼는 방식'이어야 한다는 점을 함께 탐색할 필요가 있다.

또한 지금의 소중한 관계가 오래 지속되기 위해서는 적절한 거리감과 감정 조절이 필요하며, 새로운 친구들과도 자연스럽게 소통할 수 있어야 한다는 점을 인식시켜야 한다. 이는 지은이가 전학을 가거나 새로운 친구 관계가 형성되는 등 예기치 못한 변화가 생겼을 때 학생이 느낄 수 있는 정서적 공허감이나 상실감을 완화하는 데 도움이 될 수 있기 때문이다.

이와 관련해 지은이와의 상담을 통해 두 사람의 관계에 대한 우려가 단순한 기우가 아닐 수 있음을 확인할 수 있었다. 지은이는 쉬는 시간마다 함께 있기를 원하는 학생의 기대에 부응하며 맞춰주고 있었지만 실제로는 자신만의 시간이 부족해 점차 불만이 쌓이고 있었다.

함께 어울리는 것이 싫은 것은 아니지만 때로는 과제를 하거나 혼자 쉬고 싶은 순간도 있다는 것이다. 그러나 그런 말을 꺼냈다가 관계가 어색해질까 봐 혹은 상대가 실망할까 봐 끝내 표현하지 못하고 감정을 억누르고 있었다.

또 지은이는 "매 쉬는 시간마다 나가니까 같은 반 친구들이 '쟤 우리 반 맞아?'라고 이상하게 봐요"라며 관계에서 느끼는 부담을 조심스럽게 털어놓았다. 함께 있을 때도 자신을 가만히 두지 않고 "지금 뭐 보고 있어?" "이것, 같이 해볼래?" "내 말 좀 들어봐" 등 지나치게 관여하고, 관심을 보이는 행동 때문에 피로감을 느낀다고 했다.

따라서 지나친 친밀감의 표현이 지은이에게는 부담이 되고, 관계 속 의존성을 높일 수 있다는 점을 함께 살펴보며 학생이 '내가 좋다고 해서 상대도 항상 좋은 것은 아닐 수 있다'라는 사실을 인식하도록 도와야 한다.

이 과정을 통해 학생은 자신이 지닌 높은 NP의 따뜻함을 한 사람에게만 집중하기보다 다양한 친구들과의 관계 속에서 자연스럽게 나누고, 확장해 나가는 것이 필요하다는 점을 점차 깨달아야 한다.

학생의 다정하고, 따뜻한 성향은 분명 소중한 자원이지만 그것이 특정 대상에게 과도하게 쏠릴 경우 오히려 부담으로 작용할 수 있다는 점을 인식하고, 자신에게도 관심을 기울이며 균형 잡힌 관계를 형성하는 것이 중요하다.

나아가 관계에만 에너지를 쏟기보다는 대학 진학과 같은 현실적인 목표를 고려하여 학교생활에서 중요한 일들을 스스로 계획하고, 선택할 수 있는 적극성과 이성적 사고능력도 함께 키워나가야 한다. 즉, 시간이 흐른 뒤에도 자신의 선택에 만족할 수 있도록 합리적으로 판단하고, 결정하는 A 자아의 기능을 점차 강화해 나갈 필요가 있다.

이 학생이 앞으로 특정 인물에게 지나치게 의존하는 관계에서 벗어나 더 다양한 사람들과의 소통을 통해 건강한 관계를 형성할 수 있도록 지원할 필요가 있다.

사. 관심조차 부담스러운 학생(고2 남학생)

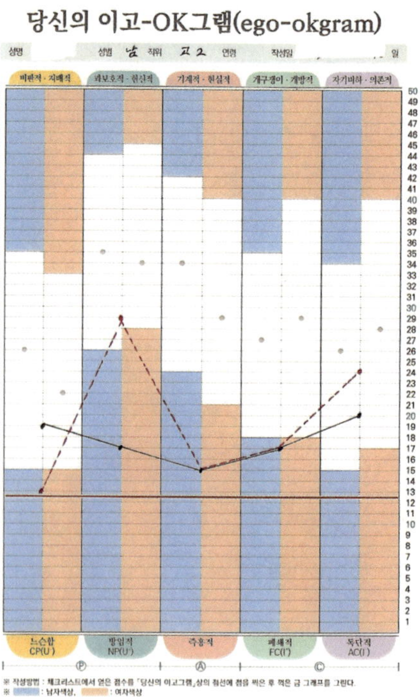

고등학교 2학년 남학생으로 담임교사의 의뢰로 상담이 시작된 사례이다. 이 학생은 이고그램 검사 결과 다섯 자아의 에너지가 전반적으로 모두 낮게 나타났으며, 특히 무기력한 태도가 두드러졌다. 담임교사에 따르면 학생은 수업 시간 대부분을 자거나 과제를 제출하지 않으며, 친구들과도 전혀 어울리지 않는다고 한다.

특히 다른 학생들이 수업 중 잠을 자거나 산만하게 행동하더라도 교사의 지시에는 일시적으로나마 반응을 보이는 반면 이 학생은 아무리

깨워도 반응이 없거나 일어나더라도 끝내 활동에 참여하지 않는 경우가 많다고 한다. 담임교사뿐 아니라 여러 교과 교사들 역시 이 학생을 '무기력하고, 지시에 따르지 않는 학생'으로 평가하고 있다.

그래도 다행히 상담 과정에서 학생은 말수가 많지는 않았지만 질문에 답하며 자기 생각을 간단히 표현하는 정도는 가능했다. "담임 선생님이 왜 너를 상담실에 보냈을 것 같아?"라는 질문에는 "모르겠어요" 했고, "다른 사람들이 너에 대해 뭐라고 말할 것 같니?"라는 질문에는 "답답하다고 하겠죠"라고 대답했다. 어떤 점에서 답답하다고 느낄 것 같냐고 묻자 학생은 "수업 시간에 잠만 자서요"라고 말했다.

한편 학교생활에 대한 만족도를 10점 만점에 몇 점인지 묻자 '7점'이라고 답해 다소 의외의 반응을 보였다. 이에 "사람들은 너를 답답하다고 생각하는데도 너 스스로는 학교생활에 꽤 만족하는구나?"라고 되묻자, 학생은 "이렇게 지내는 게 편하고, 좋아요. 피해를 주는 것도 아닌데 그냥 나한테 관심 끊었으면 좋겠어요"라고 말했다.

추가로 실시한 MMPI(다면적 인성 검사) 결과 여러 임상 척도에서 높은 점수가 나타났고, 이에 따라 학부모 상담이 진행되었다. 초기에는 어머니와 연락이 닿지 않아 아버지가 먼저 상담실을 방문했으며, 아버지는 어머니가 자녀의 현재 상태를 심각하게 받아들이지 않는 점을 걱정했다. 자녀가 집에서도 무기력한 모습을 보이고, 대화도 거의 없는 상황임에도 불구하고 어머니는 "시간이 지나면 괜찮아질 것"이라며 상담의 필요성을 인정하지 않는다고 했다.

이에 우선 아버지께 학생의 성격 특성과 검사 결과에 대해 설명드린 후 아버님의 요청에 따라 어머니가 함께 참여하는 상담을 다시 한번 진행하기로 했다. 아버지와의 면담을 통해 확인한 바에 따르면 이 학생은 어린 시절 매우 밝고, 활달한 성격으로 가족 캠핑에서 처음 만난 아이들과도 쉽게 어울릴 만큼 사교성이 뛰어났다.

초등학교에 입학한 이후에도 교사에게 여러 번 지적을 받을 만큼 장난기 많고, 적극적인 성격이었으나 2학년 무렵 여학생에게 심하게 장난을 쳤다가 크게 꾸중을 듣고, 학교폭력으로 신고될 뻔한 사건을 겪은 뒤부터 점차 말수가 줄고, 소극적인 태도를 보이기 시작했다.

그 후에도 장난이 지나치다는 이유로 자주 혼이 나거나 제지당했으며 특히 어머니가 학교로부터 연락을 받을 때마다 꾸짖고, 벌을 주는 일이 반복되면서 학생은 점차 자신감을 잃고, 자기 말과 행동에 대해 위축된 태도를 보이기 시작했다. 이러한 경험이 누적되면서 '자신을 드러내면 혼난다' '말하거나 행동하면 사람들이 싫어한다'라는 인식이 자리 잡았고, 결국 자신을 드러내지 않는 것이 가장 안전하다고 여기게 되었을 가능성이 크다.

그 결과 학생은 무기력하고, 조용한 삶의 방식을 선택하게 된 것으로 예측된다. 이와 같은 부정적 피드백의 반복 경험을 고려하면 학생의 낮은 FC 자아는 비교적 쉽게 이해할 수 있다.

그러나 나머지 자아들까지 모두 낮게 나타난 점은 성격이 형성되는 유아기부터 지속된 부모와의 제한된 상호작용이 영향을 미쳤을 가능성을 고려해 볼 필요가 있다. 부모가 맞벌이로 대부분의 시간을 집 밖에서 보내면서 아이와 함께하는 시간은 하루 1시간도 채 되지 않았고, 그마저도 각자의 일에 몰두하느라 의미 있는 소통은 거의 없었다고 한다.

이처럼 양육자의 가르침과 보호, 돌봄이 충분하지 않은 환경에서 자란 아이는 행동이나 말, 태도를 통해 내면화할 수 있는 부모(양육자) 모델이 부족했기 때문에 P 자아(어버이 자아)에 해당하는 도덕, 규범, 신념, 배려, 공감, 사랑 등의 형성이 미약했을 것으로 추정해 볼 수 있다.

또한 C 자아(어린이 자아)는 양육자와의 상호작용을 통해 경험한 다양한 감정 상태, 즉 기쁨, 슬픔, 분노, 불안 등이 내면화되며 형성된다. 그러나 이 학생은 부모와의 상호작용 자체가 매우 제한적이었기 때문에 C 자아에 내면화될 감정 경험치가 부족했을 가능성이 크고, 그 결과 감정 표현 전반이 억제되었을 수 있다.

나아가 A 자아(어른 자아)의 형성 또한 어려웠을 것이다. 유아기의 경험은 많은 부분에서 양육자와 함께하는 활동을 통해 이루어지며, 이러한 경험은 아이가 다양한 자료와 정보를 축적하는 데 기반이 된다. 그러나 이 학생은 그런 경험 자체가 부족했기 때문에 자료의 축적과 정보 처리 능력이 제한되었고, 이는 낮은 A 자아(어른 자아)로 이어졌을 가능성이 있다.

그럼에도 불구하고 처음에 학생은 관심받고, 존재감을 드러내기 위해 장난기를 발휘했을 가능성이 크며, 초기에는 밝은 성향을 보였을 수도 있다. 그러나 반복된 부정적 피드백은 존재감을 드러내고자 했던 노력마저 점차 약화시켰고, 결국 본래의 낮은 자아 에너지 상태의 무기력한 모습을 보이게 된 것으로 예측해 볼 수 있다.

전반적으로 에너지가 낮은 이 학생은 계획적이거나 체계적인 생활을 유지하기 어려우며, 의욕과 흥미도 거의 드러나지 않는다. 타인과의 교류에 관심이 적고, 다른 사람의 기대나 평가에도 무관심해 집단생활에 잘 적응하지 못하는 모습을 보인다.

학생은 '아무도 나에게 관심 두지 않고, 내버려두는 게 가장 편하다'라고 말하며 현재의 생활에 만족한다고 하지만 심리검사에서는 여러 심리적 불편감이 드러났다. 이는 현재의 무기력이 단순한 성격 특성이 아닌 심리적 어려움의 반영일 수 있음을 시사하며, 전문적인 진단이 필요함을 아버지께 안내해 드렸다.

실제로 이 학생은 학교뿐 아니라 가정에서도 가족과 거의 대화하지 않고, 게임도 많이 하지 않은 채 하루 종일 침대에 누워 유튜브만 시청하고, 잠드는 일과를 반복하고 있다. 주말이나 방학에도 외출하지 않으며, 일주일 넘게 집 밖으로 나가지 않는 경우도 있다.

방학을 며칠 앞두고 어렵게 어머니와 연락이 닿았고, 아버지와 함께 학교를 방문하시도록 요청드렸다. 방학 중 전문의의 진료를 받아보는 것도 도움이 될 수 있음을 안내했고, 무엇보다도 어머니께서 시간을 내어 자녀와 함께하는 것이 절대적으로 필요함을 강조해 드렸다.

외식이나 쇼핑, 가족 여행, 진로 탐색 활동 등 어떤 활동이든 '함께 하는 시간'이 중요하며, 단순히 '이거 해봐' '이건 해야 해'라고 과제처럼 지시하는 방식은 학생에게 아무런 의미가 없음을 설명했다.

이미 동기와 의욕이 낮은 상태이기 때문에 혼자 과제를 수행하기는 어려우며, 그나마 함께할 때 비로소 원치 않더라도 참여할 가능성이 생긴다. 예를 들어 가족이 함께 외식하며 자연스럽게 대화를 나누거나 컴퓨터 앞에 앉아 진로 관련 정보를 함께 찾아보며 이야기를 이어가는 방식이 도움이 된다.

영어 단어를 외우라고 지시하기보다는 함께 외울 수 있도록 도와주고, 자녀가 즐기는 게임에 관심을 보이며 이것저것 질문을 던지는 것도 좋다. 무엇보다 가능하다면 함께 운동하는 등 일상에서 자연스럽게 연결되는 접근이 필요하다.

이렇게 충분한 동반 경험이 쌓이고 나서야 학생은 작은 과제를 스스로 수행해 볼 수 있는 동기를 가질 수 있다. 이때 성취에 대한 칭찬과 보상을 통해 성취감을 경험하도록 돕는 것이 중요하며, 이는 부모의 인내심을 요하는 긴 과정임을 설명했다.

또한 학생이 미래에 대한 진로를 탐색하고, 선택해 나가는 과정에서 학교생활의 의미를 발견하고, 해야 할 일에 대한 내적 동기를 형성할 수 있도록 부모가 적극적으로 함께하며 지속적인 관심과 지지를 보내야 한다는 점도 함께 전달했다.

학생이 더 깊은 고립 상태에 빠지기 전에 지금이 부모의 적극적인 개입이 필요한 시점임을 강조했고, 다행히 어머니는 이러한 설명을 받아들이며 방학 중 아버지와 상의하여 실천해 보겠다고 하셨다.

학교에서도 이 학생이 최소한의 동기를 갖고, 학교생활에 대한 의욕을 회복해 나갈 수 있도록 세심하게 지원해야 한다. 그러나 현재 이 학생은 무기력한 상태이며, 대인관계 자체에 부담과 거부감을 느끼고 있어서 접근 방식은 천천히, 조심스럽게 이루어져야 한다. 지나친 관심이나 갑작스러운 도움은 오히려 무언의 재촉이나 압박으로 받아들여질 수 있기 때문이다.

따라서 또래와의 긍정적인 상호작용을 유도할 수 있는 소그룹 활동이나 프로젝트를 통해 학생이 다양한 관계 속에서 자신감을 회복할 수 있도록 돕는 것이 중요하다. 과제 수행에서도 점진적인 참여를 유도하며, 작은 성취 경험부터 차근차근 쌓아갈 수 있도록 단계별 과제를 제공해야 한다.

무엇보다 학생의 작은 변화와 노력을 인정하고, 격려하는 분위기를 조성함으로써 학교가 이 학생에게 안정적인 지지 기반이 되어야 한다.

학생이 무기력에서 벗어나 스스로 관심 있는 활동을 발견하고, 점차 하고 싶은 것을 찾아 나갈 수 있도록 학교와 가정에서의 지속적인 관심과 지지가 필요하다. 다섯 자아의 에너지를 단계적으로 회복하고, 각 자아가 조화를 이루며 자신의 삶을 건강하게 이끌어갈 수 있도록 돕는 과정이 함께 병행되어야 할 것이다.

◎ 쉬어가는 코너 2 _ 두 자아의 결합 패턴 분석

인간의 행동과 심리적 반응은 단일한 성격 요소로 설명되기 어렵다. 특히 교류 분석(Transactional Analysis)에서 제시하는 다섯 가지 자아 상태, 즉 비판적 어버이 자아(CP), 양육적 어버이 자아(NP), 어른 자아(A), 자유 어린이 자아(FC), 순응 어린이 자아(AC)는 개인의 내면에서 다양한 방식으로 결합하며 그 조합에 따라 독특한 성향과 대인관계 패턴이 나타난다.

이번 쉬어가는 코너에서는 두 자아가 동시에 강하게 작용할 때, 즉 특정 자아들이 함께 높게 나타나는 경우에 주목하여 그 결합이 어떤 심리적 특성과 행동 양식을 만들어내는지 볼 수 있다. 예를 들어 CP와 NP가 동시에 높을 때는 통제와 보호가 혼재된 이중적 양육 태도가 나타나며, FC와 AC가 함께 작용할 경우에는 표현 욕구와 순응 태도가 충돌하는 이중적 감정 표현 양상이 드러날 수 있다.

이러한 분석은 단순히 자아 상태를 분리하여 이해하는 것을 넘어 복합적인 자아의 조합이 만들어내는 심리적 역동을 이해하는 데 도움이 된다. 또한 이를 통해 개인의 내면 구조를 더 입체적으로 바라보는 것이 가능해질 것이다.

① CP⇑+ NP⇑

CP와 NP가 동시에 높은 학생은 긍정적일 경우 '따뜻한 마음을 지닌 카리스마형 리더'가 될 가능성이 크다. 원칙과 규칙을 분명하게 세우고, 그 기준에 따라 일을 추진하지만 불도저처럼 독단적으로 밀어붙이기보다 그 과정에서 다른 사람의 의견을 경청하고, 상황을 배려하는 태도를 보인다. 이러한 성향은 리더로서 질서를 유지하면서도 구성원들이 존중받고, 수용된다고 느끼게 하는 강점으로 작용한다.

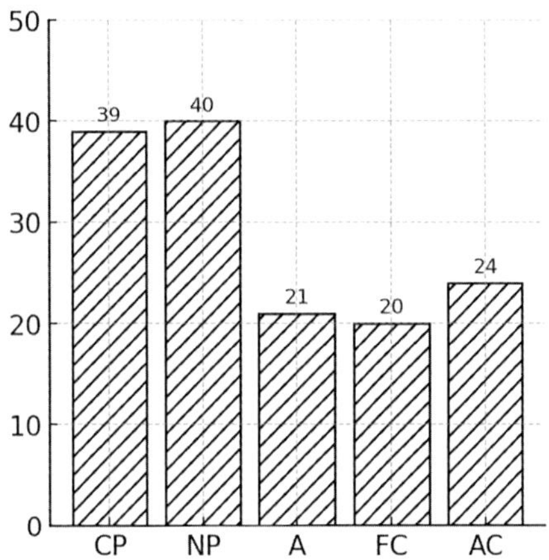

특히 집단 내 갈등 상황에서는 원칙에 기반해 공정한 결정을 내리되 상대방의 마음이 다치지 않도록 따뜻함과 배려를 함께 보여주며, 역할을 할 수 있다. 이러한 모습은 주변 사람들에게 '따뜻한 리더'라는 신뢰와 지지를 얻게 하는 밑거름이 된다.

또한 원칙과 규칙을 중시하는 태도와 타인을 배려하고, 보호하려는 성향이 함께 강하게 나타나 '옳고 바르게 하도록 도와줘야 한다'라는 생각이 행동 전반에 스며든다. 이에 따라 맡은 일을 책임감 있게 완수하고, 주변 사람의 어려움에도 세심하게 관심을 기울인다.

그러나 NP가 높아 사람에 대한 관심이 많은 만큼 그 관심이 CP의 엄격한 기준과 결합하면 타인의 행동과 태도를 세밀하게 관찰하고, 평가하는 경향이 강해진다. 마치 '인간 안테나'의 주파수가 상대방에게 맞춰져 있는 듯 평소라면 지나칠 수 있는 작은 실수나 규칙 위반, 미흡한 부분까지도 유독 눈에 잘 들어오게 된다.

이처럼 NP의 과도한 관심은 CP의 기준을 더욱 철저하게 작동시키며, 한 번만 말해도 될 일을 두세 번 반복해 지적하거나 사소한 부분까지 집요하게 짚고 넘어가는 경우가 많다. 학생 본인은 이를 '도와주는 것'이라 여기지만 상대방 입장에서는 지나치게 자주 지적받고, 꾸중을 듣는 듯한 부담을 느낄 수 있다.

그리고 이러한 상황이 지나간 후에는 자신이 강하게 비난하거나 지적했던 말과 행동이 상대방에게 상처가 되었을까 걱정하며, 뒤늦게 후회하거나 미안해하는 모습을 보이기도 한다. 이는 따뜻하고, 배려심 깊은 면모를 보여주는 반응이지만 앞서 드러났던 단호하고, 엄격한 태도와 대비되어 자칫 행동의 일관성이 부족해 보일 수 있다.

결국 높은 CP는 기준과 원칙에 어긋나는 부분에 대해 불평과 비판을 쏟아내게 만들고, 높은 NP는 그로 인해 발생한 갈등이나 긴장에 대해 깊이 고민하며 자책과 후회를 불러일으킨다. 이처럼 CP의 통제성과 NP의 감수성이 동시에 작용하면서 통제와 배려가 혼재된 이중적인 태도가 나타날 수 있다.

② CP⇈+ A⇈

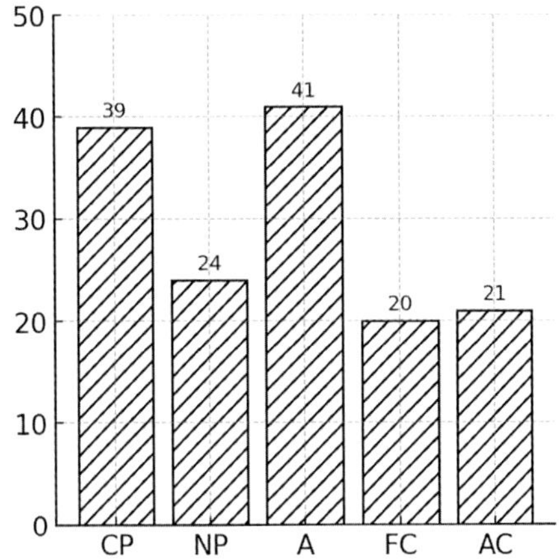

CP와 A가 동시에 높은 학생은 원칙과 규칙을 중시하는 CP의 특성과 논리적이고 분석적인 판단을 중시하는 A의 특성이 함께 강하게 나타난다.

이에 따라 행동 전반에서 '이성적으로 옳고, 타당한 방법으로 일을 처리해야 한다'라는 생각이 자신의 원칙으로 자리 잡을 수 있다.

이러한 성향은 상황 판단의 객관성과 일 처리의 체계성을 높이며, 학업이나 프로젝트 등에서 신뢰받는 역할을 하게 만든다.

특히 갈등 상황에서도 감정적인 대응보다는 규칙과 합리적 근거를 토대로 결정을 내리기 때문에 주변에서는 '공정하고 믿을 만한 사람'이라는 평가를 받기 쉽다.

여기에 계획을 세우는 능력과 그 계획을 꾸준히 실행해 나가는 추진력이 결합하면서 계획에만 머물지 않고, 목표를 향해 성실하게 나아가며 원하는 성과를 끌어낼 수 있다는 장점이 생긴다.

그러나 CP의 엄격한 기준이 A의 논리적 사고와 결합하면 때때로 지나치게 원칙 중심적이고, 융통성이 부족한 모습이 나타날 수 있다. 규칙과 절차를 우선시하는 나머지 상황 변화나 예외를 인정하는 데 어려움을 겪을 수 있으며 자신의 판단이 합리적이고, 타당하다고 확신하기 때문에 타인의 의견을 쉽게 받아들이지 않는 경향이 더욱 강해진다.

또한 엄격한 기준에 따라 완벽을 추구하는 성향과 계획대로 생활하려는 태도가 결합하면서 '공부나 학업에만 열중하는 학생' 혹은 '일에만 몰두하는 모습'처럼 비칠 수 있다. 이들은 계획이나 원칙에 변수가 생기거나 뜻대로 되지 않을 경우 오히려 스트레스를 받기 때문에 삶의 여유를 즐길 줄 모른다. 그 결과 유연성과 융통성이 부족해 차갑고 엄격하며 때로는 위압적인 이미지를 줄 수도 있다.

여기에 CP의 특성대로 지적하거나 훈계할 때 화와 분노를 드러내면서도 A의 영향으로 근거를 들어 논리적으로 몰아붙이기 때문에 상대는 반박하지 못하고, 심리적으로 압도당한다.

이처럼 CP와 A가 동시에 높을 때는 체계적이고, 안정적인 리더십이 발휘되어 목표를 논리적으로 세우고, 실행하며 예기치 않은 상황에도 흔들림 없이 대처할 수 있지만 감정을 배제한 채 기준과 논리에 지나치게 엄격해져 주변에서 더욱 까다롭고, 쉽게 다가가기 어려운 사람으로 비칠 수 있다.

③ CP↑+ FC↑

이처럼 CP와 FC가 동시에 높을 때는 강한 추진력과 적극적인 에너지가 결합되어 자신이 옳다고 믿는 가치와 기준을 분명히 세우고, 이를 열정적으로 실천하는 모습이 나타난다.

책임감 있는 태도와 적극적인 행동력이 어우러져 집단에서 목표를 빠르게 이끌어 가며 위기 상황에서도 과감하게 결단을 내릴 수 있다.

여기에 CP의 원칙과 기준, 성실함에 FC의 '쉼'과 '삶의 활력, 여유'를 더함으로써 일할 땐 집중하고, 놀 땐 즐길 줄 아는 균형 잡힌 태도가 형성된다. FC는 CP의 근엄함과 권위에 '재미'와 '유쾌함'을 더해 분위기를 부드럽게 하고, CP는 FC의 쾌락과 충동에 절제와 도덕적 판단을 더해 무책임해지지 않도록 통제한다.

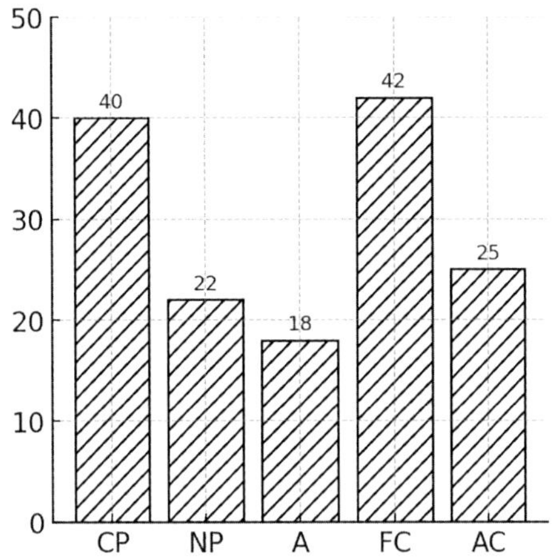

결과적으로 스트레스를 해소할 줄 알면서도 원칙을 지키고, 생활 속에 즐거움을 더하면서도 신뢰받는 '활력 넘치고, 유쾌한 리더'의 모습을 유지할 수 있다.

그러나 두 에너지가 모두 높을 경우 기준과 신념을 앞세워 타인을 비판하거나 지적할 때 주저함 없이 행동으로 옮기며 불평과 불만을 즉각적이고, 강한 방식으로 드러내는 경향이 있다. 분노를 직접적으로 표현하고, 때로는 공격적이거나 지나치게 직설적인 태도로 비칠 수 있다.

이에 따라 원칙과 신념을 근거로 일을 무리하게 밀어붙이며 성격이 급하고, 다혈질적이며 감정 기복이 심한 사람으로 인식될 가능성도 있다. 즉 CP와 FC가 함께 높을 경우 '원칙 속의 자유'와 '즐거움 속의 절제'라는 강력한 장점이 발휘되지만 동시에 '과도한 솔직성과 공격성'이라는 단점 또한 함께 나타날 수 있다.

④ CP⇑+ AC⇑

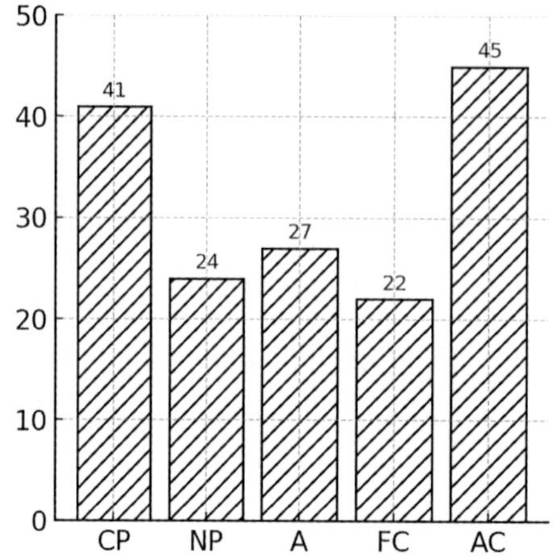

CP와 AC가 동시에 높으면 상황과 타인의 기대를 세심하게 살피면서도 명확한 기준과 원칙을 지키려는 태도가 강하게 나타난다. 규칙과 절차를 철저히 준수하며 신중하게 행동해 불필요한 위험을 줄이고, 안정적인 결과를 만들어내는 데 강점이 있다.

타인의 반응이나 사회적 시선을 고려해 실수를 최소화하려 하고, 맡은 역할을 성실하게 수행하며 주변의 요구에 부응하는 데 유능함을 보인다.

자기 기준에 어긋나는 사람이나 상황에 화가 나거나 분노를 느낄 때 즉각적으로 비난하거나 공격적인 언행으로 표출하기보다 상대방의 기분을 살피며 그 감정을 억제하고, 상황을 관망하거나 속으로 소화하려는 경향이 강해진다.

이러한 인내와 절제는 불필요한 갈등을 줄이고, 대외적으로는 신중하고, 성숙한 이미지를 형성할 수 있다. 근엄하고, 무섭게 보일 수 있는 표정이 한층 부드러워지고, 명령적이거나 단호한 말투에서도 조심스러운 태도나 상대의 기분을 고려한 반응이 나타날 수 있다.

그러나 CP와 AC가 동시에 높으면 원칙과 기준에 따라 행동하도록 충고하거나 지적하고 싶은 순간 혹은 비판하고 싶은 상황에서도 이를 억제하고, 참아야 하므로 마음속에 불만과 긴장이 서서히 쌓이며 장기적으로 내면의 스트레스와 피로가 누적될 수 있다.

완벽함을 추구하면서 '완벽하지 못할 것'에 대한 근심과 걱정이 많은 성향에 타인의 기대를 충족해야 하는 압박감과 '착한 사람'으로 평가받고자 하는 고민이 맞물리면서 불안이 한층 커질 수 있다. 또한 과도하게 타인의 평가를 의식하다 보니 결정을 미루거나 행동이 위축될 수 있으며 비판적 시각과 자기 억제 성향이 결합하여 스스로에게 엄격한 잣대를 적용하고, 자책하는 등 자기 자신에게도 큰 심리적 부담을 주게 된다.

이러한 압박이 장기화하면 겉으로는 덜 엄격하고, 비판적인 모습처럼 보일 수 있으나 내면에서는 정서적 소진과 지속적인 스트레스 등 심리적 불편감으로 이어질 위험이 커진다.

⑤ NP⇑+ AC⇑

NP와 AC가 동시에 높을 때는 따뜻한 배려심과 타인의 기대에 부응하려는 성향이 결합하여 상대방의 감정을 세심하게 살피고 존중하며, 관계의 조화를 중시하는 모습이 나타난다. 부드러운 공감과 유연한 태도가 어우러져 주변 사람들과 신뢰를 쌓고, 집단의 화합과 평화를 유지하는 데 중요한 역할을 한다.

AC는 NP의 친절함과 따뜻함에 순응성과 겸손함을 더해 양보와 자기희생으로 타인을 돌보는 장점을 더욱 잘 발휘하게 하며, NP는 긍정성과 친절을 바탕으로 AC의 소극성과 눈치 보는 경향을 완화하여 억지로 친구를 돕거나 열등감을 느끼지 않고, 행복한 마음으로 관계를 이어가도

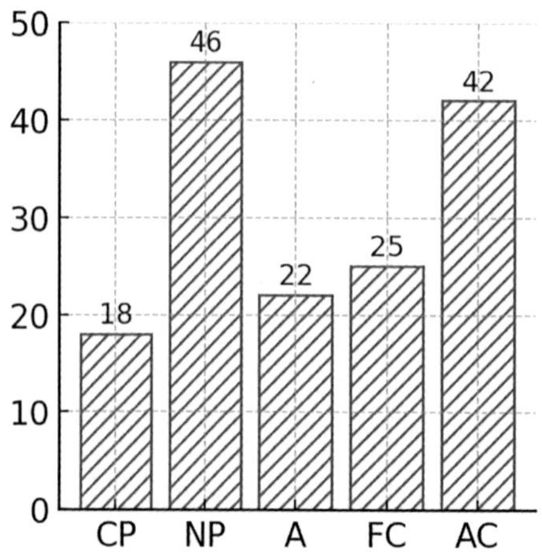

록 돕는다.

그러나 두 에너지가 모두 높으면 배려와 공감, 친절과 따뜻함에 더해 순응과 타인의 기대에 맞추려는 경향이 결합하면서 지나치게 자기희생적이고, 순응적인 태도를 보이며 자기 돌봄에 소홀해질 수 있다. 또한 NP와 AC의 특성상 자신의 욕구를 충족시키거나 자기만족을 위한 시간을 갖기 어려워 지나친 타인 돌봄으로 인한 에너지 소진과 함께 자기 정체성에 대한 갈등이 생길 수 있다.

이처럼 배려와 순응이 과도해지면 스스로를 지나치게 희생하거나 의존적이고, 우유부단하며 주도성이 부족한 사람으로 비쳐 관계에서 오히려 답답하거나 회피적이고, 소극적이라는 인상을 줄 수 있다.

즉, NP와 AC가 함께 높을 경우 관계 속에서 자기를 드러내지 않고 '원만한 인간관계'를 유지하는 데 장점을 발휘하지만 동시에 '자기희생'과 '욕구 충족의 좌절' '과도한 자기 억제와 순응'에 따른 심리적 불편감으로 이어질 수 있는 단점이 공존하게 된다.

⑥ FC⇑+ AC⇑

FC와 AC가 동시에 높을 때는 자유롭고, 창의적인 표현 욕구에 타인의 기대에 맞추려는 순응성이 더해져 자기 욕구와 즐거움을 추구하는 과정에서도 타인의 의견과 기대를 고려하며 적절히 절제하거나 미루는 조율 능력을 발휘할 수 있다.

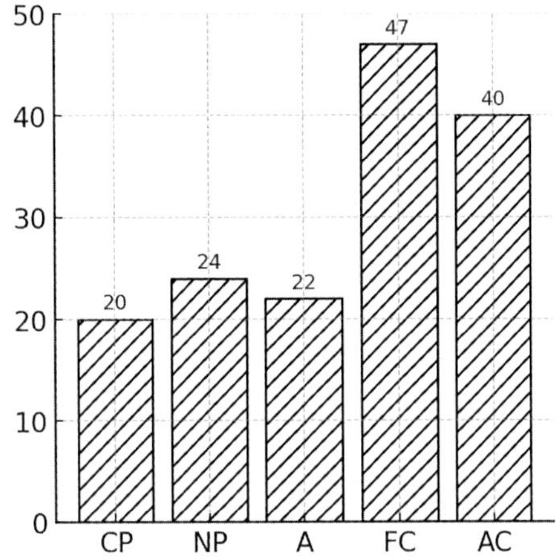

FC의 즐거움 추구, 호기심, 즉흥성이 AC의 겸손함과 타인 배려 성향과 어우러져 밝고, 명랑하며 적극적으로 행동하면서도 집단 속에서는 협동하고, 타협하려는 태도를 보인다. 이러한 조화는 '밉지 않게 까부는 친구'로 주변에 활력을 주면서도 부담스럽지 않은 인상을 만든다.

또한 새로운 활동이나 변화를 즐기면서도 주변의 반응을 세심하게 살피기 때문에 대인관계에서 '이기적이지 않은' 모습으로 거부감 없이 자연스럽게 스며들 수 있다.

그러나 두 에너지가 모두 높으면 자유로운 표현과 순응이 동시에 작용하면서 자기 욕구와 타인의 기대 사이에서 갈등이 생기기 쉽다. '하고 싶은 일'과 '해줘야 하는 일' 사이에서 고민이 깊어져 주도성이 약해지고, 이에 따라 스트레스를 받을 수 있다.

즉, 하고 싶은 일을 하자니 주변의 눈치가 보이고, 반대로 타인의 기대에 부응하고자 하고 싶은 것을 포기하자니 마음이 불편하고, 답답해지는 것이다. 이는 마치 위험한 놀이기구를 타고 싶지만 무서워서 망설이고, 안 타자니 너무 타고 싶어 이러지도 저러지도 못하는 상황과 유사하다.

또한 즐거움과 자유를 추구하는 마음이 타인의 시선과 평가를 과도하게 의식하는 성향과 결합하면, 진짜 하고 싶은 일을 억누르거나 반대로 누적된 감정을 과하게 표출해 오해를 살 위험이 있다. 즉, FC와 AC가 함께 높을 경우 타인의 시선을 의식해 충동을 적절히 조절하고, 기대에 맞추면서도 하고 싶은 일도 할 수 있는 장점도 있지만 동시에 '욕구 충족과 타인 기대 사이의 갈등'과 '감정조절의 어려움'이라는 단점도 나타날 수 있다.

2. 이고-오케이그램 해석 응용 노트

사람은 자기 내면에 여러 자아 상태를 가지고 있으며, 동시에 자신과 타인을 어떻게 인식하는지에 대한 무의식적인 태도 또한 갖고 살아간다. 이러한 인간 내면의 구조와 심리적 위치를 설명하기 위해 교류 분석(Transactional Analysis)에서는 '자아 상태'와 '오케이그램'이라는 두 가지 개념을 제시한다.

먼저, 자아 상태 중 하나인 CP(비판적 어버이 자아)는 사회적 규범과 기준, 원칙을 중시하며 판단과 지시 그리고 통제하는 기능을 한다. '~해야 한다' '~해서는 안 된다'와 같은 강한 언어로 자신이나 타인을 통제하려는 태도를 보이며, 규율과 질서를 강조한다. 이 자아는 외형적으로는 책임감 있고, 리더십 있게 보일 수 있으나 과도하게 작동할 경우 타인에 대한 비판과 강압적인 태도로 나타날 수 있다.

이러한 성향은 무의식적으로 타인을 부정적으로 인식하는 OK 위치인 U-(타인 부정)와 연결되는 경우가 많다. U-는 '저 사람은 틀렸어' '믿을 수 없어' '다른 사람들이 문제야'와 같은 기본적인 인식과 신념을 바탕으로 형성되며 실제 교류에서는 비난, 불신, 경계심 등의 감정과 태도로 나타난다. 따라서 CP 자아가 강하게 발현되는 사람은 타인을 쉽게 부정하거나 통제하려는 태도를 보일 수 있고, 이는 무의식적으로 타인을 신뢰하지 못하는 U-적 태도와 연결되기 쉽다.

반면, NP(양육적 어버이 자아)는 타인을 돌보고, 보호하려는 따뜻한 자아 상태이다. 공감과 이해, 격려와 배려가 중심이 되며 타인의 입장을 헤아리고, 감싸주는 역할을 한다. 이러한 NP 자아는 무의식적인 OK 위치 중 U+(타인 긍정)와 연결되는 경우가 많다.

U+는 '저 사람도 괜찮은 사람이야' '저 사람은 믿을 수 있어' '이 세상은 안전해'와 같은 신념을 바탕으로 하며 관계 속에서 신뢰와 존중, 협력을 가능하게 만든다. 즉, NP 자아가 풍부한 사람은 타인을 긍정하고, 수용하며 자연스럽게 따뜻한 인간관계를 맺는 경향을 보인다.

또한 FC(자유 어린이 자아)는 있는 그대로의 자기감정과 욕구를 자유롭게 표현하는 자아 상태이다. 즉흥적이고, 창의적이며 즐거움과 기쁨을 표현하는 데 거리낌이 없다.

이 자아는 스스로를 있는 그대로 받아들이는 힘과 연결되며 무의식적 OK 위치 중 I+(자기 긍정)와 관계가 깊다. I+는 '나는 괜찮은 사람이야' '나는 믿을 만한 존재야' '내 모습 그대로도 충분히 가치 있어'라는 기본 신념을 가지고 있다. FC 자아가 건강하게 발달하면 자기 자신을 있는 그대로 인정하고, 즐겁게 세상을 경험할 수 있다.

반대로 AC(순응 어린이 자아)는 타인의 기대나 지시에 맞춰 조심스럽게 행동하고, 자신을 억누르거나 감정을 억제하는 경향을 보이는 자아이다. 이 자아가 과도하게 작동할 경우 타인의 시선을 지나치게 의식하고, 자신을 부정하는 경향이 나타날 수 있다.

이는 무의식적으로 '나는 믿을 수 없는 사람이야' '나는 사랑받기 어려워' '나는 틀렸어'와 같은 신념을 가진 I-(자기 부정)의 OK 위치와 연결된다. 이러한 사람은 자존감이 낮고, 타인의 인정 없이는 스스로를 긍정하기 어려우며 자기표현에 있어서 위축되기 쉽다.

이처럼 자아 상태는 겉으로 드러나는 감정, 행동, 말투 등 '겉마음(표현의 창)'을 설명한다면 OK 위치는 무의식적으로 형성된 자기와 타인에 대한 감정적 인식을 나타내는 '속마음(마음의 창)'에 해당한다. 겉마음과 속마음은 서로 긴밀하게 연결되어 있으며, 자아의 표현은 무의식적 OK 위치의 영향을 받고, OK 위치 또한 반복된 자아 표현과 환경에 의해 강화되거나 변화될 수 있다.

교류 분석에서는 이러한 OK 위치를 네 가지 인생 태도(Life Positions)로 구분한다. 첫째, '나는 OK이고 너도 OK(I'm OK, You're OK)'인 태도는 가장 건강하고, 성숙한 태도로 자신과 타인 모두를 긍정하며 존중하는 관계를 형성할 수 있다.

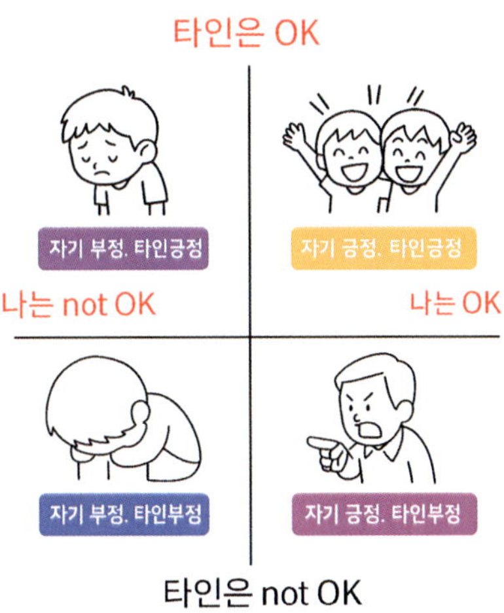

둘째, '나는 OK이고, 너는 Not OK(I'm OK, You're Not OK)'인 태도는 자신은 옳고, 타인은 틀렸다고 느끼며 비판적이고, 통제적인 관계를 유도한다.

셋째, '나는 Not OK이고, 너는 OK(I'm Not OK, You're OK)'인 태도는 자기 비하와 열등감이 강하고, 타인을 지나치게 이상화하거나 의존하는 성향이 나타난다.

마지막으로 '나는 Not OK이고, 너도 Not OK(I'm Not OK, You're

Not OK)'인 태도는 자신도 타인도 모두 믿지 못하고, 냉소적이며 단절된 삶의 태도를 보인다.

이 네 가지 인생 태도는 주로 어린 시절의 환경, 양육 경험, 반복된 대인관계 패턴을 통해 무의식적으로 형성되며 개인의 행동 양식에 깊은 영향을 준다. 결과적으로 자아 상태(CP, NP, A, FC, AC)는 인간의 다양한 감정과 행동 양식을 보여주는 '겉마음'의 표현이라면 OK 위치는 이러한 표현의 뿌리가 되는 '속마음'의 구조를 설명한다.

교사, 상담자, 부모 등 타인과의 상호작용이 중요한 역할에서는 자신의 자아 상태와 OK 위치를 인식하고, 조절하는 것이 매우 중요하다. 보다 건강하고, 균형 잡힌 인간관계를 위해서는 자아 상태를 조화롭게 사용하며 가능한 한 "I'm OK, You're OK"의 인생 태도를 선택하고, 유지하려는 노력이 필요하다. 그렇게 할 때 우리는 자기 자신을 긍정하고, 타인을 존중하며 함께 성장해 나갈 수 있는 진정한 관계의 토대를 마련하게 된다.

가. 학생 사례 속 네 가지 인생 태도 보기

앞서 살펴본 내용을 정리하면 인간의 기본적인 삶의 자세는 네 가지 인생 태도로 나타난다. 즉, 자기 부정-타인 긍정(I'm Not OK, You're OK), 자기 부정-타인 부정(I'm Not OK, You're Not OK), 자기 긍정-타인 부정(I'm OK, You're Not OK), 그리고 자기 긍정-타인 긍정(I'm OK, You're OK)의 네 가지 형태이다. 이제 이러한 인생 태도가 나타나 있는 학생들의 오케이그램(점선)을 살펴보고, 다음 주제인 '겉마음과 속마음의 온도 차 이해하기'로 이어가 보자.

1) 자기 부정-타인 긍정(I'm Not OK, You're OK)

자기 부정-타인 긍정
(I'm Not OK, You're OK)

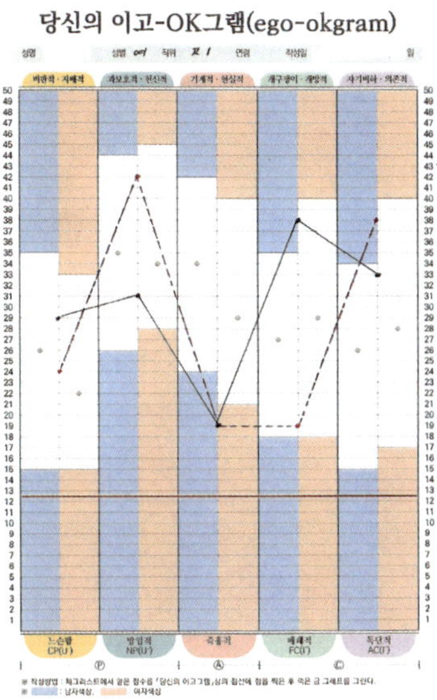

이 학생의 이고-OK그램 검사에서 점선으로 표시된 부분은 자신과 타인을 어떻게 인식하고 있는지를 보여주는 오케이그램으로 개인의 기본적인 인생 태도를 반영한다. 타인에 대한 인식을 나타내는 U-, U+ 항목에서 U+가 U-보다 훨씬 높게 나타난 점은 이 학생이 타인을 긍정적으로 인식하고, 신뢰하는 경향이 강하다는 것을 의미한다.

반면 자신에 대한 인식을 나타내는 I+, I- 항목에서는 I-가 I+보다 더 높게 나타나 이 학생이 자신을 부정적으로 인식하는 경향이 크다는 것을 알 수 있다. 따라서 이 학생의 전반적인 인생 태도는 자기 부정-타인 긍정(I'm Not OK, You're OK) 유형에 해당하며, 이는 타인에 대해서는 신뢰와 존중의 태도를 갖고 있지만 정작 자신에 대해서는 부족하고, 가치 없다고 느끼는 상태를 의미한다.

따라서 이 학생은 대인관계에서 순응적이고, 의존적인 모습을 보일 수 있으며 스스로의 능력이나 가치에 대한 확신이 부족해 자신감을 가지기 어려울 것으로 보인다. 주변의 기대나 요구에 맞추려는 경향이 있으며, 내면적으로는 '나는 다른 사람들만큼 잘할 수 없다' '내가 나설 자리는 아니다'라는 생각에 사로잡혀 있을 가능성이 높다.

따라서 자신에 대한 긍정적 경험을 쌓을 수 있는 작은 성공의 기회를 제공하거나 자기효능감과 자존감을 회복할 수 있도록 돕는 상담적 접근이 필요하다.

2) 자기 부정-타인 부정(I'm Not OK, You're Not OK)

자기 부정-타인 부정
(I'm Not OK, You're Not OK)

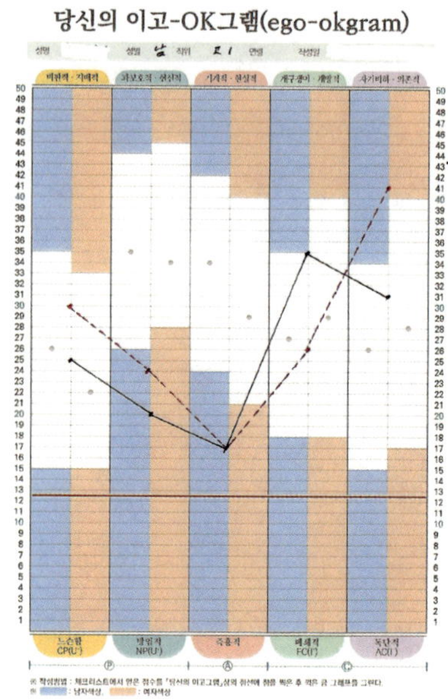

점선으로 나타난 이 학생의 오케이그램에서 U−가 U+보다 높게 나타난 점은 타인을 부정적으로 인식하고, 신뢰하지 못하는 경향이 강하다는 것을 의미한다. 또한 I−가 I+보다 높게 나타나 자신에 대해서도 부정적인 인식을 하고 있음을 알 수 있다.

따라서 이 학생의 전반적인 인생 태도는 자기 부정−타인 부정(I'm Not OK, You're Not OK) 유형에 해당한다. 이 인생 태도를 지닌 사람은 자신에 대해서도 타인에 대해서도 긍정적인 기대를 하기 어려우며, 세상에 대한 전반적인 허무감이나 불신을 느낄 수 있다.

따라서 이 학생은 무기력, 소외감, 고립감이 내면에 자리 잡고 있을 가능성이 높고, 타인과의 관계에서도 적극적으로 소통하거나 신뢰를 형성하는 데 어려움을 겪을 수 있다. 또한 반복되는 실패 경험이나 비난 속에서 '나는 나를 신뢰하거나 믿을 수 없지만 다른 사람들도 역시 믿을 수 없다'라는 신념이 강화되어 회피적 태도나 폐쇄적인 정서 반응으로 이어지기 쉽다.

이러한 태도는 타인과의 관계뿐만 아니라 학습 동기나 생활 전반에도 부정적인 영향을 줄 수 있다. 이러한 학생에게는 조건 없는 긍정적 관심과 작은 관계 경험에서부터 신뢰와 안정감을 회복할 수 있는 환경을 제공하는 것이 필요하며, 자신과 타인 모두에 대해 긍정적인 관점을 회복해 나갈 수 있도록 기회를 제공해야 한다.

3) 자기 긍정-타인 부정(I'm OK, You're Not OK)

자기 긍정-타인 부정
(I'm OK, You're Not OK)

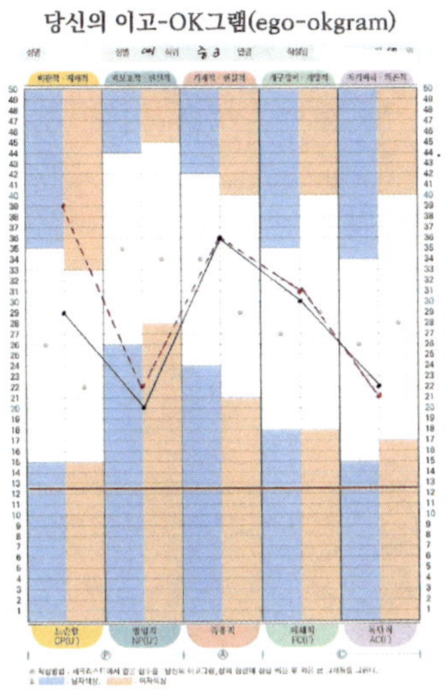

이 학생의 오케이그램(점선)을 보면 타인에 대한 인식을 나타내는 U 항목에서 U−가 U+보다 높게 나타나 타인을 부정적으로 인식하고, 신뢰하지 못하는 경향이 있음을 알 수 있다.

반면, 자신에 대한 인식을 나타내는 I 항목에서는 I+가 I−보다 높게 나타나 자신을 긍정적으로 바라보고, 신뢰하는 경향이 강하다는 점이 드러난다. 따라서 이 학생의 전반적인 인생 태도는 자기 긍정−타인 부정(I'm OK, You're Not OK) 유형에 해당한다.

이러한 인생 태도를 가진 학생은 자기 자신에 대해서는 확신을 가지고 신뢰하지만 타인에 대해서는 경계하거나 신뢰하지 않는 태도를 보이기 쉽다. '내가 옳고, 너는 틀렸다'라는 인식이 내면에 깔려 있어 또래 관계에서 갈등을 유발할 수 있으며, 타인의 의견을 쉽게 수용하지 않거나 감정적으로 거리감을 두는 모습을 보이기도 한다.

갈등 상황에서 잘못이 항상 상대방에게 있다고 느끼며, 그러한 태도와 언행으로 이어질 수 있다. 자신의 실수나 책임이 분명함에도 이를 인정하기보다는 원인과 책임을 타인에게 돌리려는 경향이 강해 결국 불필요한 갈등 상황을 연출하게 된다.

또한, 강한 자기애로 인해 끊임없이 자신을 인정해 줄 사람을 주변에서 찾으려 하며 처음에는 그들에게 우월한 존재로 비치지만 시간이 지남에 따라 상대방을 점점 '희생자'의 위치로 몰아가고, 결국 관계가 멀어지거나 단절되는 결과로 이어질 수 있다.

이러한 유형의 학생은 외견상으로는 자신감 있고, 성공한 사람처럼 보이지만 사실상 '나는 괜찮고, 너는 문제야'라는 왜곡된 삶의 각본 속에 머물러 있는 경우가 많다. 학생이 자기중심적인 시각에서 벗어나 타인에 대한 배타적이고, 독선적인 태도를 줄이고, 자신과 타인을 함께 신뢰하고, 존중할 수 있도록 도와야 한다.

이를 위해 왜곡된 자기애가 아닌 내면에서 비롯된 진정한 자신감을 바탕으로 타인을 대하는 법을 익히며 긍정적이고, 상호적인 관계를 경험할 수 있는 환경을 마련해 주는 것이 중요하다.

4) 자기 긍정-타인 긍정(I'm OK, You're OK)

자기 긍정-타인 긍정
(I'm OK, You're OK)

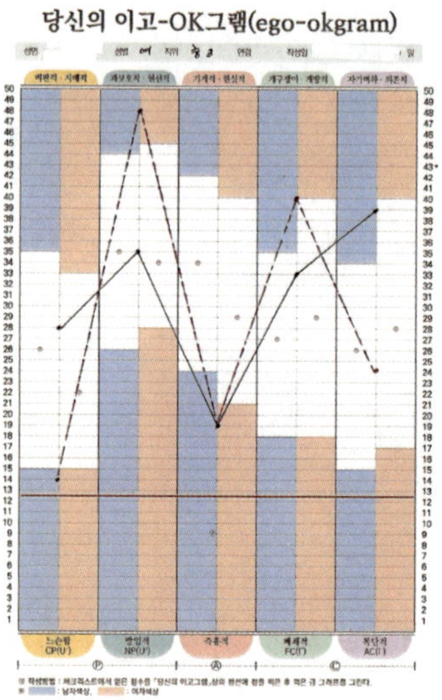

이 학생의 오케이그램(점선)에서 나타난 인생 태도는 자기 긍정-타인 긍정(I'm OK, You're OK) 유형이다. 즉, U+가 U−보다 높게 나타나 타인을 긍정적으로 바라보고, 신뢰하는 경향이 있으며 I+가 I−보다 높아 자신에 대해서도 긍정적이고, 믿음 있는 태도를 지니고 있음을 보여준다.

이러한 인생 태도는 자신과 타인 모두를 있는 그대로 존중하고, 수용할 수 있는 건강한 심리 상태를 반영하며, 원만한 인간관계 형성과 안정된 자기 개념 발달에 긍정적인 기반이 된다.

이러한 인생 태도를 지닌 이 학생은 자신에 대한 신뢰와 함께 타인에 대해서도 열린 마음과 긍정적인 태도를 가지고 있어서 또래와의 관계에서도 원만한 소통과 협력을 이루기 쉽고, 자기표현이나 감정 조절에도 비교적 안정적인 모습을 보일 가능성이 높다.

상황에 따라 갈등이 생기더라도 타인의 입장을 이해하고, 조율하려는 태도를 가질 수 있으며 자기 효능감과 대인관계 만족도가 모두 높을 것으로 기대된다.

따라서 이러한 인생 태도는 학교생활 전반에 긍정적인 영향을 미칠 수 있는 심리적 자원이자 앞으로의 성장과 발달에 있어 건강한 기반이 된다.

이러한 학생에게는 현재의 긍정적인 인생 태도를 지속해서 유지하고, 강화해 나갈 수 있도록 자기 주도적인 경험과 타인과의 협력 활동 기회를 제공하는 것이 중요하다.

또한 자신의 강점을 인식하고, 발전시킬 수 있도록 긍정적인 피드백과 적절한 도전의 기회를 제공하여 자기 신뢰와 타인에 대한 존중을 균형 있게 키워갈 수 있는 환경을 지속해서 마련해 주어야 한다.

나. 겉마음과 속마음의 온도 차 이해하기

사람은 자신과 타인(세상)을 바라보는 기본적인 인식과 자세 그리고 겉으로 드러나는 자아 상태(CP, NP, A, FC, AC)를 통해 다양한 방식으로 자신을 표현하며 살아간다. 이때 무의식적인 인식(속마음)과 자아의 표현(겉마음) 사이에 불균형이 지나치게 생기면 그 사람의 행동은 다소 불안정하거나 부자연스럽게 나타나기도 하며, 이는 스트레스의 원인이 되기도 한다.

이러한 상황은 사회적인 가면을 쓰고, 자신과는 다른 모습으로 살아가거나 너무 짙은 화장으로 진짜 모습을 감춘 채 살아가는 것과 비슷하다. 이럴 경우 사람들은 진정한 나의 모습을 보지 못한 채 겉으로 드러난 모습만으로 나를 평가하게 되고, 이는 내면의 불편함과 심리적 긴장감, 나아가 스트레스로 이어질 수 있다.

이제, 겉마음과 속마음의 불균형이 어떻게 나타나는지 구체적인 유형을 통해 살펴보자. 먼저, 타인을 부정적으로 인식하는 경향(U-),이 높은데 비해 CP 자아가 낮은 경우(CP 〈 U-), 즉 무의식 속에서는 타인에 대한 불신이나 비판의식이 강하지만 겉으로는 이를 억누르고 있는 상태다.

이 경우 비판을 직접적으로 드러내기보다는 속으로 삭이거나 겉으로는 예의를 지키는 척하지만, 내면에는 거부감과 불편함이 쌓여 있는 경우가 많다. 비판을 억제하고 있는 만큼 때로는 갑작스러운 분노로 터지거나 소극적인 저항의 형태로 나타나기도 한다.

반대로 타인에 대한 부정적 인식(U-)은 낮지만 CP 자아가 높을 경우(CP 〉 U-), 실제로는 타인을 부정하지 않음에도 불구하고, 역할상 일부러 엄격하게 행동하는 경향이 나타난다. 예를 들어 교사나 부모 등의 위치에 있는 사람이 규칙과 기준을 지키려고 의도적으로 단호하거나 강하게 행동하는 경우가 여기에 해당한다.

이 경우 진심으로 타인을 나쁘게 보는 것은 아니지만 책임감 혹은 역할 수행의 일환으로 엄격함을 유지하려 한다.

다음으로 타인을 긍정적으로 인식하는 경향(U+)이 높은 데 반해 NP 자아가 낮은 경우(NP 〈 U+) 타인의 좋은 면을 알아차리고, 이해하는 마음은 있지만 이를 따뜻한 말이나 행동으로 표현하지 못하는 경우다.

겉으로는 무뚝뚝하거나 냉정하게 보일 수 있지만 마음속에는 따뜻함과 수용의 태도가 존재하며, 표현력의 부족이나 관계 형성의 미숙함으로 인해 그러한 마음이 상대에게 제대로 전달되지 않는 것이다. 또한 부모나 교사의 경우 칭찬이나 보상이 아이를 버릇없게 만들거나 의존성을 키울 것이라는 걱정으로 인해 일부러 따뜻한 표현을 억제하는 태도도 이 경우에 해당한다.

반대로 타인에 대한 긍정 인식(U+)은 낮지만, NP 자아가 높은 경우(NP 〉 U+) 진심으로 타인을 긍정하고 있지는 않지만 역할상 다정하고, 친절한 행동을 취하는 경우가 많다. 예를 들어 사회적으로 '착한 사람' '친절한 선생님' '좋은 상담자'로 보이기 위해 의식적으로 배려하고, 도와주는 행동을 한다. 그러나 내면에는 피로감이나 불편감이 있을 수 있으며, 진심과 행동 사이의 괴리로 인해 관계에서 소진감을 느끼기도 한다.

다음으로 자기 자신에 대해 긍정적인 인식(I+)은 높지만, FC 자아가 낮은 경우(FC 〈 I+)다. 자신에 대한 믿음이 있고, 신뢰하지만 이를 솔직하게 드러내지 못하는 태도를 보인다. 내면에 자신감이 존재하지만 상황이나 환경, 성격적 특성으로 인해 그것을 자유롭게 표현하지 못하고, 억제하는 것이다. 이 경우는 성숙한 자기조절로 나타날 수도 있지만 때로는 주변에서 그 사람의 강점을 잘 알아채지 못할 수도 있다.

반대로 자기 긍정(I+)은 낮은데 FC 자아가 높은 경우(FC 〉 I+) 실제로는 자신에 대한 확신이 부족함에도 불구하고, 과하게 자신 있는 척하거나 감정을 과장되게 드러내는 경향이 나타난다. 일종의 허세 혹은 자기 과시적인 태도로 보일 수 있으며, 내면의 불안이나 자기 부정을 감추기 위한 과도한 표현이 감정의 기복이나 불균형으로 연결되기도 한다.

자기 자신에 대해 부정적인 인식(I-)이 높고, AC 자아가 낮은 경우(AC 〈 I-) 깊은 열등감이나 자기 불신이 융통성 부족과 방어적인 태도로 나타날 수 있다. 이런 사람은 자신의 부족함을 잘 알고 있지만 그것을 인정하지 않기 위해 오히려 고집스럽고 경직된 반응을 보이며, 타인의 기대나 시선에 신경 쓰지 않으려는 경향이 있다. 이에 따라 유연한 관계 형성이 어려워지기도 한다.

반면 자기 부정(I-)은 낮지만 AC 자아가 높은 경우(AC 〉 I-) 자신을 지나치게 내세우지는 않으면서도 상대방과 조화를 이루며 관계를 맺는 유연한 태도가 나타난다. 겸손하고, 조용한 태도로 타인을 배려하면서도 자신에 대한 뚜렷한 부정감 없이 자연스럽게 어울리는 모습이다. 이 경우 AC 자아의 적응성과 타인 중심적 배려가 건강하게 발현된 예라고 볼 수 있다.

그러나 이와는 다르게 해석할 여지도 있다. 마음속으로는 자신에 대한 부정적인 인식이 없고, 타인의 눈치를 보거나 기대에 순응하고 싶지 않으나 실제 행동에서는 자신감이 부족해 보이거나 타인의 시선을 의식하며 조심스럽고, 신중하게 행동하는 모습이 나타날 수 있다. 이러한 겉과 속의 차이는 내면의 갈등과 스트레스를 불러일으키며, 점차 관계에서의 피로감이나 감정적 소진으로 이어질 수 있다.

이처럼 OK 위치(속마음)와 자아 상태(겉마음) 사이의 균형과 조화는 사람의 대인관계와 정서 표현, 자기 인식에 큰 영향을 미친다. 두 요소가 일치할 때 사람은 자신의 감정과 태도를 자연스럽게 드러내며, 건강한 관계를 맺을 수 있다. 반면 속과 겉의 불일치가 클수록 내면의 갈등, 스트레스, 관계의 왜곡이 나타날 수 있으므로 자신을 돌아보고, 조율하는 과정이 필요하다. 지금까지의 내용을 간단하게 정리하면 다음과 같다.

P와 U(+, -) 관계	
• 타인 부정(U−)이 높고, CP가 낮을 때 (CP 〈 U−) − 비판을 의식적으로 억제하고 있는 타입	• 타인 긍정(U+)이 높고, NP가 낮을 때 (NP 〈 U+) − 타인의 좋은 면은 인정하고 있으나 행동으로 나타내지 못하고 있는 타입
• 타인 부정(U−)이 낮고, CP가 높을 때 (CP 〉 U−) − 역할상 일부러 엄격하게 행동하는 타입	• 타인 긍정(U+)이 낮고, NP가 높을 때 (NP 〉 U+) − 역할상 정답고 친절한 행동을 취하고 있는 타입
C와 I(+, -) 관계	
• 자기 긍정(I+)이 높고, FC가 낮을 때 (FC 〈 I+) − 자신이 있지만 솔직하게 나타내지 않는 타입	• 자기 부정(I−)이 높고, AC가 낮을 때 (AC 〈 I−) − 열등감에 사로잡혀 고집스럽게 행동하는 타입
• 자기 긍정(I+)이 낮고, FC가 높을 때 (FC 〉 I+) − 허세를 부리는 타입이거나 생각보다 표현을 잘하는 타입	• 자기 부정(I−)이 낮고, AC가 높을 때 (AC 〉 I−) − 자신을 내세우지 않고 상대와 더불어 어울리고 있는 타입

우재현, 교류 분석(TA) 프로그램, 정암서원 2007, P.161 발췌

지금까지 오케이그램(속마음)과 자아 상태(겉마음) 간의 다양한 조합을 통해 개인이 타인과 자신을 어떻게 인식하고, 표현하는지를 살펴보았다. 특히 오케이그램(U+, U-, I+, I-)과 자아 상태(CP, NP, A, FC, AC)의 균형 혹은 불균형이 인간관계와 감정 표현, 자기 수용에 어떤 영향을 미치는지 구체적인 유형으로 정리해 보았다.

이제 실제 학생들의 이고그램과 오케이그램에 이러한 유형들이 어떻게 반영되어 나타나는지 확인해 보고, 이어서 '이고-오케이그램의 이해를 돕기 위한 그림검사'로 넘어가 보겠다.

1) 첫 번째 겉마음과 속마음의 온도 차 보기

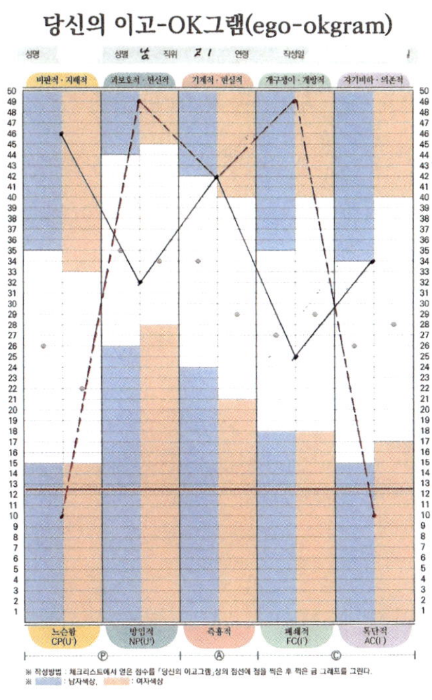

① CP ＞ U-

이고-오케이그램을 보면 타인에 대한 부정적 인식인 U-가 낮고, CP 자아는 높은 수준으로 나타나고 있다(CP 〉U-). 이는 실제로는 타인을 부정적으로 보지 않으면서도 겉으로는 엄격하고, 단호한 태도를 의도적으로 취하려는 경향으로 해석할 수 있다.

학생의 경우 친구들에게 약해 보이거나 얕잡아 보이지 않기 위해 혹은 자신의 존재감을 분명히 드러내고자 일부러 강하고, 원칙적인 태도를 보이는 모습으로 나타날 수 있다. 예를 들어 자기 기준에 맞지 않게 행동하는 친구의 모습이 거슬릴 때 그냥 넘길 수도 있음에도 불구하고, 의도적으로 비난이나 질책을 과장되게 표현하며 명령하는 말투를 사용해 '강한 모습'을 드러내려는 것이다.

이는 친구들로부터 함부로 대우받지 않기 위한 일종의 방어적 행동일 수 있다. 이러한 태도는 내면의 감정이나 실제 인식과는 다르게 나타날 수 있으며, 이에 따라 겉으로는 냉정하거나 융통성이 부족해 보이지만 실제로는 훨씬 부드럽고, 수용적인 감정과 대인 태도를 지니고 있을 가능성이 크다.

즉, 자신을 보호하고자 하는 방어적 표현으로서 CP가 높게 작동하는 상태일 수 있으며, 이는 겉마음과 속마음의 불일치에서 오는 관계적 긴장감으로도 연결될 수 있다.

② NP ＜U+

또한 이 프로파일에서 U+와 NP의 차이를 살펴보면 타인을 긍정적으로 인식하는 경향(U+)이 매우 높은 반면 이를 따뜻하게 표현하는 NP

자아는 상대적으로 낮다(NP 〈 U+). 이는 타인의 장점을 인정하고, 이해하는 마음은 있지만 정서적 표현이 자연스럽게 따라가지 못해 겉으로는 다소 무뚝뚝하거나 친절하지 못한 사람처럼 보일 수 있다는 의미이다.

이 경우 진심이 잘 전달되지 않아 오해를 사거나 인간관계에서 거리감이 생길 수 있으며, 친밀감이 부족해 관계 형성에 시간이 오래 걸릴 수 있다.

이 학생은 친구에 대한 호감이나 고마운 마음이 있어도 그것을 말이나 행동으로 자연스럽게 드러내지 못해 '친절하지 않다' '관심이 없다' '배려심이 부족하다'라는 인상을 줄 수 있다.

예를 들어 새 옷을 입거나 헤어스타일을 바꾸고 등교한 친구를 보며 속으로는 '예쁘다' '잘 어울린다'라고 생각하지만 표현하지 않고 넘긴다. 또 남자 친구와 헤어져 힘들어하는 친구에게 따뜻한 위로의 말을 건네고, 관심을 표현할 수 있지만 그런 마음을 스스로 억제해 행동으로 옮기지 못하는 경우가 많다.

친구들의 호의에 고마움을 느끼면서도 '고마워'라는 말 한마디를 쉽게 내뱉지 못하는 모습도 자주 나타난다. 이처럼 속마음은 따뜻하지만, 칭찬이나 위로의 표현이 자연스럽게 표현되지 않아 친구들이 그 진심을 알지 못해 서운함을 느끼거나 관계 형성에 더 오랜 시간이 걸릴 수 있다.

따라서 이러한 학생에게는 마음을 표현하는 작은 연습부터 시작하도록 돕는 것이 중요하다. 예를 들어 간단한 인사나 칭찬 한마디라도 꾸준히 실천할 수 있게 하고, 표현했을 때 긍정적인 반응을 경험한다면 점차 자연스럽게 감정을 표현할 수 있게 될 것이다.

③ FC ＜I+

I+와 FC의 차이를 살펴보면 자신에 대해 긍정적으로 인식하는 경향(I+)이 높은 반면 이를 자유롭고, 솔직하게 표현하는 FC 자아는 상대적으로 낮다(FC 〈 I+). 이는 자신에 대한 믿음과 자존감은 충분히 가지고 있지만 그 자신감을 행동이나 감정 표현으로 자연스럽게 드러내지 못해 겉으로는 다소 조용하거나 소극적인 사람처럼 보일 수 있다는 의미이다.

이 경우 내면의 자신감이 외부에 잘 전달되지 않아 주변 사람들로부터 자신감이 부족하다는 오해를 받을 수 있고, 자기표현의 기회가 줄어들어 강점을 드러내기 어려운 상황이 생길 수 있다.

학생의 경우 자신감은 있지만 표현이 조심스럽고, 억제되어 있어 친구들이 그 학생의 진짜 마음이나 자신감을 잘 알아채지 못할 수 있다. 자신에게 능력이 있고, 밝은 성격임에도 불구하고 주변에서 그 사실을 알아주지 않을 때 학생은 스트레스를 경험할 수 있다.

이러한 경향은 발표를 잘하고 싶어 하면서도 손을 들지 않거나 좋은 아이디어가 있어도 말하지 않는 모습으로 나타날 수 있다. 이러한 태도는 성숙한 자기조절로 보일 수도 있지만 상황에 따라 '조용하고 소극적인 아이', 혹은 '자신감이 부족한 아이'로 오해받을 수 있다.

이러한 경우 학생이 자신의 감정이나 생각을 조금 더 자유롭고, 유쾌하게 표현해도 괜찮다는 안전감을 느끼도록 도와주고, 자기표현을 긍정적으로 받아주는 환경을 마련해 주는 것이 중요하다. 작은 칭찬, 자유로운 발표 활동, 감정을 나눌 수 있는 기회를 통해 FC 자아를 자연스럽게 활성화할 수 있다.

④ AC > I-

I-와 AC의 차이를 살펴보면 자신에 대해 부정적으로 인식하는 경향(I-)은 낮은 반면 타인의 기대나 요구에 조심스럽게 맞추고, 자기 생각과 감정을 쉽게 드러내지 않는 AC 자아는 상대적으로 높다(AC 〉I-).

이에 자신에 대해 부정적으로 인식하지 않으면서도 자기 생각이나 감정을 표현할 때 지나치게 조심스럽고, 억제된 태도를 보이는 경향이 있다. 또한 실제로는 타인의 기대에 맞추고자 하는 마음이 크지 않음에도 타인의 시선이나 평가를 의식해 일부러 순응하거나 말과 행동을 신중하게 조절하려는 모습으로 나타나기도 한다.

이러한 경우 학생은 내면적으로는 '굳이 저들에게 맞춰야 하나?' '내가 잘못된 건 아니야'라는 생각을 하고 있어 타인의 기대에 무조건 따르려는 의향은 크지 않다. 그러나 겉으로는 타인의 시선을 의식해 자신의 본심을 드러내기보다 말과 행동을 조심하려는 모습을 보인다.

예를 들어 친구가 부탁을 해오면 마음속으로는 '내가 왜 그 부탁을 들어줘야 하지?'라는 생각이 들더라도 '거절하면 실망할까 봐' '나쁜 사람으로 평가될까 봐' 하는 걱정 때문에 결국 부탁을 들어주는 식이다.

자신의 욕구보다는 관계를 해치지 않으려는 조심성과 순응성이 앞서게 되며 이러한 반복은 점차 자기표현의 기회를 줄이고, 내면의 감정을 억제하는 태도를 습관화할 수 있다. 겉보기에는 착하고, 배려심 많은 학생처럼 보일 수 있으나 실제로는 타인과의 관계에서 자신을 드러내는 데 있어 상당한 심리적 부담과 긴장을 경험하고 있을 가능성이 있다.

결과적으로 AC가 I-보다 높게 나타나는 경우는 내면에 뚜렷한 자기부정이나 타인의 기대에 꼭 맞추려는 마음은 크지 않지만 대인관계에서는 위축되거나 순응적인 태도를 지속함으로써 정서적 스트레스를 경험할 수 있다. 따라서 적절한 방식으로 스트레스를 해소할 수 있는 방법을 찾고, 내면의 생각과 행동이 더욱 일치하도록 돕는 접근이 필요하다.

2) 두 번째 겉마음과 속마음의 온도 차 보기

당신의 이고-OK그램(ego-okgram)

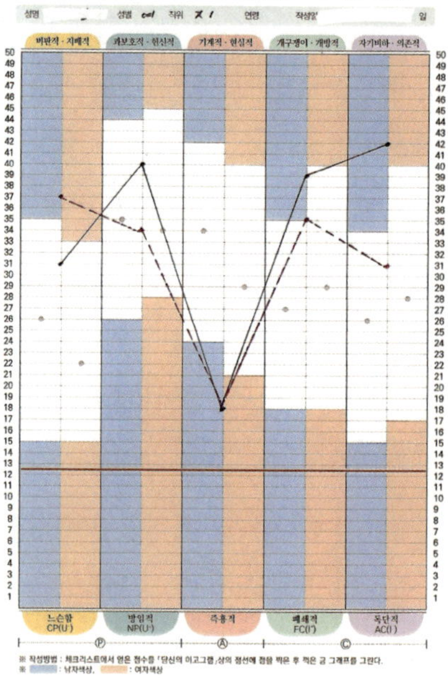

① CP ＜U-

이고-오케이그램에서 U-가 높고, CP가 상대적으로 낮은 경우(CP ＜ U-) 학생은 타인에 대해 부정적이거나 비판적인 인식을 내면에 강하게 가지고 있으나 행동으로 모두 드러내지 않고, 억제하는 경향을 보일 수 있다. 즉, '저 사람 믿을 수 없어' '저 사람은 틀렸어'와 같은 판단이 머릿속에 자주 떠오르지만 비난과 비판을 자제하고, 일정 부분 억제하는 태도를 보일 수 있다.

이는 CP 자아의 에너지가 U-만큼 강하지 않아 비판이나 통제 행동이 제한적으로만 나타나는 상태라고 해석할 수 있다. 다만 이 학생의 경우는 CP 점수 자체가 낮지 않은 점수이기 때문에 주변 사람들은 학생의 말투나 표정, 반응을 통해 사고의 융통성이 부족하며 매사에 비판적이고, 고집스러운 사람으로 인식할 가능성이 크다.

하지만 실제로는 U-가 더 높으므로 학생 본인은 자기의 원칙이나 기준에 맞지 않는 사람이나 상황에 대한 분노, 짜증, 비난의 감정을 더 강하게 느끼면서도 이를 억제하고, 참는 상황으로 받아들여 그 과정에서 심리적 불편감이나 스트레스를 경험할 수 있다.

따라서 학생이 무의식적으로 억제하고 있는 부정적인 감정을 스스로 자각하고, 타인의 기준과 원칙을 인정하는 태도 속에서 자신의 가치관이나 판단 기준도 적절하게 표현할 수 있도록 돕는 접근이 필요하다.

② NP > U+

이고-오케이그램에서 타인에 대한 긍정적 인식인 U+가 낮고, NP(양육적 어버이 자아)가 상대적으로 높게 나타났을 때(NP 〉 U+) 이는 학생이 타인에게 다정하고, 친절하게 행동하려는 경향은 있으나 마음에서는 타인을 진심으로 긍정하거나 신뢰하는 감정은 상대적으로 부족할 수 있음을 시사한다.

마음속으로는 '솔직히 별로 도와주고 싶지 않아' '굳이 저 친구에게 이렇게까지 해야 하나?' '내가 배려해야 하는 건가?' '굳이 친절할 필요는 없을 것 같은데?'와 같은 생각이 내면에 자리 잡고 있을 수 있다.

NP 〉U+ 경우 학생이 겉으로는 친절하고, 따뜻한 모습을 보이지만 마음속에서는 상대와 진정한 신뢰나 감정적 친밀감을 쌓는 데 소극적이거나 회의적인 태도를 보일 수 있다. 즉, 도움이나 배려의 행동을 보이긴 하지만 그것이 진심에서 우러나기보다는 '좋은 사람으로 보이고 싶은 마음'에서 비롯된 경우가 많아 학생에게는 정서적 부담이나 스트레스로 작용할 수 있다.

예를 들어, 친구를 진심으로 돕고자 하는 마음은 크지 않지만 좋은 관계를 유지하는 것이 자신의 역할이라고 여기며 행동하거나 학급 내에서 '친구들을 챙기고, 반 분위기를 따뜻하게 이끄는 사람'이라는 기대를 스스로에게 하거나 그 역할을 당연하게 여기면서 실제 타인에 대한 내면의 인식보다 더 많은 에너지를 들이고, 다소 과장된 방식으로 친절하게 행동할 가능성이 있다.

또한 실제로는 친구들에 관한 관심이나 칭찬의 마음이 크지 않고, 힘든 상황에 처한 친구를 위로하고자 하는 동정심도 적지만 그런 감정을 가진 것처럼 행동하는 모습이 나타날 수 있다. 이처럼 내면의 감정과 겉으로 드러난 행동 사이의 불일치는 정서적 부담을 쌓이게 하며, 학생은 그 차이를 명확히 자각하지는 못하더라도 관계 속에서 설명하기 어려운 긴장감이나 감정적 거리감을 느끼며 스트레스를 경험할 수 있다.

3) 세 번째 겉마음과 속마음의 온도 차 보기

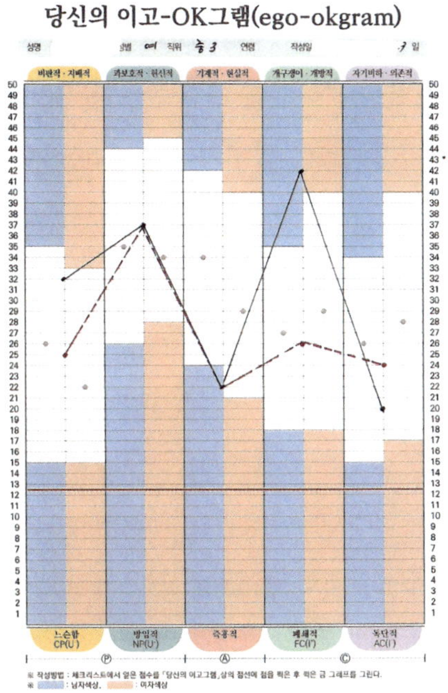

① FC ＞ I+

이고-오케이그램에서 자기에 대한 긍정적 인식인 I+가 낮고, FC(자유 어린이 자아)가 상대적으로 높게 나타났을 때(FC 〉 I+) 이는 학생이 내면적으로는 자신에 대한 신뢰나 자존감이 낮은 편이지만 감정이나 행동은 즉흥적이고, 자유롭게 표현하려는 경향이 강하다는 것을 의미한다.

즉, '나는 잘할 수 있는 게 없어' '내가 사랑받을 수 있을까?'와 같은 자기 부정적인 인식을 내면에 지니고 있으면서도 감정이나 욕구를 제어하지 않고, 충동적으로 드러내는 태도를 보일 수 있다.

하지만 이때의 충동적 행동은 단순한 감정 표현이라기보다는 내면의 불안과 불편함을 감추기 위한 일종의 방어적 표현일 가능성이 크다. 이러한 자아 조합은 학생이 자기 내면에 있는 어려움이나 상처를 그대로 인정하거나 드러내기보다는 아무 일도 없는 것처럼 행동하거나 오히려 일부러 더 밝게 과장된 모습으로 감정을 표현하는 경향으로 나타난다.

즉, 힘들어도 괜찮은 척하고, 우울하거나 슬픈 감정보다는 즐겁고, 행복한 표정을 의식적으로 보여주려 하며 진짜 마음을 드러내기보다는 허세나 과장된 반응을 통해 자신을 방어하려는 태도를 보이기 쉽다.

예를 들어, 부모의 이혼으로 인해 또래 친구들과는 다른 가정환경을 가진 학생이 자신의 상황을 부끄럽게 여기고, 친구들이 알게 될까 불안한 마음에 실제보다 더 밝고, 긍정적인 모습을 과도하게 보이며 마치 행복한 가정에서 지내는 것처럼 행동하는 경우가 이에 해당한다.

따라서 이 학생에게는 과장되거나 꾸며진 모습이 아니라 자신의 감정을 있는 그대로 인식하고, 표현할 수 있는 경험이 필요하다. 힘들 땐 솔직히 말하고, 도움이 필요할 땐 편하게 요청하며 있는 그대로의 자신을 드러낼 수 있는 신뢰와 자존감을 키워 가는 것이 중요하다.

② AC < I-

AC < I-의 경우 학생은 자기에 대한 부정적 인식(I-)은 강하지만 타인의 기대에 맞추거나 자신을 억제하는 AC(순응 어린이 자아)는 낮은 상태이다. 이는 자신에 대해 신뢰하지 못하고, 열등감을 지니고 있음에도 주변의 기대에 맞추거나 조화를 이루려는 태도는 상대적으로 약하다는 것을 의미한다.

결과적으로 이 학생은 '나는 부족한 사람이다' '나는 능력이 없다' '나를 믿을 수 없다'라는 자기 부정적 신념을 가지고 있으면서도 타인의 조언이나 기대에 맞춰 행동하기보다는 자기 방식대로 고집스럽게 행동하는 경향을 보일 수 있다.

이러한 행동은 타인의 피드백을 왜곡하거나 방어적으로 받아들이는 태도로 이어지며, 학급 회의에서 다수의 의견에 따르지 않으려 하거나 자기 방식대로 행동하려는 고집스러운 태도로 나타날 수 있다.

즉, 속으로는 다른 사람들의 시선을 의식하고, 나쁘게 보일까 걱정하는 마음이 있음에도 겉으로는 "내가 알아서 할게" "그 의견에 동의할 수 없어"와 같은 반응을 보이며, 집단 속에서 협력하거나 조화를 이루기보다는 타인의 시선을 의식하지 않는 듯 자기 멋대로 행동하는 모습을 보일 수 있다.

따라서 학생이 내면의 열등감과 불안을 인식하고, 타인과의 협력을 통해 자신을 유연하게 표현할 수 있어야 한다.

다. 이고-오케이그램 이해를 돕는 그림검사 들여다보기

앞서 언급했듯이 이고그램 해석에 보조적인 역할을 할 수 있는 그림검사에 대해 간단히 살펴보고자 한다. 자기 보고식 검사는 학생이 스스로 문항에 응답한다는 점에서 검사에 대한 거부감이나 장난스럽게 응답하는 등의 문제가 발생할 수 있다. 이때 방어가 어려운 그림검사는 이러한 자기 보고식 검사의 신뢰도를 어느 정도 확인해 줄 수 있는 도구가 된다.

예를 들어 FC 점수가 매우 높게 나타난 학생이 그림검사에서는 우울감이 드러난다면 검사 결과 자체에 오류가 있거나 혹은 해당 학생이 FC 에너지를 부정적인 방식으로 사용하면서 내면의 어려움이나 스트레스를 경험하고 있을 가능성을 추측해 볼 수 있다.

반면 AC 점수가 높은 학생의 그림에서도 우울이나 스트레스 표현이 강하게 나타난다면 이 결과는 자기 보고식 검사와도 일치하며, 해당 학생이 실제로 심리적 어려움을 겪고 있음을 시사하는 것이다. 이처럼 그림검사는 자기 보고식 검사의 신뢰도를 보완해 주는 수준에서 활용할 것이며, 깊이 있게 다루지는 않을 것이다.

여기에서는 풍경구성법(LMT)과 빗속의 사람(PITR) 두 가지 검사에 대해 간단히 알아보고자 한다. 먼저, LMT에 대해 살펴보자.

1) 풍경구성법(Landscape Montage Technique, LMT) 보기

풍경구성법은 1969년 일본의 나카이 히사오 교수가 개발한 기법으로 내담자의 무의식적 정서 상태와 성격 특성을 자연스럽게 탐색할 수 있도록 고안되었다. 정해진 10가지 자연 풍경 요소를 일정한 순서에 따라 한 장의 종이에 그리게 한 뒤 그림에 나타난 상징과 표현을 통해 심리적 특성을 해석한다.

학생에게 검은 펜으로 사각 테두리를 그린 A4용지 한 장과 검은 펜, 색연필, 사인펜, 크레파스 등을 제공한 뒤 '강, 산, 논밭, 길, 집, 나무, 사람, 꽃, 동물, 돌'의 10가지 요소를 순서대로 불러주며 그림을 그리게 한다. 이때 다음과 같이 안내한다. "지금부터 선생님이 10가지를 불러줄 거야. 불러주는 것들을 이 종이 안에 모두 그려 넣으면 돼. 마지막까지

다 그리고 나면 마치 한 폭의 풍경화처럼 완성될 거야."

그리는 과정에서 학생의 질문이 있을 때는 "네가 그리고 싶은 대로 그리면 돼" "지금 이 단어를 들었을 때 떠오르는 대로 그려봐"와 같이 답해주면 된다. 단 '사람'을 그리기 전에는 반드시 "사람은 졸라맨이나 게임 캐릭터 말고, 일반적인 사람의 모습으로 그려줘"라고 안내해야 한다. 그렇지 않으면 특히 남학생들의 경우 대부분 졸라맨 형태로 표현하는 경향이 있기 때문이다. 10가지를 모두 그리고 난 후에는 "10가지를 다 그렸어. 혹시 더 그리고 싶은 게 있다면 자유롭게 그려도 좋아. 없으면 여기서 마무리해도 괜찮아"라고 안내한다.

그림이 완성되면 10가지 대상에 대해 질문을 이어가는데 예를 들어 산은 험한지 혹은 완만한지, 밭은 경작 중인지 쉬고 있는지, 쉬고 있다면 계속 쉴 것인지 곧 경작할 것인지 등을 묻는다. 또한 집에는 몇 명이 살고, 분위기는 어떤지, 나무의 상태와 종류는 무엇인지, 사람의 성별과 나이, 기분은 어떤지 등을 질문하여 그림을 그린 학생의 마음과 의도를 파악해 볼 수 있다.

10가지 자연 요소에 담긴 상징이나 해석 방법에 대해 더 알고 싶다면 그림검사 관련 전문 서적을 참고하길 바란다. 우리는 이고그램 해석을 위한 보조 자료로 그림검사를 활용할 뿐 이를 깊이 있게 다루지는 않을 것이다. 대신 학생들의 풍경구성법 사례를 통해 일부 요소들의 상징과 해석을 간단히 살펴보도록 하자.

사례 1 <중3 여학생>

10가지 요소를 모두 그렸음에도 불구하고 하나의 풍경으로 구성하지 못하고, 이 그림처럼 단순히 열거하듯 표현한 경우는 드물지만, 가끔 있다. 이러한 양상은 몇 가지 측면에서 이해할 수 있다.

첫째, 지적 수준이 낮아 지시를 충분히 이해하지 못했거나, 상황을 구성하는 능력이 부족할 가능성이 있다. 이 경우 학생의 학업 성취 수준이나 지적 능력을 먼저 확인할 필요가 있으며, 자기보고식 검사를 이해할 수준이 되지 못한다면 이고그램은 실시하지 않는다.

둘째, 주의력이 부족하거나 성격이 급하여 설명을 충분히 듣지 않고, 서둘러 그렸을 수 있다.

셋째, 검사 자체에 대한 거부감이나 자기 내면을 드러내는 것을 두려워하는 무의식적 방어 반응으로 해석될 수도 있다.

사례 2 <중2 남학생>

전반적으로 정서 표현과 구성력은 양호하나 사람의 크기가 주변 자연물에 비해 크게 표현된 점은 심리적 우위 확보에 대한 욕구, 공격성, 반항심, 또는 현실적 갈등이 내포되어 있을 가능성을 시사한다.

또한 과일나무는 관심과 애정에 대한 욕구를 드러낸 것으로 해석할 수 있으며 산 위에 작고, 위태롭게 표현된 집은 가정이 안정적 보호처로서 기능을 충분히 하지 못한다고 느끼는 내적 불안을 반영한 것으로 볼 수 있다.

아울러 극복해야 할 문제나 어려움을 상징하는 산 주변에 자아상을 나타내는 나무와 사람이 함께 그려진 점은 문제의 원인을 외부가 아닌 자기 자신에게 두고 있음을 시사한다.

사례 3 <고1 여학생>

사례 4 <고2 여학생>

사례 3 <고1 여학생>

이목구비가 없는 얼굴은 소통의 어려움, 대인관계에 대한 회피, 자기표현의 억제를 의미하며 의식과 현실을 상징하는 길에 비해 무의식과 감정을 나타내는 강이 지나치게 크게 표현된 점은 무의식의 영향을 많이 받고 있음을 시사한다.
이는 개인이 스스로 명확히 의식하지 못한 채 감정이나 욕구가 행동에 영향을 미치는 상태를 의미하며 예컨대 이유를 설명하기 어렵지만 막연히 불안하거나 특정한 관계 양식을 반복하는 것 등이 무의식의 작용이라 할 수 있다.
또한 산에 그려진 좁은 길은 어려움을 극복해 나갈 수 있는 의지나 방법을 가지고 있음을 보여주지만 그 길이 좁고, 걷기 불편한 흙길로 표현된 점은 그 과정이 쉽지 않음을 의미한다고 볼 수 있다.

사례 4 <고2 여학생>

사람이 옆모습으로 표현되거나 앉아 있는 모습은 자기표현의 위축, 대인관계에서의 소극적인 태도, 그리고 우울감이나 무기력을 반영할 수 있으며 현재 이 그림에서의 사람은 축 늘어져 지친 모습으로 그려진 것을 볼 때 우울감이나 무기력, 에너지 소진이 큰 것으로 볼 수 있다.
거기에 구름까지 표현되어 정서적 긴장이나 불안이 존재함을 더 강하게 나타내고 있다. 굴뚝에서 피어오르는 연기는 내면에 쌓인 감정이나 가정 내 갈등, 스트레스의 가능성을 시사하며 동시에 화목하고, 안정적인 가정에 대한 갈망으로도 해석될 수 있다.
또한 다리가 표현된 것은 현재의 불안과 갈등을 넘어 안정과 회복의 새로운 세계로 나가고자 하는 내적 열망을 상징적으로 드러낸 것으로 해석할 수 있다

사례 5 <중3 여학생>

이 그림은 강이 흐르지 않고, 호수처럼 고여 있어 감정의 흐름이 정체되어 있거나 내면의 에너지가 막힌 상태를 암시한다.
사람은 눈, 코, 입 없이 실루엣처럼 표현되어 있는데 이는 감정이나 생각을 외부로 표현하는 데 어려움을 겪고 있으며, 타인과의 관계에서도 자신의 감정을 잘 드러내지 않으려는 태도를 나타낸다.

사례 6 <고1 여학생>

이 그림은 낮인데도 하늘을 검게 칠한 점에서 내면에 우울감이나 불안을 품고 있을 가능성이 있다. 강을 따라 돌로 경계를 둘러놓은 모습은 감정의 흐름을 스스로 통제하거나 차단하려는 방어적 태도로 해석되며, 동시에 자아경계가 약하다는 것을 암시한다.
이는 자기감정과 타인의 감정을 구분하거나, 자신의 문제와 타인의 문제를 구별해 다루는 데 어려움을 겪는 상태를 의미한다.
이런 경우 타인의 감정에 쉽게 휘둘리거나 자신의 감정을 명확히 인식하지 못한 채 혼란을 경험할 수 있다.

사례 5 <중3 여학생>	사례 6 <고1 여학생>
즉, 감정 표현을 억제하거나 자신을 감추려는 방어적인 성향이 반영되었을 가능성이 있다. 배경에는 비처럼 떨어지는 선들과 구름이 더해져 전체적으로 쓸쓸하고, 무거운 분위기를 형성하며 정서적으로 위축되거나 우울한 느낌을 준다.	또한 사람이 앞머리로 눈을 가린 채 나무 아래에 혼자 앉아 있는 모습은 정서적 위축이나 고립감을 나타내며, 주변 환경과의 단절된 감정을 상징적으로 드러낸다.

사례 7 <고2 여학생>	사례 8 <중3 남학생>

전반적으로 쓸쓸하고, 고요한 분위기를 띠고 있다. 강가에는 돌이 제방처럼 쌓여 있어 외부로부터의 물리적, 정서적 경계를 형성한 듯 보이며 이는 스스로를 보호하려는 심리적 장벽을 암시한다. 중앙의 큰 나무는 굵은 줄기와 가지만 있고, 잎이 하나도 없어 활력이 떨어져 에너지가 부족한 상태, 혹은 심리적 공허함과 외로움을 나타낸다. 집은 지나치게 작게 그려져 있어 생활 기반이나 가정에 대한 거리감 혹은 소속감의 약화를 나타낼 수 있다. 사람은 시선을 먼 곳에 둔 채 마치 누군가를 기다리는 듯한 옆모습으로 그려져 있으며 기대와 그리움, 현재와의 단절감, 그리고 내면 깊숙이 자리한 우울감이 드러난다. 다 그려지지 않은 산은 현재 겪고 있는 어려움을 온전히 인식하지 못했거나 이를 회피하거나 아직 직면하지 못한 심리 상태를 나타낼 수 있다. 전반적으로 이 그림은 타인과의 관계에서 비롯된 어려움과 함께 우울감과 쓸쓸함이 묻어나며 직면한 문제를 온전히 인식하지 못한 채 가정으로부터 충분한 보호와 지지를 받지 못하고 있음을 보여준다.	내면의 불안과 회복 의지가 함께 담겨 있다. 경작물로 채워진 밭과 괭이를 든 사람은 학업이나 일에 대한 성취욕을 상징할 수 있다. 동시에 이는 공부를 잘하지는 못하지만 잘하고 싶은 마음이 투사된 이상적 자기상을 드러내며, 현실에서의 부족함을 보상하려는 심리로 해석될 수도 있다. 특히 괭이를 들고 있지만 강 건너편을 바라보고 있는 모습은 의지는 있으나 실제로 행동에 옮기지 못하고 있는 상태를 나타내며, 이는 시작에 대한 망설임이나 자신감 부족, 환경적 제약을 나타낼 수 있다. 나무의 뿌리가 드러난 모습은 정서적 기반의 불안정이나 과거의 상처가 외부로 노출된 상태를 의미할 수 있으며, 비어 있는 의자는 관계에 대한 갈망과 함께 외로움이나 고립감을 반영한다. 산봉우리 위에 녹지 않은 눈은 감정이나 고민이 표현되지 못하고 있는 상태를 의미하며, 이는 해결되지 않은 내면의 긴장을 상징하는 요소로 해석될 수 있다. 이 그림은 이상과 현실의 간극 속에서 느끼는 불안과 고립감 그리고 회복 의지를 함께 담고 있다.

사례 9 <고2 여학생>	사례 10 <고1 여학생>

전반적으로 이 그림은 심리적 위기가 잘 드러난 장면으로 해석된다. 강에서 수영하고 있는 사람은 물살 속에서 중심을 잡으려 애쓰는 모습으로 이는 감정의 흐름 속에서 자신을 지키고, 버티려는 노력을 상징한다. 그러나 누군가가 이 사람을 향해 큰 돌을 던지는 장면은 외부의 공격적인 자극이나 심리적 압박을 나타내며, 학생이 대인관계나 환경적 스트레스 속에서 위협을 느끼고 있음을 시사한다. 강에 놓인 크고, 날카로운 돌들은 감정의 흐름을 방해하는 내면의 장애물이나 상처를 의미할 수 있다. 강 밖에서는 놀란 표정의 사람과 웃고 있는 사람이 함께 등장하는데 이는 같은 상황을 두고 주변 사람들이 서로 다르게 반응하고 있으며, 학생이 자신의 고통을 충분히 공감받지 못하거나 정서적으로 고립감을 느끼고 있음을 나타낸다. 전체적으로 이 그림은 감정적으로 위협적인 상황 속에서 자신을 보호하려는 노력과 타인의 무관심 또는 공격적인 태도 속에서 느끼는 정서적 긴장감이 잘 드러난 그림으로 해석될 수 있다.	이 그림은 전체적으로 조용하지만, 어딘가 외로운 분위기를 띠며 심리적 거리감과 내면의 고립감이 드러난 장면으로 해석된다. 집 안에서 창밖을 바라보는 사람은 외부 세계와 단절된 채 조용히 관망하는 태도를 보이며, 타인과의 접촉에 대한 망설임이나 정서적 거리감을 시사한다. 휑하게 비어 있는 밭은 에너지 저하와 무기력감, 정서적 공허함을 반영하며, 동시에 학업이나 성취에 대한 의지가 부족한 상태로 해석될 수 있다. 집 옆에 크게 그려진 푸른 나무는 자존감의 긍정적 측면이나 내면의 회복 가능성을 암시하지만 동시에 현재의 결핍을 보상하려는 이상적 자기상이 투사된 표현일 수도 있다. 즉, 정서적으로 위축된 상태 속에서도 그렇게 되고 싶은 자기 모습이 나무를 통해 드러난 것일 수 있다. 또한 나뭇가지가 생략된 모습은 현재 관계에서 어려움이나 소통의 부족을 나타내며, 타인과 연결되기 어려운 심리 상태를 시사한다. 전체적으로 이 그림은 심리적 고립과 무기력 속에서도 회복을 바라는 마음과 이상적 자아에 대한 소망이 공존하는 내면 상태를 보여주고 있다.

2) 빗속의 사람(Person in the Rain) 보기

이 그림검사는 아놀드 아브람스(Arnold Abrams)와 아브라함 암친(Abraham Amchin)에 의해 개발되었으며 개인이 외부의 스트레스나 어려움에 어떻게 반응하고, 대처하는지 그리고 현재 경험하고 있는 스트레스의 정도가 어느 정도인지를 시각적으로 파악하는 데 목적이 있다.

검사를 시작할 때는 "지금 비가 오고 있어. 그 빗속에 사람이 있어. 지금부터 '빗속의 사람'을 그려보면 돼. 단, 사람은 졸라맨이나 게임 캐릭터가 아니라 일반적인 사람의 모습으로 그려줘"와 같이 안내하면 된다.

그림 속에 등장하는 비, 사람, 우산, 우비, 장화 등의 요소를 통해 개인의 정서 상태, 스트레스 수준, 자아의 강도, 그리고 스트레스에 대처하는 방식을 유추할 수 있다. 이 중 비는 일반적으로 외부 환경의 위협, 스트레스, 또는 우울한 감정을 상징하며 따라서 학생이 그 비에 어떻게 대비하고 있는지를 살펴보는 것이 해석의 핵심이 된다.

예를 들어, 우산을 쓰고 있는 사람은 외부의 스트레스를 사회적 보호나 타인의 도움을 통해 막아내려는 경향을 보이며, 우비를 입은 경우는 내면의 자원을 활용해 스스로 대처하려는 태도로 해석된다. 장화는 현실적인 어려움에 대비하려는 준비 태도를 의미하며, 실용적인 성향을 나타낼 수 있다.

그러나 우산, 우비, 장화 등과 같은 보호 수단이 그림 속에서 표현된 비의 양에 비해 지나치게 많거나 크고, 두드러지게 그려진 경우, 이는 단순한 대처 능력을 보여주는 차원을 넘어 불안을 견디기 위해 과도하게 에너지를 투입하거나 심리적 긴장을 완화하려는 과잉 반응으로 해석될 수 있다.

즉, 스트레스를 견디기 위해 갖추어진 외적 장비들이 오히려 내면의 불안 강도와 방어의 부담감을 보여주는 단서가 될 수 있다. 이러한 해석을 통해 빗속의 사람 검사는 학생의 심리적 상태를 파악하고, 이고그램 결과의 신뢰도를 판단하는 데 유용하게 활용될 수 있다.

더욱 깊이 있는 이해와 적용을 위해서는 그림검사 관련 전문 서적을 참고하는 것이 도움이 된다. 몇 가지 학생들의 '빗속의 사람' 사례를 살펴 보도록 하겠다.

사례 1 <중2 여학생>	사례 2 <중3 여학생>
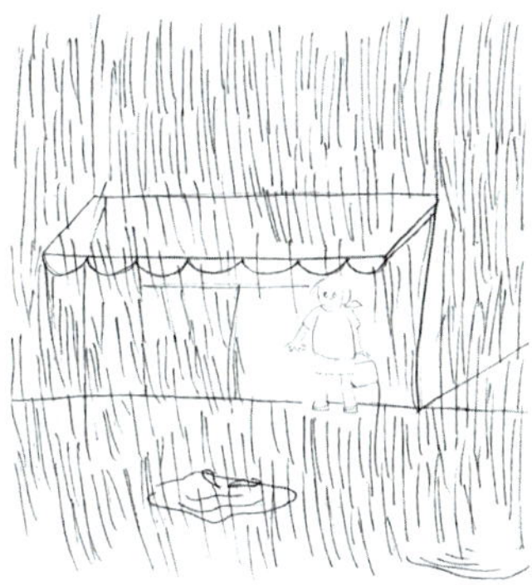	
이 그림은 강한 비가 내리는 상황 속에서 사람이 천막 아래에 서 있는 모습을 보여준다. 비의 양이 많은 것은 외부로부터의 스트레스나 불안이 크다는 것을 상징하며, 사람이 우산이나 우비 없이 천막에 의존하고 있는 모습은 자기 내면 자원보다는 외부의 도움에 기대고 있는 상태로 해석된다. 이는 불안을 스스로 해결하기보다는 회피하거나 수동적으로 대처하는 경향을 나타내며, 현재 심리적 안정감이나 자기 효능감이 낮은 상태일 수 있음을 시사한다.	이 그림은 빗속에 서 있는 사람이 우산이나 우비 같은 보호 수단 없이 그대로 비를 맞고 있는 모습으로 표현되었다. 이는 외부 스트레스에 무방비하게 노출된 상태를 의미할 수 있으며, 특히 사람에게 더 집중적으로 내리는 비의 표현은 자신에게만 시련이나 어려움이 더 크게 다가온다고 느끼는 심리의 반영일 수 있다. 인물이 검은 그림자처럼 표현된 것은 정서적 위축, 무기력, 또는 내면의 어두운 감정을 반영하는 것으로 해석될 수 있으며 현재 심리적으로 상당한 고립감이나 절망감을 느끼고 있을 가능성을 두고 해석해 볼 수 있다.

사례 3 <중2 남학생>

이 그림은 동굴처럼 어둡게 둘러싸인 빗속에서 사람이 우비와 우산을 갖추고, 옆모습으로 서 있는 장면을 담고 있다. 빗줄기의 동굴형 표현은 자신에게 영향을 미치는 외부 세계의 강한 위협과 불안을 상징할 수 있으며, 보호 장비를 갖춘 모습은 상황에 맞는 대처자원을 지니고 있다는 긍정적 의미로 해석될 수 있다.

그러나 동시에 이는 불안을 회피하거나 지나치게 대비하려는 방어적 태도를 나타낼 수도 있다. 또한 정면이 아닌 옆모습으로 표현된 사람은 세상과의 직접적인 마주함을 피하려는 조심스러운 태도이자 감정의 일부를 숨기거나 우울감이 내재되어 있을 가능성을 시사한다.

사례 4 <고2 여학생>

이 그림은 비가 내리지 않는데도 우산을 들고 있고, 얼굴에는 불안하고 긴장된 표정이 나타나 있다.

이는 실제로 스트레스가 크지 않은 상황에서도 과도하게 대비하거나 내면의 불안이 쉽게 자극되는 상태일 수 있다.

반면, 비가 없다는 점은 스트레스가 존재함에도 이를 잘 인식하지 못하는 둔감함을 나타낼 수도 있다.

이러한 모습은 외부 자극보다 내면의 불안이 더 크게 작용하고 있음을 의미할 수 있으며, 표정을 통해 스트레스에 대한 불편한 내면 심리가 드러나고 있다.

사례 5 <고1 여학생>

사례 6 <고1 여학생>

사례 5 <고1 여학생>	사례 6 <고1 여학생>
이 그림은 짙은 구름과 많은 양의 비 그리고 두 갈래로 나뉜 길을 통해 사람이 불안과 혼란 속에서 중요한 선택의 기로에 서 있음을 상징적으로 드러내고 있다. 하늘을 뒤덮은 구름은 막막함과 답답한 정서를 많은 양의 비는 강한 감정의 흐름과 스트레스를 나타낸다. 사람이 우산을 들고 있지만 여전히 비에 노출되어 있는 모습은 방어 기제를 통해 자신을 보호하려는 시도에도 불구하고 감정적 영향에서 완전히 벗어나지 못하고 있음을 의미한다. 갈림길 한가운데에 선 사람은 아직 방향을 정하지 못한 채 망설이고 있으며, 이는 진로, 관계, 자아 정체성 등에 대한 깊은 고민과 결정의 유예를 의미할 수 있다.	이 그림에서 사람은 바로 뒤에 비를 피할 수 있는 천막이 있음에도 불구하고, 그 안으로 들어가지 않은 채 당황한 표정으로 빗속에 서 있다. 이는 스트레스나 심리적 불편을 완화할 수 있는 자원이 있음에도 이를 적극적으로 활용하지 못하는 소극적이거나 회피적인 태도를 반영한다. 또한 자신이 그 보호 공간에 들어갈 자격이 없다고 느끼는 내면의 위축감이나 거리감을 나타낼 수도 있다. 당황하고, 혼란스러운 표정은 갑작스럽게 닥친 상황 앞에서 어떻게 행동해야 할지 몰라 주저하는 모습을 보여주며, 주변의 도움이나 위로가 있음에도 정작 그 안으로 들어가지 못하는 심리적 갈등을 의미할 수 있다. 특히 바닥에 떨어진 우산을 활용하지 못하는 모습은 극복하려는 의지 부족이나 무기력, 우울감을 나타낼 수 있다.

사례 7 <중3 남학생>	사례 8 <고1 여학생>

이 그림은 마치 건물 안에서 창문을 통해 밖을 내다보는 듯한 구도로 구성되어 있다. 이는 외부 세계와 감정의 거리감을 암시하며, 현실과 감정을 한발 떨어진 시선으로 바라보고자 하는 내면의 태도를 보여준다. 사람은 우산과 우비 등 보호 수단을 갖추고 있지만 일부러 손을 밖으로 내밀어 빗물을 맞고 있는 모습이다. 이는 스스로 감정에 접촉하려는 시도이자 외부 자극을 체험하고자 하는 열린 태도로 해석될 수 있다.	이 그림은 감정의 억제와 자기표현의 위축, 정체성의 혼란을 상징적으로 드러낸다. 특히 눈 · 코 · 입이 생략된 얼굴에 짙은 검은 표식이 덮여 있는 모습은 감정을 드러내는 데 대한 두려움과 자기를 숨기려는 방어 심리를 나타낸다. 이 검은 표식은 사람의 내면에 자리한 불안과 부정적인 감정으로 인해 심리적 안정감을 유지하기 어려우며, 자신을 어떻게 표현해야 할지 혼란스럽거나 표현 자체를 회피하려는 심리 상태를 반영한다.

사례 7 <중3 남학생>	사례 8 <고1 여학생>
그러나 내리는 비의 양에 비해 지나치게 큰 우산과 우비를 갖춘 모습은 비교적 작은 자극에도 과도하게 방어하려는 태도를 드러내며, 심리적 불편감을 해소하기 위해 많은 에너지를 소모하고 있음을 시사한다. 전반적으로 이 그림은 안전한 상황에 있으면서 바깥의 세계나 감정을 객관적으로 바라보고, 확인하려는 모습을 상징적으로 보여준다.	사람이 물웅덩이에 발을 담근 채 우산이나 우비 없이 빗속에 서 있는 모습으로 그려진 것은 외부 스트레스에 대한 대처자원이 부족하며, 정서적 에너지 고갈 또는 무기력을 상징한다. 물웅덩이는 외부 자극으로 축적된 스트레스의 흔적이자 해소되지 않은 감정으로 해석될 수 있다. 그 속에 발을 담근 모습은 사람이 그러한 정서나 스트레스 속에 머물고 있으며, 벗어나지 못한 채 영향을 받고 있음을 시사한다. 종합적으로 이 그림은 감정을 외부에 표현하기 어렵고, 정체성과 관계에서의 어려움을 경험하고 있을 가능성을 보여주고 있다.

사례 9 <중2 여학생>	사례 10 <중3 여학생>

이 그림에서 중심에 있는 사람은 비가 쏟아지는 가운데 홀로 우산 없이 서 있으며, 다른 사람들은 모두 우산을 들고 비를 피하고 있다. 하늘 가득 드리운 짙은 구름과 세차게 내리는 비는 외부 환경의 부정적인 자극이나 정서적 압박을 상징하는데 이러한 상황 속에서도 보호 장치 없이 노출된 채 서 있는 사람은 외부 스트레스에 적절히 대응할 수 있는 대처자원이 부족한 상태를 나타낸다.	이 그림은 비가 오는 상황에서도 우산이나 우비 없이 맨몸으로 뛰노는 사람의 모습을 통해 외부 자극에 대한 두려움 없이 자유롭고, 활기찬 태도를 보여준다. 이러한 모습은 강한 적응력과 긍정적인 정서를 반영할 수 있지만 동시에 보호 장치 없이 노출된 상태는 심리적 경계의 부재나 위험 인식의 부족을 시사하기도 한다. 사람의 눈이 단순한 검은 눈동자로만 표현된 것은 내면의 감정이 억제되었거나 드러나지 않는 상태를 의미한다.

사례 9 <중2 여학생>	사례 10 <중3 여학생>
그중에서도 인물의 표정에서는 당황한 감정이 느껴지고, 입과 귀가 생략된 얼굴은 감정을 표현하거나 외부와 소통하는 데 제한이 있음을 시사한다. 비가 오는 동일한 상황 속에서 다른 사람들은 우산이라는 보호 수단을 지니고 있는 반면 이 사람만 홀로 무방비한 상태로 서 있다는 것은 사회적 관계나 환경 속에서 소외감을 느끼고 있거나 감정적 지지를 받지 못하고 있음을 시사한다. 자신의 감정을 표현하거나 도움을 요청하는 것이 어렵고, 그러한 행동을 시도조차 하지 못하는 심리적 위축 상태가 이 그림을 통해 드러난다.	동시에 타인의 시선이나 평가에 무관심할 뿐 아니라 타인에 대해서도 별다른 관심을 두지 않는 정서를 반영한 것일 수도 있다. 두 팔과 다리를 활짝 펼친 자세는 자기표현 욕구와 외부 세계에 대한 개방성을 드러내며, 자신의 존재를 적극적으로 드러내고 싶은 마음이 반영된 것으로도 볼 수 있다. 그러나 이러한 활동적인 표현이 때로는 내면의 긴장이나 불안을 보상하려는 방식일 수 있다는 점에서 겉모습과 심리 상태 사이의 간극 역시 함께 고려할 필요가 있다.

◎ 쉬어가는 코너 3 _ 재미있는 통계

① LMT 그림 속 밭(논)의 차이

풍경구성법(LMT)에서 각 항목은 모두 중요한 상징성을 지니지만 특히 밭은 학생들에게 학교나 학업과 연결되어 해석되는 경우가 많다. 실제로 영재아를 비롯해 학업 성취도가 높은 학생들의 그림 속 밭은 수확물로 가득 차 있는 경우가 많으며 "많은 양을 수확할 수 있다"라는 답변이 자주 나온다.

반면, 여러 이유로 학교생활에 적응하지 못하는 학생들의 밭은 대체로 비어 있거나 허전하게 표현되며 "이 밭(논)은 경작 중이야? 아니면 쉬고 있는 밭이야?"라는 질문에 70~80% 이상이 "쉬고 있어요"라고 답한다. 이어 "곧 다시 경작할 것 같아? 아니면 계속 쉴 것 같아?"라는 질문에는 "계속 쉴 것 같아요"라는 답이 많다. 특히 고등학생 중 학업중단 숙려제를 거치며 자퇴를 고민하는 경우에는 이러한 경향이 더욱 두드러진다.

영재아들의 그림은 2017년부터 2025년까지 충북 소재의 모 대학 영재원에서 성격검사와 함께 실시된 그림검사 자료 중 일부를 발췌하였으며, 부적응 학생들의 그림은 2018년부터 2025년까지 상담 과정에서 수집된 자료 중에서 일부를 선정하였다. 학생들의 그림을 바탕으로 도출한 통계치이므로 참고 자료로 이해해 주기 바란다. 그림 속 밭은 노란색 화살표로 표시해 두었다.

영재 학생들의 밭		

부적응 학생들의 밭		

부적응 학생들의 밭

부적응 학생들의 밭

② NP 또는 U+가 높은 학생들의 '빗속의 사람'

'빗속의 사람' 그림은 대체로 학생들이 느끼는 스트레스의 양과 그 스트레스를 받아들이고, 처리하는 방식을 보여준다. 흥미로운 점은 대부분의 학생이 한 사람만을 그리는 반면 이고-오케이그램에서 NP가 높은 학생들의 그림에서는 종종 두 명 이상이 함께 등장하는 장면이 묘사된다는 것이다.

특히 다른 사람에게 우산을 씌워주거나 함께 쓰는 장면, 심지어 자신은 비를 맞으면서도 다른 사람이나 동물에게 우산을 씌워주는 장면, 여러 명이 함께 하나의 우산을 나누어 쓰는 장면 등이 다양하게 나타난다.

그림검사에서 이러한 장면은 다른 사람의 스트레스나 어려움마저 함께 짊어지고자 하는 태도로 해석되기도 하며 이는 자신을 희생해서라도 타인을 돕고, 다른 사람들과 어울리고자 하는 NP가 높은 사람들의 성향 특징과 맞닿아 있다.

또한 행동으로 드러난 NP가 낮더라도 타인에 대한 긍정적인 인식과 관심을 가지고 함께 하기를 원하는 경향(U+)이 높은 경우에도 비슷한 장면이 나타난다. 물론 NP가 높다고 해서 모든 학생이 이런 그림을 그리는 것은 아니지만 2018년부터 2025년까지의 상담 과정에서 선정된 사례들은 모두 NP, 또는 U+가 높은 학생들에게서 나온 그림이었다는 점에서 성향과 그림의 연관성을 생각해 볼 만하다.

이고-오케이그램	빗속의 사람
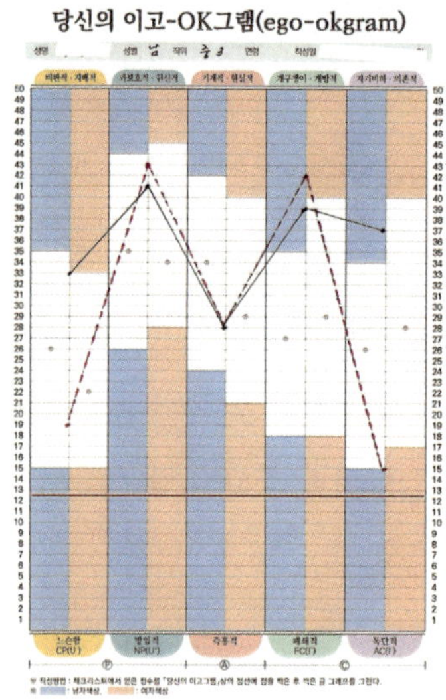	
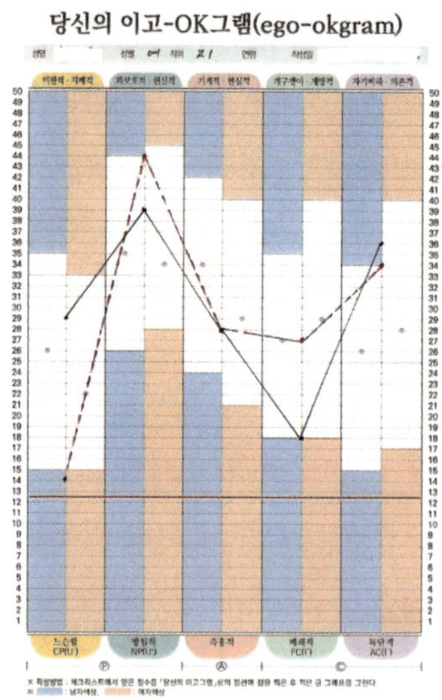	

이고-오케이그램	빗속의 사람
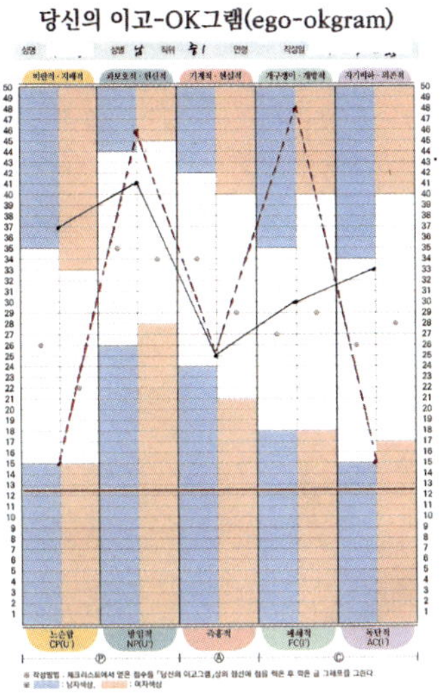	
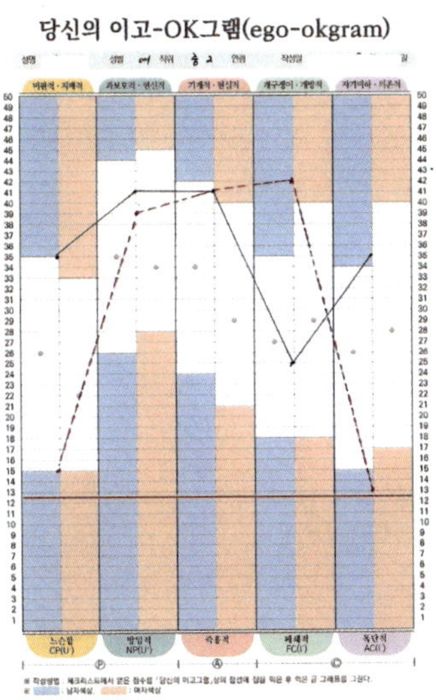	

이고-오케이그램	빗속의 사람
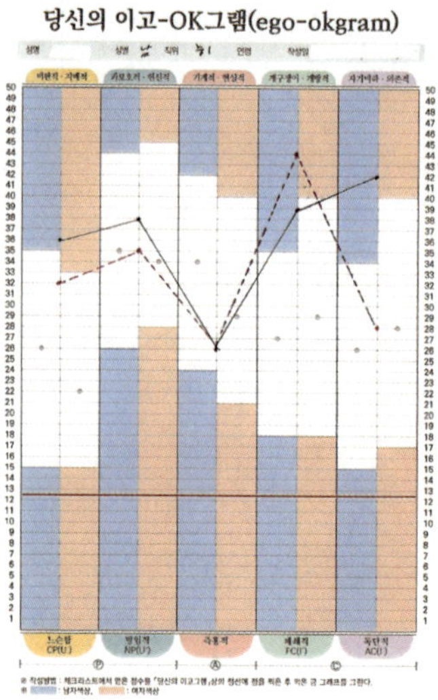	
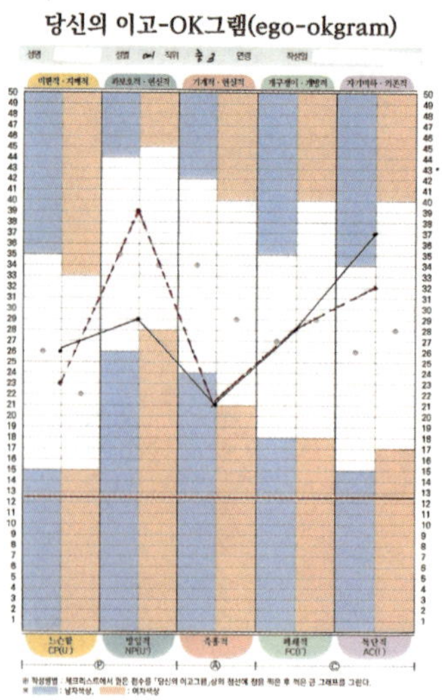	

이고-오케이그램	빗속의 사람
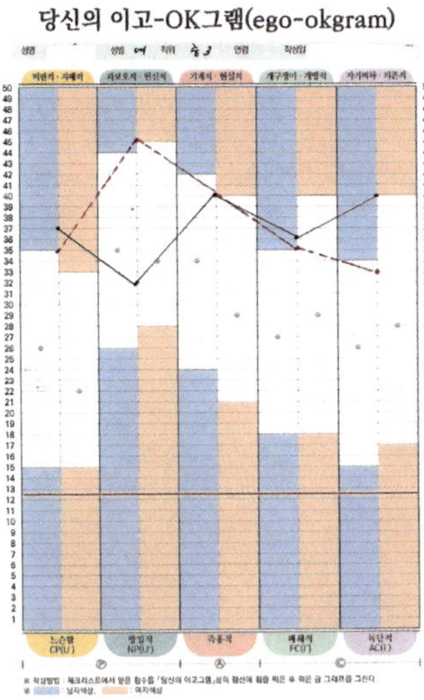	
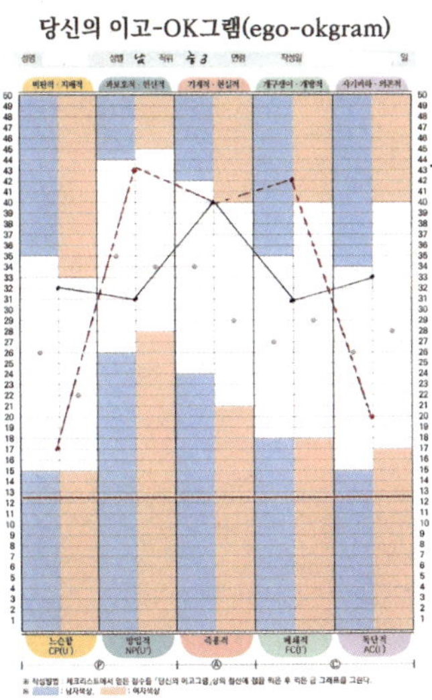	

이고-오케이그램	빗속의 사람
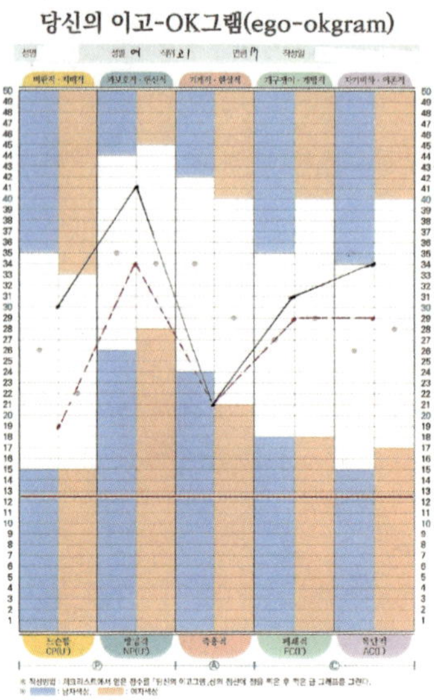	

라. 학생 사례에 적용해 해석해 보기

학교 현장에서 학생을 이해하고, 그 행동 패턴을 해석할 때는 단편적인 관찰이나 직관에 그치지 않고, 체계적인 틀을 바탕으로 종합적으로 접근할 필요가 있다. 이를 위해 이고그램과 오케이그램 같은 도구를 활용하면 학생의 성향과 대인관계 패턴을 구조적으로 파악할 수 있다.

더 나아가 그림검사와 같은 투사적 기법을 병행하면 언어로 표현하기 어려운 정서적 상태나 무의식적 욕구까지 탐색할 수 있다.

또한 학생이 학교생활에서 직접 호소하는 문제를 통해 현재 겪고 있는 갈등과 어려움을 확인할 수 있으며, 이를 성향 분석 결과와 실제 생활에서 드러나는 문제 양상과 비교함으로써 학생에 대한 이해를 한층 더 정밀하게 할 수 있다.

따라서 이 장에서는 이고그램/오케이그램과 그림검사를 통한 성향을 분석해 보고, 학교생활에서 나타난 학생의 호소문제를 살펴볼 것이다. 그리고 학생과 가장 밀접하게 상호작용하는 담임교사에게 제공하는 피드백을 통해 학생의 심리적 성향과 어려움에 대한 이해를 토대로 구체적인 지도 전략을 세울 수 있도록 접근하고자 한다.

이러한 과정을 통해 학생을 보다 종합적으로 이해하고, 학교 현장에서 실질적인 도움이 되는 교육적 개입 방안을 마련하는 데 도움이 되기를 바란다.

1) 사례 1(중3 남학생) "기본이 안 된 친구 때문에 학교 다니기 싫어요."

이고/오케이그램

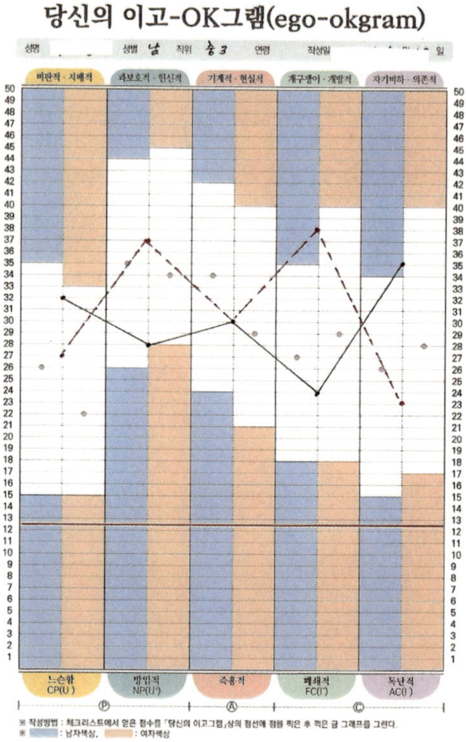

풍경구성법	빗속의 사람

① 이고-오케이그램과 그림검사를 통한 성향 분석

이 학생의 **이고그램**을 살펴보면 CP(비판적 어버이 자아)와 AC(순응 어린이 자아)가 높고, NP(양육적 어버이 자아)와 FC(자유 어린이 자아)는 상대적으로 낮은 그래프로 나타나 있다. 높은 CP는 신념이 강하고 원칙적이며, 자신과 타인을 엄격한 기준으로 판단하고, 평가하려는 경향을 의미한다. 이러한 성향으로 인해 자신의 기준에서 벗어난 행동을 보이는 친구들이나 교사를 보면 이해하기 어려워하며, 짜증이나 분노를 느끼는 경우가 많다.

또한 친구들의 장점이나 긍정적인 면보다는 눈에 거슬리거나 지적할 만한 행동이 먼저 보이며, 그로 인해 불평이나 불만이 많아질 수 있다. 그러나 낮은 FC로 인해 이러한 감정이나 생각을 겉으로 표현하거나 행동으로 옮기는 것은 어렵고, 높은 AC는 '내가 말해봤자 달라질 게 있을까?' '괜히 말하면 더 불편해질 거야' '친구들이 날 싫어할지도 몰라'와 같은 생각으로 표현을 더욱 억제하게 만든다.

이에 따라 불평, 불만, 짜증, 분노 등의 감정을 속으로 삭이며 지적하거나, 비난하고, 화내고 싶은 행동을 참는 경우가 많아진다.

높은 CP로 인해 또 다른 특징도 나타날 수 있다. 타인에게 인정받고자 하는 욕구가 강하고, 동시에 스스로도 만족할 수 있어야 한다는 내적 기준이 높다. 그래서 어떤 일을 맡으면 완벽하게 해내고 싶어 하고, 주변의 칭찬이나 인정을 받기를 바라며 자신도 충분히 만족할 만한 결과를 내야 한다고 느낀다.

그러나 그 일에서 기대하는 성과를 얻을 수 없을 것 같다고 판단되면 오히려 시도조차 하지 않고, 포기해 버리는 경향이 있다. 이럴 때는 "나

안 할래" "이건 대학 가는 데 중요하지 않아" "어차피 성적에 반영되지 않잖아" 등과 같이 스스로를 합리화하며 회피하려는 모습을 보이기도 한다.

게다가 NP(양육적 어버이 자아)가 낮아 다정하거나 따뜻한 태도가 잘 드러나지 않고, 마음에 드는 친구가 있어도 먼저 다가가 말을 걸거나 친해지려는 노력을 하지 못하는 경향이 있다. 이러한 특성은 다양한 친구들과의 관계를 형성하거나 유지하는 데 어려움을 초래할 수 있으며, 깊이 있는 관계를 맺는 데도 제한을 준다.

이에 따라 자신의 어려움이나 힘든 감정을 편하게 이야기하고, 공감해 줄 수 있는 친구가 곁에 없다고 느끼게 되며 그럴수록 정서적으로 더욱 고립되고, 외로움을 느낄 가능성이 높다.

물론 이 학생의 자아 에너지가 긍정적으로 발현될 경우 교실에서는 신뢰받을 만큼 성실하고, 정직하며 약속을 잘 지키는 학생으로 평가받을 수 있다. 높은 CP는 교칙을 잘 지키고, 예의 바르며 맡은 일에 책임감을 가지고 성실히 수행하는 모범적인 태도로 나타날 수 있다.

또한 높은 AC는 자기 생각을 앞세우기보다는 친구들의 의견을 존중하고, 협력하는 순응적이고, 착한 모습으로 드러난다. 이러한 특성은 교사나 또래들에게 긍정적으로 인식되며, 좋은 평가로 이어질 수 있다.

그러나 이처럼 항상 타인에게 맞추려는 태도는 자신의 감정이나 욕구를 억누르게 하고, 타인의 기대에 부응해야 한다는 부담으로 작용하여 결국 내면의 피로감이나 정서적 스트레스를 유발할 수 있다.

이제 이 학생의 **이고-오케이그램**을 함께 살펴보자. 이 학생은 자기 긍정-타인 긍정(I'm OK, You're OK)의 인생 태도를 가지고 있다. 이는 자신과 타인을 모두 신뢰하고, 긍정적으로 바라보며 조화를 이루며 살아가고자 하는 기본적인 삶의 자세를 의미한다. 그러나 실제 행동에서는 CP가 타인 부정(U−)보다 높아 타인을 완전히 부정적으로 인식하지는 않지만 행동에서는 더 엄격한 잣대를 들이대며 비판하거나 지적하는 태도가 드러날 수 있다.

또한 친구들에게 관심을 표현하고, 도우며 친해지고 싶은 마음은 있지만 NP가 타인 긍정(U+)보다 낮아서 그 따뜻한 마음을 행동으로 자연스럽게 드러내지 못하고, 억제하는 경향을 보인다. 이는 타인에게 얕보이지 않으려는 방어적 태도에서 비롯되었을 수도 있고, 자신의 신념과 기준을 지키려는 의식적인 선택일 수도 있다.

이처럼 인생 태도는 긍정적이지만 자아 에너지의 불균형으로 인해 속마음과 실제 행동 사이에 차이가 생기고, 그로 인해 심리적인 갈등을 겪을 수 있다.

또한 이 학생은 자신에 대한 믿음(I+)은 있지만 자유롭고, 솔직하게 감정을 표현하는 FC가 낮아 자신감이 부족해 보이거나 신중하고, 소극적인 태도를 보일 수 있다. 그러나 FC〈I+의 영향으로 자신도 멋지고, 무엇이든 잘할 수 있으며 사랑받을 존재라 믿는다.

더불어 타인의 기대에 부응하려는 마음은 크지 않지만 AC가 자기 부정(I−)보다 높아 과도하게 눈치를 보며, 자신의 의견을 드러내기보다 주변에 맞추려는 경향을 나타낸다. 이러한 상태는 '왜 나만 양보해야 하지?' '내가 이러고 살아야 하나?'와 같은 심리적 불편감이나 스트레스로 이어질 수 있다.

이러한 특성은 학생의 그림검사에서도 잘 드러난다. 이 학생의 '**풍경구성법(LMT)**'은 전체적으로 조용하고, 정적인 분위기를 띠며 내면의 위축된 정서 상태를 반영하고 있다. 일반적으로 나무는 자아상을 나타내는데 이 그림에서는 한 그루가 아닌 강변을 따라 많은 나무를 반복적으로 배치한 모습이 나타난다. 이는 자기표현에 대한 불안, 정체성의 혼란, 방어적인 태도를 시사할 수 있다.

또한 사람을 아주 작고, 옆모습으로 표현한 점은 자신을 드러내고 싶지 않거나 자신감 부족과 무력감, 우울감을 나타내는 표현으로 해석될 수 있다. 그럼에도 불구하고 길을 따라 가로등을 그려 넣은 점은 관심받고자 하는 내면의 욕구가 있음을 보여준다.

이는 관심받지 못하는 현실에 대한 우울감을 반영한 것이며 그림 속 작게 표현된 사람은 이러한 위축된 심리 상태를 상징한다고 볼 수 있다. 동시에 무기력하고, 위축된 상황 속에서도 여전히 타인의 관심과 인정에 대한 바람이 투사된 결과일 수도 있다.

또한 밭에 빼곡히 심어진 벼는 학교생활 속 학업과 성취에 대한 강한 욕구를 반영하며, 그 욕구가 충족되지 못하는 현실에서 보상 심리가 드러난 것으로 해석할 수 있다.

'**빗속의 사람**' 그림에서도 이 학생이 스트레스와 우울한 정서 상태에 놓여 있음이 잘 드러난다. 검게 칠해진 하늘은 우울감과 억눌린 감정, 비와 바람은 외부로부터의 스트레스와 혼란스러운 환경을 상징하며 특히 바람은 이 학생이 주변 환경에 민감하게 반응하고, 영향을 받고 있음을 시사한다.

사람이 옆모습으로 표현된 점은 자기감정을 직접적으로 드러내기보다는 조심스럽게 숨기려는 태도, 혹은 관계 속에서의 소극적 자세와 내면의 위축된 정서를 반영한다고 볼 수 있다. 그럼에도 불구하고 비와 바람 속에서 우산을 쓰고 있는 모습은 자신을 보호하려는 노력과 외부로부터의 지지나 도움 같은 대처자원을 지니고 있음을 보여준다.

또한 그림 속에 표현된 물웅덩이는 그동안 쌓여온 정서적 피로와 스트레스의 흔적 혹은 해소되지 못한 감정으로 해석될 수 있다. 전체적으로 이 그림은 외부 자극에 흔들리면서도 조용히 감정을 견디고, 최소한의 보호 자원을 통해 버티고 있는 학생의 내면 상태를 잘 보여준다고 할 수 있다.

이고-오케이그램과 그림검사를 종합적으로 볼 때 이 학생은 자신의 감정이나 불만을 외부로 직접 표현하기보다는 내면에 억누르며 조용히 인내하는 성향이 강하다. 이러한 경향은 감정의 자연스러운 표현을 제한하고, 점차 감정의 통제와 억압으로 이어지며 우울감이나 심리적 불편감을 유발할 가능성이 크다.

실제로 모든 검사 결과에서 내면의 긴장감, 감정 억제, 정서적 위축, 스트레스가 일관되게 나타나고 있으며 이는 이 학생이 현재 정서적으로 지치고 힘든 상태에 놓여 있을 가능성을 보여준다.

② 학교생활에 나타난 학생의 호소문제

이 학생은 학교에 등교하는 것 자체를 꺼리며 특히 교실에 들어가거나 점심시간에 급식실에 가는 것을 매우 싫어한다. 그 이유는 급식 시간이 되면 몇몇 친구들이 교실에서부터 서둘러 달려와 새치기하는 모습을 자주 보기 때문이다.

'급식 시간에는 질서를 지켜야 한다'라는 강한 신념과 원칙을 가지고 있는 이 학생에게 그런 모습은 매우 불쾌하고, 받아들이기 어렵다. 모두가 줄을 서서 차례를 기다리는 상황에서 일부 친구들이 규칙을 무시하고, 먼저 먹기 위해 뛰어드는 행동은 도무지 이해되지 않고, 그 모습을 볼 때마다 짜증과 분노가 치밀어 오른다.

자신은 항상 규칙을 지키며 질서를 따르려 노력하는데 아무렇지 않게 이를 어기는 친구들의 모습은 이 학생에게 부당하고, 참기 어려운 상황으로 느껴진다. '재들은 기본이 안 되어 있어. 어떻게 학생이 학교에서 저렇게 규칙을 안 지킬 수가 있어?'라는 생각이 머릿속을 떠나지 않는다(높은 CP 관련).

마음속으로는 여러 번 '야! 복도에서 뛰지 말고, 줄 서서 들어가. 다 같이 기다리고 있는 거 안 보여?'라고 말하고 싶지만 실제로는 단 한 번도 입 밖으로 꺼내지 못했다. 그렇게 꾹 참고, 식사를 마친 뒤 다시 교실로 돌아와 그 친구들을 마주하게 되면 억눌렀던 감정이 다시 살아나며 불쾌함과 분노가 또 한 번 솟구친다(높은 CP와 AC 관련).

같은 반에 있다는 사실 자체가 불편하게 느껴지고, 얼굴을 마주치는 것만으로도 기분이 상해 하루 종일 마음이 불편하고, 학교를 벗어나고 싶다.

때로는 그 친구들에게 너무 화가 나서 머릿속으로 욕을 퍼붓거나 심한 폭력을 가하는 상상을 하기도 하고, 그들이 지옥 불 속에서 고통받는 모습을 떠올리며 그림으로 표현해 보기도 한다. 이렇게라도 분노를 해소하지 않으면 감정을 감당하기 어려울 만큼 화가 치밀어 오르기 때문이다. 표현되지 못한 채 내면에 쌓여 있는 감정과 스트레스의 표현(높은 AC 관련)이다.

물론 이런 상황에서 질서를 지켜 달라고 친구에게 직접 말하거나 담임 선생님께 도움을 요청하는 방법도 있을 수 있다. 그러나 이 학생에게는 그조차 쉽지 않다. 혹시라도 자신이 그런 말을 했다는 사실이 알려지면 "쟤는 같은 친구끼리 뭐 저런 걸 선생님에게 말했대?" "너나 잘해. 넌 뭐든 다 지키면서 살아?" 같은 비난을 들을까 봐 걱정되고, 심지어 선생님조차 "중학생이나 돼서 그런 사소한 걸 일일이 말하니?" 하고 오히려 자신을 나무라지는 않을까, 두려운 마음이(높은 AC 관련) 크다.

결국 이 학생은 자신의 불편한 감정을 속으로 삼킨 채 아무 말도 하지 못하고, 조용히 참는다. 항상 조심스럽고, 주변 친구들의 눈치를 살피는 태도는 친구들과 잘 어울리지 못하는 모습으로 이어지고, 말수가 적고, 어딘가 불만이 있어 보인다는 인식으로 굳어지게 된다(높은 AC 관련).

조용한 성격 탓에 친구들이 먼저 다가오는 경우도 드물고, 본인 역시 누군가에게 먼저 다가가 관계를 맺으려는 적극적인 시도를 잘 하지 못한다. 친구나 타인에 대해 신뢰와 긍정적인 인식을 가지고 있으며 친구 관계를 맺고 싶은 마음도 있지만 그 마음을 어떻게 표현해야 할지 몰라 행동으로 드러내지 못한다(NP〈U+ 관련).

그러다 보니 이 학생의 학교생활은 더욱 고립되고, 외롭게 느껴질 수 있다. 친한 친구의 부재와 기본적인 원칙조차 지키지 못하는 친구에 대한 불편함, 하고 싶은 말을 표현하지 못하는 성격과 쌓인 감정을 적절히 해소하지 못하는 상황 등이 이 학생의 학교생활을 더욱 힘겹게 만들고 있다.

그럼에도 불구하고 다행스러운 것은 이 학생에게는 마음의 위안을 얻을 수 있는 소중한 관계가 하나 있다는 점이다. 다른 학교에 다니고 있는 초등학교 시절의 친구 한 명이 바로 그 존재다. 이 학생은 그 친구와 가끔 전화 통화를 하거나 아주 드물게 만나 함께 시간을 보내기도 한다.

그 친구와의 관계는 자신이 마음속 이야기를 털어놓고, 감정을 공유할 수 있는 유일한 정서적 통로이자 안정감을 주는 소중한 시간으로 작용한다. 학교생활에서 겪는 답답함과 스트레스를 그 친구와의 소통을 통해 잠시나마 덜어낼 수 있는 것이다.

한편 교사들에게 이 학생은 비교적 긍정적인 인상을 주는 편이다. 학업 성취도가 특별히 높은 편은 아니지만 학생으로서 지켜야 할 기본적인 규칙을 잘 지키고, 맡은 일에는 성실한 태도를 보이며 인사성도 바르고, 교사의 지도를 잘 따른다(높은 CP 자아 관련).

이러한 모습은 교사들에게 신뢰감을 주는 요인이 된다. 또한 대체로 조용하고, 온순하며 문제를 일으키지 않는 '착한 학생'으로 평가(높은 AC 자아 관련)되고 있다. 내면의 갈등과는 달리 외적으로 드러나는 이러한 모범적인 태도는 이 학생이 자신의 감정을 조절하고 억제하며 살아가고 있음을 보여준다.

상담을 통해 이 학생은 자신이 가진 명확한 가치관과 강한 신념이 자신의 장점이 될 수 있지만 때때로 그 기준이 너무 높아 타인을 더 비판적으로 바라보게 만들 수 있다는 점을 인식하게 되었다.

그리고 심리적 불편감을 덜기 위해서는 마음속의 하고 싶은 말을 적절한 방식으로 표현하거나 완벽을 요구하는 높은 기준을 조금 내려놓고, 친구들의 행동에 대해 "그래, 저 친구 입장에서는 그럴 수도 있지"라고 생각하는 사고의 융통성과 마음의 여유를 가지는 것이 중요하다는 것을 알게 되었다.

또한 스트레스를 해소할 수 있는 자신만의 방법을 찾는 것이 필요하다는 것도 인식하였다. 이 학생은 고등학교에 진학하면 새로운 친구들을 만나고, 지금까지와는 다른 방식으로 관계를 맺고 싶다고 말했다. "고등학교 가면 새 친구들이 생기겠죠. 제가 먼저 다가가 볼 수도 있을 것 같아요"라고 말하며 조용히 웃던 모습에서 변화의 의지와 관계에 대한 욕구를 느낄수 있었다.

③ 담임교사에게 피드백 주기

> "선생님께서도 이미 어느 정도 파악하고 계시겠지만 이 학생은 책임감이 강하고, 전반적으로 성실한 태도를 지닌 학생입니다. 등교 시간을 잘 지키는 등 기본적인 규칙을 성실히 준수하며, 예의 바른 태도를 보이죠.
>
> 이러한 원칙적인 태도는 또래의 모범이 되기에 충분합니다. 수업 시간에는 교사의 지도에 잘 따르고, 약속을 소중히 여기며 맡은 일을 끝까지 완수하려는 모습을 보입니다. 전반적으로 정직하고, 신뢰감이 높은 학생으로 판단됩니다.
>
> 다만 이 학생은 자신의 가치관과 신념이 확고한 편으로 그러한 기준이 지켜지지 않거나 주변에서 자기 원칙에 어긋나는 행동을 보게 될 경우 그 대상이 친구이든 교사이든 내면적으로 큰 불편감이나 분노를 느낄 수 있습니다. 예를 들어, 질서를 지키지 않는 또래나 일관성 없이 학생을 대하는 교사의 모습을 보면 속으로 불만과 짜증을 경험하게 됩니다.

하지만 이 학생은 불편한 감정을 겉으로 드러내기보다 조용히 내면에 쌓아두고 참는 경향이 강해 겉으로는 별다른 문제 행동이 드러나지 않을 수 있습니다. 그 결과 또래와의 직접적인 충돌이나 마찰보다는 억눌린 감정이 점차 쌓이면서 정서적으로 혼자 힘들어하는 경우가 많습니다. 이러한 특성은 일상 속에서 경험하는 갈등을 더 크게 느끼게 하거나 상황을 복잡하게 만드는 요인이 되기도 하죠.

스스로 속마음을 먼저 표현하는 성향이 아니기 때문에 선생님께서 학교생활 중 어려움은 없는지 친구 관계에서 불편함은 없는지 등을 먼저 질문해 주시면 자신의 감정을 말할 수 있는 기회가 되어 심리적 불편감이 조금 해소될 수 있습니다. 또한 이 학생이 친구들의 행동을 비판적으로 바라보기보다는 '그럴 수도 있다'라는 유연한 시각을 가질 수 있도록 다양한 관점을 제시해 주는 것도 중요합니다.

본인의 가치와 신념을 지키는 태도는 분명한 장점이지만 그 기준이 지나치게 엄격해질 경우, 또래 관계 형성에 어려움을 겪을 수 있음을 인식시켜 주신다면 더욱 건강한 관계 맺음에 도움이 될 것입니다."

2) 사례 2(중1 여학생) "저만 왜 다르게 생겼나요?"

이고/오케이그램

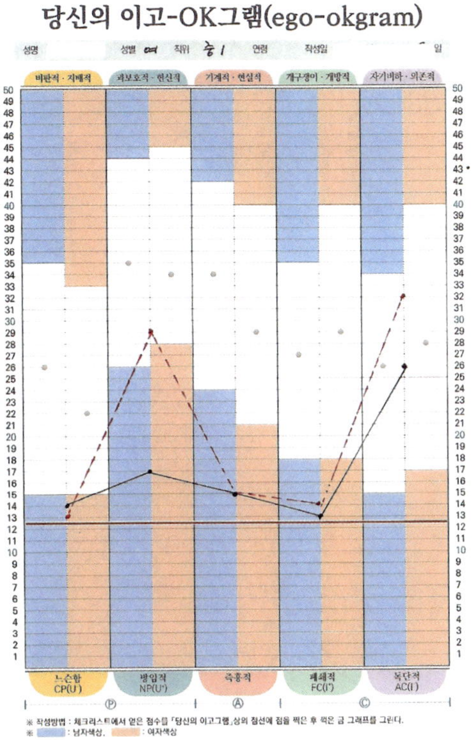

풍경구성법

빗속의 사람

① 이고-오케이그램과 그림검사를 통한 성향 분석

이 학생은 AC(순응 어린이 자아)를 제외하면 전반적으로 에너지가 낮은 유형으로 **이고그램** 그래프에서 CP(비판적 어버이 자아)는 14점, NP(양육적 어버이 자아)는 17점, A(어른 자아)는 15점, FC(자유 어린이 자아)는 13점으로 나타나고 있다.

이러한 낮은 에너지가 생활 속에서 긍정적인 방향으로 작용할 경우 여러 가지 안정적인 성향의 장점이 드러날 수 있다.

우선 순간적인 감정이나 욕구에 따라 충동적이거나 즉흥적으로 행동하지 않는 모습(낮은 FC)은 일상에서 실수나 후회를 줄이고, 안정된 태도를 유지하는 데 도움이 된다.

또한 자신의 생각만 옳다고 고집하며 상대를 과하게 비난하거나 지적하지 않고, 사소한 일에 불만을 드러내지 않는 태도(낮은 CP)는 또래 관계의 긴장을 완화하고, 불필요한 갈등을 줄이는 데 긍정적으로 작용한다.

더불어 친구들의 일에 과도하게 개입하거나 간섭하는 일이 거의 없고, 관계에 집착해 상대에게 부담을 주는 경우도 드물며(낮은 NP), 낮은 A 자아의 영향으로 계산적이거나 이해득실을 따지는 모습이 적어 이기적으로 보이지 않고, 보다 순수하고 진정성 있는 태도로 비치게 된다.

여기에 더해 높은 AC 자아가 결합되면서 타인의 의견을 존중하고, 받아들이려는 태도가 두드러진다. 협동적이고, 협조적인 태도는 또래들과의 관계에서 조화로운 분위기를 형성하는 데 도움이 되며 사고가 유연하고, 성격이 온순하여 갈등을 키우지 않는 경향이 나타난다.

결과적으로 이 학생은 감정 기복이 크지 않고, 차분하며 집단 속에서도 튀지 않으면서 균형을 맞추는 모습이 나타난다. 이처럼 행동은 다소 소극적이고 느릴 수 있지만 조심스럽고, 차분한 행동 방식은 주변 친구들에게 거부감이나 부담을 주지 않아 함께 있을 때 편안하고, 안정된 분위기를 느끼게 하는 유형이라 할 수 있다.

하지만 이러한 낮은 에너지들은 장점으로 드러나기보다 생활 속에서 여러 가지 어려움으로 드러나는 경우가 많다.

우선 NP 에너지가 낮아 친구에게 먼저 다가가거나 자연스럽게 대화를 시작하는 데 어려움을 느끼며, 타인의 감정에 따뜻하게 반응하거나 공감하는 데에도 서툰 모습을 보인다. 이러한 특성은 상대를 배려하거나 관심을 표현하려는 행동을 어렵게 만들어 친밀감이 형성되기까지 시간이 오래 걸리고, 그 결과 또래들로부터 어울리려는 의지가 부족한 학생으로 인식될 가능성이 크다.

다음으로 낮은 FC 자아는 학교에서 이루어지는 다양한 활동 참여에 소극적인 태도로 나타날 수 있다. 매사에 의욕이 없고, 동기가 부족해 새로운 일에 흥미를 느끼기 어렵고, 전반적으로 활력이 낮아 보인다. 이러한 특성 때문에 어떤 일에 도전하거나 새로운 경험을 시도하는 모습이 잘 나타나지 않으며, 좋아하거나 관심 있는 활동조차 찾기 힘들다.

따라서 일상 생활 속에서 작은 기쁨이나 만족을 느끼기 쉽지 않다. 그 결과 무력감이 깊어져 대부분의 일이 귀찮고 부담스럽게 느껴지고, 타인과 상호작용하기보다는 혼자 조용히 지내는 시간을 더 선호하게 된다. 이러한 모습은 주변에서 자칫 게으르거나 우울한 학생으로 오해할 수 있다.

낮은 CP 자아 역시 일상생활에서 여러 어려움으로 이어질 수 있다.

자기만의 기준이나 원칙, 신념이 약해 교칙 준수나 약속 이행과 같은 기본적인 규범을 일관되게 지켜 나가기 어렵고, 스스로 행동을 통제하거나 절제하는 능력도 부족해 생활 속에서 혼란과 무질서가 나타날 수 있다. 이러한 어려움은 일상적 과제나 해야 할 일의 수행 능력을 떨어뜨려 성실하지 못하거나 책임감이 부족하다는 평가로 이어질 가능성이 크다.

한편 낮은 A 자아는 계획적인 생활을 유지하는 데 어려움을 주며, 문제 상황에서 합리적이고 현실적인 해결 방안을 세우기 어렵다. 현실을 객관적으로 판단하거나 상황을 분석하는 능력이 부족해 문제가 발생해도 적절한 대안을 마련하지 못하고, 때로는 문제 자체를 제대로 인식하지 못한 채 지나쳐 버리기도 한다.

이러한 특성은 학업과 생활 전반에서 해야 할 일을 스스로 정리하고, 관리하는 데 어려움을 가져와 결과적으로 학업 성취가 떨어지는 요인으로 작용할 수 있다.

여기에 높은 AC 자아가 더해지면서 타인의 반응이나 평가에 지나치게 민감해지고, 자신의 감정이나 생각을 솔직하게 드러내기 어려워진다. 매사에 주저하고, 우유부단한 태도를 보이며 선택의 순간마다 확신을 갖기 힘들다.

이러한 상태에서는 적극적으로 행동하는 친구들과 자신을 비교하며 열등감을 느끼기 쉽고, 이 경험이 반복되면 자신에 대한 부정적 인식이 강화되어 정서적 불편이 누적될 수 있다. 결국 또래들에게는 속마음을 알기 어렵고, 답답한 학생으로 인식될 가능성이 있다.

요컨대 이 학생은 또래 관계에서의 고립과 소외, 생활 속 흥미와 동기의 부족, 그리고 일관된 기준과 원칙이 약해지면서 나타나는 생활 속 무질서와 나태함 그리고 그로 인해 부정적인 피드백이 지속될 경우 심리적 · 정서적 어려움에 직면할 가능성이 높다.

따라서 이러한 낮은 에너지가 긍정적으로 나타나고 있는지 아니면 부정적으로 드러나 어려움을 겪고 있는지 관찰하여 도움의 필요성을 판단해야 한다.

이고그램과 오케이그램을 함께 살펴보면 이 학생은 타인에 대해서는 긍정적인 태도(You're OK)를 가지고 있으나 자신에 대해서는 부정적인 인식(I'm Not OK)을 지닌, 즉 '자기 부정-타인 긍정(I'm Not OK, You're OK)' 유형의 인생 태도를 보인다. 친구나 주변 사람들에 대해서는 신뢰하며 그들이 유능하고, 만족스러운 삶을 살고 있다고 긍정적으로 인식하는 반면 자신에 대해서는 믿음과 신뢰가 부족하다.

능력 있고, 행복해 보이는 친구들과 자신을 비교하며 자신을 과소평가하고, 가치 없게 느끼며 그로 인해 열등감과 우울함을 경험하기도 한다. 스스로에 대한 불만이 많아 대인관계에서 위축되거나 의존적인 태도를 보일 수 있으며, 점차 자신감을 잃어갈 위험이 있다.

NP가 U+보다 낮다(NP〈U+)는 것은 타인에 대해 긍정적으로 인식하고, 그들의 장점을 인정하며 칭찬하는 등 관심을 보여주고자 하는 마음과 그렇게 소통하려는 욕구가 있음을 나타낸다.

그러나 이러한 마음을 표현하거나 행동으로 옮기는 데 어려움이 있으며, 이 학생의 경우 친구들에게 무시당하거나 얕잡아 보일까 하는 두려움보다는 다가갈 방법을 모르거나 에너지가 부족한 데서 기인한 것으로 보인다.

또한 AC가 자기 부정(I-)보다 낮은 상태(AC 〈 I-)는 내면에서는 위축된 태도로 자신의 가치를 부정한 채 친구들의 의견을 받아들이고 협력하려는 마음이 있지만 이를 표현하지 못하고, 때로는 고집스러운 태도를 보일 가능성을 의미한다.

다만 이 학생의 AC 에너지가 낮지 않기 때문에, 실제로 고집스러운 태도를 보이기보다는 단지 타인을 의식하는 정도가 상대적으로 적게 나타날 가능성이 크다고 볼 수 있다.

에너지가 낮다고 해서 반드시 우울하거나 무기력한 것은 아니지만 이런 유형의 학생이라면 한 번쯤 직접 만나서 이야기를 나누는 것이 필요하다. 무기력이나 우울과 같은 정서적 어려움이 가정이나 학교에서 부적응 행동으로 나타나고 있는지 혹은 경험하고 있는 스트레스를 스스로 해소하지 못하고, 불편함을 참아내고 있는지를 종합적으로 살펴볼 필요가 있기 때문이다.

이를 통해 이러한 정서적 어려움이 일시적 반응인지, 부적응으로 인해 지속적으로 이어질 위험이 있는지를 신중하게 평가하고 도움의 방향을 모색할 필요가 있다.

이고그램에서 나타난 낮은 에너지는 무기력과 우울감으로 해석될 수 있으며 이를 '**풍경구성법**'을 통해 보다 구체적으로 살펴볼 수 있다. 그림 전체는 한적하고, 평화로운 분위기를 자아내지만 동시에 어딘가 모르게 외롭고, 쓸쓸한 정서가 배어 있다.

특히 사람의 크기가 매우 작게 표현된 점은 자기 존재감이 위축되어 있거나 심리적으로 고립되어 있음을 시사하며, 주변 환경과 단절된 느낌을 강하게 드러낸다.

지붕이 없는 집은 외부 자극으로부터 자신을 보호해 줄 정서적 울타리가 부족하다는 것을 의미하며, 심리적 안정감과 보호감이 결여된 상태임을 보여준다. 또한 가정 내에서 자신의 역할이 불안정하다고 느끼는 심리 상태를 반영하며, 이는 동시에 심리적 미성숙함을 내포하는 요소이기도 하다.

나무가 집에 가려져 제대로 드러나지 않은 그림은 자신의 진정한 모습이나 개성이 충분히 발현되지 못하고, 가족이나 가정환경의 영향과 규범에 얽매여 있음을 의미한다. 이는 가정 내에서 형성된 가치관, 규칙, 기대가 개인의 자아 표현을 억누르거나 드러나지 못하게 하고 있어 내면 깊은 곳에 자리한 '나다움'이 외부로 드러나지 못하는 상태를 반영할 수 있다.

이에 따라 스스로를 적극적으로 드러내기보다는 자신의 생각과 감정을 숨기고, 방어하는 태도가 강하게 나타난다고 볼 수 있다.

그럼에도 불구하고, 하늘에 선명하게 떠 있는 노란 해는 이 그림 속에서 눈에 띄는 상징적 존재다. 주변의 요소들이 보호와 안정감을 주지 못하는 모습으로 그려진 가운데 하늘에 해가 추가로 표현되어 있다. 이는 학생이 마음속 깊이 의지하고 싶은 인물이나 정서적 지지 대상을 상징하며 자신을 이끌어 주고, 기댈 수 있는 존재를 바라는 마음이 반영된 것으로 볼 수 있다.

결국 이 그림은 불안정하고, 위축된 내면 상태 속에서 바깥 어딘가에 존재하는 보호와 위안을 간절히 바라는 학생의 정서적 상황을 상징적으로 보여주고 있다. 필요한 경우 적절한 심리적 지원과 보호망을 마련해 주는 것이 중요하다는 점을 시사한다.

이 학생의 '**빗속의 사람**' 그림을 보자. 하반신이 생략되고, 상반신만 표현되어 있는 사람은 현재 생활에 안정감을 느끼지 못하며, 심리적으로 불안한 상태를 반영할 수 있다. 이는 학생이 주변 환경의 영향을 크게 받으며 자기조절 능력이 미숙해 쉽게 흔들리는 모습을 보여준다. 즉 현실 적응에 어려움을 겪고 있으며, 자신의 존재를 온전하게 드러내지 못하는 심리적 상태를 반영한다고 할 수 있다.

특히 얼굴에 눈, 코, 입이 전혀 표현되지 않은 점은 감정 표현의 부재와 자기 정체성의 모호함을 나타낸다. 자기 생각과 감정을 타인에게 전달하거나 드러내는 것이 어렵고, 내면을 숨기려는 방어 심리가 반영된 것이다.

또한 비가 내리고 있음에도 우산이나 우비 같은 보호 수단 없이 빗속에 있는 모습은 학생이 외부 환경에서 오는 스트레스나 부정적 감정에 대해 충분한 대처자원을 갖추지 못하고 있음을 의미한다. 이는 직면한 어려움이나 스트레스 앞에서 적극적으로 대응하기보다는 쉽게 포기하거나 무기력한 태도를 보이는 상태로 해석될 수 있다.

전반적으로 이 그림은 사회적 관계나 환경 속에서 느끼는 고립감, 감정 표현의 위축, 생활에 적응하지 못하는 불안정함, 외부 자극에 대한 무방비 상태를 상징적으로 드러내고 있다. 더 나아가 학생이 소통과 관계에서 겪는 어려움으로 인한 불안이 그림 속 무기력이나 우울감으로 반영되어 나타난 것으로 보인다.

이 학생의 **이고-오케이그램과 그림검사** 결과를 종합하면 내면 에너지가 낮고, 자신감과 자기표현에 어려움을 겪고 있음을 알 수 있다. '자기 부정-타인 긍정(I'm Not OK, You're OK)' 태도는 자신에 대한 신뢰 부족과 열등감을 반영하며 대인관계에서 위축되고, 의존적인 성향으로 나타날 수 있다.

이러한 특성은 그림검사에서도 불안정하고, 보호받지 못하는 내면 상태나 감정 표현의 어려움, 외부 스트레스에 대한 낮은 대응력, 그리고 고립감과 우울감이 구체적으로 드러나고 있다. 이 같은 결과는 학생에게 심리적 · 정서적 지원이 필요함을 뜻하며 지속적인 상담과 작은 성취 경험을 통한 자신감 회복, 안정적인 지지 환경 조성이 필요함을 말해준다. 가정과 학교가 협력하여 학생이 건강한 자아를 형성할 수 있도록 돕는 것이 중요하다.

② 학교생활에 나타난 학생의 호소문제

이 학생은 베트남 출신 어머니와 한국인 아버지 사이에서 태어난 다문화 가정의 자녀이다. 어머니는 한국에 14년간 거주했음에도 불구하고 한국어에 익숙하지 않고, 한국어를 배우려는 의지도 부족한 상태이다. 아버지는 주로 베트남을 중심으로 사업을 하면서 집을 자주 비웠고, 어머니와는 주로 베트남어로 소통하였다. 이러한 가정환경에서 학생은 베트남어와 한국어를 제대로 익히지 못해 두 언어 모두 능숙하지 못하였으며, 그로 인해 의사소통에 어려움을 겪어왔다.

어린이집을 다닐 때부터 학생은 또래와 자연스럽게 어울리지 못하고, 말없이 혼자 장난감을 가지고 노는 모습(낮은 NP, FC 관련)을 자주 보였다. 교사들은 이 점을 우려하며 부모에게 여러 차례 알렸으나 부모 모두 크게 신경 쓰지 않고, 가볍게 넘겼다. 이러한 소통의 어려움은 초등학교에 진학한 이후에도 계속되었으며 중학교에 들어서면서 더욱 심화되었다.

학생은 다문화 배경에서 오는 외모 차이와 느리고, 어눌한 말투 때문에 친구들로부터 놀림을 받았다. 친구들이 학생의 말투를 흉내 내거나 외모를 지적하는 일이 잦아지면서 점점 말수가 줄어들고, 자신감을 잃어갔다(낮은 FC 관련). 쉬는 시간마다 어디론가 사라지거나 체육 시간과 같이 친구들과 함께하는 활동에 참여하지 않았으며, 체육대회나 현장 체험학습 같은 단체 활동에도 불참하거나 결석하는 일이 잦았다(낮은 NP, FC 관련).

반복되는 소통의 어려움은 학생을 더욱 내성적이고 소극적으로 만들었으며, 또래와의 교류를 피하게 하여 결국 학교생활에 잘 적응하지 못하게 했다. 교실에서는 친구들과 대화하거나 어울리는 모습이 거의 없었고, 어떤 활동에도 관심을 보이지 않은 채 의욕 없는 태도를 보였으며, 발표나 조별 과제에도 적극적으로 참여하지 않았다.

특히 친구들이 자신의 외모나 말투를 놀릴까 봐 늘 눈치를 살피며 마주치지 않으려 피하는 모습이 두드러졌고, 그 결과 대인관계에서 더욱 위축되는 모습을 보였다. 이는 높은 AC 성향과 관련된 특성으로 볼 수 있다.

친구들 사이에서 따돌림이나 무시를 당하는 일이 잦아지면서 심리적 불편감이 커졌고, 그로 인해 학교에 등교하는 것을 힘들어하거나 불안해하는 모습을 보이기도 했다. 학생은 점차 사회적 소외감을 느끼고, 자존감이 떨어지면서 혼자 있는 시간을 더 선호하게 되었다.

이에 따라 정서적 불안과 우울감이 높아졌고, 생활 전반에 걸쳐 무기력한 태도(높은 AC, 낮은 FC 관련)가 나타났다. 어떤 일에도 흥미나 관심을 보이지 않았으며, 자신의 존재 가치에 대해 회의감을 느끼며 하루하루를 힘겹게 견디는 듯한 모습이었다.

이러한 심리 상태는 친구들에게 마음을 열지 못하고, 경계하는 태도로 이어졌다. 수업 중에는 멍하니 창밖을 바라보거나 엎드려 있는 경우가 잦았으며, 과제나 준비물을 제대로 챙기지 않았고, 수업에도 적극적으로 참여하지 않았다.

그 결과 주변에서는 학생을 책임감이 부족하고 게으른 모습으로 인식하는 경우가 많았다(낮은 CP 관련). 이러한 지속적인 지적과 비판은 학생의 심리적 부담을 더욱 심화시켰고, 지각이나 조퇴, 결석이 점차 잦아지는 결과를 초래했다.

결국 의무교육 과정임에도 불구하고 학교를 떠나려는 태도까지 보이게 되었다. 학생은 내면의 어려움을 표현하거나 도움을 청하기보다는 점점 더 고립되고, 무기력해지면서 생활 전반에 걸쳐 심각한 부적응을 겪었다. 담임교사와의 상담에서도 자기 생각이나 감정을 제대로 표현하지 못했다.

특히 자신만 다른 외모를 가졌다는 점에 대한 열등감과 어눌한 말투 때문에 "뭐라고? 다시 말해봐" "도대체 뭐라는 거야?" "좀 또박또박 말해봐" "목소리 좀 크게 해" "한국말 좀 제대로 배워서 해" "차라리 베트남어로 말해라" 등의 말을 듣게 되는 것에 대한 두려움으로 아예 입을 닫았다(높은 AC 관련). 실제로 대화를 하다 보면 말이 어설프고, 목소리가 너무 작아 '다시 한번 말해 달라'라는 요청 없이는 내용을 이해하기 어렵긴 했다.

반복되는 말투에 대한 지적과 부정적인 피드백은 학생에게 말할 용기와 자신감을 잃게 했다. 그렇다고 집을 자주 비우는 아버지에게도 한국어가 잘 안되는 어머니에게도 한국어에 대한 도움을 받을 수도 없었고, 가족끼리의 진지한 대화조차 가능하지 않았다.

서로의 속마음을 터놓고 이야기하기에 어머니도, 학생도 언어가 되지 않고, 그냥 일상적인 대화 정도만 가능했기 때문이다. 하고 싶은 말을 다 표현할 수 없고, 설사 어렵게 표현한다 해도 이해해 주지 못한다는 것을 알기 때문에 어려서부터 어머니에게 자신의 속마음이나 어려움을 이야기하는 것은 포기했다.

시간이 흐르면서 서로에 대한 서운함과 오해가 쌓였고, 말로 표현하지 못하는 것들은 짜증과 화로 표출되었다. 이에 따라 외면하거나 회피하는 모습도 자주 나타났다. 학교 부적응으로 인한 학생의 여러 문제는 가족 간 갈등을 키웠고, 부모와의 다툼이나 싸움이 잦아졌다.

집 주변을 배회하며 늦게 귀가하거나 고모 집에서 지내는 일이 많아졌고, 학교 지각과 결석도 빈번해졌다. 이러한 행동은 부모와의 갈등을 더욱 악화시켰고, 가출과 결석이 반복되는 악순환이 지속되었다.

학교에서는 담임교사가 학생을 돕기 위해 지속적으로 관심을 기울였으며 쉬는 시간과 체육 시간에 함께할 수 있는 친구를 찾아주고, 교과 선생님들께도 학생 이해를 위한 협조를 요청했다. 또한 반 학생들에게는 해당 학생에 대한 이해를 높이기 위한 교육도 실시했다. 그러나 오랜 기간 형성된 관계에서의 소외감과 정서적 위축감으로 인해 학생의 행동 변화를 이끌어내기는 어려웠다.

늘 놀림의 대상이 되었고, 열등감의 원인이었던 외모에 대한 자신감 부족과 서툰 한국어 구사 능력이 개선되지 않는다면 또래들과 자신 있게 소통하거나 새로운 일에 흥미를 가지고 도전하기는 어려울 것이다.

따라서 이 학생에게는 다문화 가정에서 자라면서 두 언어 모두 완벽하지 않을 수 있다는 점을 이해시키고, 그럼에도 불구하고 두 언어를 모두 사용할 수 있다는 사실을 자신만의 강점으로 인식하도록 격려할 필요가 있다.

나아가 가족이나 친구들에게 하고 싶은 말을 자유롭게 표현할 수 있도록 언어 능력을 꾸준히 키워 나가며, 이를 통해 소통에 대한 자신감을 가질 수 있도록 돕는 것이 무엇보다 중요하다.

또한 외모가 다르다는 사실이 부끄러운 일이 아님을 인식하고, 있는 그대로의 자신을 사랑하고 받아들이는 태도를 형성하도록 지원해야 한다.

이러한 정서적 지원과 함께 학생이 좋아하거나 관심 있는 활동을 찾아 흥미를 가지고 적극적으로 참여할 수 있도록 돕는 것이 중요하다.

③ 담임교사에게 피드백 주기

> "학생은 다문화 가정에서 성장하며 언어적 소통에 어려움을 겪어왔고, 외모와 서툰 말투로 인해 친구들의 놀림을 받으며 자신감을 크게 잃은 상태입니다. 이러한 문제들이 장기간 이어지면서 학교에서 친구들과 어울리거나 교내 활동에 참여하는 데 많은 어려움을 겪고 있는 것으로 판단됩니다.
>
> 학생이 보이는 내성적이고, 소극적인 모습은 단순한 성격의 문제라기보다는 대인관계에 대한 불안과 두려움에서 비롯된 회피적이고, 방어적인 반

응으로 보입니다. 이 때문에 새로운 사람들과 관계를 형성하거나 자기 생각과 감정을 표현하는 데 부담을 느끼며, 심리적으로 위축된 상태가 계속되고 있는 것으로 보입니다.

학생은 전반적으로 활력이 떨어져 있으며 하고 싶은 일이나 관심 있는 분야가 거의 없고, 어떤 일에도 흥미나 의욕을 보이지 않는 무기력 상태에 놓여 있습니다.

이에 따라 새로운 일에 도전하거나 시도하는 것이 매우 어렵고, 때로는 포기하거나 회피하려는 경향도 나타나고 있는 것으로 보입니다. 이러한 무기력함은 단순한 게으름이나 나태함이 아니라 깊은 심리적 피로와 스트레스에서 비롯된 결과로 학생에게 회복할 수 있는 충분한 시간과 꾸준한 지원이 필요합니다.

학생의 속도와 상태를 존중하며 부담을 주지 않는 환경을 조성하고, 작은 성공 경험을 통해 점차 자신감을 회복할 수 있도록 도와주는 것이 무엇보다 중요해 보입니다.

워낙에 조용하고, 차분한 성향으로 조심스럽고, 위축된 태도를 보이는 학생이므로 지지와 격려가 필요하지만 과도한 관심은 부담이나 거부감을 줄 수 있어 적절한 거리를 두고 천천이 다가가는 것이 중요하기 때문입니다.

학생에게는 부담이 적고, 충분히 해낼 수 있는 작은 과제나 책임을 맡겨 스스로 성취감을 느낄 기회를 제공하는 것이 필요합니다. 다만 스스로 결정하고, 책임질 수 있는 역할을 단계적으로 부여하되 처음부터 무리하지 않도록 세심하게 배려해야 합니다.

실수나 실패가 있을 때 쉽게 의기소침해질 수 있으므로 작은 성취에도 꾸준한 칭찬과 격려를 아끼지 않는 것이 필요합니다. 이러한 긍정적인 경험이 쌓이면 학생은 점차 자신감을 회복하고, 더 큰 도전과 역할을 맡을 수 있는 힘을 키워나가게 될 것입니다.

또한 가정 내에서 가족 간 원활한 소통과 정서적 지지가 이루어질 수 있도록 학부모 상담을 병행해야 합니다. 특히 이 학생의 자신감 저하와 심리적 위축의 주요 원인이 어눌한 한국어 구사로 인한 또래들의 놀림이라는 점을 고려할 때 부족한 언어 능력을 개선하기 위한 체계적인 지원이 시급합니다.

이 부분이 해결되지 않으면 학생이 자신감을 회복하고, 학교생활에 적극적으로 참여하도록 돕는 데 어려움이 있을 것입니다.

현재 학생의 무기력과 우울 증세가 심각한 만큼 지속적인 상담이 필요하며, 상황에 따라 전문의와의 상담을 권유하는 것도 고려해야 합니다. 이러한 치료 과정과 함께 교사와 가족의 꾸준한 관심과 따뜻한 지지가 병행된다면 학생의 회복에 큰 도움이 될 것입니다."

3) 사례 3(중2 여학생) "엄마에게 가정폭력을 당했어요."

이고/오케이그램

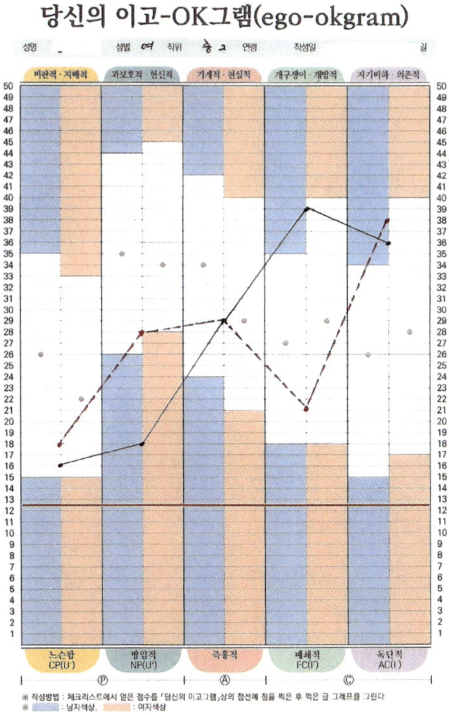

풍경구성법	빗속의 사람

① 이고-오케이그램과 그림검사를 통한 성향 분석

이 학생의 **이고그램**에서 심리적 에너지 패턴을 살펴보면 책임감과 자기 통제, 원리 원칙에 관련된 CP(비판적 어버이 자아)와 타인에 대한 친절, 배려, 공감 능력에 관련된 NP(양육적 어버이 자아) 에너지가 부족한 반면 즐거움 추구와 욕구 충족을 담당하는 FC(자유 어린이 자아)와 순응, 협조, 조화를 이룰 수 있는 AC(순응 어린이 자아) 에너지는 매우 높은 편임을 알 수 있다.

이러한 자아 특성은 일상생활에서 사회적 규범이나 질서를 따르려는 의지가 약하고, 원칙 없이 일관성 없는 행동으로 이어질 수 있다. 약속을 지키지 못하거나 해야 할 일을 책임감 있게 수행하지 못하는 태도(낮은 CP)로 나타나기도 한다.

또한 친구의 말을 경청하거나 공감하는 모습을 보이기 어렵고, 타인과의 관계에서 소통이나 배려가 부족(낮은 NP)할 수 있다. 자신이 좋아하는 일에는 적극적으로 참여하며 즐거움을 추구하는 경향이 뚜렷하지만 그로 인해 순간적 욕구에 따라 충동적으로 행동하는 경우도 종종 나타난다.

또한 밝고, 유쾌한 성격으로 친구들과 잘 지내지만 때로는 주변에서 다소 불편하게 느낄 수 있는 장난이나 행동(높은 FC)으로 이어지기도 한다.

이 학생의 AC 역시 낮지 않지만 더 높은 FC의 영향으로 인해 순응하거나 친구들의 의견을 따르는 모습이 나타나기는 어려울 수 있다. 다만 자신의 행동에 대해 친구들이 부정적으로 평가하지 않을까 걱정하며, 불안감이나 심리적 불편을 경험할 수 있다.

그럼에도 불구하고 이 학생은 FC가 지나치게 높아 자신의 감정 표현과 욕구 충족이 우선되면서 타인의 감정과 입장을 세심하게 살피지 못해 친구들을 불쾌하게 하거나 관계에서 오해와 갈등을 유발하기도 한다.

결국 FC가 매우 높고, NP가 매우 낮은 마음의 구조로 인해 관계를 자신이 원하는 방향으로 이끌려는 성향이 두드러진다. 재치와 유머로 친구들을 즐겁게 하고, 분위기를 띄우는 데 뛰어나지만 생일을 챙기거나 친구의 변화를 살펴 칭찬하거나 과제를 도와주는 등 관계를 세심하게 돌보는 행동은 잘 드러나지 않는다.

또 친구들이 자신의 관심사에 맞춰주기를 기대하는 경향이 강하고 양보나 자기희생을 보여주지 못해 '이기적이다' '자기 멋대로 한다' '말을 함부로 한다'라는 평가를 받기 쉽다.

이러한 모습은 친구들의 요구나 필요에 민감하게 반응하기보다(낮은 NP) 자신의 만족과 욕구를 우선시하는 성향이 강하기 때문(높은 FC)으로 볼 수 있다. 이로 인해 매사에 조심성이 부족해 말을 직설적으로 하거나 행동이 지나쳐 의도치 않게 친구에게 상처를 주고, 관계에 오해를 불러일으키기도 한다.

결국 자기만족만을 추구하는 FC 성향은 뜻대로 되지 않는 상황이나 갈등에 부딪혔을 때 쉽게 좌절을 느끼고, 우울과 같은 부정적인 정서를 경험하게 만들 수 있다.

더 나아가 높은 FC 자아는 학습 태도에도 영향을 미친다. 재미와 흥미를 느끼는 일에는 열정적인 모습을 보이지만 마무리와 책임을 이행하는 단계에서는 동력이 쉽게 떨어진다. 그 결과 관심이 적은 과제에는 집중하기 어려워 미루거나 중도에 포기하는 경우가 많고, 이에 따라 과제나 준비물을 자주 빠뜨리며 사소한 실수가 반복되고, 후회하는 일이 잦다. 이러한 행동이 누적되면 학습 동기가 저하되고, 성적 부진으로 이어질 가능성이 커진다.

여기에 옳고 그름을 판단하는 기준이 분명하지 않고, 약속을 지키는 데 소홀하며, 주변 정리 · 정돈과 자기 관리가 부족한 모습(낮은 CP)까지 나타날 수 있다. 이 학생의 낮은 CP 특성은 매우 높은 FC와 결합하여 일정한 틀 안에서 원칙과 규범에 따라 행동하는 것을 어렵게 만들고, 즉흥적이며 충동적인 태도로 이어진다.

그 과정에서 상대의 입장을 고려하거나 신중하게 행동하는 모습이 부족해 주변으로부터 걱정과 부정적인 피드백을 받게 되고, 이는 정서적 위축과 불편감으로 이어질 수 있다.

따라서 비판적 사고를 기르고, 약속과 규칙을 '왜 지켜야 하는가?'라는 관점에서 스스로 생각해 보게 하며 감정과 행동을 통제하고, 절제하는 자기조절 전략(CP)을 꾸준히 훈련할 필요가 있다. 아울러 타인의 관점에서 상황을 다시 바라보는 연습을 하고, 작은 친절을 매일 한 가지씩 실천하도록 지도하면 공감과 배려(NP)를 조금씩 길러갈 수 있다.

또한 말하기 전에 '우선 멈추어 생각하기'를 실천하여 즉흥적인 말과 행동을 조절하고, 행동하기 전에는 친구의 기분을 먼저 살펴보도록 지도하면 FC의 충동을 조율하면서 동시에 NP 에너지를 키워나갈 수 있다.

나아가 높은 FC를 보완하기 위해서 해야 할 일을 체크리스트로 작성해 매일 점검하도록 훈련하는 것도 필요하다. 이는 '해야 하는 일'에 대한 책임감을 기르고, 자기 관리를 강화하는 데 도움이 될 수 있다. 이는 A 에너지를 키워나가는 방법이기도 하다.

물론 이 에너지 패턴은 긍정적으로도 발휘될 수 있다. 친구들 사이에서 밝고, 유쾌한 분위기 메이커로 활약해(높은 FC) '해피 바이러스'를 전파할 수 있다. 사고가 유연하고, 까다롭지 않아 비난이나 지적보다 편안하게 다가오는 친구로 인식되며(낮은 CP) 감정에 휘둘리기보다 상황을 차분히 정리해 현실적인 대안을 제시하고, 고민을 털어놓는 친구에게 실질적인 조언과 피드백을 건넬 수 있다(A).

또한 조별 수업이나 학급 회의에서도 타인의 의견을 수용하고, 양보와 타협으로 협력하는 태도(높은 AC)를 보일 수 있다.

무엇보다 친구가 섭섭하게 하거나 실수하더라도 심각하게 받아들이지 않고, 금세 잊어버린 뒤 웃으며 원래의 밝고, 유쾌한 모습으로 분위기(높은 FC)를 이끌어 갈 수 있다. 이러한 강점은 또래 관계 속에서 호감을 얻고, 좋은 인상을 주며 긍정적인 평가를 받을 수 있게 한다.

이고그램과 오케이그램을 함께 보면 이 학생은 타인에 대해서는 긍정적 태도(You're OK)를 유지하면서도 자신에 대해서는 부정적으로 인식하는('I'm Not OK'), 즉 자기 부정-타인 긍정(I'm Not OK, You're OK) 유형의 인생 태도를 보인다. 친구나 주변 사람들은 신뢰하고, 믿지만 정작 스스로의 능력과 가치에 대해서는 확신하지 못하고, 불만과 불신을 품는다.

한편 NP가 U+보다 낮게 나타난 것(NP 〈 U+)은 타인을 안전하고, 괜찮은 존재로 받아들이면서도 그 신뢰를 행동으로 드러내지 못함을 시사한다. 이로 인해 친구의 변화를 세심하게 살피거나 칭찬과 격려 그리고 도움을 적절히 제공하지 못해 친절하거나 다정한 인상을 주기 어렵다.

그 이유를 단정할 수는 없으나 지나치게 낮은 CP와 NP가 시사하듯 성장 과정에서 돌봄이나 공감의 표현 기술이 충분히 모델링 되지 않았을 가능성을 생각해 볼 수 있다. 더불어 어린 시절 도움이나 관심을 보였다가 실망하거나 상처받은 경험이 있었다면 다시 상처받지 않으려는 마음에서 정서적 거리를 두는 패턴이 굳어졌을 수도 있다.

또 하나의 설명으로 '스스로 해야지 도와주는 건 비효율적이야'라는 식의 A 자아의 판단이 앞서 공감 표현을 억제했을 가능성이나 혹은 NP 에너지 자체가 낮아 타인의 도움 신호를 포착하지 못하는 이유도 함께 고려해 볼 수 있다.

아울러 FC가 I+보다 높게 나타난 점(FC 〉 I+)은 겉으로 과장된 자신감이나 허세가 두드러질 수 있음을 시사한다. 내면의 자기 긍정(I+)은 약하지만 표현 에너지(FC)가 강해 내면의 불안이나 열등감을 과잉행동을 통해 보상하려는 패턴이다. 그래서 자신의 어려움을 솔직히 드러내거나 도움을 요청하기보다는 늘 즐겁고, 행복하며 자신감 넘치는 사람처럼 보이려 한다.

이때 FC답게 행동했을 때 친구들의 웃음이나 칭찬이 즉각적인 보상으로 작동한다면 과장된 표출이 습관화되기 쉽다. 요컨대 이 학생은 타인에 대해서는 긍정적 인식을 유지하면서도 자신에 대해서는 낮게 평가한다.

결국 I+보다 FC가 높고(FC〉I+), U+보다 NP가 낮은(NP〈U+) 조합은 자신을 부정적으로 인식하면서도 타인에 대해서는 긍정적으로 받아들이는 경향을 보인다. 그러나 이러한 인식에도 불구하고 행동에서는 자기중심적인 모습으로 나타나기 쉽다.

예를 들어 대화 중에는 상대의 말을 끝까지 듣기보다 자신의 이야기로 화제를 돌리거나 상대가 원하지 않는 경우에도 배려 없이 자신이 원하는 것을 함께 하려 고집하는 모습이 나타난다.

친구가 도움을 요청할 때에는 "그건 네가 해야지" "지금은 시간 안 돼" "나 약속 있어"라며 도움을 거절하고, 생일이나 특별한 날을 챙기는 데에는 관심을 보이지 않는다.

게다가 낮은 CP와 높은 FC로 인해 조별 과제에서도 자신이 맡은 역할에 책임감 있게 임하기보다는 자신의 일정이나 기분에 따라 일을 처리하거나 때로는 제출 기한을 넘겨 팀원들에게 부담을 주기도 한다.

이런 상황에서도 잘못을 인정하고, 사과하기보다 농담으로 상황을 넘기거나 대수롭지 않게 여기는 경우가 있다. 이러한 태도가 반복되면 또래 관계에서 불만이 쌓이고, 그로 인해 갈등이 발생하며 결국 학교생활 전반에서의 어려움으로 이어질 수 있다.

이러한 학생의 행동과 심리적 특징을 '**풍경구성법(LMT)**'을 통해 다시 한번 확인해 보자. 전체 구도에서 자아상인 나무가 크게 그려진 반면, 사람은 작게 표현되어 내면의 욕구나 에너지는 크지만 현실 장면에서의 자신감은 부족해 보이는 대비가 드러난다.

뿌리가 드러난 나무는 불안정한 정착감과 지지 기반의 약함을 보여주며, 심리적 어려움이나 해결해야 할 문제를 상징하는 산이 완전히 표현되지 않았다는 것은 학생이 자신의 문제를 명확히 인식하지 못하거나 그 문제에 직면하기를 어려워하는 마음을 나타낸 것으로 볼 수 있다.

붉은 해는 강한 에너지와 앞으로 나아가려는 의지를 상징하는 동시에 감정이 쉽게 고조되거나 과도하게 흥분될 수 있음을 나타낸다. 다만 내담자가 그 햇빛을 '따뜻하고, 힘이 된다'라고 느낀다면 지지자나 멘토와 같은 자원으로 해석될 수 있으며 반대로 눈부시거나 부담스럽게 느낀다면 권위적 압박의 존재로 받아들여질 수도 있다.

루돌프가 끄는 산타 썰매는 유머와 상상으로 현실의 무게를 가볍게 덮으려는 보상 전략 곧 힘듦을 밝게 가장하는 패턴을 보여주는 동시에 외부의 도움에 대한 소망을 투사한 것으로 볼 수 있다.

종합하면 강한 에너지와 자원이 있음에도 지지 기반의 불안과 현실에 대한 경계감, 목표나 과제에 대한 부담이 함께 나타나며 겉으로는 밝음과 유머로 이를 견디지만 내면적으로는 긴장감과 불안이 공존하는 심리 상태가 드러난다.

'**빗속의 사람**' 그림도 살펴보자. 이 그림에서 물웅덩이는 감정이나 스트레스로 해석할 수 있다. 왼쪽 웅덩이는 지나온 일이 쌓여 남은 감정, 오른쪽 웅덩이는 곧 맞닥뜨릴 심리적 부담의 예고로 볼 수 있다.

사람은 두 웅덩이 사이에 서 있으면서 몸을 오른쪽으로 돌리고 있어 과거의 감정보다는 앞으로 벌어질 일에 더 주의를 기울이고, 동시에 나아가기를 망설이는 불안이 함께 드러난 것으로 볼 수 있다.

우산 없이 모자만 쓴 모습은 특별한 대처자원 없이 생각으로만 버티는 최소 방어에 가깝고, 정서적 보호막이 약해 조금만 움직여도 쉽게 '젖는' 즉 감정에 영향받기 쉬운 상태를 암시한다. 눈, 코, 입이 생략된 얼굴은 감정을 드러내지 않고, 도움을 청하는 것도 주저하며 타인과의 소통을 최소화하려는 태도를 보여준다.

동시에 상대에게 자신을 노출하지 않으려는 마음이 담겨 있으며 상처를 피하려고 정서적 거리를 두어 스스로를 보호하려는 방식으로 이해할 수 있다.

종합하면 이 그림은 지나간 일과 곧 맞닥뜨릴 일 모두에 대한 심리적 부담을 안고 있으면서도 그것을 말로 표현하거나 도움을 구하려는 의지가 약한 상태를 보여준다. 우산 없이 모자만 눌러쓴 모습처럼 대처자원은 최소 수준에 그치고 눈, 코, 입이 생략되어 소통도 제한적이다.

빗속에 서서 쉽게 움직이지 못하는 장면은 불안으로 인한 망설임을, 전체적인 분위기는 우울감과 에너지 저하를 시사하고 있다. 결과적으로 스트레스를 견디기만 하고 극복하려는 의지가 약하며, 취약한 대처 패턴이 드러나고 있다.

종합해 보면 이 학생은 자기 생각과 감정 표현에는 적극적이고, 호기심이 많아 새로운 자극에 쉽게 끌리지만 주변 정리나 친구와의 약속을 지키고, 책임지는 일에는 소홀해지기 쉽다. 거침없이 말을 쏟아내고, 원하는 대로 행동하는 반면 상대를 배려하는 따뜻함이나 친절한 태도가 부족해 친구에게 상처를 주거나 오해를 키울 가능성이 있다.

이러한 문제는 관계에서의 갈등과 심리적 부담으로 이어질 수 있으며, 학생의 그림검사에서도 그런 부분이 확인되었다. 자신감 저하와 위축된 태도, 관계에서 자신을 드러내기 어려워하는 모습이 나타났고, 스트레스와 불안이나 우울을 시사하는 표현들도 포착되었다.

특히 자기 신뢰와 자신감은 낮지만 겉으로는 괜찮은 척, 즐거운 척하며 과장된 행동이나 허세로 덮어두는 양상이 유머와 상상을 통해 현실의 무게를 가볍게 넘기려는 그림으로도 표현되었다. 따라서 일상에 규칙과 루틴을 세워 책임을 구체적으로 실천하고, 준비물이나 과제, 일정을 스스로 관리하며 약속을 지켜나가는 훈련이 필요하다.

아울러 작은 친절과 배려를 습관화하고, 자신의 요구를 말하기 전에 상대의 입장을 고려하는 행동을 실천해 나간다면 장점을 살리면서도 행동의 경계를 분명히 할 수 있어 친구 관계를 안정적으로 유지할 수 있다.

② 학교생활에 나타난 학생의 호소문제

이 학생은 가끔 학교에 지각한다. 지각한 날에는 평소와 달리 의기소침해 있거나 우울해 보이고, 가끔은 울기도 한다. 담임교사가 지각과 울고 있는 이유를 물어보면 학생은 늘 "엄마가 가정폭력을 해요. 엄마 때문에 힘들고, 죽고 싶어요"라고 대답한다.

어느 날 담임교사는 학생의 목덜미에 피멍처럼 붉게 멍든 자국을 발견하고, 즉시 '신고'를 해야 한다며 상담실로 달려왔다. 이후 어머니께 사실 확인을 요청했다. 어머니의 설명은 이러했다.

학생은 자기 방을 정리할 줄 모른다. 침대 위에서만큼은 음식을 먹지 말라는 어머니의 여러 차례 경고에도 불구하고 라면 국물을 쏟아 생긴 자국, 초콜릿을 먹다 흘린 자국이 이미 이불 곳곳에 남아 있었다.

방 안은 다 먹은 과자 봉지와 흘린 부스러기들로 어질러져 있고, 싱크대로 가져가지 않은 컵과 그릇이 방치되어 퀴퀴한 냄새까지 난다. 책상 위와 방바닥 그리고 침대 위에는 벗어 놓은 속옷과 양말, 교복 등이 뒤엉켜 있어 발 디딜 틈조차 없다(낮은 CP 관련).

직장에서 지친 몸으로 퇴근한 어머니는 쉬고 싶었지만 엉망인 방 상태를 목격하고 화가 치밀었다. 그럼에도 참고 "빨리 정리해"라고 말했다. 그러나 학생은 '알았다'라는 말만 반복하며 하던 일을 계속했다. 어머니는 여러 차례 재촉했음에도 정리하지 않자 짜증이 쌓였다. 급기야 화를 내며 목소리가 커졌고, 치우겠다고 말하는 학생에게 "왜 지금 당장 안 하냐?"라며 소리를 지르자 학생도 짜증 섞인 말로 대들었다. 서로의 말이 오가며 분위기가 격해졌고, 한동안 실랑이(높은 FC 관련)가 이어졌다.

결국 "자기 전까지 다 치우고 자라"라는 말로 어머니가 한발 물러서면서 상황은 일단 마무리됐다. 하지만 다음 날 아침 전날과 똑같이 어질러진 방을 본 어머니는 이성을 잃었다. 더러운 침대에서 자는 딸을 거칠게 깨우며 화를 냈고, 학생이 짜증을 내며 대들자, 어머니는 결국 욕설과 함께 손으로 목덜미를 여러 차례 세게 때렸다.

그렇게 상황이 끝난 뒤 감정을 추스른 학생은 등교했지만 이미 지각이었고, 교실에서 울고 있었다. 그러나 친구들은 그 이유를 알지 못했다.

평소 학생이 즐거운 모습만 보이며, 힘든 일에 대해서는 잘 말하지 않는 태도를 보여왔기 때문이다.

친구들이 "왜 울어?" "무슨 일 있어?"라고 물어도 학생은 "아니야. 괜찮아, 아무 일 없어"라고만 대답했다. 그러고는 곧 평소처럼 환하게 웃으며 예전의 밝은 모습을 되찾은 듯 행동(FC 〉 I+ 관련)했다.

이러한 일이 반복되면서 학생은 교사에게만 자신이 가정폭력을 당하고 있다고 호소했다. 학교에서는 어머니의 상황과 마음은 충분히 이해하지만 신체적 체벌은 가정폭력으로 간주되어 신고될 수 있음을 안내하고, 다른 방법으로 교육해 주실 것을 당부했다. 다행히 이후 어머니는 학생에게 폭력을 행사하지 않았다.

한편 학생의 기본적인 정리 · 정돈 문제와 책임감 부족으로 인한 문제 행동은 학교에서도 나타났다. 학생의 책상 주변과 의자 밑에는 늘 책과 각종 물건이 쌓여 있어 다른 학생들이 지나다니기가 어려웠다. "다니기 불편하니 좀 치워 달라"라는 친구들의 부탁에도 늘 "알았다"는 대답만 하고 행동은 없었다(낮은 CP 관련). 같은 일이 여러 번 반복되자 친구들은 아예 포기하고 돌아가거나 뛰어넘어 지나갔고, 수군대거나 대놓고 짜증을 내는 경우가 많았다.

친한 친구들마저 "야, 너 책상 주변 좀 정리해"라고 말했지만 학생은 심각성을 느끼지 못하는 듯 신경 쓰지 않았다. 결국 친한 친구들 사이에서도 불만이 커졌고, 학생과 어울리기를 꺼리는 친구들이 생겼다. 담임교사의 여러 차례 요청과 지적에도 큰 변화는 없었으며, 설령 치우더라도 금세 다시 어질러진 상태로 돌아갔다.

또 다른 문제 행동은 약속을 지키지 않는 것이다. 친구들과의 약속을 대수롭지 않게 여기고, 지키지 않는 일(낮은 CP 관련)이 잦았다. 친구들이 이를 지적하면 학생은 이런저런 핑계를 대거나 웃으며 넘겼다(높은 FC 관련). 약속 시간이 지나 친구들이 학생을 기다리지 않고 가버린 경우도 있었지만 행동에 변화는 없었다.

이러한 태도 때문에 친구들의 비난과 비판이 잦아졌고, 학생을 배제하려는 움직임이 나타났다. 자기 뜻대로만 하려 하고, 약속은 지키지 않는 모습에 불만이 쌓인 것이다.

학생도 이런 관계의 변화에 스트레스를 받았지만 자기 행동에 문제가 있다는 인식은 부족했다. 또한 친구들이 왜 마음이 상하고, 기분이 나쁜지 이해하지 못했으며 기분이 상한 친구를 달래거나 관계를 회복하려는 노력도 보이지 않았다(낮은 NP 관련). 이는 학생이 항상 밝은 모습만 보이며 즐거움만 추구하고, 부정적인 감정을 받아들이지 못하는 경향(높은 FC 관련)이 강하기 때문이다.

문제나 어려움이 생겼을 때도 이를 적극적으로 해결하거나 극복하려 하기보다, 우선 피하고 보려는 회피적 태도가 두드러졌다. 학생은 자신의 문제 행동을 인정하고, 잘못한 부분에 대해 사과하는 태도를 가져야 하며 이를 바탕으로 변화하는 모습을 보여야 한다. 그래야만 신뢰를 잃은 관계를 회복할 수 있다.

특히 불편하거나 어려운 상황을 피하지 말고, 즐겁고 편한 감정만을 좇는 태도에서 벗어나야 한다. 갈등과 어려움이 닥치더라도 이를 외면하지 않고, 직면하여 해결하려는 의지와 노력, 그리고 그 과정에서의 인내가 필요하다. 이러한 노력을 학생이 실제로 해 나갈 수 있도록 꾸준히 지도하고, 도와주는 교육적 지원이 필요하다.

③ 담임교사에게 피드백 주기

이 학생은 단정할 수는 없지만 성장 과정에서 기본적인 규칙과 질서 그리고 사람들과 관계를 형성하고, 유지하는 데 필요한 친절, 배려, 사회성 등에 대한 교육이 충분히 이루어지지 않았을 가능성이 있습니다. 그 결과, 원칙과 가치관, 도덕성이 충분히 확립되지 못했을 수 있습니다.

학생은 사람들에 관한 긍정적인 인식을 하고 있고, 잘 지내고 싶은 마음과 관심, 칭찬을 전하고 싶은 마음도 있지만 어떻게 다가가고, 표현하며, 마음을 나눠야 하는지 그 방법을 모를 가능성이 큽니다.

이러한 배경 속에서 학생은 자기 주변을 정리하지 못하고, 친구와의 약속을 지켜야 할 필요성을 느끼지 못하며 옳고 그름을 판단하는 능력과 타인의 불편함을 이해하는 공감 능력이 부족한 모습을 보입니다.

따라서 학교에서 나타나는 지각이나 정리 · 정돈 미흡, 약속 불이행과 같은 행동은 단순한 태도 문제로 보기 어렵습니다. 겉으로는 밝고, 즐거운 모습을 보이지만 실제로는 자신감과 자기 신뢰가 부족합니다. 심리적 어려움과 불편함을 감추기 위해 허세나 과장된 명랑함으로 포장하는 방어적 행동으로 볼 수 있습니다.

어머니와의 반복적인 갈등, 지속적인 지적이나 부정적 피드백 그리고 내면의 열등감이나 우울감을 드러내지 못한 채 숨기려는 심리가 이러한 태도를 강화했을 가능성이 있습니다. 그 결과 하고 싶은 일에만 집중하고, 자신이 원하는 것만 주장하며 규칙을 지키거나 다른 사람의 요청에 응하는 데에는 소극적인 모습을 보이는 것으로 판단됩니다.

약속을 가볍게 여기고 지키지 않는 태도와 친구들의 감정을 이해하거나 관계를 회복하려는 노력 부족으로 관계 갈등이 반복되고 있습니다. 따라서 학생에게는 생활 습관 형성과 함께 다른 사람의 입장을 이해하고, 배려하는 구체적인 대인관계 기술을 익히게 하는 교육적 지원이 필요합니다.

지도 시에는 비난보다 이해와 공감을 바탕으로 접근하는 것이 효과적입니다. “왜 안 하니?”라는 추궁보다는 “무엇을 할 수 있을까?”처럼 스스로 해결책을 찾도록 돕는 질문이 바람직합니다.

정리 · 정돈은 작은 목표를 세우고, 성취할 때마다 즉각적이고 긍정적인 피드백을 주는 방식이 좋으며 친구들의 감정을 이해하고, 관계를 회복하는 방법을 함께 찾아 실천하도록 지도하는 것이 필요합니다. 무엇보다 학생이 부정적인 감정을 안전하게 표현할 수 있도록 대화를 나누고, 그림 그리기나 글쓰기 활동 등으로 감정을 해소할 기회를 제공하는 것도 중요합니다.

이를 통해 학생은 자신에 대한 신뢰와 믿음을 회복하고, 점차 스스로를 긍정적으로 바라보게 됩니다. 나아가 어려움이 닥쳤을 때 회피하기보다 해결 방법을 모색하려는 태도를 기르고, 대인관계 속에서 자기 생각과 감정을 적절히 표현하며 타인의 감정을 존중하는 방법을 배워갈 수 있습니다.

이러한 과정을 거치면서 친구들과의 약속을 지키고, 신뢰를 쌓는 습관도 형성하게 되며 학교생활 전반에서 더 주도적이고, 책임감 있는 모습을 보이며 친구들과의 관계도 안정적으로 유지할 수 있게 됩니다.

4) 사례 4(고1 남학생) “뜻대로 되는 게 하나도 없어요.”

이고/오케이그램

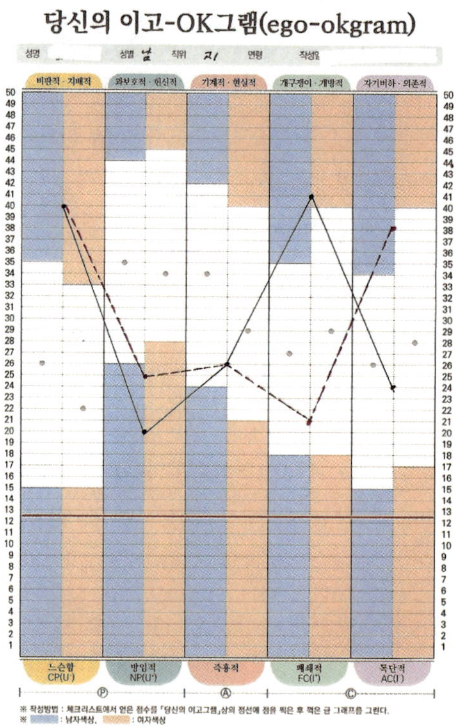

풍경구성법	빗속의 사람

① 이고-오케이그램과 그림검사를 통한 성향 분석

이 학생의 **이고그램**에서 자아 에너지를 살펴보면 CP(비판적 어버이 자아)와 FC(자유 어린이 자아)가 높고, NP(양육적 어버이 자아)와 AC(순응 어린이 자아)가 낮게 나타난다. 이러한 에너지가 일상에서 긍정적으로 발휘된다면 학생은 '카리스마 있는 리더'로서의 역할을 충분히 수행할 수 있다.

자신의 원칙과 올바른 판단력으로 친구들을 이끌고, 학급에서 결정을 내려야 할 때 주도적으로 방향을 제시하며 끝까지 추진(높은 CP)해 마무리할 수 있다. 또한 모든 활동에 적극적으로 참여해 좋은 성과를 내기 위해 노력하고 확실하고, 단호한 태도(높은 CP)를 유지하면서도 상황에 따라 유연하고, 활기찬 에너지(높은 FC)를 발휘할 수 있다.

예를 들어, 자습시간이나 과제 제출과 같이 규율을 지켜야 하는 상황에서는 리더로서 반 친구들을 조용히 시키고, 과제를 제출하도록 이끄는 단호함(높은 CP)을 보일 수 있다. 반면 체육대회, 현장 체험학습, 축제와 같은 행사에서는 예능 MC처럼 분위기를 띄우며, 친구들을 즐겁게 하는 모습(높은 FC)으로 주목받을 수 있다. 친구들에게는 '즐길 줄 알면서도 책임감 있는 친구'로 부러움의 대상이 될 수 있다.

그러나 이 에너지를 부정적으로 사용하면 친구나 자신에게 지나치게 높은 기준을 적용하며 비판적이고, 비난적인 태도를 보일 수 있다. 자신의 신념과 원칙에서 벗어나는 상황을 받아들이는 데 어려움이 있으며, 사고의 유연성이 부족해 때로는 편견이나 선입견을 마치 절대적인 진리인 것처럼 주장할 수 있다. 자기의 가치관이나 판단을 끝까지 고집하며, 주변과 갈등을 일으킬 가능성(높은 CP)도 있다.

여기에 감정을 직접적으로 표현하는 경향이 강한 FC가 결합되면서 불만이나 불평, 짜증, 분노를 거침없이 드러내어 '주장이 강한 학생' '화를 자주 내는 학생' '융통성 없이 고집만 부리는 학생'으로 비칠 수 있다.

학급에서 의견을 모아야 할 때 자신의 주장을 강하게 고집하는 경향이 있으며, 친구들과의 차이를 '다름'이 아닌 '틀림'으로 받아들여 의견이 다른 친구를 비난하거나 공격하는 모습(높은 CP)을 보이기도 한다.

수업에서도 관심 있는 과목에는 적극적으로 참여하지만 흥미 없는 과목에는 무관심한 태도를 보인다. 조별 활동에서도 자신이 선호하지 않는 주제에는 흥미를 잃거나 소극적으로 참여하는 반면 관심 있는 활동에서는 친구들의 말을 끊고, 자신의 생각이나 하고 싶은 말을 먼저 하려는 모습을 보여 주변의 눈살을 찌푸리게 할 수 있다.

신중하거나 진지한 태도는 부족하고 즉흥적이고, 충동적인 행동이 많으며 말을 거르지 않고 내뱉어 친구들에게 상처를 주는 경우(높은 FC)도 발생한다.

반면, 친구들의 마음을 이해하거나 감정을 살피는 힘은 약하다. 이는 배려심과 돌봄을 행동과 말로 표현하는 에너지가 부족하기 때문이다. 그 결과 자신이 원하는 것만 친구에게 요구하고, 친구들의 부탁이나 도움 요청은 쉽게 거절하는 이기적인 모습(낮은 NP)을 보일 수 있다.

또한 경쟁심과 인정 욕구가 강해 자신이 하는 일에 대해 '잘해야 한다'라는 압박을 스스로에게 가하며 쉽게 만족하지 못하고, 실수나 부족함이 보이면 스스로를 심하게 질책해 스트레스를 받기도 한다. 이는 결국 '잘하지 못할 것 같으면 차라리 하지 말자'라는 회피적 사고로 이어져 시도 자체를 포기하는 상황(높은 CP)이 나타날 수 있다.

이러한 태도가 지속되면 자신과 타인 모두에게 '완벽함'을 요구하게 되고, 그로 인한 강박적 사고로 인해 심리적 불안이나 초조, 우울 등을 경험하며 감정적으로 지칠 수 있다.

이고-오케이그램을 함께 살펴보면 이 학생은 자신뿐 아니라 타인에 대해서도 부정적으로 인식하는 경향을 보인다. 즉, 자기부정 – 타인부정(I'm Not OK, You're Not OK) 유형의 인생태도를 보인다. 자신도 부족하고, 신뢰할 수 없지만 타인 역시 불완전하고, 안전하지 못하며 세상에 믿을 사람은 없다고 생각한다.

이러한 기본적인 불신감 속에서 절망과 허무를 느낄 수 있다. 특히 FC가 I+보다 높게 나타난 것(FC 〉 I+)은 자기방어 또는 보상 심리로 해석할 수 있다. 속마음에는 자신에 대한 신뢰가 없고, 자신감이 부족하지만, 그것을 들키고 싶지 않아서 외부에는 '문제없고, 괜찮은 사람'이라는 이미지를 과도하게 드러낸다.

밝고 자신감 넘치는 모습을 보이면서 내면의 열등감과 자기 비하를 숨기고, 이런 태도가 주변의 칭찬과 호감을 얻어 더욱 강화되었을 수 있으며, 자신이 가진 인정 욕구를 충족시키는 또 다른 방식으로 작용했을 가능성도 있다.

비슷한 맥락에서 AC가 I-보다 낮은 것(AC 〈 I-)은 실제로는 친구들의 의견을 수용하고, 협력하고 싶은 마음이 있지만 '세상 사람들은 믿을 만하지 않다'라는 인식이 이를 가로막는 상황으로 볼 수 있다. 타인의 기대에 맞추기보다 자신감을 드러내고, 자기 욕구를 채우는 편이 더 유리하다고 판단했을 가능성도 있다.

그러나 속마음과 겉모습의 인식 차이가 지나치게 크면, 이는 지속적인 스트레스의 원인이 되고, 심리적 어려움뿐 아니라 대인관계에서의 갈등 문제로 이어질 수 있다.

학생의 이고-오케이그램에서는 자신과 타인에 대한 기대치가 높으며, 그 기대가 충족되지 않을 때 스트레스와 심리적 불편감을 느낄 수 있다는 점이 나타났다. 또한 과도하게 비판적이고, 자기 뜻대로 밀고 나가는 무모한 리더 성향으로 인해 관계와 소통에서 어려움을 겪을 가능성도 함께 드러났다. 그렇다면 이러한 특성이 그림에서도 표현되고 있는지 살펴보자.

'**풍경구성법**'은 전반적으로 안정감이 느껴지며, 우울이나 불안이 과도하게 드러나지는 않지만 약간의 긴장과 방어적 태도가 엿보인다. 그림 속 낮고, 완만한 산은 학생이 목표를 지나치게 높게 잡기보다 현실적이고, 안정적인 범위에서 이루고자 하는 성향을 반영하거나 현재의 어려움을 크게 인식하지 않고 의식적으로 축소하는 태도를 나타낼 수 있다.

강의 일부 구간에 돌로 제방을 쌓아둔 모습은 감정이 무분별하게 흐르지 않도록 스스로 통제하고, 억제하려는 시도를 보여주지만 동시에 자연스러운 감정을 제한하는 경직된 태도를 시사한다.

또한 밭을 향해 몸을 두고 있으나 얼굴은 옆 강을 바라보고 있는 사람의 모습은 해야 할 일이나 목표가 있음에도 다른 방향이나 상황에 마음이 빼앗겨 갈등하거나 고민하는 양가적인 태도를 나타낸다. 나무의 윗부분이 완전히 표현되지 않은 점은 자신의 가능성이나 역량, 성장 욕구가 충분히 드러나지 못하고 있음을 보여준다.

이는 잠재력을 인식하고 있지만 현실적인 제약이나 내적 불안으로 인해 온전히 펼쳐 보이지 못하는 상태일 수 있다. 밭에 세워진 허수아비는 외부의 위협이나 불필요한 간섭을 막으려는 방어적 태도를 상징하는 동시에, 실제로는 내면의 공허감이나 존재감 부족을 드러낼 수도 있다. 구름은 환경 속 불확실성이나 감정의 흐름을 나타내며, 때로는 내면의 불안감이나 예측하기 어려운 변화를 상징한다.

종합적으로 이 그림은 내적 잠재력과 외부 현실 사이에서 균형을 잡지 못하고, 해야 할 일과 관심이 가는 일 사이에서 갈등하는 모습을 담고 있다. 동시에 안정과 보호를 추구하는 마음이 강하게 드러나며 그 과정에서 방어적이고, 신중한 태도가 함께 표현된 그림으로 볼 수 있다.

'**빗속의 사람**' 그림도 살펴보자. 먹구름이 드리운 하늘 아래 빗속에 홀로 서 있는 사람의 모습을 담고 있다. 비는 아주 세차게 내리지는 않지만 하늘을 뒤덮은 큰 구름과 회색빛 분위기는 전반적으로 무겁고, 차분한 느낌을 주며 그 속에서 스트레스와 우울감이 함께 느껴진다.

사람은 우산이나 우비, 장화 같은 보호 장비 없이 빗속에 서 있으며 이는 외부 환경의 변화나 스트레스에 대해 방어 장치 없이 그대로 노출된 상태를 나타낼 수 있다.

뒤로 멀리까지 이어진 길은 앞으로의 여정과 삶의 방향을 은유적으로 드러내지만 인물이 그 길을 따라 나아가기보다 제자리에 서 있는 모습은 현재 상황에서 발걸음을 떼지 못하거나 잠시 멈춰 있는 심리를 드러낸다.

비의 양이 과도하게 많지 않고, 표정에서도 극적인 불안이나 두려움이 보이지 않는 점에서 이는 무기력에 압도된 상태라기보다 다소 담담하게 혹은 체념하듯 상황을 받아들이는 태도로 해석된다.

특히 두 손을 뒷짐 지고 있는 모습은 적극적으로 나서기보다 한발 물러서서 상황을 관망하거나 스스로를 억제하며 내적 긴장을 감추려는 태도를 반영한다. 전체적으로 이 그림은 약한 비와 짙은 구름 속에서 외부의 압박이나 변화를 참고 견디며, 자기만의 방식으로 서 있는 사람의 내면을 잘 표현하고 있다.

이고-오케이그램과 그림검사를 종합해 보면 이 학생은 높은 CP와 FC가 결합한 주도성과 적극성이 두드러지는 반면, NP와 AC가 낮아 공감적 반응과 수용 태도가 충분히 발휘되지 못해 대인관계에서 마찰이 발생하기 쉽다. 자기 부정–타인 부정의 기본 태도는 자신과 타인에 대한 불신으로 이어져 무력감이나 허무감으로 연결되며, 이러한 인식과 정서는 관계 패턴에도 그대로 투영되어 나타난다.

이 과정에서 빚어지는 갈등과 심리적 불편감은 그림에서도 확인되고 있다. 풍경구성법에서는 감정이 통제되고, 억제된 모습이 나타나며 자신의 욕구와 잠재력이 충분히 실현되지 못하는 데서 오는 고민이 엿보인다. 외적으로는 강해 보이지만 그 이면에는 쉽게 드러나지 않는 내면의 취약성과 불안정성이 함께 표현되어 있다.

'빗속의 사람'에서는 결정과 선택의 순간에 쉽게 결정을 내리지 못하는 망설임과 고민이 드러나고, 충분한 대처자원이 없는 상태에서 느끼는 무력감이 표현되어 있다. 더불어 상황에 적극적으로 대응하기 어려운 내면의 상태가 나타나고 있으며, 우울감과 정서적 불편감이 표현되고 있다.

요약하면 학생의 그림에서는 감정을 억제하려는 태도, 방어적인 모습, 선택을 둘러싼 갈등, 보호 수단의 부재 등이 드러나며 이는 지속적인 긴장과 심리적 불편감을 겪고 있을 가능성을 시사한다.

프로파일과 두 그림 모두에서 외적으로는 강하고 능력을 드러내려 하지만 내면에는 자신에 대한 불신과 그로 인한 고민 그리고 우울이 나타나고 있다. 따라서 이러한 특성을 개선하기 위해서는 CP는 비난보다 차이를 존중하는 방향으로 기준을 세우고, FC는 즉흥적이거나 개인적인 표현보다 협력과 배려가 담긴 긍정적인 표현으로 확장해 나갈 수 있는 교육적 접근이 필요하다.

또한 NP와 AC 에너지를 활성화하여 타인의 감정을 이해하고, 주변의 기대에 성실히 반응할 수 있도록 지도할 필요가 있다.

② 학교생활에 나타난 학생의 호소문제

이 학생은 학급 반장으로서 밝고, 당당한 태도를 지니고 있으며, 자기 생각과 의견을 주저하지 않고 표현하는 적극적인 성향이 있다. 그러나 학생 정서 · 행동 특성 검사에서 '관심군(우선)'으로 분류되면서 상담을 시작하게 되었다. 반장으로서 담임교사의 지시 사항을 전달하고, 수행평가를 거두어 제출하며, 학급을 대표해 학생회에 참여하는 등 다양한 역할을 맡고 있다.

하지만 이러한 과정에서 차분하거나 배려 깊게 접근하기보다 친구들에게 명령조로 말하고, 강압적으로 행동하는 경우가 잦다. 자기 말을 따르지 않으면 금세 화를 내거나 목소리를 높이며, 짜증(높은 CP 관련)을 내기도 한다.

예를 들어, 담임교사의 지시사항을 전달할 때 학생들이 주의를 기울이지 않으면 "야, 조용히 안 해? 지금 내가 말하고 있잖아. 좀 들어!"라며 강한 어조로 말하고, 수행평가를 거둘 때 제출하지 않은 학생에게는 "야, 오늘까지 제출하는 거 몰랐어? 선생님이 말씀하실 때 뭐 듣고 있었냐? 너 때문에 우리 반 이미지 나빠지면 책임질 거야?"라며 핀잔을 주는 식이다.

자율학습 시간에도 학생들의 대화나 잡담을 거의 허용하지 않으며 "야, 조용히 해"라는 말을 반복적으로 사용해 교실 분위기를 경직시키는 경우(높은 CP, FC 관련)가 잦다. 그러다 보니 몇몇 학생들이 "야, 네가 오히려 더 시끄러워"라고 맞받아치면서 분위기가 어색해지는 일도 발생한다.

이러한 모습은 반장으로서 질서를 유지하려는 의도에도 불구하고, 표현 방식이 강압적으로 비쳐 대인관계에서 불필요한 마찰을 초래하는 원인이 되고 있다.

이런 상황이 반복되다 보니 친구들이 기대만큼 자기 말을 따르지 않고, 반장으로서 인정해 주지 않는다고 느끼면서 짜증과 화가 치밀어 오른다. 학생은 자신이 투표로 뽑힌 정식 반장임에도 불구하고 친구들이 자신의 역할과 권위를 존중하지 않으며, 지시를 따르지 않는 상황이 이해되지 않고, 이러한 태도가 부당하게 느껴져 화가 난다(높은 CP 관련)고 호소한다.

반장으로서 역할을 충실히 수행하고, 선생님의 대변인으로서 인정받으며 다른 반의 반장들보다 뛰어나다는 평가를 기대(높은 CP 관련)하지만 실제로는 그러한 인정을 받지 못하는 현실이 학생에게 큰 부담과 스트레스를 주고 있다.

상담 과정에서 이 학생은 반장 역할을 하면서 받는 스트레스 외에도 또 다른 고민을 털어놓았다. 바로 스스로 세운 높은 기대치에 비해 자기 능력이 부족하다고 느끼는 데서 오는 불만이었다. 입시 미술을 준비 중인 이 학생은 부모님의 특별한 요구나 간섭이 없고, 학원에서도 '가능성이 있다'라는 긍정적인 평가를 듣지만 정작 본인은 원하는 수준에 미치지 못하는 실력 때문에 늘 불안과 초조함을 느낀다(높은 CP 관련)고 말했다.

특히 자신보다 늦게 미술을 시작한 친구의 실력이 눈에 띄게 향상되는 모습을 볼 때마다 그 사실을 받아들이기 힘들고, 동시에 자신이 그만큼 성장하지 못했다는 현실을 자각하며 스스로를 비난하고, 질책하게 된다. 이런 좌절감에도 불구하고 막상 그림을 그릴 때면 깊이 몰입하게 되고, 여전히 자신이 가장 잘할 수 있는 분야는 미술이라고 믿는다.

학생은 호기심이 많아 여러 분야에 관심을 가지고, 다양한 시도(높은 FC 관련)를 해왔지만 아직 진로와 직접 연결하고 싶을 만큼 재미있고, 몰입할 수 있는 분야는 찾지 못했다. 그중에서 유일하게 오랫동안 지속해 왔고, 손에서 놓지 않은 것이 미술이었다.

그림을 그릴 때만큼은 표현의 완성도에 강한 집착을 보이며, 머릿속에 구상한 대로 작품이 나오지 않으면 밤을 새워서라도 수정하고, 완성하려는 집요함과 끈기를 발휘한다.

이러한 태도는 단순한 노력 이상의 의미를 지니며, 높은 성취욕과 완벽주의적 성향을 반영한다. 동시에 스스로에 대한 엄격한 기준과 높은 기대를 잘 보여주고, 목표에 도달할 때까지 끝까지 최선을 다하는 책임감과 성실함을 드러낸다.

학생은 '잘해야 한다'라는 강박적 사고로 인해 불안을 느끼며 '나만 뒤처지면 어쩌나?' '연습량이 부족하다. 더 열심히 해야 하는데' '이러다 대학에 진학하지 못하는 건 아닌가?'와 같이 아직 일어나지 않은 상황까지 미리 걱정하는 예기 불안(높은 CP 관련)이 높다.

이러한 불안은 때로 노력의 원동력이 되지만 동시에 집중력을 저하시켜 목표 달성을 어렵게 만들거나 달성 가능성이 작다고 느끼면 쉽게 포기하게 만들기도 한다. 반면, 완벽을 추구하려는 압박감으로 자신을 더욱 몰아붙여 작업에 과도한 에너지를 쏟게 하고, 그 과정에서 상당한 스트레스를 경험하게 한다.

또한 이렇게 몰입한 뒤에는 피로가 누적되어 다음 날 수업 시간에 졸거나 멍하니 앉아 있는 경우가 잦다. 주변에서 "아직 1학년이니 차근차근 노력하면 실력이 향상된다"라거나 "비교하지 말고, 자신만의 그림을 그리라"라는 조언을 들을 때도 있지만 쉽게 받아들이지 못한다.

특히 미술 수행평가의 경우 마음에 들 때까지 반복해서 수정하다 보니 제출 기한을 넘기는 일이 발생해 오히려 감점을 받기도 한다. 이는 스스로 세운 높은 잣대와 엄격한 기준 때문에 '적당히 하자' '그만하면 충분해' '이 정도면 됐다'라는 마음을 갖지 못해 신체적 · 정신적 피로가 쉽게 누적되는 원인이 된다.

장기적으로는 창작 활동에 대한 흥미와 의욕이 점차 감소하고, 성취 과정에서 즐거움을 느끼기보다 불안과 압박감을 더 크게 경험할 위험

(높은 CP 관련)이 있다.

결과적으로 반장으로서 역할을 완벽히 수행해 권위를 세우고, 책임 있는 모습을 보여야 한다는 압박감 그리고 자신이 원하는 목표와 현재 실력 사이의 격차로 인해 학생은 일상에서 지속적인 스트레스와 함께 짜증과 분노(높은 CP 관련)를 경험하며 생활하고 있다. 이런 상태가 이어지면서 친구들과의 관계가 점점 약화되고, 반장 역할을 하는 일도 한층 더 어려워지고 있다.

특히 미술 실력을 끌어올려야 한다는 조급함은 불안과 초조를 키우고, 그럴수록 자신을 더욱 몰아붙이는 악순환이 반복되고 있다. 이에 따라 본래 밝고, 유쾌하며 상황을 즐길 줄 아는 FC 에너지가 긍정적인 장점으로 발휘되지 못하고 있다.

오히려 FC는 CP가 가진 엄격한 신념과 기준을 실행하는 도구가 되어 짜증이나 화, 분노를 즉각적으로 드러내는 방식으로 표출되고, 자기주장만을 강조하거나 하고 싶은 일을 무리하게 밀어붙이는 부정적인 형태로 나타난다.

결과적으로 학생의 강점이 본래의 긍정적 기능을 잃은 채 친구들과의 갈등뿐 아니라 내적 긴장의 원인으로 작용하고 있다. 이는 학생이 가진 에너지가 어떻게 사용되느냐에 따라 또래 관계와 자신의 정서 상태가 크게 달라질 수 있음을 보여준다.

따라서 이 학생이 자신의 가장 큰 강점인 FC를 긍정적으로 발휘해 경직된 CP에 유연함과 즐거움을 더할 수 있도록 지도하는 것이 필요하다. 이를 위해 자신과 타인에 대한 과도한 기대를 내려놓고, 상황 속에서 여유를 느끼며 즐길 수 있는 마음가짐을 기를 수 있도록 돕는 것이 중요하다.

아울러 몰입이 필요한 순간에는 집중하되 쉴 때는 충분히 휴식할 수 있는 생활 습관을 형성하고, 일과 쉼의 균형을 조율할 수 있는 교육적 지원이 병행되어야 한다.

③ 담임교사에게 피드백 주기

"이 학생은 학급 반장으로서 맡은 역할을 완벽하게 수행하고자 하는 욕심이 강하며, 그 과정에서 책임감과 성실함에 대해 인정받고, 스스로도 만족하고자 하는 의지가 뚜렷한 학생입니다. 믿을 만하고 신뢰할 수 있으며, 선생님의 든든한 조력자 역할을 잘 해낼 수 있는 장점이 있습니다.

그러나 역할을 하는 과정에서 친구들의 의견을 경청하거나 타인의 입장을 배려하는 에너지가 부족해 관계에 어려움이 생긴 것으로 보입니다. 완벽한 역할 수행을 위해 또래임에도 불구하고 명령조로 말하거나 실수한 친구를 강하게 지적하고, 또 학급회의를 진행할 때는 자기 의견을 따르도록 압박하는 태도까지 보이고 있죠.

모든 일을 주도적으로 처리해야 하는 성향으로 인해 원하는 대로 되지 않으면 화를 내거나 친구를 비난하는 행동까지 보이고 있습니다.

이러한 모습들이 친구들과의 갈등을 유발하는 요인이 됩니다. 겉으로는 자신감이 넘치고, 적극적이며 때로는 이기적으로 보일 수 있지만 사실 이 학생은 내적으로는 자신에 대한 믿음과 신뢰가 부족한 것으로 보입니다.

열등감이나 내적인 갈등을 겪고 있지만 이를 드러내기보다 오히려 밝고, 강하게 보이며 문제없는 사람으로 인식되기를 바라는 마음에 반대되는 행동을 보이는 경향이 나타나고 있습니다.

게다가 엄격한 기준을 적용해 완벽함을 추구하는 태도는 자신에게도 예외가 아니어서 입시 미술을 준비하는 과정에서 자신의 기대에 미치지 못하는 실력에 큰 스트레스를 받고 있습니다.

만족할 때까지 밤을 새워 작업을 이어가는 완벽주의적 태도로 인해 다음 날에는 육체적으로 지치고, 계속 수정에만 몰두하다 수행평가 기한을 넘겨 감점을 받는 경우가 발생하게 됩니다. 이러한 불안과 초조는 '잘해야 한다' '완벽해야 한다'라는 강박감에서 비롯되며 '적당히 하자' '이 정도면 충분하다' '그만하면 됐다'와 같은 유연한 기준을 스스로 허용하지 못하는 데서 기인합니다.

반장 역할 수행의 압박감과 입시 미술 준비 과정에서의 초조함이 맞물리며 스트레스와 분노가 일상화되고 이는 내면의 불안과 우울로까지 이어지고 있습니다. 이 학생은 본래 밝고, 유쾌하며 농담도 잘하고, 잘 웃는 장점이 있으나, 학교에서는 이러한 긍정적인 모습이 잘 드러나지 않습니다.

오히려 자기 의견을 강하게 밀어붙이고, 뜻대로 되지 않으면 화를 내며 '잘해야 한다'라는 압박감에 스스로를 몰아붙이는 부정적인 모습이 두드러집니다. 이에 따라 친구들과의 관계가 원만하지 않고, 내적인 스트레스가 큰 상황으로 판단됩니다.

따라서 이 학생이 해야 할 일에는 집중하고, 쉴 때는 충분히 쉬며 즐길 때는 마음껏 즐길 수 있는 균형을 찾을 수 있도록 가정과 연계해 지도하는 것이 필요합니다. 또한 친구들의 말을 경청하고, 의견을 수용하면서 반장 역할을 할 때 그 역할이 더욱 빛날 수 있다는 점을 인식하도록 하는 것이 중요합니다.

아울러 자신과 타인에 대한 과도한 기대를 내려놓고, 친구들의 생각과 행동을 존중하며, 받아들일 수 있는 여유를 가지도록 지도해 주시고, 재치 있고 개방적이면서도 유쾌한 성격의 자기 강점을 충분히 발휘하여 학급을 긍정적이고, 편안한 분위기로 이끌 수 있도록 지속적인 관심과 지도를 부탁드립니다."

5) 사례 5(고2 남학생) “자꾸 친구들이 선을 넘어요.”

이고/오케이그램

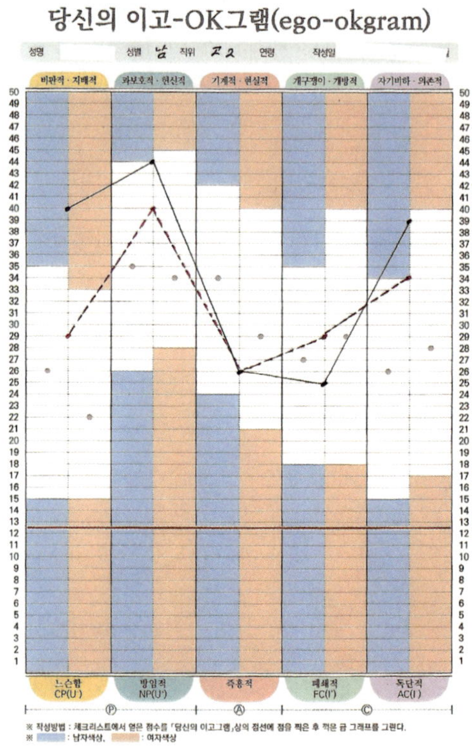

풍경구성법	빗속의 사람

① 이고-오케이그램과 그림검사를 통한 성향 분석

이고그램에서 CP, NP, AC 에너지가 모두 높게 나타난 학생은 에너지가 긍정적으로 발휘될 경우 자기 행동에 책임질 줄 알며 규칙과 원칙에 따라 성실하고, 정직한 생활을 할 가능성이 높다. 또래 관계에서는 따뜻하고, 수용적인 태도를 보이며 자신의 의견을 앞세우기보다는 타인의 입장을 이해하고, 함께 어울리려는 모습을 보인다.

높은 CP는 성실함과 책임감을 바탕으로 친구들에게 신뢰를 주며 리더로서 집단을 이끌고 모범을 보이는 태도로 나타난다. 여기에 높은 NP는 타인의 이야기에 귀 기울이며 진심으로 공감하고, 말없이 배려하며 돕는 따뜻함을 더해주므로 CP의 단호함과 엄격함이 권위적이거나 명령적인 태도로 흐르지 않도록 균형을 잡아준다. 따라서 친구들에게 '따뜻한 리더'라는 긍정적인 인상을 주기에 충분하다.

또한 높은 AC는 자기 생각만 고집하지 않고, 주변의 기대와 상황에 맞춰 의견을 조율하고, 조화를 이루는 유연함으로 나타난다. 타인의 시선을 의식해 화나 짜증을 억제하고, 갈등 상황에서도 감정을 조절하며 참고 넘길 수 있다.

결과적으로 학급 내 갈등을 중재하고, 협동적인 분위기를 만드는 리더 역할을 할 수 있으며 비판적 사고력(CP), 따뜻한 인간관계 능력(NP), 수용적이고, 협력적인 태도(AC)가 조화를 이루면서 또래에게 신뢰받고, 의지할 수 있는 긍정적 영향력을 발휘하게 된다.

반면 이러한 에너지가 부정적인 방향으로 작용할 경우 감정 억압과 과도한 자기희생, 내면의 불편감으로 이어질 수 있다. 원칙과 기준을 중시하는 마음이 지나치게 발현되면 친구들에게도 자신의 엄격한 잣대를 들이대며 비판하거나 원칙에 맞는 생활을 요구하고, 지적하게 되며(높은 CP), 배려하고 돕는 행동 또한 진심보다는 자신이 정한 규칙과 질서에 따르게 하려는 모습으로 보여 CP의 통제 욕구로 받아들여질 수 있다.

또한 관계를 중시하고, 갈등을 피하고자 하는 마음이 강하다 보니 화가 나거나 불편함을 느껴도 표현하지 못한 채 참고, 넘기는 경우가 많으며 이처럼 쌓인 감정은 결국 어느 순간 폭발적인 분노나 짜증으로 터져 나와 뜻밖의 모습(높은 AC)에 주변 사람들을 놀라게 하곤 한다.

친구들 말이나 행동에 상처받고, 서운한 감정도 있지만(높은 NP) 감정을 표출한 뒤에는 친구들이 상처받지 않았을까 걱정하고, 후회하며 사과하고(높은 NP) 이후 관계가 어색해질까 끊임없이 눈치를 보는 모습으로 이어진다(높은 AC).

이러한 행동이 반복되다 보면 어떤 날은 강하고, 비판적인 사람처럼 보이지만 또 어떤 날은 지나치게 배려하고, 쉽게 의존하는 모습으로 보이며 친구들을 혼란스럽게 만들 수 있다. 여기에 참아왔던 감정이 가끔 폭발해 짜증을 내는 모습까지 더해지면서 결국 '기분이 언제 또 바뀔지 모르는 변덕스럽고, 예측하기 어려운 친구'라는 인상을 주게 된다.

결국 이 학생은 리더십, 배려심, 융통성 등 긍정적인 장점이 있으나 내적으로는 기준과 기대가 높고, 감정을 억누르는 경향이 강해 이러한 에너지가 부정적인 방향으로 사용될 경우 스스로 스트레스를 받거나 대인관계에서 갈등을 겪을 수 있다.

따라서 자신의 강점을 건강하게 발휘하기 위해서는 감정을 조절하고, 적절히 표현하는 방법을 익히는 교육적 지원이 필요하다. 또한 타인의 행동에 대해 '틀림'이 아니라 '다름'으로 받아들이고, 허용하는 태도를 기르도록 지도해야 한다. 나아가 도움과 배려가 자기희생이 아닌 자신과 타인 모두에게 부담 없이 자연스럽게 표현될 수 있도록 지도할 필요가 있다.

이고-오케이그램 분석 결과 이 학생은 자신에 대해서는 부정적인 인식을 하고 있는 반면, 타인에 대해서는 기본적으로 신뢰하거나 높게 평가하는 경향을 보인다. 즉, 'I'm Not OK, You're OK' 유형의 인생 태도를 지니고 있다.

세상은 비교적 안정적이고, 사람들은 신뢰할 수 있다고 여기지만 자신은 능력이 부족하고, 잘할 수 있는 사람이라고 느끼지 못하며 스스로를 긍정적으로 받아들이는 데 어려움을 느낀다.

자신감을 가지고, 자신의 역할을 해내는 듯한 주변 사람들과 달리 자신은 뒤처져 있다고 느끼며 삶이 그리 즐겁지도, 행복하지도 않다고 생각할 수 있다.

이에 따라 스스로 어떤 결정을 내리는 것에 대해 불안감을 느끼고, 자신의 판단보다는 타인의 선택을 따르거나 의견을 수용하는 것이 더 편하게 느껴질 수 있다. 이 학생은 CP가 U-보다 높고(CP 〉 U-), NP가 U+보다 높은(NP 〉 U+) 패턴을 보였다.

이러한 결과는 이 학생이 실제 마음보다 더 높은 기준을 타인에게 적용하면서 다소 비판적이고, 까다로운 태도를 유지하고 있다는 점을 시사한다. 동시에 관계의 유지를 중요하게 여겨 내면의 감정보다 더 많은 보살핌과 친절을 표현하려는 이중적인 태도도 함께 나타난다.

다시 말해 속마음과는 다르게 행동하는 경향이 있으며 이는 자신의 감정보다는 '어떻게 행동해야 한다'라는 역할 인식이나 신념에 따라 타인을 대하고 있음을 시사한다. 또한 이는 상대가 자신을 만만하게 여기거나 무시하지 않도록 스스로를 통제하고, 관계에서 주도권을 잃지 않기 위한 방어적이면서도 전략적인 태도로 볼 수 있다. '잘해주기만 하면 기준과 원칙이 무너질 수 있다'라는 내면의 인식에서 비롯된 행동일 가능성이 크다.

동시에 이 학생은 친구에게 친절을 베풀거나 도움을 주는 것을 단순한 호의가 아니라 상대가 바른 기준과 원칙을 지키며 살아가도록 돕는 일이라고 여기며, 자신의 가치관을 지키는 범위 안에서 '잘할 땐 확실히 잘해주는' 방식의 관계 맺기를 선호하고 있을 가능성이 있다.

한편 FC가 I+보다 낮고(FC 〈 I+), AC가 I-보다 높은(AC 〉 I-) 점은 내면적으로는 자신감과 주도성이 있음에도 불구하고 겉으로는 그것을 드러내지 못하고 주변의 기대나 요구에 맞추려는 태도가 강함을 의미한다. 이는 자기 부정-타인 긍정(I'm Not OK, You're OK) 인식에 따른 자연스러운 행동 양상으로 볼 수 있다.

자신보다 타인을 더 믿고, 신뢰하는 경향이 있다 보니 자신을 적극적으로 표현하거나 주장할 경우 상대에게 어떻게 비칠지 혹시 오해를 사지 않을지 먼저 걱정하게 되고, 결국 자신의 욕구와 의견을 뒤로한 채 타인의 선택이나 의견에 순응하며 관계를 이어가고 있을 가능성이 있다. 이러한 관계 방식은 갈등은 줄일 수 있지만 정작 자기 내면적 욕구가 충분히 충족되지 못한 채 감정이 누적되는 결과로 이어질 수 있다.

이 학생의 이고-오케이그램에서는 친구에게 원칙을 요구하며 엄격하고, 단호하게 대하려는 마음과 동시에 배려와 친절을 보이며 관계를 유지하고자 하는 양가감정이 드러나 심리적 어려움을 겪을 가능성이 확인되었다. 또한 자신에 대한 믿음과 신뢰가 부족해 타인의 의견을 따르거나 감정을 억누르는 내적 어려움도 나타났다. 이러한 특성이 '**풍경구성법**' 속에도 반영되어 있는지 살펴보고자 한다.

이 그림은 전체적으로 조용하고, 평화로운 풍경처럼 보이지만 세부적인 표현에서는 불안함과 내적 갈등, 관계에 대한 양가적인 마음이 드러난다. 화면 중앙에 크게 자리 잡은 나무는 자아의식과 존재감이 강하다는 것을 반영하며, 벚꽃으로 표현된 나무는 관심받고자 하는 욕구, 즉 애정결핍으로 인한 내면의 바람을 반영하거나 자신의 감정을 드러내고 싶어 하는 정서를 보여주는 것으로 해석할 수 있다.

한편, 가지들이 여러 방향으로 뻗어 있는 것은 타인과 관계를 맺으려는 시도나 외부와 소통하려는 욕구가 존재함을 보여준다고 볼 수 있다. 나무 아래에 놓인 돌은 일상적인 작은 어려움이나 부담을 나타내는 것으로 관계나 생활 속에서 계속해서 신경 쓰이고, 영향을 미치는 사소한 문제들을 늘 안고 있는 심리 상태를 나타낸다고 볼 수 있다.

집 옆에 자아상을 상징하는 나무가 붙어 있는 모습은 가족 관계와 자아가 긴밀히 연결되어 있음을 보여주며, 동시에 독립과 분리가 충분히 이루어지지 않은 심리 상태를 반영한다. 또한 길이 두 갈래로 나뉘어 있는 것은 진로, 관계, 그리고 일상에서의 선택에 대한 갈등을 암시하며 어디로 가야 할지 쉽게 결정하지 못하는 마음을 드러낸다고 볼 수 있다.

강가에 돌을 쌓아둔 모습은 관계 속에서 쉽게 휘둘리거나 상처받는 자신을 보호하기 위해 단단한 경계나 방어벽을 세우려는 심리를 반영한 것으로 볼 수 있다. 사람은 그림의 아래쪽에 작고, 외로이 서 있는 모습으로 표현되어 있어 스스로를 작게 느끼거나 위축되어 있는 상태일 가능성을 시사한다.

꽃을 들고 미소를 짓고 있는 모습은 누군가와 따뜻하게 연결되고 싶고, 좋은 인상을 주고 싶어 하는 마음을 보여주지만 실제로는 주변과 떨어져 홀로 서 있는 모습이어서 관계 안에서도 외로움과 고립감을 경험하며 진짜 감정을 숨긴 채 괜찮은 척, 밝은 척하고 있는 내면을 반영한다고 볼 수 있다.

전체적으로는 따뜻하고, 평화로운 장면을 그려 놓았지만 그 속에는 관계에 대한 불안, 보호받고 싶은 마음, 감정을 통제하려는 노력, 진로 혹은 관계 선택의 혼란 등 내적 긴장이 담겨 있는 그림으로 해석된다.

'**빗속의 사람**'에서는 어떤 감정 상태가 반영되고 있는지 살펴보자. 이 그림에서는 전반적으로 불안정하고, 위축된 감정 상태가 반영되어 있다. 바닥에 여러 개의 물웅덩이가 그려진 것은 감정적으로 불편하고, 스트레스가 많은 상황에 놓여 있음을 나타내며 지나치게 큰 우산을 쓰고, 몸을 웅크리고 있는 모습은 마치 우산의 무게에 눌린 듯한 인상을 주며, 실제로는 스트레스에 맞서기 위해 과도한 에너지를 소모하거나 문제를 억지로 견디고 있는 상태로 해석된다.

또한 외부 자극을 피하고, 자신을 보호하려는 방어적인 심리가 강하게 드러나 앞으로 나아가기보다는 현재 상황 속에서 버티고 있는 모습으로 읽힌다. 특히 얼굴에 눈, 코, 입을 그리지 않고 옆모습으로 표현한 것은 감정을 드러내지 않으려 하거나 타인과 마주하는 것을 회피하려는 심리를 반영하며, 자신감이 떨어져 있거나 관계 속에서 존재감을 드러내고 싶지 않은 마음을 시사한다. 여기에 더해 지쳐 있거나 우울감을 경험하고 있는 내면의 정서가 함께 담겨 있는 것으로 볼 수 있다.

한편 길 가장자리에 서 있는 신호등은 앞으로 나아가야 할 방향이나 선택을 앞두고 느끼는 긴장감과 압박을 상징할 수 있다. 이는 변화 직전의 망설임, 그리고 앞으로 나아가는 것에 대한 두려움과 갈등을 반영하는 장면으로 해석할 수 있다.

특히 맞은편에서 점점 다가오는 자동차는 현재의 현실에서 벗어나 자유를 추구하고 싶어 하는 갈망, 모든 것을 내려놓고 떠나고 싶은 욕구를 드러내는 동시에 그러한 변화가 낯설고, 위협적으로 다가오는 내적 갈등을 함께 보여준다.

이고-오케이그램과 그림검사 결과를 종합해 보면 이 학생은 CP, NP, AC 에너지가 모두 높은 특징을 보이며 또래 관계나 일상생활 속에서 감정의 혼란과 내적인 갈등을 경험하고 있는 것으로 보인다. 친구에게 잘 해주고, 배려하며 친절하게 대하면서 관계를 유지하고자 하는 욕구가 강하지만 자신의 기준에 맞지 않는 친구들에게는 비판적인 시선을 보이며, 그 과정에서 불편함과 함께 짜증이나 분노를 느끼기도 한다.

그러나 이러한 감정을 직접적으로 표현하지 못하고, 억제하거나 참으면서 복잡한 감정 상태를 겪고 있다. 특히 AC 에너지가 높고, 자기 부정-타인 긍정(I'm Not OK, You're OK)의 인생 태도를 지니고 있어 스스로 결정하고, 선택하는 데 불안과 부담을 느끼며 지나치게 의존하는 경향도 나타난다.

이 과정에서 타인의 기대에 부응하려는 긴장된 태도를 유지하면서도 스스로를 믿지 못하고, 열등감을 느끼며, 작은 실수에도 쉽게 위축되어 자신을 과도하게 비난하는 등 심리적인 어려움을 겪고 있다.

이러한 내면의 갈등은 '풍경구성법'과 '빗속의 사람' 그림에서도 그대로 반영되어 나타난다. 두 그림 모두에서 불안과 긴장, 내적 갈등, 위축과 고립감, 애정에 대한 갈망, 감정의 억제, 그리고 변화나 선택을 앞두고 느끼는 두려움과 망설임 등 복합적인 정서가 다양하게 표현되어 있으며, 이는 학생의 심리적 긴장 상태와 관계에서의 어려움을 상징적으로 보여준다.

'풍경구성법'에서는 타인과 관계를 맺고자 하는 욕구는 있으나 실제로는 관계 형성이 어렵고, 소통에 어려움을 겪고 있는 모습이 드러나며 자존감이 낮고, 주변과 분리되어 외롭게 서 있는 모습으로 표현되어 웃고 있지만 쓸쓸해 보인다.

한편 '빗속의 사람'에서는 스트레스와 정서적 어려움 속에서 과도하게 에너지를 소모하며 힘겹게 버티고 있는 상태가 나타나 있고, 전반적으로 심리적 부담과 정서적 고립이 강하게 반영되어 있음을 알 수 있다.

② 학교생활에 나타난 학생의 호소문제

이 학생은 평소 친구들에게 '더 이상 잘해줄 수 없다'라고 말할 만큼 최선을 다해 돕고, 늘 친절하게 대하며 배려와 양보로 자신을 희생해 왔다(높은 NP 관련). 마치 높은 CP와 NP가 결합하여 친절에서도 완벽을 추구하며 '언제나 완벽하게 친절한 모습을 보여야 한다'라고 여기는 듯하다.

그런 삶에 만족해 왔지만 항상 웃으며 편하게 대하다 보니 일부 친구들이 '선을 넘는' 태도를 보이기 시작했고, 그 과정에서 스트레스가 서서히 쌓이고 있다. 아무리 친하고, 허물없는 사이라도 '지켜야 할 예의'가 있다고 믿는 이 학생은 친구들이 함부로 말하거나 원치 않는 농담과 장난을 할 때 매우 불쾌하고, 불편함(높은 CP 관련)을 느낀다.

단호히 "적당히 해"라고 선을 긋고 싶지만 그 한마디로 분위기가 어색해지거나 뒷말이 돌까 두려워 불편함을 삼키고, 넘어간다. 참는 것을 미덕으로 여기며 스스로를 달래지만 선을 넘는 행동이 반복될수록 불쾌감은 서서히 축적되고, 참는 것에 한계가 찾아온다. 결국 어느 순간 더는 억제하지 못해 폭발적으로 화를 내고, 감정을 쏟아낸다(높은 AC 관련).

그러고는 곧바로 '내가 너무 심했나?' '내 말에 친구가 상처받지 않았을까?' '혹시 오해하면 어쩌지?' '한 번만 더 참을 걸 그랬나?' 같은 자책이 밀려오고, 관계가 멀어질지 모른다는 불안(높은 NP 관련)이 뒤따른다. 이러한 경험은 다시 말을 조심하게 만들고, 감정을 숨기게 하여 불편함을 참고, 견디다 한계에 이르면 또다시 폭발(높은 AC 관련)하는 악순환을 되풀이하게 만든다.

키와 체격이 큰 이 학생이 평소와 달리 얼굴을 굳히고, 단호하게 "야, 적당히 좀 해라. 참아주니까 내가 우습게 보이지?"라고 목소리를 높이는 순간(높은 CP 관련) 친구들은 놀라 주춤거리다 자리를 피한다.

그 반응을 보는 즉시 '아, 조금만 더 참을걸' 하고 후회가 밀려오고, 곧 먼저 다가가 사과(높은 NP 관련)하며 분위기를 풀어낸다. 이후에는 다시 원래처럼 베풀고, 양보하며 감정을 다스리는 방식으로 관계를 이어간다.

그러나 호의가 이어질수록 몇몇 친구들은 '지켜야 할 예의'를 잊고, 또 선을 넘으며 듣기 싫은 별명으로 놀리거나 장난을 계속한다. 수위가 점차 높아지면서 학생의 감정은 다시 한계에 다다르고, 결국 또 한 번 폭발하는 상황(높은 AC 관련)이 반복된다.

이런 돌발적 분출이 몇 차례 누적되자 친구들 사이에서는 '감정 기복이 심하다' '언제 화낼지 모르는 친구'라는 인식이 굳어졌고, 학생의 친절과 다정함마저 '차라리 그냥 화내라' '괜히 다정한 척하지 마라' '어차피 또 화낼 거면서' 같은 말로 거부당하는 지경에 이르렀다.

이런 스트레스는 가정에서도 이어진다. 이 학생이 세상에서 가장 존경하는 사람은 어머니다. 이 학생에게 어머니는 능력 있고, 멋지며 자기 관리가 철저하고, 폭넓은 인맥을 바탕으로 어떤 문제든 해결해 나가는 본받고 싶은 사람이다. 그러나 학생은 스스로 어머니를 따라갈 능력이 부족하다고 느끼고, 어머니에게 인정받는 일조차 쉽지 않다고 여긴다. 늘 칭찬을 받기 위해 애쓰지만 오히려 공부를 잘하고 자기 관리가 뛰어난 동생과 비교되어 지적받거나 혼나는 일이 더 많다.

기대에 부응하지 못하는 자신에게 화가 나면서도 '한 번쯤은 잘했다고 칭찬해 주는 일이 그렇게 어렵나? 나도 노력했는데'라는 서운함이 쌓인다. 그러다 '아무리 해도 기대에 못 미친다면 차라리 하지 말자. 어차피 알아주지도 않을 건데'라며 포기해 버리거나 반항하듯 나태한 태도를 보이며, 갈등을 키우기도 한다.

어머니는 현실적인 조언과 더 높은 요구를 계속하고, 학생은 그 기대를 맞추기 위해 애쓰며 칭찬과 인정을 갈망한다. 그 결과 '엄마가 또 실망하지 않을까?' '엄마에게 인정받고 싶다'라는 생각에 스스로 선택하거나 결정하기보다 어머니의 판단을 따르려는 의존성(높은 AC)이 나타난다.

하지만 이런 태도는 오히려 어머니 눈에는 주도성이 부족한 모습으로 비쳐 "왜 아직도 어린아이처럼 매달리니? 그 정도는 스스로 결정하고, 해낼 수 없니?"와 같은 잔소리와 지적으로 되돌아온다.

결국 학생은 가정에서는 어머니에게 인정받지 못한다는 불안과 긴장 속에서 '더 잘해야 한다'라는 압박을 안고 살아가고, 학교에서는 자신의 호의를 당연하게 여기는 친구들에게 화를 내지 않기 위해 감정을 억누르며 지내는 이중의 스트레스에 처해 있다.

따라서 친구들에게 지나치게 맞추고, 희생하며 자신의 감정을 숨긴 채 참고 견디는 태도는 언뜻 배려처럼 보일 수 있지만 실제로는 관계에 도움이 되지 않고, 오히려 친구들에게 부담이나 거리감을 줄 수 있다는 점을 인식하도록 도와야 한다.

대신 적절한 친절과 배려 속에서 자신이 허용할 수 없는 농담이나 장난을 분명히 알림으로써 친구들이 조심할 수 있도록 하는 것이 서로에게 건강한 관계를 유지하는 데 더 도움이 된다는 것을 깨닫게 할 필요가 있다.

또한 어머니의 인정과 칭찬만을 바라보며 불안과 서운함에 사로잡혀 있기보다는 스스로 의미 있다고 생각하는 목표를 세우고, 그 길을 꾸준히 걸어가며 자신을 믿고, 응원하는 태도가 필요함을 알려주어야 한다. 이런 변화가 반복되고, 작은 성취가 쌓이다 보면 자신에 대한 만족감은 물론 어머니의 신뢰와 지지도 자연스럽게 얻게 될 것이다.

③ 담임교사에게 피드백 주기

"이 학생은 책임감이 강하고, 성실하며 약속을 잘 지키는 데다 배려심도 깊어 기본적으로 또래와 큰 충돌 없이 원만한 관계를 유지할 수 있는 자질을 갖추고 있습니다. 하지만 현재는 이러한 강점이 충분히 발휘되지 못하고, 오히려 자신을 힘들게 하는 방향으로 나타나고 있습니다.

'친해도 지켜야 할 예의는 있다'라는 뚜렷한 기준을 갖고 있는 만큼 자신이 친절과 호의를 보여 온 친구들이 그것을 당연하게 여기며 점차 '선을 넘는' 말과 행동을 보일 때 존중받지 못한다는 생각에 강한 스트레스를 경험하고 있습니다.

문제는 이 학생이 성격상 "적당히 해" "그런 말은 싫다"라는 표현을 하지 못하고, 속으로만 담아두며 감정을 억누른다는 점입니다. 계속 참고 참다가 어느 순간 폭발적으로 짜증이나 분노를 드러내고, 그 결과 친구들로부터는 '언제 화낼지 모르는 친구' '예측 불가능한 성격'이라는 평가를 받게 되면서 관계에 갈등이 생기는 악순환이 반복되고 있습니다.

결국 '완벽하게 잘해주는 친구'라는 이미지를 유지하려는 모습이 오히려 관계를 어렵게 만들고 있는 셈입니다. 따라서 친구들과의 관계 속에서 겉으로는 밝고, 친절한 모습을 보이지만 내면에서는 선을 넘는 친구들에 대한 불편함을 억누르는 어려움을 경험하고 있습니다.

가정에서도 어머니로부터 인정받고 싶어 하는 욕구가 매우 강해 행동의 많은 부분이 어머니의 기대에 맞추어져 있습니다. 칭찬을 받으면 힘이 나지만 기대에 미치지 못한다고 느끼면 금세 좌절하거나 포기하는 모습도 보입니다. 어머니에 대한 인정 욕구가 성취동기로 작용하기도 하지만 동시에 지속적인 압박과 스트레스로 이어지기도 합니다.

어머니처럼 능력 있고, 문제해결력이 뛰어나 주변으로부터 인정받는 사람이 되고 싶지만 그만큼 따라가지 못하는 스스로의 모습에 실망하고, 자신보다 여러 면에서 어머니에게 인정받는 동생에 대한 열등감도 커, 늘 긴장과 스트레스 속에 살아가는 듯합니다.

또한 친구 관계에서 느끼는 어려움이나 진로에 대한 고민을 털어놓을 때도, 어머니로부터 따뜻한 위로와 공감을 기대하지만 현실적인 조언과 냉정한 평가 그리고 동생과의 비교가 돌아오는 경우가 많아 자주 서운함과 외로움을 느끼고 있습니다.

이 학생이 더욱 건강한 방향으로 나아가기 위해서는 '칭찬받고, 인정받기 위한 보여주기식 목표'가 아니라 자신만의 가치와 미래를 반영한 목표를 세우고, 그 목표를 향해 성실하게 노력하면서 그 과정에서 스스로를 격려하고, 믿어주는 태도가 필요해 보입니다.

또한 친구 관계에서는 지나치게 엄격한 원칙이나 기준으로 상대를 평가하거나 비판하기보다 그러한 태도를 완화하고, 친구의 장난이나 농담을 여유 있게 받아들일 수 있도록 지도할 필요가 있습니다.

아울러 자신을 지나치게 희생하기보다 감당할 수 있는 범위 안에서 배려하고, 도움을 주는 방식을 배우도록 돕는 것이 중요하죠. 과도한 친절이나 희생적인 태도는 오히려 친구에게 부담이 될 수 있으며 자신도 노력에 비해 충분한 보상이 돌아오지 않을 때 상처받거나 서운함을 느끼고, 감정적으로 지칠 수 있기 때문입니다.

이러한 감정이 누적되면 관계에 거리감이 생길 수 있으므로 학생이 스스로 감정의 변화를 인식하고, 관계 속에서 과도하게 몰입하지 않으며 자신을 조절할 수 있도록 지도해 주시면 좋겠습니다.

더 나아가 감정을 건강하게 표현하고, 상황에 맞게 조절하는 방법을 익힐 수 있도록 지도해 나간다면 이 학생은 자신의 리더십과 따뜻한 성향을 긍정적으로 발휘하며 또래들에게 좋은 영향을 미치는 존재로 성장할 수 있을 것입니다."

6) 사례 6(중3 여학생) "친구들은 한심하고, 수준 떨어져요."

이고/오케이그램

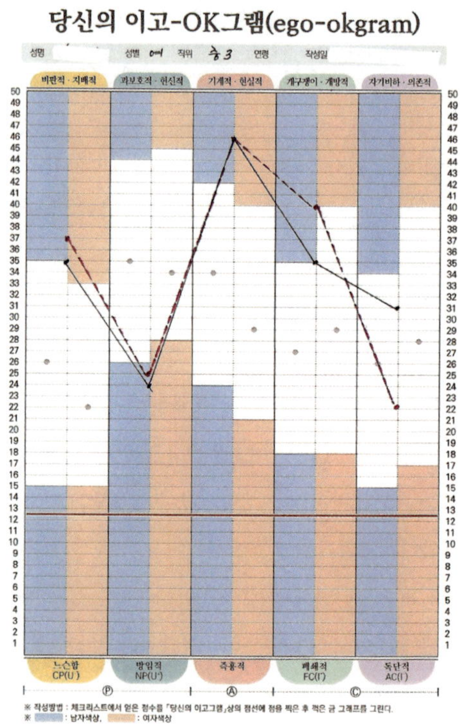

풍경구성법	빗속의 사람

① 이고-오케이그램과 그림검사를 통한 성향 분석

이고그램을 살펴보면 NP를 제외한 CP, A, FC, AC 에너지가 모두 높은 가운데 특히 A 자아가 46점으로 가장 높게 나타난다. 이 에너지가 긍정적으로 발휘된다면 이 학생의 가장 두드러진 특징은 이성적이고, 합리적인 태도이다. 어떤 일을 선택하거나 결정할 때 감정이나 관계에 휘둘리기보다는 공과 사를 명확히 구분하며, 객관성과 효율성을 바탕으로 판단을 내릴 가능성(높은 A)이 크다.

즉, 아무리 친한 친구라 하더라도 본인에게 불필요하거나 부담이 되는 부탁은 분명히 거절할 수 있으며 이를 효율적이고, 현실적인 선택으로 받아들일 수 있는 태도를 지니고 있다. 즉흥적으로 행동하기보다는 미리 계획을 세우고, 상황을 객관적으로 따져보며 신중하게 움직이고, 합리적으로 문제를 해결하려는 태도(높은 A)를 가진다.

또한 순간적인 욕구나 즐거움에 휩쓸리기보다 이성적으로 사고하고, 판단하여 합리적이고 미래지향적으로 행동할 수 있으며, 높은 FC의 에너지를 스스로 조절(높은 A)할 수 있다. 여기에 더해 자신만의 기준이 뚜렷해 규칙과 약속을 잘 지키며, 성실하고, 책임감 있는 학생으로 평가받을 가능성이 크다. 아울러 어른들에게 공손하고, 예의 바른 행동을 실천하는 태도(높은 CP) 역시 돋보인다.

다만 일상을 계획적으로 관리하고, 원칙 중심으로 살아가는 편이라 융통성이 부족하거나 지나치게 엄격해 보일 수 있으며 때로는 재미없는 삶을 살아가는 것(높은 CP)처럼 느껴질 수도 있다. 그러나 높은 FC 에너지는 이러한 경직됨에 '놀 줄 아는 여유'와 활기를 더해주며 긴장을 완화하고, 균형을 찾는 데 중요한 역할을 할 수 있다.

하지만 이러한 에너지들이 생활 속에서 부정적으로 사용될 경우 전혀 다른 모습으로 나타날 수 있다. A 자아가 지나치게 강하게 작용하면 감정은 배제된 채 효율과 결과만을 중시하게 되어 사람보다 일이 우선인 차가운 사람처럼 비칠 위험이 있다. 이에 따라 주변에서는 감정이 없거나 지나치게 기계적이고, 냉정한 친구로 오해할 우려도 있다.

또한 또래와의 관계에서도 마음을 깊이 나누며, 친밀감을 느끼기보다는 다소 표면적이고, 형식적인 관계를 유지하게 될 가능성이 있다. 높은 CP와 FC에 더해 A 자아까지 강하게 작용하면 자신만의 기준과 원칙을 논리적으로 정당화하면서 친구를 판단하고, 감정이나 생각을 직설적이고, 냉정하게 표현하는 경향이 나타날 수 있다.

이때 표현 방식 역시 감정보다 이성과 논리를 우선시하는 태도로 드러나기 때문에 친구들 입장에서는 '정이 없고, 차갑다' '상처 주는 말도 서슴지 않는다' '감정 없는 로봇 같다'라는 인상을 받을 수 있다.

이러한 모습은 친근감보다는 거리감을 만들며, 친구들이 편하게 다가가기보다 조심하거나 피하게 만들 수 있고, 그 결과 관계 속에서 외로움을 겪게 될 가능성이 있다. 사람들과 의견을 주고받을 때 감정적으로 격해지지는 않지만 상대방 입장에서는 마치 취조를 당하거나 추궁받는 듯한 느낌을 받을 수 있다(높은 A).

이 과정에서 자신이 무능하거나 잘못해서 꾸중을 듣는 것 같은 기분이 들어 자존심에 상처를 받는 친구들도 있다. 그러나 지나치게 논리적이라 어떻게 반박할 수도 없다.

하지만 본인은 그런 감정을 잘 이해하지 못하고(낮은 NP) 상대가 왜 그렇게 느끼는지조차 인식하지 못하기 때문에 오해가 생긴 관계를 회복하지 못한 채 갈등으로 이어지는 경우가 생기곤 한다. 또한 FC 에너지에 비해 AC 에너지가 낮다 보니 관계에서도 상대의 의견에 맞추기보다는 자기 생각과 방식을 끝까지 고집하는 경향이 있다.

이러한 태도는 타인의 말을 잘 받아들이지 못하거나 분위기에 쉽게 어울리지 못하는 모습으로 나타나 결국 주변과 어색해지고, 혼자 겉도는 상황으로 이어질 수 있다. 무엇보다 높은 A와 CP는 또래 친구들을 속으로는 '한심하다'라거나 '수준이 낮다'라고 판단하게 할 수 있다.

자신은 지적 호기심이 많고, 효율성을 중시하다 보니 친구들이 나누는 사소하고 일상적인 잡담조차 시간 낭비처럼 느껴지고, 그런 대화에 끼어드는 것 자체가 비효율적이라는 생각을 하게 된다. 이러한 모습은 자신의 원칙과 기준(높은 CP)에도 맞지 않아 '굳이 이런 만남을 지속해야 하나' 고민하게 만들 수 있다.

다만 새로운 인간관계를 맺는 것은 더 어렵고, 부담스럽다고 느끼기 때문에(낮은 NP) 마음에 들지 않더라도 현재 친구들과 관계를 유지하는 쪽을 선택하며 내적 갈등을 겪는 상황이 나타날 수 있다.

이고-오케이그램을 살펴보면 이 학생은 자신은 괜찮지만, 타인은 그렇지 않다(I'm OK, You're Not OK)는 인생 태도를 기본적인 관계 방식으로 취하고 있는 것으로 보인다. 즉, 내적으로는 '나는 문제없다'라는 확신을 하고 있으면서도 타인에 대해서는 '믿기 어렵고, 신뢰할 수 없다'라고 판단하며 경계하는 성향이 강하다.

이러한 태도는 관계 속에서 상대방을 쉽게 믿지 못하거나 방어적으로 대하는 모습으로 나타나며, 가까운 사이에서도 마음을 충분히 열지 못하고, 관계에 대해 쉽게 만족하지 못하는 특성으로 이어진다.

더 나아가 자신의 원칙과 기준에 어긋난다고 판단할 경우 그 사람을 비난하거나 비판적으로 바라보는 태도가 나타날 수 있다. 자신에 대해서는 늘 자신감 있고, 당당하게 행동하며 사람들 앞에서도 적극적으로 행동하는 모습을 보인다.

그러나 이러한 태도는 '세상에서 믿을 수 있는 건 결국 나뿐'이라는 타인에 대한 부정적 인식과 맞물리며 배려 없이 자신의 기준과 방식대로 밀어붙이는 독단적인 모습으로 이어질 위험이 있다. 이때는 다른 사람이 다소 손해를 보더라도 자기 뜻을 관철하려는 태도가 드러날 수 있다.

한편 CP가 U-보다 약간 낮고(CP 〈 U-), NP가 U+에 일치(NP = U+)하는 것으로 볼 때 속마음과 겉으로 드러나는 태도 사이의 차이가 거의 없어 타인에 대한 인식이나 평가가 행동에 그대로 반영되고 있는 것으로 해석된다.

또한 FC가 I+보다 조금 낮고(FC 〈 I+), AC가 I-보다 높은 것(AC 〉 I-)으로 볼 때 내면적으로는 자유롭고, 주도적으로 행동하고 싶은 욕구(FC)가 더 강하지만 실제 관계 속에서는 그래도 타인의 기대나 시선을 고려하여 상황에 맞게 스스로를 조절하고, 양보하는 태도를 보인다는 것을 의미한다.

즉, 겉으로 보이는 FC 에너지는 상당히 높지만 실제로는 타인을 위해 자신의 욕구를 누르고, 조절한 결과로 나타난 모습이기 때문에 본인은 스스로를 '많이 참고 양보하는 사람'이라고 여길 수 있다. 그러나 주변 사람들은 겉에 드러난 밝고, 당당한 태도만을 보고 '자신감 있고, 자기주장이 강한 사람'으로 받아들이기 쉽다. 이처럼 본인의 의도와는 달리 냉정하고, 배려심이 부족한 사람으로 보일 수 있으며 결국 자신을 오해하는 사람들과의 관계 속에서 혼란과 서운함을 경험하게 될 가능성이 높다.

이 학생은 'I'm OK, You're Not OK', 즉 자기 긍정–타인 부정의 인생 태도를 보이며 타인에게 엄격하고, 비판적인 태도를 보일 가능성이 높다. 감정 표현에는 서툴고, 관계보다는 효율성과 합리성을 우선시하며 자신의 의견을 강하게 주장하는 경향이 있어 또래 관계에서 갈등이나 불편을 겪을 수 있다. 이러한 내적 갈등과 정서적 긴장이 '**풍경구성법**'에도 반영되어 있는지 확인해 보고자 한다.

이 그림은 전체적으로 한적한 자연 풍경을 배경으로 하고 있지만 세부적인 표현에서는 정서적 거리감과 긴장감이 엿보인다. 풍경구성법에서 강은 주로 감정과 무의식, 생명력의 흐름을 상징하는 요소이다. 하지만 이 그림에서는 강의 흐름이 중간에서 끊겨 있는 형태로 나타나 감정이 원활하게 흘러가지 못하고, 내부에 머물거나 멈춰 있는 상태 혹은 자신의 감정을 충분히 표출하지 못하고, 억제하고 있는 심리 상태를 시사한다고 볼 수 있다.

다리는 무의식과 의식을 이어주는 통로를 상징하지만 그림 속 사람은 다리 위를 건너는 모습이 아니라 뒤편에 상체만 드러낸 채 서 있어 자신의 감정을 현실 속 관계에 충분히 연결하지 못하고, 일정한 거리를 둔 채 머물러 있는 심리 상태를 시사할 수 있다.

화면 곳곳에 흩어진 여러 그루의 나무는 자아상을 상징하는데 모두 가지 없이 잎만 표현된 모습은 관계 속에서 타인과의 소통이나 연결 확장에 어려움을 겪고 있음을 보여준다.

또한 나무를 한 그루가 아닌 여러 그루로 나누어 표현한 것은 자기 모습을 드러내는 것에 대한 부담감과 함께 내면을 숨기고, 심리적 거리를 확보하며 자신을 방어하고자 하는 태도가 반영된 것으로 이해될 수 있다.

오른편 산꼭대기에 작게 표현된 집은 편안함과 안정감을 주는 공간이 자신에게는 멀고 낯선 존재처럼 느껴지고 있음을 보여준다. 즉, 일상에서 기댈 수 있는 안전한 보금자리가 부재하거나 충분한 돌봄을 받지 못하고 있다는 내면의 정서를 반영한 것으로 해석할 수 있다.

산에 난 좁은 길은 앞으로 나아가는 과정의 어려움을 상징하며, 목표를 향해 가는 해결책은 존재하지만 그 길이 쉽지 않고, 제한적이라는 내면의 인식을 보여준다.

새는 현실을 벗어나고자 하는 자유에 대한 욕구를 상징하며, 하늘 위로 날고 있는 경우 현재 상황에서 벗어나고자 하는 마음이 드러난 것으로 볼 수 있다. 반면 땅 가까이에 있는 새는 겉으로는 현실에 머물고 있지만 속으로는 자유를 꿈꾸고 떠나고 싶어 하는 내면을 반영하는 것으로 볼 수 있다.

전체적으로 볼 때 관계에 참여하고 있는 듯 보이지만 실제로는 감정을 드러내지 않고, 거리를 둔 채 관찰자처럼 머물러 있는 모습 그리고 정서적인 단절과 고립감이 그림 속 배치와 상징을 통해 나타나 있다.

'**빗속의 사람**' 그림에서도 이러한 어려움이 반영되어 있는지를 살펴볼 수 있다. 이 그림은 비를 피하고 있는 모습이지만 전체적으로 지치고, 우울한 분위기가 느껴진다. 비 내리는 풍경 속에서 건물 입구처럼 보이는 좁은 공간에 몸을 웅크리고 앉아 있는 사람을 통해 힘겹게 버티며 어려움을 이겨내고 있는 심리 상태가 표현되고 있다.

사람은 우산이나 우비를 준비하고, 적극적으로 비를 피하는 것이 아니라 단지 건물의 처마 아래에 조심스럽게 몸을 숨긴 채 소극적으로 현실을 버티고 있는 모습을 보여준다.

옆모습으로만 표현된 얼굴은 감정을 드러내거나 도움을 요청하기보다는 혼자 견디며 내면에 머물러 있는 듯한 인상을 준다. 비가 그치기만을 기다리는 듯한 슬픈 눈빛은 도움을 요청할 외부의 자원도 없고, 스스로 극복할 에너지도 부족한 상태에서 그저 버티고 있는 모습을 상징적으로 보여주고 있다.

위쪽에 드리운 짙은 먹구름과 빗줄기는 정서적 압박과 스트레스를 상징하며, 사람은 그 속에서 무엇을 어떻게 해야 할지 방향을 잡지 못한 채 앞으로 나아가지도 못하고, 그저 상황이 끝나기만을 기다리고 있는 듯한 모습이다. 따라서 이 그림은 외롭고, 지친 상태에서 우울감과 무력감을 안고 있는 모습을 담고 있으며, 적극적으로 문제를 해결하기보다는 참고 버티려는 소극적인 태도가 두드러진다.

이러한 표현은 관계 속 갈등을 마주하는 데 어려움이 있음을 시사하며, 그로 인한 스트레스를 외부에 표출하지 못한 채 혼자 감내하며, 하루빨리 상황이 끝나기만을 바라는 내면의 소극성을 반영하고 있다.

이고-오케이그램과 그림검사를 종합해 보면 이 학생은 높은 CP와 A가 결합하여 지나치게 계획적이고, 체계적이며 자신의 높은 기준과 원칙을 논리적으로 무장해 친구들을 가르치려 하거나 설득하며 조언이나 충고를 제공하는 치밀함, 신중함이 두드러지는 반면 NP가 낮아 친구들 말을 경청하고, 공감하며 감정을 교류하고, 나누는 태도가 충분히 발휘되지 못해 대인관계에서 오해와 갈등이 발생하기 쉽다.

지나치게 효율성과 합리성을 따지며 친구들과의 일상적인 대화에서조차 의미를 찾으려 하고, 의미 없는 이야기를 나누는 친구들에 대해 무시하는 말이나 행동을 함으로써 상처를 주거나 '잘난 척한다' '재수 없다'라는 평가를 받을 수 있다.

'자기 긍정-타인 부정'의 기본 태도는 타인에 대한 불신으로 이어지며 자신을 믿고, 자기만 신뢰하게 되면서 이러한 인식과 정서는 관계 패턴에도 그대로 투영되어 나타난다. 이 과정에서 빚어지는 관계에 대한 갈등과 심리적 불편감은 그림에서도 확인되고 있다.

풍경구성법에서는 감정이 통제되고, 억제된 모습이 나타나며, 자신의 욕구와 잠재력이 충분히 실현되지 못하는 데서 오는 고민이 엿보인다. 외적으로는 강해 보이지만 그 이면에는 쉽게 드러나지 않는 내면의 취약성과 불안정함이 함께 표현되어 있다.

'빗속의 사람'에서는 결정과 선택의 순간에 쉽게 결정을 내리지 못하는 망설임과 고민이 드러나고, 충분한 대처자원이 없는 상태에서 느끼는 무력감이 표현되어 있다. 더불어 상황에 적극적으로 대응하기 어려운 내면의 상태가 나타나고 있으며, 우울감과 정서적 불편감이 표현되고 있다.

요약하면 학생의 그림에서는 감정을 억제하려는 태도, 방어적인 모습, 선택을 둘러싼 갈등, 보호 수단의 부재 등이 드러나며 이는 지속적인 긴장과 심리적 불편감을 겪고 있을 가능성을 시사한다. 프로파일과 두 그림 모두에서 외적으로는 강하고 능력을 드러내려 하지만 내면에는 관계에 대한 불안과 그로 인한 고민, 그리고 우울이 나타나고 있다.

따라서 이러한 특성을 개선하기 위해서는 CP는 비난보다 차이를 존중하는 방향으로 기준을 세우고, FC는 즉흥적이거나 개인적인 표현보다 협력과 배려가 담긴 긍정적인 표현으로 확장해 나갈 수 있는 교육적 접근이 필요하다. 또한 NP적 성향을 기르고, AC를 활용해 타인의 감정을 이해하고, 타인의 기대에도 부응할 수 있는 노력이 필요해 보인다.

② 학교생활에 나타난 학생의 호소문제

이 학생은 학교에서 친구들로부터 '재수 없다' '잘난 척한다'라는 평가를 받으며, 가까웠던 친구들과도 점차 거리가 생겨 힘든 학교생활을 하고 있다. 이러한 평가는 학생의 높은 A 자아와 관련이 깊은 것으로 보인다.

조별 활동이나 토론 시간에 늘 논리성과 타당성을 중시하며, 친구들의 발언에 "왜?" "어떻게?" "그 말에 근거가 뭐야?" "그건 논리적으로 맞지 않아" "너무 비효율적이야" "좀 이성적으로 생각해봐"와 같은 말을 자주 하며 하나하나 따지고, 반박(높은 A 관련)한다.

본인은 단순히 주제를 깊이 이해하고 싶어서 한 질문이지만 딱딱하고, 사무적인 말투 때문에 친구들이 무안해하거나 불편함을 느끼는 경우가 많다. 또한 대화가 토론 주제에서 벗어나 사소한 이야기로 흘러가면 곧바로 불편한 기색을 드러내며 "주제에 맞는 이야기를 하자"라고 지적(높은 A 관련)하곤 한다.

학생의 이러한 태도는 자기 원칙에 충실하고, 진지하게 임하는 긍정적인 모습으로도 볼 수 있으나 또래 관계 속에서는 '재미없고, 지나치게 진지하다'라는 인식을 심어주며 관계의 벽을 만드는 요인이 되기도 한다.

결과적으로 친구들은 이 학생을 '대화를 논쟁처럼 만들고, 논리로만 따지는 사람'으로 인식하며 부담을 가지고 그로 인해 학생 역시 의도와 달리 또래 집단 속에서 점점 거리감과 어려움을 경험하게 된다.

이 학생은 수업 시간에도 궁금한 점이 생기면 그냥 넘어가지 못하고, 친구들의 시선을 크게 의식하지 않은 채 궁금증이 풀릴 때까지 질문을 이어간다. 때로는 선생님의 계산 실수나 설명상의 오류를 지적(높은 A 관련)하기도 하는데 본인은 어디까지나 궁금한 점을 확인하고자 하는 마음에서 한 행동이라 말하지만 일부 선생님은 당혹스러워하거나 불쾌하게 받아들이기도 한다.

또한 친구들이 주제에 대해 깊이 이해하지 못한 채 토론하는 모습을 보면서 실망하거나 불만을 품기도 한다. 친구들과 어울릴 때도 마찬가지로 잘 모르는 학생에 대한 뒷담화나 최근 쇼핑한 물건 이야기, 좋아하는 연예인의 사생활과 같은 사소한 대화가 오가면 시간을 허비하는 것처럼 느껴지고, 왜 그런 무의미한 대화를 나누는지 이해하기 어렵다(높은 A 관련).

결국 대화에 어울리지 못한 채 듣다가 참지 못하고, 현실적인 조언이나 충고를 건네는 일이 많아지면서 친구들이 불편해하거나 기분이 상하는 경우가 잦아진다. 이 학생은 CP 에너지 역시 높아 그런 친구들의 행동이 더욱 눈에 거슬리고, 마음에 들지 않으며 때로는 짜증이 나고 분노가 느껴진다.

친구를 뒷담화하는 것, 고등학교 진학이나 대학입시에 도움 되지 않는 대화를 하는 것, 계획에 따라 움직이지 않고 즉흥적으로 행동하는 것, 약속을 지키지 않는 것 등은 이 학생의 기준에 맞지 않았다.

이런 불만을 속으로만 삭이지 않고, 직접적으로 표현하며 그 말투가 강하고, 직설적으로 전달(높은 CP, FC 관련)되면서 친구들 입장에서는 자신의 의견이 무시되거나 비난받는 듯한 느낌을 받아 자존심이 상하곤 했다.

"야, 잘 모르는 친구를 뒤에서 뒷담화하는 게 무슨 의미가 있니? 우리한테 아무런 도움이 되지 않아" "수행평가 준비는 안 하니? 제출일이 며칠 남지 않았잖아. 자료를 준비해서 같이 해보자. 너희들은 걱정도 되지 않니?" "나는 연예인들의 생활 따위 관심 없어. 그 사람이 연애를 하든 말든 그게 우리랑 무슨 상관이야?" "그건 감정 낭비인 것 같아. 현실적으로 생각하고, 이성적으로 판단해야 해."와 같은 발언은 논리적으로는 타당하지만 듣는 사람에게는 불편함을 주거나 마음을 상하게 할 수 있다.

이 학생은 점점 친구들이 한심하게 느껴지고, 공부에 도움이 되지 않는 친구들과 계속 어울려야 할지 아니면 관계를 끊어야 할지 고민하기 시작했다. 이는 '자기 긍정, 타인 부정(I'm OK, You're Not OK)'이라는 인생 태도와 연결되며 자신에 대해서는 신뢰감을 가지지만 타인에 대해서는 불신을 바탕으로 바라보는 경향으로 나타난다.

또한 이러한 마음의 인식 태도가 CP 에너지와 맞물리면서 친구들에 대한 비판적 태도로 드러나게 된다.

학생은 친구 관계에서도 효율성과 합리성을 중시하며 자신에게 도움이 되는지를 기준으로 관계를 판단하고, 이익이 된다고 생각되는 선택만 하려는 태도를 보인다. 그 결과 현재의 친구들과 관계를 계속 유지해야 할지, 아니면 거리를 두어야 할지 갈등하고 있다. 왜냐하면 지금 함께 지내는 친구들이 자신의 학교생활이나 향후 고등학교 진학에 전혀 도움이 되지 않는다고 판단되기 때문이다.

그러나 막상 이 친구들마저 끊어내면 학교에서 함께할 사람이 전혀 없어지고, 체육 시간처럼 협동 활동이 많은 수업에서는 혼자가 되어 어려움을 겪을 수 있다. 또 급식 시간에 혼자 밥을 먹게 되면 다른 친구들의 시선을 의식하게 되어 불편함을 느낄 수 있다는 생각이 들어 관계를 단번에 정리하기도 쉽지 않다(높은 A 관련).

또한 새로운 친구를 사귈 자신도 없다. 낮은 NP 에너지로 인해 먼저 다가가거나 친밀감을 형성하는 데 어려움이 있다는 사실을 본인도 잘 알고 있기 때문이다. 친구들과의 관계를 이어가면 무의미한 대화와 비효율적인 시간을 보내야 할 것 같아 마음이 불편하고, 반대로 관계를 끊어내자니 홀로 지내야 할 학교생활이 두렵고, 불안해 이러지도 저러지도 못한 채 깊은 내적 갈등을 겪고 있다.

그러는 사이 친구들은 이 학생의 감정 없는 무뚝뚝하고 사무적인 말투, 끊임없이 따지듯 던지는 질문, 그리고 자신만 똑똑하고, 잘난 것처럼 행동하며 은근히 무시(높은 A 관련)하는 태도에 점차 불만을 가지기 시작했다. 또한 자기 생각과 원칙을 논리적으로 정당화하며 따라주기를 요구하는 태도(높은 CP 관련)에도 거부감을 느꼈다.

이 학생은 언제나 '좋다, 싫다'보다는 '옳다, 그르다' '합리적이다, 비합리적이다' '맞다, 틀리다'라는 기준에 초점을 맞추어 공감보다는 조언과 충고를 앞세웠고, 이는 친구들을 불쾌하게 만들었다.

결국 친구들은 서로 불평과 불만을 나누기 시작했고, 자신들을 멀리하려는 마음을 알아차린 듯 이 학생을 배제한 채 모이기 시작했다. 관계는 점차 어색해졌으며 함께 있어도 불편하고, 부담스러운 분위기가 형성되었다.

물론 이 학생은 맡은 일을 성실히 수행하고, 논리적이고 조리 있게 말하며 현실적인 조언을 제공할 뿐 아니라 감정에 흔들리지 않는 차분하고, 쿨한 태도로 또래들의 부러움을 사기도 한다.

다만 이러한 태도 역시 일부 친구들에게 질투의 대상이 되어 부정적인 평가를 받거나, 직접적인 지적이나 차갑고, 무뚝뚝한 반응에 상처받은 친구들이 불만을 드러내며 관계에서 멀어지기도 했다.

마음에 들지 않는 친구들이긴 하지만 자신의 선택이 아니라 친구들로부터 먼저 외면당하자 이 학생은 큰 충격을 받았고, 복잡한 감정이 교차하며 마음이 심란해졌다.

혼자 공부하며 잘 지낼 수 있다고 스스로를 위로해 보지만 곧바로 '체육 시간에 혼자 서 있어야 한다면?' '급식 시간에 혼자 밥을 먹게 된다면 다른 친구들이 이상하게 보지 않을까?'라는 현실적인 걱정이 밀려오면서 불안이 증폭되었다. 이처럼 소외될지 모른다는 생각은 학생을 더욱 압박했고, 자신에게 가장 합리적인 선택이 무엇인지 끊임없이 갈등하게 되었다.

고등학교 진학과 학업에 집중하기 위해 친구들과 거리를 두는 편이 나을지 아니면 먼저 오해를 풀고, 예전처럼 사소한 대화를 나누며 그다지 만족스럽지 않은 관계라도 이어가야 할지, 어느 쪽도 쉽게 선택할 수 없는 갈림길에서 깊은 혼란에 빠져 있었다. 결국 어떤 선택을 하든 잃는 것이 있다는 불안감 속에서 자신이 진정으로 원하는 것이 무엇인지조차 확신하지 못한 채 심리적 방황을 계속하고 있었다.

따라서 이 학생에게는 친구를 대할 때 지나치게 효율성과 합리성만을 따지기보다 서로의 입장을 이해하고, 마음을 헤아리는 것이 중요함을 인식하도록 해야 한다. 또한 현실적인 정보나 조언을 건네기 전에 친구의 말에 공감해 주고, 자기 생각을 전달할 때도 부드럽고, 다정한 말로 표현할 수 있도록 지도하는 것이 필요하다.

아울러 원칙과 기준 그리고 합리와 이성에 치우쳐 지나치게 계획적이고, 체계적으로만 지내는 학교생활 속에서 이 학생의 강점인 높은 FC를 활용해 자유와 재치, 즉흥성을 발휘하며 조금 더 편안하고, 여유 있는 마음을 가질 수 있도록 도와주는 것도 중요하다. 이러한 과정을 통해 친구들 사이에서 생긴 오해나 갈등을 줄이고 보다 친밀하고, 안정적인 대인관계를 형성해 나갈 수 있을 것이다.

③ 담임교사에게 피드백 주기

> "이 학생은 자기 생각과 기준이 분명하고, 논리적인 사고가 강한 편입니다. 그래서 토론이나 대화 상황에서 상대방의 말에 근거가 부족하다거나 논리적이지 않다고 판단되면 곧바로 질문을 던지거나 반박하는 경향이 있습니다. 본인은 단순히 궁금하고, 더 깊이 이해하고 싶어서 한 말일 수 있지만 친구들 입장에서는 지적받는 것처럼 느껴지다 보니 불편해하거나 기분이 상하는 경우가 많습니다.
>
> 또래 관계에서 재미보다는 효율성과 합리성을 중요하게 여기다 보니 친

구들이 나누는 가벼운 대화나 사소한 이야기를 시간 낭비라고 생각하고, 동참하지 못합니다. 그러다가 결국 현실적인 충고나 조언을 던지게 되고, 이런 모습이 반복되면서 친구들 사이에서는 점점 '함께 있기에 부담스러운 친구'라는 인식이 생긴 것으로 보입니다.

그 결과 가까웠던 친구들과도 점차 거리가 생기고 최근에는 배제되는 경험까지 하면서 학생 스스로 큰 충격을 받고, 현재 어떤 선택을 해야 할지 고민하고 있습니다.

선생님께서도 알고 계시겠지만 이 학생은 분명히 강점이 많은 학생입니다. 맡은 일을 끝까지 책임지고, 성실하게 수행하며 감정의 기복 없이 차분하고, 진지하게 행동하는 긍정적인 태도가 잘 드러납니다.

그러나 이러한 특성이 친구들에게는 자칫 혼자 잘난 체하는 태도로 비칠 수 있고 다소 딱딱하고, 감정이 배어 있지 않은 말투 때문에 의도치 않게 상처를 주기도 합니다. 이런 모습이 반복되면서 또래 관계에 부정적인 영향을 미치고 있는 것으로 보입니다.

그래서 최근 겉으로는 당당하고, 의연해 보이지만 사실 내면에는 '혹시 혼자가 되지는 않을까?' 하는 불안과 두려움 속에서 깊은 갈등을 겪고 있는 것으로 보입니다. 따라서 이 학생이 가진 강점을 살리면서도 또래 관계에서 조금 더 유연하게 소통할 수 있도록 도와줄 필요가 있습니다.

이 학생에게는 지나치게 계획적이고, 완벽함만을 추구하는 생활 패턴에서 벗어나 조금은 여유를 가지고, 자신을 위한 쉼과 재충전의 시간을 갖는 경험도 필요하다는 것을 알려주어야 합니다.

모든 것을 효율성과 성취 중심으로만 바라보지 않고, 때로는 별 의미 없는 활동 속에서도 즐거움과 만족을 찾을 수 있다는 것을 알게 해 주는 것이 중요합니다. 또한 친구들의 이야기가 다소 수준 낮게 느껴지거나 비합리적으로 보일지라도 곧바로 지적하거나 충고하기보다는 먼저 경청하는 태도를 보이도록 지도할 필요가 있습니다.

공감과 수용이 선행될 때 관계 속에서 발생하는 갈등이 완화될 수 있으며, 친구들도 이 학생을 부담스러운 존재가 아닌 함께 어울릴 수 있는 친구로 느끼게 될 것입니다.

아울러 혼자만의 책임감과 원칙에만 매여 있지 않고, 학업만큼이나 중요한 또래 관계에도 관심을 기울이도록 격려하는 것이 필요합니다. 친구들과의 교류 속에서 얻는 소속감과 정서적 지지는 학생의 성장과 학교생활 적응에 큰 힘이 될 수 있음을 인식하도록 도와주어야 합니다."

7) 사례 7(고1 여학생) "조별 수업이 너무 힘들어요."

이고/오케이그램

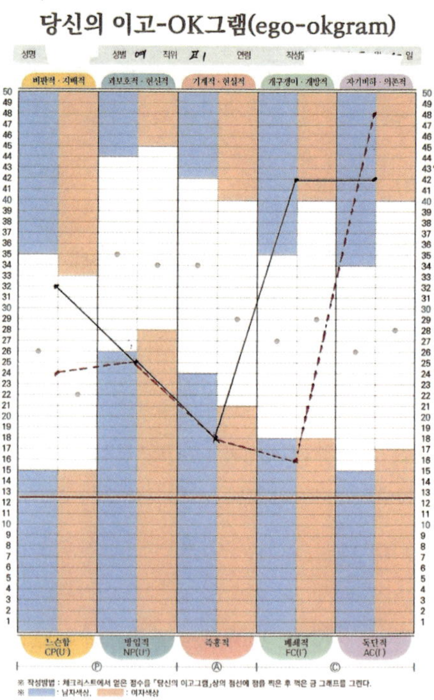

풍경구성법	빗속의 사람

① 이고-오케이그램과 그림검사를 통한 성향 분석

이고그램을 살펴보면 CP(비판적 어버이 자아), FC(자유 어린이 자아), AC(순응 어린이 자아)가 높게 나타나는 반면 NP(양육적 어버이 자아)와 A(어른 자아)는 상대적으로 낮게 나타난다. 이러한 결과를 토대로 학생의 성향을 예측해 보면 먼저 학교생활에서는 교칙을 지키고, 과제를 책임감 있게 수행하며, 교사의 지도를 충실히 따르는 태도로 신뢰를 얻을 가능성(높은 CP)이 크다.

또한 밝고, 긍정적인 성격으로 자신감을 드러내며 수업 발표나 학교 행사에 적극적으로 참여해 활기찬 모습을 보일 것이다. 호기심이 많고, 관심 분야가 다양해 여러 활동을 시도하는 열정을 지니며 학급 분위기를 밝고, 유쾌하게 만드는 데 기여(높은 FC)할 수 있다.

더불어 새로운 아이디어를 제시하고, 창의적으로 문제를 해결하는 능력과 함께 미술, 음악, 연극 발표와 같은 예술적 표현 활동에서 재능을 발휘하는 모습도 기대할 수 있다. 이 학생은 예상치 못한 상황에서도 순발력 있게 대처하며 재치를 발휘할 가능성이 높고, 학교생활 전반에서 유쾌하고, 활발한 이미지(높은 FC)를 형성할 것으로 기대된다.

그러면서도 이 학생은 독단적으로 결정하기보다는 친구들과 의견을 나누고, 합의된 결정을 따르며, 고집을 부리기보다 타협과 양보를 통해 조화를 이루려는 태도(높은 AC)를 보인다. 아울러 자신의 즐거움과 욕구를 충족하면서도 주변의 기대를 살피고, 타인의 요구에도 부응하려는 모습(높은 AC)을 드러낸다. CP, FC, AC가 동시에 높게 나타날 때 이 학생의 세 자아가 서로의 약점을 보완하며, 긍정적인 시너지를 발휘할 가능성이 크다.

원리와 규범만을 고집하다 자칫 융통성이 부족하고, 고리타분해질 수 있는 CP는 FC의 유쾌함과 자유로움이 더해지면서 보다 유연하고, 여유 있는 태도로 나타날 수 있다. 반대로 이 학생은 충동적이고, 즉흥적인 행동을 보이거나 쾌락과 욕구 충족에 빠질 수 있는 FC의 성향을 CP의 기준과 원칙이 잡아 주어 행동의 경계를 세우고, 방향성을 찾게 될 가능성이 크다.

또한 FC가 강하게 나타나 지나치게 당당하고, 자기주장만 앞세워 교만해질 위험이 있으나 AC가 이를 조율해 주기 때문에 보다 건강한 자신감으로 표현될 것이다. 아울러 AC가 지나치게 순응해 비굴해 보일 수 있는 부분은 FC의 자신감과 적극적인 표현력 덕분에 당당하면서도 겸손한 태도로 드러날 가능성이 높다.

따라서 이 학생은 원칙과 기준을 지키며, 책임 있는 태도로 생활하는 동시에 자유롭고, 창의적인 에너지를 발휘하여 학급과 학교생활에 활력을 불어넣고, 타인의 입장을 고려할 줄 아는 성숙한 자세를 지닌 학생으로 평가받을 가능성이 크다.

그러나 이 에너지들이 부정적으로 작용한다면 이 학생은 자신과 타인에게 자기만의 '옳고 그름'에 따른 기준과 엄격한 잣대를 적용해 평가하려는 경향을 보일 수 있으며, 이러한 기준에 맞지 않는 경우 비판적이거나 비난하는 태도(높은 CP)로 이어질 가능성이 있다.

그 결과 주변에서는 마음에 드는 친구들보다 오히려 행동이 이해되지 않거나 눈에 거슬리는 친구들이 더 많이 보이고, 그들과 함께 수업하며 학교생활을 이어가야 한다는 사실 자체가 큰 부담이자 스트레스로 작용할 수 있다.

자기와 다른 생각이나 행동, 가치관을 가진 사람들을 '다름'이 아니라 '틀림'으로 간주해 이해하고, 수용하기보다 비판하고, 거부하며 불필요한 갈등을 일으킬 가능성이(높은 CP) 크다. 이러한 태도는 또래 관계에서 마찰을 일으키고, 학생 자신에게도 불필요한 긴장과 불만을 쌓이게 하여 학교생활 전반을 힘들게 할 가능성이 크다.

또한 문제 상황을 이성적으로 분석하고, 현실적으로 해결하는 능력이 부족(낮은 A)하며 즉흥적이고, 충동적인 행동(높은 FC)으로 후회를 경험할 가능성도 크다. 게다가 자기주장을 드러내고, 욕구를 충족하려는 힘(높은 FC)과 타인의 의견을 받아들이고, 협력하려는 힘(높은 AC)이 서로 부딪히면서 생활 속에서 불편함과 내적 긴장을 경험할 수 있다.

예를 들어 기본이 부족하거나 잘못된 행동을 하는 친구에게 화를 내고 싶지만(높은 FC) 곧바로 '그러면 안 돼. 친구들이 이상하게 볼 거야, 내가 말한다고 해결되는 것도 아니잖아'라는 AC의 목소리로 감정을 억누르게 되는 상황이 생길 수 있다.

결국 화를 내면 AC 때문에 마음이 불편하고, 참고 억누르면 FC의 영향으로 답답함과 짜증이 쌓여 스트레스로 이어지게 된다. 또 다른 경우에는 CP에서 비롯된 분노와 짜증이 FC의 행동력과 결합해 밖으로 드러나기도 하지만 때로는 AC의 억제력으로 인해 감정을 표현하지 못하고, 억누르며 인내하는 모습으로 나타날 수 있다.

이에 따라 편하고, 만만한 사람에게는 화를 내고 분노하지만 불편하고, 어려운 사람 앞에서는 억제하는 이중적인 태도를 보일 수 있고, 결국 일관성 없는 행동으로 비쳐 '감정 변화가 잦고, 예측이 안 되는 친구'로 평가될 가능성이 높다.

이고-오케이그램 분석 결과 이 학생은 'I'm Not OK, You're OK', 즉 '자기 부정-타인 긍정'의 인생 태도를 보이는 것으로 해석된다. 자기 자신에 대해서는 충분히 신뢰하지 못하고, 스스로를 약하고, 무지하며 무엇을 해도 실패할 것 같은 존재로 바라보는 부정적인 시각을 지니고 있다.

반면 타인에 대해서는 대체로 신뢰하고 믿으며, 그들이 사랑받을 가치가 있고, 뛰어나며 도움이 되는 존재라고 긍정적으로 인식하는 태도를 보인다.

따라서 이 학생은 다른 사람과 자신을 비교할 때 스스로 능력이 부족하고, 잘하는 것이 거의 없다고 느끼며, 현재의 삶이 행복하다고 확신하기 어려울 수 있다. 반대로 주변 사람들은 별다른 어려움 없이 지내고, 능력도 뛰어나, 자신보다 더 우월한 존재로 인식되기 쉽다.

이런 태도는 자신을 위축시키고, 자신감 있는 행동을 어렵게 만들며, 동시에 타인을 긍정적으로 인식함으로써 의존적이고, 수동적인 관계로 흐를 가능성이 있다.

다만 이 학생의 경우 타인부정(U-)과 타인긍정(U+)이 거의 비슷하게 나타나 자신에 대해서는 부정적인 인식이 뚜렷하지만 타인에 대한 인식은 명확하지 않을 수 있음을 고려할 필요가 있다.

특히 CP가 U-보다 더 높게 나타난 점(CP 〉 U-)을 보면 이 학생은 내면적으로 타인을 크게 비판하거나 부정적으로 바라보는 경향이 두드러지지 않는다. 그럼에도 실제 행동에서는 다소 엄격한 태도를 보이며 타인을 비판적으로 평가하거나 쉽게 신뢰하지 못하는 모습을 보인다.

이러한 태도가 약해 보이지 않으려는 방어적 노력에서 비롯된 것인지 또는 친구들과 주변 사람들이 원칙을 지키며 바르게 생활하도록 자신이 역할을 해야 한다고 여기는 책임감에서 비롯된 것인지 단정하기는 어렵다.

어떤 이유에서든 실제로 드러나는 태도는 내면의 의도와는 달리 기준과 잣대를 더 엄격하게 적용하는 모습으로 나타나 주변 사람들에게는 까다롭거나 비판적인 인상을 줄 수 있다.

또한 FC가 I+보다 높고(FC 〉 I+), AC가 I-보다 낮게 나타난 점(AC 〈 I-)을 보면 이 학생은 내면적으로는 자신이 약하고, 무엇을 해도 성공할 수 없으며, 사랑받을 가치가 없다고 느낀다. 그러면서 타인의 시선을 의식하며 매사에 눈치를 보고, 의존적인 마음을 가지는 경향이 나타난다.

그러나 실제 행동에서는 오히려 자신감 있고, 당당한 사람처럼 보이려 하거나 즐겁게 살아가는 것처럼 과장된 태도를 보이기도 하며 타인의 의견을 수용하지 않고, 고집스러운 모습을 드러내는 것으로 해석된다.

특히 FC와 I+의 차이가 과도하게 큰 경우 속마음과 겉으로 드러나는 행동 사이의 차이로 인해 일상에서 심리적 피로와 스트레스를 경험할 수 있다. 사실 우리의 일상에서도 자신의 본성과 다른 방식으로 행동할 때 쉽게 지치거나 힘들어지는 모습을 자주 볼 수 있다.

예를 들어 내향적인 사람이 외향적으로 보이기 위해 과도하게 적극적인 태도를 보이고, 대화를 주도하거나 여러 사람과 동시에 어울리며 억지로 웃고, 장난치다 집에 돌아오면 기가 빠져 지쳐버릴 수 있다.

반대로 본래 외향적인 사람이 내향적인 사람처럼 신중하고, 혼자 있으려 노력하며 말수를 줄이고, 조용히 지내다 집에 돌아오면 하고 싶었던 것을 하지 못한 답답함과 욕구불만이 쌓여 스트레스를 느끼게 된다.

이처럼 자신의 본성과 다른 방식으로 행동할 때 어려움이 생기듯 속마음과 겉모습 사이의 차이가 클 경우에도 마찬가지다. 즉 자신을 무능하고, 부족한 사람으로 여기면서도 겉으로는 무엇이든 할 수 있고, 아무 걱정 없는 행복한 사람으로만 보이기 위해 과도하게 행동한다면 이러한 불일치는 결국 큰 스트레스의 원인이 될 수 있다.

종합적으로 볼 때 이 학생은 내면의 인식과는 달리 친구들 앞에서 약해 보이지 않으려는 마음 때문에 강하고, 단호하게 말하거나 비판적으로 대응하며 또 한편으로는 유쾌하면서 장난기 있는 모습을 드러내어 당당하고, 자신감 있는 사람처럼 행동할 가능성이 크다.

'**풍경구성법**(**LMT**)'에서도 이 학생의 내면적 갈등과 심리적 어려움이 드러나고 있는지 살펴볼 필요가 있다. 이 학생은 마음에 들 때까지 스스로를 몰아붙이며 자신을 지치게 하고, 마음에 들지 않거나 눈에 거슬리는 친구들과는 관계를 맺지 못해 여러 상황에서 짜증과 분노를 경험하지만 그것을 직접 표현하지 못해 스트레스를 쌓아가는 경향이 있다.

반대로 가까운 가족이나 편안하고, 만만하게 느끼는 관계에서는 그동안 억눌러 온 불편한 감정을 직접 드러내며 갈등을 빚는 모습도 나타날 수 있다.

이러한 긴장과 갈등의 양상이 풍경구성법 그림 속에서 어떻게 나타나고 있는지를 구체적으로 살펴보는 것은 학생의 내면을 이해하는 데 중요한 단서를 제공할 수 있다.

이 그림은 전반적으로 조용하고, 평화로워 보이지만 어딘가 허전하고, 공허한 느낌의 분위기를 드러낸다. 동시에 학생의 내면적 긴장과 불안이 드러나 있어, 보는 이로 하여금 그림 속 사람에게서 우울한 정서를 느끼게 한다.

사람 뒤에 자리한 두 개의 산봉우리는 일상에서 느끼는 압박감과 부담을 상징하고, 그 위로 이어진 좁고 먼 길은 어려움 속에서도 나아갈 통로와 해결의 가능성이 있음을 보여주면서 동시에 갈 길이 멀고, 험하다고 느끼는 심리가 반영되어 있다.

온전하게 그려지지 못한 나무는 성장과 완성에 대한 자신감 부족을 암시한다. 또한 산 위에 아주 작게 표현된 집은 보호와 안정에 대한 욕구를 담고 있으나 실제로는 충분한 안정감을 주지 못하는 현실을 반영하며, 가정에 대한 불만이나 어려움이 있음을 보여주고 있다.

또한 사람은 눈, 코, 입이 없이 표현되어 자기표현의 어려움이나 감정을 드러내지 못하는 상태를 보여주고 있으며, 관계 속 소통의 어려움마저 드러내고 있다.

특히 사람이 바라보는 방향에 있는 밭이 수확물 없이 텅 비어 있다는 점은 학업이나 학교생활에서의 공허함과 성취 부족 그리고 스스로 충분히 해내지 못하고 있다는 불안을 반영한다. 겉으로는 평온하고, 밝은 풍경을 그렸지만 세부 요소들의 표현을 살펴보면 학생 내면에 자리한 결핍과 소통의 어려움 그리고 불안과 긴장이 고스란히 드러난다.

결국 이 그림은 학생이 바라는 평온한 삶의 모습과 실제로는 채워지지 않은 내면의 현실이 대비되는 형태로 나타나 있다. 이는 곧 학생이 외부적으로는 평온하고, 밝아 보이려 하지만 내면에는 여전히 불안과 공허감을 품고 있음을 보여주는 그림이라 할 수 있다.

'**빗속의 사람**' 그림에서도 이 학생의 내면적 어려움이 드러난다. 상단에 치우친 그림은 현실적 기반이 약하고, 내적 긴장 속에서 충동적이거나 이상에 집착하며 현실에서 벗어나려는 심리를 드러낸다.

이는 정서적 불안정과 현실과의 괴리, 지나치게 높은 욕구나 포부로 인해 달성하기 어렵다고 느끼는 심리와 이어지며 동시에 사회적 상황을 회피하거나 현실과 마주하기 어려워하는 태도를 반영한다.

상체만 표현된 것은 자기 존재를 온전하게 드러내는 것에 대한 두려움과 자기표현의 어려움을 보여주며 현실에 적응하지 못하고, 안정감을 느끼지 못한 채 불안과 위축으로 인해 실제 행동으로 나아가는 데 어려움이 있음을 보여준다.

다른 곳에는 비가 표현되지 않고, 사람에게만 내리는 빗줄기는 학생이 외부로부터 자신을 지켜줄 보호막 없이 홀로 힘든 상황을 감당해야 한다고 느끼는 심리를 반영한다. 이처럼 자신에게 집중된 비는 현실의 어려움과 불안이 모두 자신에게만 쏟아지고 있다는 부담감을 상징하며, 그 결과 깊은 외로움과 고립감을 드러낸다.

또한 우산이나 우비 같은 보호 장치가 전혀 그려지지 않은 것은 학생이 외부의 도움이나 지지를 충분히 받지 못하고 있다고 느끼는 마음을 반영한다. 빗속에서 아무런 방어 수단 없이 있는 모습은 현실의 어려움에 무방비로 노출되어 있다는 불안감을 보여주며, 동시에 스스로를 지켜낼 힘이 부족하다는 무력감과 함께 고립된 심리를 드러낸다.

더불어 사람의 표정이 밝지 않고, 어둡게 표현된 것은 자신이 마주한 어려움과 스트레스를 어떻게 받아들이고 있는지를 보여주는 단서로 해석할 수 있다. 내면에 쌓여 있는 슬픔과 우울이 그대로 투영된 결과이며 결국 이 그림은 학생이 심리적 지지를 충분히 얻지 못한 채 혼자 어려움을 감당하며 정서적으로도 지치고, 고립된 상태에 놓여 있음을 잘 보여주고 있다.

따라서 이 그림은 학생이 내적으로 불안정한 상태에 놓여 있으며, 그로 인해 정서적 어려움과 대인관계의 위축을 동시에 경험하고 있음을 시사한다. 아울러 이상과 현실의 괴리 속에서 심리적 안정과 정서적 지지가 절실히 필요함을 드러낸다.

이고-오케이그램과 그림검사를 종합해 보면 이 학생은 자기 자신을 부정적으로 인식하고, 스스로를 신뢰하지 못하는 경향이 두드러진다. 때로는 욕구에 따라 하고 싶은 대로 행동하고자 하는 마음(높은 FC)과 그것을 억누르며 참으려는 마음이 동시에 작용(높은 AC)하면서 학생은 지속적인 내적 불편함을 경험한다.

그 결과 감정을 자유롭게 표현하지도 못하고, 완전히 억제하지도 못해 결국 갈등과 답답함이 주요한 호소 문제로 나타난다.

또한 내면적으로는 자신감이 부족하고, 스스로를 부정적으로 인식하면서도 겉으로는 괜찮은 척하며 자신감을 과장해 보이려는 경향(FC 〉 I+)이 나타나고 있다. 이러한 겉과 속의 불일치는 학생에게 심리적 피로와 긴장을 더욱 심화시키는 요인으로 작용한다.

학생의 내면적 태도가 그림에서도 그대로 반영되어 있다. '풍경구성법'에서는 내면적 긴장과 불안, 자신감 부족, 그리고 우울한 정서가 드러나 있으며 이는 학생이 안정감에 대한 욕구를 지니고 있으나 동시에 결핍과 불확실감을 경험하고 있음을 보여주고 있다.

'빗속의 사람'에서는 외부의 지지를 받지 못한 채 홀로 어려움을 감당해야 한다는 불안과 고립감이 표현되었으며, 자기표현의 제약과 정서적 위축이 강하게 드러났다.

이처럼 내면과 외면이 일치하지 못하는 모습은 한편으로는 규칙을 지키면서 밝은 이미지를 유지하려 하지만 다른 한편으로는 자신감 부족과 정서적 불안정으로 인해 관계 속에서 위축되고, 고립되는 양상으로 나타난다.

따라서 이 학생은 겉으로는 성실하고, 적극적인 모습으로 보일 수 있으나 실제로는 내면의 불안과 갈등을 감당하며, 심리적 피로와 스트레스를 경험하고 있는 것으로 해석된다.

② 학교생활에 나타난 학생의 호소문제

이 학생은 학교에서 특별히 친한 친구가 없다. 대화를 나누거나 필요한 것을 빌리거나 이동 수업 시간에 함께 다닐 친구조차 없는 상황이다. 그럼에도 불구하고 친구가 없다는 사실을 힘들어하지 않는다. 오히려 혼자 조용히 지내는 것이 훨씬 마음이 편하고, 관계가 틀어질까 봐 걱정하거나 다른 사람의 평가에 신경 쓰지 않아도 되기 때문에 만족스럽다(FC 〉 I+ 관련)고 말한다.

어차피 마음에 드는 친구도 없고, 굳이 친해지고 싶은 친구도 없으며 다른 친구들이 다가오는 것조차 바라지 않는다. 친구와 함께 어울리며 얻을 수 있는 즐거움보다 혼자 있는 것이 더 안전하고, 편안하다고 여기며 그 속에서 나름의 안정감을 찾고 있다.

혼자 지내는 것이 더 편하다고 말하는 이 학생에게 교실은 오히려 스트레스를 주는 공간이다. 주제 파악도 못 하면서 예쁜 여자만 좋아하고, 남녀 평등을 말하는 여자들을 무조건 페미니스트로 몰아붙이며 공격하는 남학생들의 존재 자체가 눈에 거슬리기 때문(CP 높음 관련)이다.

여기에 수업 직전에 부산스럽게 과제를 마무리하거나 거짓말을 하고, 교실 바닥에 쓰레기를 버리는 학생들까지 있어 같은 공간에 앉아 있는 것 자체가 불편하고, 그래서 교실을 빨리 벗어나고 싶다는 마음(높은 CP 관련)이 더욱 커진다.

마음속으로는 정직하지 못하고, 예의를 지키지 않는 학생들의 행동을 바로잡아 주고 싶지만 "쟤 왜 저래? 자기가 뭔데 이래라저래라야?"라는 말을 들을까 봐 두려워 행동으로 옮기지는 못한다. 더구나 '내가 말한다고 뭐가 달라지겠어? 괜히 나만 이상한 사람 취급받을 거야'라는 생각이 들어 결국 속으로만 삭이고(높은 AC 관련) 만다.

사실 이 학생은 감정을 밖으로 드러내고, 행동으로 표현할 힘(높은 FC 관련)이 충분히 있지만 동시에 다른 사람의 시선을 지나치게 의식하고, 자신에 대한 평가에 예민(높은 AC 관련)해 그것을 억누르려 한다.

결국 표현할 힘과 억제하려는 힘이 충돌하면서 내적 긴장과 갈등이 점점 더 커지게 된다. 그럼에도 불구하고 이 학생은 겉으로 늘 당당하고, 괜찮아 보이려 애쓴다. 혼자 다니더라도 친구들이 자신을 불쌍하게 여기거나 이상하게 바라보지 않도록 담담하게 행동하며, 스스로 잘 지내는 듯한 모습을 연출한다.

급식실에서 혼자 밥을 먹고, 음악을 듣거나 책을 읽으면서 오히려 혼자만의 시간을 즐기는 듯 행동하지만 이는 주변의 시선을 의식해 의도적으로 만들어낸 모습(FC 〉 I+관련)에 가깝다. 친구들과 어울리는 것보다 혼자 있는 편이 훨씬 편하다고 여기지만 그렇다고 학교생활이 힘들지 않은 것은 아니다.

특히 이 학생이 가장 부담스러워하는 순간은 조별 수업으로 다른 친구들과 함께 주제에 대해 토론하고, 발표 자료를 만들어야 하는 시간이 큰 두려움으로 다가온다. 토론과 자료 준비, 발표까지 함께해야 하는 활동이 두렵기 때문이다.

이 학생은 중학교 때 발표를 망쳤다는 이유로 "야! 너 때문에 우리 조 다 망했어"라는 비난을 받은 경험이 트라우마처럼 남아 있다. 그 기억 때문에 사람들 앞에서 자기 의견을 말하거나 발표하는 일이 여전히 두렵고, 고등학교에 올라와서도 조별 활동은 가장 힘든 시간으로 다가온다.

자신이 조별 과제를 망치지는 않을까 또 부족한 실력이 드러나 다시 비난받게 되지는 않을지 늘 불안(높은 AC 관련)해한다. 그래서 조별 수업이 예정된 날이면 전날부터 학교 갈 생각만으로도 가슴이 답답해지고, 짜증이 치밀어 오른다.

그럼에도 불구하고 지나치게 강압적인 어머니의 성향 때문에 결석은 꿈도 꾸지 못하고, 불안과 두려움을 안은 채 억지로 교실에 앉아 있어야 한다. 엄격한 기준과 완벽을 추구하는 태도를 타인뿐 아니라 자기 자신에게도 똑같이 적용(높은 CP 관련)한다. 그 결과 스스로를 바라볼 때마다 늘 부족하다고 느끼며, 기준에 도달하지 못한다고 생각한다.

무엇 하나 제대로 해내는 것이 없고, 누구에게도 쓸모 있거나 도움이 되는 존재가 아니라고 여긴다. 심지어 자기 생각이나 감정조차 신뢰하지 못하며, 그로 인해 자존감은 점점 더 낮아진다(I'm Not OK, You're OK 관련).

이런 인식 속에서 자신은 결국 누구에게도 사랑받지 못할 것이라는 부정적인 확신에 빠지고, 끝없이 스스로를 깎아내리며 미래에 대한 희망이나 기대를 품지 못한다. 미래를 준비해야 하는 중요한 시기임에도 불구하고, 자신은 늘 실패할 것이라는 두려움 때문에 새로운 도전을 시작하지 못한다.

이 학생은 미술 학원에서 가능성이 있다는 말을 듣고 입시 미술을 시작했지만 스스로 기대에 미치지 못한다고 생각해 결국 포기했다. 주변에서 아무리 인정하고, 칭찬해 주어도 본인이 납득하지 못하면 절대 받아들이지 않으며(높은 CP 관련) 늘 자신의 실력을 의심하고, 결과에 만족하지 못한다. 새로운 일에 도전하려는 의지가 약화하면서 결국 시도조차 하지 못하거나 중도에 포기하게 된다.

그 결과 진로 선택 과정에서도 자신감을 잃고, 결정을 내리기 어려워진다. 이는 무엇을 하든 대학 진학이나 취업으로 연결할 만큼 좋아하거나 잘하는 것이 없다고 스스로 단정하기 때문이며 가능성을 차단하고, 한계를 규정해 버려 미래의 선택지를 점점 더 좁혀 가는 결과로 이어진다. 또 '잘 안되면 어떡하지?' '내가 잘할 수 있을까?' '또 실수할 게 분명한데…'와 같은 부정적인 생각이 머릿속을 가득 채워 주변에서 '일단 해 보라'라는 격려조차 받아들이지 못한다(높은 CP 관련).

이로 인해 '잘해야만 한다' '실수하면 안 된다'는 강박적 사고에 사로잡혀 걱정과 불안이 커지고, 결국 행동으로 옮기지 못하는 모습을 보인다.

자신을 믿지 못하고, 가치를 인정하지 못하는 태도는 열등감과 자기 비하로 이어지고, 이에 따라 불안과 우울, 강박적인 긴장 상태가 심화한다. 여러 심리검사 결과에서도 상담과 치료의 필요성이 확인되었지만 학생은 동의하지 않았다.

다른 사람들에게 약하거나 문제가 있는 사람으로 보일까 두려워 상담을 거부하다가 정서 · 행동 특성 검사에서 관심군으로 분류되어 상담이 의무임을 안내받은 후에야 마지못해 참여하였다.

학교에서는 불편한 감정과 불만을 참고 지내다가도 집에서는 억눌렀던 감정을 드러내며 전혀 다른 모습을 보인다. 자퇴 후 집에서 특별한 일 없이 무기력하게 지내는 언니는 며칠 동안 씻지 않거나 자기 관리를 하지 않는 등 나태한 모습을 보인다.

학생은 이러한 언니의 태도를 도저히 이해하거나 받아들이기 어려워 얼굴만 마주쳐도 화가 치밀고, 쉽게 짜증을 낸다.

결국 그 감정을 억제하지 못한 채 언니를 향해 분노하며, 비난한다. 더 나아가 그런 언니를 방치하는 엄마의 태도까지 자신을 자극하는 스트레스 요인이 되어 가족 간 갈등이 반복적으로 발생(높은 CP, FC 관련)한다. 자신에게 불편하고, 어렵게 느껴지는 친구들 앞에서는 감정과 자기표현을 억누르지만(높은 AC 관련) 편하고, 만만하게 여기는 가족들에게는 그대로 표출(높은 FC 관련)시킬 수 있는 것이다.

심지어 언니가 씻지 않으면 자신이 집을 나가겠다며 언니를 내보내든 자신을 내보내든 하나를 선택하라는 협박성 발언까지 하며 감정을 표출한다. 이러한 태도는 학생의 분노와 불만이 단순한 짜증에 그치지 않고, 가족 관계 속에서 심리적 긴장과 갈등을 더욱 심화시키고 있음을 보여준다.

눈에 거슬리는 것을 참지 못하고, 실수를 해서는 안 되며 모든 일을 잘 해내야만 한다는 강박적인 사고(높은 CP 관련)는 학생을 끊임없는 불안과 긴장 속에 머물게 한다. 그 결과 일상은 편하고, 즐거운 것이 아니라 늘 무겁고, 답답하게 느껴지며 만족이나 행복을 누리지 못한 채 불안하고, 우울한 날들을 보내고 있다.

따라서 이 학생에게는 자신과 타인에게 허용적인 마음으로 엄격한 기준을 완화할 수 있도록 지도해야 한다. 또한 내면의 불안과 두려움을 용기 있게 드러내고, 솔직한 감정을 표현할 수 있는 자신감을 가지도록 격려해 줄 필요가 있다. 진정한 자신감을 회복할 때 또래 관계에서의 위축이나 불안이 완화되고, 타인과의 소통에서도 더욱더 적극적이고, 안정된 태도를 보이며 건강한 대인관계를 형성할 수 있을 것이다.

③ 담임교사에게 피드백 주기

"이 학생은 현재 선생님께서 우려하신 대로 학급에서 특별히 가깝게 지내는 친구가 없고, 성격적인 특성으로 인해 또래 관계에서 어려움을 겪고 있습니다. 함께 다닐 친구가 없어 힘들어하기보다는 자신의 눈에 거슬리는 친구들의 행동에 대해 직접 지적하거나 충고할 용기가 없어 참고, 삭이는 과정에서 겪는 심리적 어려움으로 보입니다.

따라서 친구들과 잘 지내고자 하는 의지가 별로 없고, 오히려 혼자 지내는 것에 익숙하며 그 편안함을 선호하는 것처럼 보입니다.

이러한 모습은 단순히 마음에 들지 않는 친구들과 거리를 두려는 표면적인 이유뿐만 아니라 과거 친구 관계에서 경험한 상처가 내면에 남아 있는 것과도 관련이 있습니다.

이 학생은 중학교 시절 조별 수업에서 발표를 제대로 하지 못해 친구들로부터 비난을 받았던 경험이 큰 상처로 남아 지금까지도 친구들 앞에서 무언가를 해야 하는 상황에 어려움을 겪고 있는 것으로 보입니다. 그 때문에 또다시 상처를 입거나 부정적인 평가를 받을지 모른다는 불안을 늘 안고 있습니다.

그 결과 겉으로는 혼자서도 잘 지내며 만족스러운 모습을 보이지만 실제로는 주변의 시선에 매우 민감하고, 내면에서는 늘 긴장된 상태에 머물며 자신을 드러내는 일에 조심스러움을 보입니다.

이처럼 과거의 부정적인 경험이 일종의 트라우마로 작용하여 발표와 같은 상황이 다가오면 심리적으로 크게 힘들어하는 모습이 보입니다.

또한 이 학생은 자기 자신에게도 지나치게 엄격한 기준을 적용하다 보니 늘 부족하다고 느끼며, 자신이 해낸 결과에도 쉽게 만족하지 못합니다. 칭찬을 들어도 곧이곧대로 받아들이지 못하고, 스스로의 가치를 인정하지 못해 우울한 마음을 자주 경험합니다.

자신을 신뢰하지 못하고, '잘 해낼 수 있다'라는 믿음이 부족하므로 새로운 것을 시도하거나 도전하려는 의지가 약하며, 진로와 연결해 무언가를 해보려는 동기 역시 부족한 상태입니다.

사실 이 학생은 호기심이 많고, 적극적이며 밝고 유쾌해 자기감정을 자유롭게 표현할 수 있는 에너지를 지니고 있습니다. 그러나 학교에서는 이러한 모습을 드러내지 못하고, 억누른 채 지내는 것으로 보입니다.

이에 따라 쌓인 스트레스를 집에서 가족에게 쏟아내면서 가정 내 갈등이 반복되고 있습니다. 즉, 학교에서는 억제하지만, 가정에서는 분노와 불만을 그대로 드러내는 양가적인 태도가 뚜렷하게 나타나고 있습니다.

이 학생에게 가장 필요한 것은 자기 자신에 대한 자신감을 회복하는 일입니다. 스스로를 믿고, 사랑하며 '잘 해낼 수 있다'라는 신뢰를 가질 수 있도록 돕고, 흥미와 관심을 느낄 수 있는 활동을 찾아주는 것이 중요합니다. 또한 작은 성취를 경험하면서 친구들 앞에서도 조금씩 자신감을 가질 수 있도록 돕는 과정이 필요합니다.

아울러 자기감정과 생각을 솔직하게 표현함으로써 부정적인 감정이 쌓이지 않도록 그때그때 건강하게 해소할 방법을 마련해 주는 것이 바람직합니다. 또 하나 중요한 점은 무엇이든 지나치게 잘해야 한다는 강박적인 사고를 내려놓고 '이 정도면 충분하다.' '그럴 수도 있지'라는 유연한 마음을 가지도록 돕는 것입니다. 완벽하지 않아도 괜찮다는 경험을 쌓게 해 주는 것이 필요합니다.

그렇게 함으로써 타인은 물론 자신까지도 수용하고, 포용할 수 있는 마음의 여유를 가질 수 있도록 지지하고 격려해 주는 것이 중요합니다.

결과만큼이나 과정을 중요하게 여기고, 그 과정 자체를 즐길 수 있도록 인정해 주며 작은 성취에도 긍정적인 피드백을 제공한다면 학생이 스스로를 바라보는 시각이 조금씩 달라질 수 있을 것입니다.

더 나아가 이 학생이 '혼자가 더 편하다'라는 태도에서 벗어나 또래와의 관계 속에서도 안전감을 느낄 수 있도록 돕는 것이 필요합니다. 작은 역할을 맡아보거나 부담 없는 협동 활동을 통해 긍정적인 경험을 하도록 지도한다면 점차 대인관계에 대한 두려움도 완화될 수 있을 것입니다.

아울러 이 학생은 현재 긴장과 불안, 강박적 사고로 인한 우울 등 정서적으로 불안정한 상태에 있으므로 꾸준한 상담이 필요하며, 상황에 따라 전문적인 치료 지원으로의 연계도 고려할 수 있습니다.

다시 정리해서 말씀드리자면 이 학생은 자기 자신에게 매우 엄격하고, 타인의 평가에 민감하며 또래 관계에서는 위축과 회피를 보이지만 동시에 내적으로는 표현 욕구와 긴장이 충돌하는 모습을 보입니다.

따라서 교실에서는 작은 성공 경험을 통해 자신감을 회복할 수 있도록 돕고, 또래 관계 속에서도 안전하게 자기표현을 시도할 수 있는 기회를 제공해 주시는 것이 가장 큰 도움이 될 것 같습니다.

아울러 가정과의 연계를 통해 학생이 진로와 관련된 관심 분야를 탐색할 수 있도록 지속적으로 관심을 기울이고, 언니와의 갈등을 완화할 수 있는 환경을 조성해 나간다면 학생이 느끼는 심리적 불편감과 스트레스를 완화하는 데 큰 도움이 될 것입니다."

8) 사례 8(고2 여학생) “제가 말을 하면 친구들이 싫어해요.”

이고/오케이그램

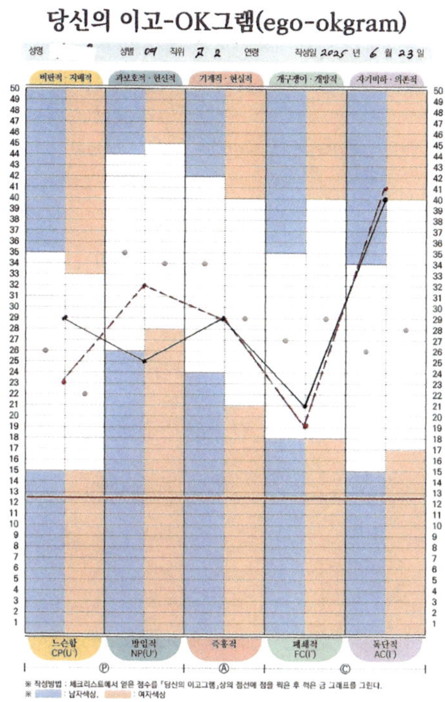

풍경구성법	빗속의 사람

① 이고-오케이그램과 그림검사를 통한 성향 분석

이고그램을 살펴보면 CP(비판적 어버이 자아)와 AC(순응 어린이 자아)가 높게 나타나고, 반대로 NP(양육적 어버이 자아)와 FC(자유 어린이 자아)는 낮게 형성되어 있음을 알 수 있다. CP와 AC가 동시에 높은 학생들에게서 공통으로 나타나는 긍정적인 특성은 학교 규칙과 학급의 규범을 성실히 지키며, 원칙을 중시하는 태도이다.

주어진 과제를 성실히 수행하며, 늘 단정한 태도와 예의 바른 행동을 보여준다. 또래들과의 약속을 잘 지키고, 언행이 대체로 일치하며 늘 확신에 차 있고, 당당한 태도로 리더십을 발휘하여 교사와 친구들로부터 '예의 있고, 신뢰할 만한 학생'이라는 평가(높은 CP)를 받는다.

그러면서도 동시에 AC 에너지가 높아 집단 속에서는 불필요하게 고집을 부리기보다 학급의 전체 의견이나 분위기에 쉽게 동조하는 모습을 보인다. 자기주장을 앞세우기보다는 타인의 의견을 존중하고, 받아들이며 때로는 자신의 욕구보다 상대의 필요를 먼저 고려한다. 겸손하게 자신을 낮추고, 타인을 높일 줄 아는 태도가 두드러지게 나타난다.

이러한 특성으로 인해 학생은 항상 신중하고 조심스러운 태도를 보이며, 차분하고 조용한 인상을 준다. 눈에 띄게 활발하거나 적극적인 성격은 아니지만 안정되고, 협력적인 태도를 꾸준히 보이기 때문에 교사와 또래들로부터 '조용하고, 순한 학생', 혹은 '차분하고, 착한 학생'으로 인식될 가능성이 크다.

그러나 CP와 AC가 동시에 높은 에너지가 부정적으로 발휘되면 이해되지 않고, 마음에 들지 않는 친구들이 많다. 칭찬해 주고 싶은 친구들보다는 오히려 행동을 고쳐 주거나 지적하고 싶은 친구들이 더 눈에 띈다.

자기 기준으로 타인을 평가하며 '왜 저렇게 행동하는지 이해가 되지 않는다'라는 생각과 함께 짜증을 느끼고, 그로 인해 스트레스를 받는다(높은 CP).

하지만 이러한 불편함이나 불만은 혹시라도 자신에게 부정적인 평가가 돌아오거나 관계에서 오해가 생길까 두려운 마음 때문에 직접적으로 표현하지 못한다(높은 AC). 게다가 NP 에너지가 낮아 친구들에게 관심을 표현하거나 친밀감을 드러내며 부드럽게 말하고, 따뜻하게 배려하기가 어렵다.

또한 비판적인 시선으로 바라보고, 다소 엄격하고, 단호하게 대하는 태도를 보이면서도 불쾌한 감정은 직접 드러내지 못한 채 속으로 억누르며 인내하는 모습을 보인다. 특히 AC 에너지가 지나치게 높아 친구 관계에서 원활한 소통이 어려울 수 있다. 소심하고, 소극적이며 조심스러운 태도로 인해 자기 생각이나 감정을 표현하는 데 시간이 오래 걸리고, 자신의 의도를 확실히 드러내지 못한다.

따라서 선택이나 결정을 과감하게 내리지 못해 친구들로부터 '답답하다' '느리다' '속 터진다'와 같은 부정적인 평가를 받을 가능성이 있다. 자신의 기대나 욕구보다는 타인의 요구에 맞추려는 경향이 강해 주도적으로 방향을 정하기보다 주변의 의견과 결정에 의존하는 모습이 두드러진다(높은 AC).

이에 따라 새로운 일을 시작하거나 선택의 기로에서 망설임이 많고, 확신을 갖지 못하는 경우가 많다. 또한 흥미와 관심의 폭이 좁고, 적극성이 부족하여 삶을 즐겁게 받아들이는 태도가 약할 수 있다. 더 나아가 늘 타인과 비교하며 자신의 부족함을 찾고, 자신감을 느끼지 못한 채 열등감을 느끼고, 우울한 감정을 경험할 가능성이 크다(높은 AC).

이고-오케이그램을 살펴보면 이 학생은 자기 자신에 대해서는 Not OK로 인식하며 스스로를 신뢰하지 못하고, 믿지 못하는 경향을 보인다. 자기 능력과 가치를 과소평가하고, 평가절하하는 태도가 두드러진다. 반면 타인에 대해서는 OK로 보고 신뢰하며, 그들의 존재를 인정하고, 가치 있게 평가하며 그들의 능력을 부러워한다. 즉, 이 학생은 '자기 부정-타인 긍정(I'm Not OK, You're OK)'의 인생 태도를 보인다.

이러한 태도 속에서 학생은 지나치게 자신을 낮추고, 타인의 시선에 민감하게 반응하며, 스스로를 부정적으로 바라본다. 그 결과 열등감과 우울감을 경험할 가능성이 높다.

특히 FC와 I+, AC와 I-가 거의 일치하여 나타난 것으로 볼 때 자기 자신에 대한 부정적인 인식과 불신이 내면에 자리 잡고 있으며 이러한 속마음이 자신감 부족, 소극성, 그리고 의존적인 행동으로 그대로 드러나고 있는 것으로 파악된다.

결국 이는 자기 신뢰의 결여와 낮은 자기 긍정감으로 이어져 이 학생의 핵심적인 문제로 연결될 수 있다. 또한 CP가 U-보다 높고(CP 〉 U-), NP가 U+보다 낮게(NP 〈 U+) 나타난 점을 고려할 때 이 학생은 내면적으로는 타인과 잘 지내고 싶어 하고, 소통하려는 욕구를 지니고 있다. 실제로 또래에게 관심을 보이며, 친구를 칭찬하거나 따뜻하게 지지하고 싶은 마음도 있다.

그러나 이러한 긍정적인 마음은 충분히 드러나지 못하고, 오히려 CP 〉 U-의 영향으로 비판적인 시각이 더 크게 작용한다. 그 결과 친구들을 엄격한 기준으로 평가하거나 높은 잣대를 들이대며, 때로는 강하게 표현하여 상대방이 불편함을 느낄 수 있다.

즉, 따뜻하게 다가가고자 하는 마음과 달리 비판과 엄격함이 앞서기 때문에 또래 관계에서 자연스러운 소통이 어렵다. 다만 앞서 살펴본 것처럼 이 학생은 AC 에너지가 지나치게 높아 깐깐함이나 완고함 또는 단호함이 겉으로 드러나기보다는 내면에 억눌려 있는 경우가 많다. 그 결과 학생은 속으로 답답함을 느끼거나 불편감을 호소할 가능성이 크다.

이고그램 분석에 따르면 이 학생은 대인관계에서 소극적이고, 의존적이며 타인의 시선을 지나치게 의식하는 태도를 보인다. 또한 자신에 대한 신뢰가 부족해 내적 갈등이 심화되고 있으며 겉으로는 조용하고, 순응적인 모습이지만 내면에서는 불안과 긴장을 지속해서 경험하고 있을 가능성이 크다.

이 학생이 겪고 있는 소통의 어려움과 불안, 긴장 등 내면의 어려움이 '**풍경구성법**'에서도 드러나고 있는지 살펴볼 필요가 있다. 그림이 전반적으로 지면의 아래쪽에 배치된 것은 안정감보다는 무기력과 자신감 부족 그리고 우울한 정서를 드러내고 있는 것으로 해석될 수 있다.

특히 산이 지면 아래 그려진 모습은 현재의 어려움에 직접 맞서기보다는 그것을 내면에 감추려는 태도를 반영하며 이는 학생이 심리적으로 불편함을 안고 있음을 시사한다. 여러 봉우리가 이어져 있는 모습은 학생이 직면한 문제나 갈등이 연속적이고, 복합적으로 연결되어 있음을 보여주며 이는 학생이 겪는 어려움이 일시적인 것이 아니라 장기적이고, 지속해서 이어져 왔음을 의미한다.

또한 사람의 입이 지나치게 작게 표현된 것은 자신의 감정을 솔직하게 말하거나 표현하는 데 주저함이 있고, 말하는 것 자체에 불안을 느낄 가능성을 드러낸다. 집의 바닥선이 생략된 표현은 겉으로는 보호와 안정을 바라는 마음을 담고 있지만 실제로는 현실 속에서 충분한 안정감을 경험하지 못하고 있음을 보여준다.

한편 밭에 수확물이 표현된 것은 학생이 학교를 의미하는 영역에서 실제로 성취를 경험하고 있다기보다는 그렇지 못한 현실에 대한 보상 심리와 성과를 얻고자 하는 바람을 반영한 것으로 볼 수 있다. 이는 내면의 불안과 갈등 속에서도 학업이나 학교생활에서 성과를 이루고 싶은 욕구가 강하게 자리하고 있음을 시사한다.

전체적으로 이 그림은 불안과 결핍, 자신감 부족, 그리고 표현의 어려움이 배어 있어 학생의 내면적 갈등이 잘 드러난다고 할 수 있다.

'빗속의 사람' 그림을 살펴보면 일반적으로는 자신과 같은 성별의 사람을 그리는 경우가 많지만 이 학생은 여학생임에도 '풍경구성법'에서와 같이 남학생을 그렸다. 이는 자기 자신을 직접적으로 드러내는 것에 대한 부담이나 회피를 의미하며, 동시에 정체성의 혼란을 반영하거나 심리적 방어 차원에서 자신을 다른 인물로 투사한 결과일 수 있다.

나아가 최근 자신에게 중요한 의미가 있는 인물을 대신 표현했을 가능성도 고려할 수 있다.

즉, 자기 내면을 투사하되 그것을 그대로 드러내기보다는 성별을 바꾸어 일정한 거리를 두려는 방어적 태도가 나타난 것으로 해석된다. 또한 사람의 다리가 표현되지 않은 것은 현실 속에서 자신감이나 안정감을 확보하지 못하고 있음을 의미하며, 삶의 방향이나 목표에 대해 확신이 부족하다는 내면의 상태를 반영한다.

이는 곧 현재 생활에서 충분히 적응하지 못하고 있다는 부적절감으로 이어지며, 동시에 앞으로 나아갈 힘을 잃은 듯한 무력감을 동반한다.

그 결과 학생은 안정감을 확보하지 못한 채 미래에 대한 불확실성과 불안을 지속해서 경험하며, 삶을 주도적으로 이끌어가기 어렵다는 심리적 부담을 느끼고 있는 것으로 해석된다. 우산이나 우비, 장화와 같은 보호 장치가 전혀 그려지지 않은 채 비를 그대로 맞고 있는 모습은 어려움이나 심리적 압박에 대해 방어하거나 자신을 지켜줄 장치가 부족하다고 느끼는 마음을 나타낸다.

이는 곧 불안정한 정서 상태와 더불어 혼자 힘으로 상황을 감당해야 한다는 부담감으로 연결된다. 또한 비를 맞고 있는 인물의 표정이 밝지 않고, 다소 굳어 있는 모습으로 표현된 것은 학생이 일상에서 경험하고 있는 내적 어려움과 스트레스에 대해 보이는 태도를 나타낸다.

즉, 이러한 상황을 불편하게 여기고, 반기지 않으며 감당하기 힘들어 하는 내면의 정서를 드러낸 것이다.

겉으로는 담담해 보이지만 내면에는 불안과 긴장, 외로움이 자리하고 있으며 이에 따라 무력감과 고립감을 경험하고 있음을 이 그림은 잘 보여준다. 전체적으로 이 그림은 학생이 정서적으로 불안정한 상태에 놓여 있으며, 내면의 불안과 긴장을 충분히 표현하지 못한 채 외부의 어려움 앞에서 방향을 잡지 못하고, 무력감과 고립감을 경험하고 있음을 드러내고 있다.

이고-오케이그램과 그림검사를 종합해 보면 이 학생은 자기 자신을 신뢰하지 못하고, 스스로를 부정적으로 인식하는 경향이 두드러진다. '자기 부정 – 타인 긍정(I'm Not OK, You're OK)'의 태도에서 알 수 있듯 자신은 소중하고, 사랑받을 가치가 있는 존재라고 여기지 못하는 반면 타인에 대해서는 긍정적으로 바라보고, 신뢰한다. 이에 따라 지나치게 타인의 시선을 의식하고, 그들의 눈치를 보면서 민감하게 반응하며 불만이나 불편함이 있어도 이를 직접 드러내지 못한 채 내면에 억누르는 경우가 많다.

이 과정에서 심리적 긴장과 스트레스를 크게 경험하게 되며 이러한 내적 특성은 그림에서도 불안과 무기력, 자신감 부족, 그리고 안정감의 결여로 표현되어 있다. 또한 CP와 AC가 동시에 높게 나타나는 특성으로 인해 학생은 자신의 단호함이나 엄격함, 당당함, 그리고 비판적 사고를 자유롭게 표현하지 못한다.

대신 감정을 억누른 채 불평과 불만을 내면에 쌓아두게 되며 이에 따라 생겨나는 스트레스와 심리적 불편감이 크게 작용한다.

이러한 억제된 정서는 그림 속에도 고스란히 반영되어 있으며 표현되지 못한 내적 갈등이 시각적으로 드러나고 있다. 더불어 일상생활에서 충분한 안전감을 확보하지 못하고, 외부의 어려움에 무방비로 노출되어 있다는 불안감 역시 그림에서 확인된 결과와 일치한다.

결국 이 학생은 낮은 자기 확신과 내면의 불안정성으로 인해 대인관계에서 위축되고, 표현에 어려움을 겪고 있으며 이러한 모습이 검사 전반에 걸쳐 공통으로 드러난 핵심적인 문제라 할 수 있다.

② 학교생활에 나타난 학생의 호소문제

이 학생은 목소리가 작고, 말이 느려 질문에 답하거나 대화를 이어갈 때 곧바로 반응하지 못한다. 늘 머릿속에서 생각을 오래 정리한 뒤에야 겨우 말을 꺼내기 때문에 주변에서는 답답하다고 느끼는 경우가 많다. 자기 생각이나 의견을 자연스럽게 표현하는 데 어려움이 있어 친구들이 먼저 질문하거나 말을 걸기 전에는 스스로 대화를 시작하는 일이 거의 없다. 특히 즉각적으로 답변을 하지 못해 친구들의 대화 속도를 따라가기 힘들다.

머릿속에서 할 말을 정리하고 있으면 이미 대화의 주제가 다른 이야기로 넘어가 버리기 일쑤이고, 그사이 친구들로부터 "빨리 말하라"라는 재촉을 받으면 가슴이 두근거리고, 불안감이 커진다. 이때 친구들의 불만 섞인 눈빛이나 표정은 학생에게 큰 압박으로 다가오며 말하기에 대한 부담(높은 AC 관련)을 더욱 가중한다.

결국 하고 싶은 말이 있어도 제대로 표현하지 못한 채 마음속에 담아두는 일이 반복되면서 소통을 더욱 어렵게 느끼고, 점차 대화를 회피하게 되는 악순환이 이어진다. 조별 활동 시간에도 이 학생은 대부분 듣기만 하고, 적극적으로 참여하지 못한다. 아주 가끔 친구들이 의견을 물어보더라도 대답하기까지 시간이 오래 걸리다 보니 친구들이 기다려주지 않고, 자기들끼리 의견을 주고받으며 대화를 이어가 버려 학생은 말할 기회를 잃는다.

이 과정에서 학생은 자신이 무시당하거나 소외된다고 느낀다. 이러한 경험이 반복되면서 '나는 대화에 끼지 못한다'라는 인식이 굳어지고, 점차 입을 여는 것을 더 어려워하며 대화 자체를 두려워하게 된다. 결국 조별 활동은 학생에게 협력과 소통의 기회가 아니라 오히려 위축감과 불안을 심화(높은 AC 관련)시키는 시간이 되고 있다.

교실에서는 선생님이나 친구들과 마주하는 것 자체가 점점 부담스럽게 느껴지고, 혹시라도 자신이 대답해야 하는 상황이 올까 두려워 불안이 커진다.

이러한 불안은 점차 학교생활 전반으로 확산하여 최근에는 "학교에 가기 싫다"라는 말을 자주 하고, 때때로 어린아이처럼 감정을 주체하지 못하고 울거나 떼쓰는 모습까지 보인다. 이는 학생이 겪는 내적 긴장이 누적되어 일상생활의 적응에도 어려움을 주고 있음을 보여준다.

집에서도 상황은 크게 다르지 않다. 가족들과의 대화가 거의 이루어지지 않고, 지나치게 조용한 모습 때문에 친척들 사이에서는 '선택적 함묵증'이 아닌지 의심할 정도다. 특히 친척들이 "말 좀 해라"라고 다그치거나 느린 말투와 부족한 소통을 걱정하며 지적할수록 학생은 점점 더 위축(높은 AC 관련)되어 대화 자체를 피하려는 태도를 보인다.

그 결과 방에서 나오지 않은 채 혼자 지내는 시간이 길어지고, 침묵 속에 머무는 것이 오히려 더 편하다고 느끼게 되면서 가족과의 소통은 점점 더 단절되어 가고 있다.

이러한 경향은 어린 시절부터 나타나기 시작했다. 어린이집과 유치원 시절부터 또래보다 표현력이 부족하고, 말이 느린 편이었으며 조심성이 많아 적극적으로 이야기하지 못했다. 친구들과 어울리지 못한 채 혼자 장난감을 가지고 노는 경우가 많았다.

당시 교사는 이를 또래보다 지능이 낮은 것으로 오해했고, 이를 교정하려는 과정에서 강압적인 태도를 보였다. 이러한 경험은 학생을 점점 더 주눅 들게 했으며 결과적으로 말수가 줄고, 관계를 피하려는 모습을 강화하는 요인으로 작용했을 가능성이 크다.

어린 시절부터 굳어진 이러한 소극적이고, 위축된 태도는 지금까지 이어져 현재도 또래와의 관계에서 쉽게 자신을 드러내지 못하고, 대화를 회피하는 모습으로 나타나고 있다. 그 결과 학생은 또래와 자신을 비교하며 쉽게 열등감을 느끼고, 자신감을 잃어 당당히 나서지 못한다.

선택이나 결정의 순간에도 확신을 가지기 어려워 주저하거나 타인에게 의존(높은 AC 관련)하는 경우가 많다.

또한 자신에 대한 긍정적 인식이 부족하고, 자신의 생각이나 장점을 드러내는 데 서툴러 대인관계에서는 스스로 의견을 제시하기보다 상대방의 반응을 살피며 소극적으로 대응하는 경향이 있다.

타인의 평가를 지나치게 의식해 늘 부정적으로 보일까 걱정하고, 눈치를 보며 이에 따라 스스로의 가치를 낮게 평가하는 모습(높은 AC 관련)이 강화되고 있다. 모두가 자신을 싫어하고, 자신을 인정하지 않을 것이라는 불안이 늘 마음속에 자리하고 있다.

그러나 다행히 이 학생에게는 흥미를 느끼고 몰입할 수 있는 활동이 있다. 바로 책 읽기와 글쓰기다. 혼자 책을 읽고, 글을 쓰는 시간을 가장 소중히 여기며 방에서 나오지 않은 채 오랜 시간을 그 속에서 보내곤 한다. 책 읽기와 글쓰기가 특별히 성취감을 주거나 자신감을 가질 만큼의 실력을 보여주는 것은 아니다.

그러나 말할 때처럼 빨리 답해야 하고, 누군가에게 보여줘야 한다는 압박이 뒤따르지 않기 때문에 책을 읽거나 글을 쓰는 순간만큼은 한결 편안할 수 있다.

그렇게 부담이나 압박 없이 오랫동안 혼자 생각을 정리하고, 자신만의 속도로 글을 표현할 수 있어서 학생은 책 읽기와 글쓰기를 편안함과 안정감을 얻는 활동으로 삼고 있다.

이 과정은 학생에게 스트레스와 심리적 어려움을 조금이나마 해소할 수 있는 통로가 되어주지만, 동시에 친구들과 어울리거나 다양한 경험을 시도하기보다 혼자만의 활동에 지나치게 집중하게 만들며, 결과적으로 자기만의 세계로 더 깊이 빠져들게 하는 요인으로도 작용하고 있다.

나아가 이 학생은 자신이 사람들과 협력하거나 소통해야 하는 직업은 어렵고, 불가능하다고 여기며 혼자서 할 수 있는 글쓰기와 관련된 분야를 자신의 진로로 선택하려고 한다.

그러나 책 읽기와 글쓰기가 단순히 스트레스 해소와 마음의 편안함에 머무르지 않고, 서서히 타인과 경험을 나눌 수 있는 통로가 되도록 돕는 접근이 필요하다.

이를 위해 먼저 자신이 쓴 글을 교사에게 보여주고, 피드백을 받는 용기를 낼 수 있도록 격려하며 나아가 온라인을 통해 익명으로 공유하는 등 부담이 적은 방식부터 시작해 점차 다른 사람과 나누는 경험으로 확장해 나갈 수 있도록 지원하는 것이 바람직하다.

또한 책을 소리내어 읽는 연습을 통해 자연스럽게 말하기로 이어지게 하고, 자신감이 조금 생겼을 때 수업 시간에도 두려움 없이 책을 읽거나 과제를 발표할 수 있도록 하며 이러한 과정을 통해 점차 자신 있게 말할 수 있는 힘을 기를 수 있도록 단계적으로 돕는 것이 필요하다.

③ 담임교사에게 피드백 주기

"이 학생은 전반적으로 또래들과 대화하거나 소통하는 데 어려움을 겪고 있습니다. 친구들의 질문에 답하거나 자신의 의견을 말할 때 머릿속으로 생각을 정리한 뒤에야 표현할 수 있어 반응이 느린 편이며, 그로 인해 친구들이 답답해하거나 재촉하는 상황이 자주 생깁니다.

이러한 경험이 반복되면서 말하는 것 자체에 부담을 느끼게 되고, 점차 말을 줄이며 대화 자체를 두려워하는 모습으로 이어지고 있는 것 같습니다.

그 결과 스스로 먼저 대화를 시작하는 경우는 거의 없고, 친구들이 질문을 하거나 말을 걸어와도 대화의 흐름을 따라가지 못해 눈치를 보거나 소외감을 경험하는 일이 잦습니다. 조별 활동에서도 이 학생은 주로 듣는 데 그치고, 적극적으로 의견을 내지 못하며 토론에 참여하는 것 자체를 두려워합니다.

친구들이 충분히 기다려주지 않아 아직 답을 준비하기도 전에 주제가 넘어가 버리기 일쑤이고, 이 과정에서 자신이 배제되었다는 느낌을 받습니다.

동시에 친구들이 자신을 부정적으로 평가할 것이라는 불안이 앞서면서 심리적 부담과 스트레스가 커지고 있습니다. 그 결과 조별 활동은 소통과 협력의 기회가 되기보다는 오히려 위축감과 불안을 심화시키는 시간이 되고 있습니다.

최근에는 교실에서 선생님이나 친구들과 마주하는 것 자체가 큰 부담으로 다가오며, 혹시라도 질문을 받아 자기 생각을 말해야 할 상황이 올까 두려워 긴장감이 점점 더 커지고 있습니다.

가정에서도 유사한 모습이 나타납니다. 가족과의 대화는 거의 사라지고, 질문에도 답하지 않은 채 방으로 들어가 혼자 지내는 시간이 늘어나면서 가족은 물론 친척들까지 우려를 표하고 있습니다. 주변에서 말하라며 다그칠수록 오히려 더 입을 닫고 방에 머물며, 가족과의 소통은 점차 단절되어 가고 있습니다.

따라서 현재 이 학생에게는 말하기 자체를 강요하거나 이를 중심으로 변화를 시도하는 것은 효과적이지 않을 것으로 보입니다. 무엇보다도 학생이 편안하게 말할 수 있는 환경을 조성하고, 충분히 생각을 정리할 시간을 주는 것이 필요합니다. 말로 표현하는 대신 글이나 다른 방식으로 의견을 드러낼 기회를 제공하는 것도 도움이 될 수 있습니다.

학생의 속도에 맞추어 여유 있게 대화를 이어가는 것이 무엇보다 중요한 지원 방식입니다. 이 학생이 좋아하는 책 읽기와 글쓰기를 적극적으로 활용할 필요가 있습니다. 이는 내적 긴장을 완화하고, 심리적 안정감을 얻을 수 있는 의미 있는 활동이자 자신이 느끼는 열등감을 극복하는 통로가 될 수 있습니다. 글쓰기를 통해 자기 생각과 감정을 표현하도록 격려하는 것도 도움이 됩니다.

다만 이러한 활동이 대인관계를 회피하는 수단으로 작용해 혼자만의 세계에 머무는 결과로 이어지지 않도록 오히려 타인과 소통할 수 있는 계기로 활용될 수 있게 지도하는 것이 중요합니다. 이를 위해 자신이 쓴 글을 선생님에게 먼저 보여주며, 긍정적인 피드백을 받아보거나 부담이 적은 온라인 공간에서 익명으로 글을 공유해 보는 것도 좋은 방법이 될 수 있습니다.

이러한 작은 시도들이 쌓이면 학생은 안전한 분위기 속에서 자신감을 회복하고, 또래와의 소통에도 자연스럽게 연결될 가능성이 커집니다. 더 나아가 책 읽기와 글쓰기를 단순한 취미를 넘어 진로 탐색과 연결한다면 학생이 자신의 가능성을 발견하고 성장을 확장해 나가는 의미 있는 계기가 될 것입니다".

3. 다섯 자아 성장 실천 노트

이 장에서는 자기 이해와 성장을 돕기 위해 두 가지 주제를 다루고자 한다.

첫째, '자아별 부족한 에너지 향상하기'다. 누구에게나 다섯 가지 자아(CP, NP, A, FC, AC)가 있지만 각 자아의 발달 정도는 다르다. 어떤 자아는 지나치게 강하고, 어떤 자아는 상대적으로 부족할 수 있다.

여기서는 각 자아가 낮게 나타날 때 구체적으로 어떤 어려움이 생길 수 있는지 다시 한번 정리해 보고, 그 에너지를 기르는 방법과 일상에서 실천할 수 있는 성장 전략을 제시한다. 이를 통해 학생들이 자신의 성격적 균형을 찾아가고, 인간관계 속에서 긍정적인 변화를 끌어낼 수 있도록 돕고자 한다.

둘째, '자아별 성향에 맞는 진로 탐색하기'다. 각 자아의 특성은 단순히 개인의 성격에만 영향을 미치는 것이 아니라 앞으로의 진로 선택과도 연결될 수 있다. 예를 들어 CP가 강한 학생은 책임감과 원칙을 살릴 수 있는 조직과 체계를 중시하는 분야에, FC가 강한 학생은 자유롭고, 창의적인 분야에 잘 어울릴 수 있다.

이 장에서는 단순한 자기 성찰을 넘어 다섯 자아의 특성을 바탕으로 자신에게 적합한 진로 방향을 탐색하고, 나아가 미래의 진로 설계로 이어지는 실천적 지침을 제시한다.

가. 자아별 부족한 에너지 키우기

특정 자아 에너지가 부족하다는 것은 성격의 결함을 의미하는 것이 아니라 아직 충분히 발달하지 못해 표현되지 않은 잠재적 영역이 남아 있다는 뜻이다.

누구에게나 다섯 자아는 모두 존재하지만 각 자아의 에너지 크기는 상대적으로 높고, 낮음의 차이를 보인다. 어떤 자아는 두드러지게 나타나고, 또 다른 자아는 상대적으로 약하게 드러나기 때문에 균형의 차이가 생기는 것이다.

교류분석에서는 이러한 불균형을 해결하기 위해 지나치게 높은 에너지를 억지로 줄이는 대신 부족한 에너지를 끌어올려 전체의 조화를 맞추는 방식을 강조한다.

이는 마치 '질량보존의 법칙'과 같아서 한쪽을 보완하면 자연스럽게 다른 부분이 조율되며, 전체가 안정된 상태를 이루게 된다.

즉, 특정 자아 에너지를 강화한다는 것은 단순히 한 부분을 키우는 데 그치지 않고, 자기 안의 모든 에너지가 서로 균형을 찾아가도록 돕는 과정이다. 이렇게 균형이 잡히면 과도했던 에너지는 자연스럽게 완화되고, 부족했던 부분은 드러나면서 결과적으로 자신이 가진 성격적 장점들이 더욱 건강하고, 긍정적으로 발휘될 수 있다.

따라서 자기 안에서 어떤 에너지가 부족한지를 인식하고, 그것을 의식적으로 키워나가는 연습은 성장을 이끌어내는 핵심적인 과정이다. 원칙과 책임감을 세우는 힘(CP), 따뜻한 공감과 배려의 힘(NP), 상황을 객관적으로 보고 판단하는 힘(A), 자유롭고, 창의적으로 표현하는 힘(FC), 그리고 타인과 의견을 조율하며, 조화를 이루는 힘(AC) 가운데 어느 하나도 소홀히 할 수 없다.

이제 다섯 가지 자아 에너지가 낮을 때 그것을 어떻게 보완하고, 키울 수 있는지 구체적인 방법을 살펴보며 학생들이 균형 잡힌 성장을 이뤄갈 수 있는 길을 함께 고민해 보자.

1) 발끈이(CP): 책임감과 원칙의 실천력 키우기

CP 에너지가 낮을 때 학생들은 분명한 기준을 세우기 어렵고, 상황에 따라 쉽게 흔들리며 옳고 그름을 판단하는 데 시간이 오래 걸릴 수 있다. 맡은 일을 책임감 있게 끝까지 해내기보다 중간에 포기하거나 미루는 경우가 많고, 규칙이나 약속을 지키는 데 소홀하여 친구들 사이에서 신뢰를 잃기도 한다. 자기 관리가 부족하여 주변 정리 정돈이 잘되지 않을 뿐만 아니라 시간 관리와 체계적인 생활 유지에도 어려움을 겪을 수 있다.

또한 잘못된 행동이나 부당한 상황을 마주했을 때조차 그것을 분명히 인식하지 못하거나 설사 문제라고 느꼈다 하더라도 바로잡아야 한다는 생각으로 이어질 만큼의 명확한 행동 기준이나 원칙이 부족하다.

그 결과 일상생활에서 뚜렷한 방향이나 가치관, 확고한 주관 없이 살아가는 듯한 모습으로 비칠 수 있다. 이러한 부족함을 보완하기 위해서는 일상에서 작은 습관부터 실천해 나가는 것이 필요하다.

① 친구들과의 약속 시간을 반드시 지킨다.
② 친구나 타인을 보고, 그들의 생각이나 행동을 평가해 본다.
③ 학교 교칙이나 사회 규칙을 지키는 습관을 몸에 익히도록 한다.
④ 내 기준에 맞지 않는 상황에서는 단호하게 "아니요"라고 말한다.
⑤ 모임에서 리더 역할을 맡아 끝까지 친구들을 이끌며, 일을 마무리해 본다.
⑥ 뉴스를 보거나 일상의 상황을 접했을 때 무엇이 옳고, 그른지를 판단해 본다.
⑦ 평소 자신을 절제하기 위해 좌우명이나 격언을 정해 두고, 이를 수시로 되새기며 실천에 옮긴다.
⑧ 책상 정리나 방 청소처럼 자신의 주변 환경을 스스로 관리하며, 일상 속 작은 책임감을 실천한다.
⑨ 등을 곧게 펴고, 동작을 크게 하며 자신감 있는 태도로 자신의 의견이나 소신을 또박또박 큰 목소리로 표현한다.
⑩ '약속을 지킨다' '시작한 일은 반드시 끝낸다' '거짓말하지 않는다'와 같은 기준과 원칙을 정하고, 매일 자기 다짐을 큰 소리로 말한다.

추가로 하루를 마무리할 때 '오늘 지킨 원칙 한 가지, 지키지 못한 원칙 한 가지'를 기록하며 자기 점검을 해 나가는 습관을 들이면 자신의 변화를 살펴볼 수 있다. 그리고 역사 속에서 존경하는 인물의 책임감 있는 행동 사례를 찾아 읽으며 삶에 적용해 보는 것도 CP 에너지를 키우는 데 도움이 된다.

또한 스스로 작은 목표를 세워 성실히 지켜내는 경험, 예를 들어 '일주일간 아침 7시에 기상하기' 같은 실천을 통해 책임감과 성실함을 강화해 나갈 수 있다. 이처럼 구체적인 실천을 꾸준히 반복하다 보면 CP 에너지는 서서히 강화되고, 학생은 원칙과 책임감을 일상에서 실제 행동으로 이어갈 수 있는 능력을 갖추게 된다.

2) 따끈이(NP): 따뜻한 공감력 키우기

NP 에너지가 낮으면 타인의 감정을 섬세하게 살피고, 따뜻하게 반응하는 데 서툴다. 위로나 격려, 칭찬, 감사 같은 정서적 표현이 어색해 말이 건조해지고, 표정이나 시선, 목소리 톤에서도 따뜻함이 잘 느껴지지 않는다. 부탁이나 도움 요청을 받으면 쉽게 거절하는 경향이 있어 상대를 서운하게 만들기 쉽고, 먼저 다가가 인사하거나 안부를 묻고 때로는 웃는 얼굴로 대화하는 등 기본적인 사회적 기술도 부족한 편이다.

고민을 들어주더라도 공감이나 위로로 따뜻하게 반응하지 못하고, 상대의 감정을 충분히 받아들이지 못해 정서적 거리를 느끼게 하며 의도와 달리 '정이 없는 사람'처럼 보일 수 있다. 다음 실천을 통해 일상에서 공감과 돌봄의 힘을 키워 보자.

① 매일 미소 짓기와 부드럽게 말하기를 실천한다.

② 상대의 작은 변화도 놓치지 않고, 칭찬하며 관심을 표현한다.

③ 친구의 말을 들을 때 고개를 끄덕이고, 따뜻하게 눈을 맞춘다.

④ 식물이나 동물을 돌보며, 꾸준한 배려와 보살핌을 몸에 익힌다.

⑤ 매일 감사한 일을 3가지씩 적으며, 긍정적인 마음가짐을 키운다.

⑥ 동물보호소와 요양원 등에서 봉사활동을 하며, 배려심을 기른다.

⑦ 타인의 부탁을 들으면 기분 좋게 수락하고, 가능한 범위에서 돕는다.

⑧ 모르는 사람에게도 밝게 인사하며, 일상적인 관심 표현을 생활화한다.

⑨ 자신과 타인의 감정에 이름을 붙여 보며, 다양한 감정을 이해해 본다.

⑩ 스스로에게 먼저 친절히 대하고, 실수를 받아들이며 자신을 격려한다.

⑪ 동아리 · 학급 등 모임에서 맡을 수 있는 봉사성 역할을 자원해 수행한다.

⑫ 친구의 이야기를 끝까지 들어주고 "그랬구나"처럼 공감의 한마디를 건넨다.

⑬ 친절이나 도움을 받았을 때 꼭 "고마워"라는 말과 메시지로 감사함을 표현한다.

⑭ 도움이 필요해 보이면 먼저 말을 걸어 확인하고, 할 수 있는 범위에서 실제로 돕는다.

추가로 하루를 마무리할 때 오늘 친구에게 건넨 칭찬 한 가지나 도와준 일을 적어 보며, 관계 속에서 실천한 친절과 배려를 돌아보는 것이 도움이 된다. 또 주 1회 정도는 이타적으로 살아간 인물의 전기나 에세이를 읽고, 마음에 남는 문장과 내일 바로 실천해 볼 행동 하나를 메모해 두면 좋다.

이러한 작은 기록과 실천은 공감에 대한 감수성을 높이고, 따뜻한 반응을 자연스럽게 익히는 데 도움이 되어 NP 에너지를 안정적으로 키우는 데 효과적이다.

또한 '교실에 떨어진 휴지 줍기' '만난 친구의 이름을 다정하게 부르기' '친구에게 물건 빌려주기' 같은 구체적인 일일 목표를 정해 꾸준히 실천하면 따뜻한 태도가 자연스럽게 습관으로 자리 잡을 수 있다.

이처럼 구체적인 실천을 반복하면 NP 에너지는 서서히 강화되고, 학생은 타인의 감정을 읽을 수 있으며 공감과 지지로 연결하는 능력을 갖추게 된다. 그 결과 관계는 더 편안해지고, 신뢰가 쌓이며 상대의 입장을 먼저 헤아리는 배려가 자연스럽게 행동으로 나타날 수 있다.

3) 매끈이(A): 이성적 사고와 판단력 키우기

A 에너지가 낮으면 감정이나 분위기에 쉽게 휩쓸려 즉흥적으로 판단하고, 객관적 근거보다 기분이나 추정에 기대어 결정을 내리기 쉽다. 필요한 정보를 모으기보다 '그럴 것 같다'라는 막연한 짐작에 의존하고, 계획을 세우기보다 그때그때 상황에 맞춰 즉흥적으로 움직이며, 설사 계획을 세웠다 하더라도 논리적 일관성이 부족해 결정이 쉽게 번복되거나 사안을 신중하게 처리하지 못한다.

찬반을 균형 있게 분석하지 못해 충분한 근거가 없는 주장에도 쉽게 설득당하고, 뒤늦게 후회하는 일이 잦다. 이는 문제를 객관적으로 바라보고, 이성적으로 판단하는 능력이 충분히 작동하지 않을 때 나타날 수 있다.

다음과 같은 연습을 꾸준히 실천하면 감정에 휘둘리지 않고, 상황을 객관적으로 바라보며, 현실적으로 접근하는 데 도움이 된다. 행동이나 결정을 앞두고, 한 번 더 멈춰 생각하는 진지함과 신중함을 기를 수 있다. 이제 아래의 실천 항목을 살펴보자.

① 내 말이 합리적인지 한 번 더 생각한 뒤 말한다.
② 항상 '왜?'라고 묻고, 사실 여부를 확인하며 검증한다.
③ 늘 계획을 세우고, 그 계획에 따라 행동하려고 노력한다.
④ 결정을 내릴 때 기분보다 정확한 정보를 모아 비교, 분석하여 선택한다.
⑤ 상황을 감정적으로 받아들이지 말고, 한발 물러서 객관적으로 정리한다.
⑥ 감정이 올라오면 한 박자 쉬고, 하고 싶은 말을 천천히, 또박또박 말한다.
⑦ 육하원칙(누가 · 언제 · 어디서 · 무엇을 · 어떻게 · 왜)을 기준으로 생각을 정리한다.
⑧ 일기 쓰기, 책 읽기, 독후감 쓰기를 통해 상황을 분석하고, 생각하는 힘을 기른다.
⑨ 찬성과 반대의 근거를 모두 정리한 뒤 각각의 관점을 비교하며, 균형 있게 판단한다.
⑩ 같은 상황을 두고 선택지만 바꿔 보는 '그래, 선택했어' 가정 연습

으로 대안을 점검한다.

⑪ 하고 싶은 일을 문장화, 구체화하고, 가능성과 결과를 예측하며 전체 흐름을 보면서 추진한다.

다시 정리하면 A 에너지는 정보를 모으고 비교, 검토한 후 결정하는 과정을 차분히 밟는 힘이다. 이를 기르기 위해서는 일상에서 근거를 확인하는 습관을 자주 반복하는 것이 핵심이다. 주 1회 정도 신문 기사나 책을 읽고, 그 안의 객관적 사실과 개인적 의견을 분리해 메모하는 습관을 들이면 분석적 시각이 길러질 수 있다.

중요한 결정을 앞두고는 대안별 장단점을 표나 그림으로 정리해 보거나 '5분 숙려 타이머'를 설정해 한 번 더 생각하고, 재확인하면 충동적이고, 우발적인 선택을 줄일 수 있다.

이러한 실천을 꾸준히 반복하면 A 자아의 에너지가 점차 강화되어 결정은 다소 느려지더라도 더 정확해지고, 분위기에 휩쓸리지 않으며 같은 상황에서도 일관된 기준으로 판단하고, 그 선택을 명확하게 설명할 수 있게 된다.

4) 화끈이(FC): 창의성과 자유로운 표현력 키우기

FC 에너지가 낮으면 즉흥적인 시도와 마음의 여유가 줄어들어 새로운 시도 앞에서 '혹시 틀리면 어쩌지'라는 생각에 쉽게 주저한다. 표현은 지나치게 조심스러워지고, 떠오른 아이디어도 말로 표현하기가 부담스럽다. 재미와 흥미를 느끼는 순간이 줄어들어 관심 영역이 좁아지고, 자극을 받아 행동으로 이어지는 동기도 잘 생기지 않는다.

유머나 장난을 편하게 받아들이지 못하고, 감정을 표현하기보다 억누르는 경향이 있다. 그러다 보면 점차 적극성과 활동성이 떨어지고, 유쾌함이나 낙천적인 태도도 약해지면서 자유롭고, 직관적인 발상이 줄어들어 사고가 경직되기 쉽다. 또래와 함께 보내는 시간이 줄어들면서 일상 속 활력도 점차 떨어진다.

자기주장을 펼치는 자신감이 부족해 당당한 자기표현이 어렵고, 전반적으로 소극적이고 주저하는 태도가 나타날 수 있다. 아래의 실천 사항들은 자신감을 회복하고, 자유롭게 표현하며 새로운 도전에 적극적으로 참여할 수 있는 에너지를 기르는 데 도움이 된다. 특히 주저하지 않고, 과감하게 시도하는 과정에서 즐거움과 재미를 함께 느낄 수 있다.

① 하루에 한 번 소리 내 웃어 본다.
② 생각한 것은 바로 행동으로 옮긴다.
③ 떠오른 일 한 가지를 즉흥적으로 해 본다.
④ 산책이나 가벼운 운동으로 활력을 되찾는다.
⑤ 웃긴 영상이나 밈을 공유하며, 유쾌한 분위기를 즐겨본다.
⑥ 해야 할 일과 함께 하고 싶은 일도 하루에 하나씩 실천한다.
⑦ 음악 듣기, 춤추기, 흙 만지기 등 감각을 깨우는 활동을 한다.
⑧ 하루에 한 번 이상 자신을 칭찬하고, 긍정적 피드백을 제공한다.
⑨ 기쁘거나 슬프거나 화날 때 감정을 있는 그대로 솔직히 표현한다.
⑩ 색칠하기, 만화책 읽기 등 어릴 때 좋아했던 활동을 다시 해 본다.
⑪ 재미있는 유행어를 따라 하거나 친구들에게 가벼운 농담을 해 본다.

⑫ 용기를 내어 발표나 노래처럼 공개적인 활동을 직접 한 번 해 본다.
⑬ 혼자 있는 시간을 줄이고, 사람들과 어울리는 시간을 의도적으로 만든다.
⑭ 친구들과 대화할 때 '와우', '앗싸' 같은 감탄사를 넣어 반응을 풍부하게 한다.
⑮ '내가 만약 공룡이 된다면?', '하늘에서 사탕이 쏟아진다면?'처럼 상상놀이를 해본다.
⑯ 일상에서 마주하는 상황에 대한 호기심을 바탕으로 새로운 일에 기꺼이 도전하고, 참여한다.

추가로 설명하면 주 2회 정도 '놀이 캘린더'를 만들어 재미있는 활동을 미리 계획하고, 실제로 실행하면 무료한 일상에 활력을 더할 수 있다. 하나의 주제를 정해 제한 시간 안에 떠오르는 대로 아이디어를 쏟아내는 활동은 창의성과 독창성을 키우는 데 효과적이다.

또한 매사에 긍정적으로 생각하고, 실패보다 성공의 모습을 먼저 떠올리고 행동하려는 태도는 자유롭고, 유쾌한 에너지를 유지하는 데 도움이 된다. 불가능한 이유보다 가능한 이유를 먼저 찾아보고, 실수를 실패가 아닌 연습 과정으로 받아들이는 자세도 중요하다.

하루에 실천이 가능한 작은 목표를 세우고, 그날 이룬 것을 스스로 인정하고, 칭찬하는 습관은 자기표현과 자존감을 높이는 데 기여한다. 이러한 노력을 꾸준히 이어가면 FC 자아의 에너지가 점차 강화되어 자신감 있게 감정을 표현하고, 새로운 일에 적극적으로 뛰어드는 용기와 일상을 밝히는 즐거움을 느낄 수 있다.

5) 질끈이(AC): 양보와 인내의 조절력 키우기

AC 에너지가 낮으면 타인의 입장을 살피거나 상황에 맞춰 감정이나 행동을 조절하는 능력이 부족해 불평, 불만을 즉시 드러내고, 하고 싶은 대로 밀어붙이기 쉽다. 상대의 표정과 기분을 충분히 읽지 못한 채 직설적인 말과 행동을 보이기 쉬우며, 집단의 합의나 규칙보다 자기주장을 앞세워 양보나 타협이 잘 이루어지지 않아 갈등이 커진다.

부탁을 거절할 때 말투가 강하고, 직설적으로 들려 상대에게 상처를 줄 수 있으며 배려가 부족하게 느껴지고, 협력이나 협조가 필요한 상황에서도 무관심하게 반응해 관계에 부정적인 영향을 줄 수 있다. 실수를 인정하거나 사과하는 데 익숙하지 않고, 도움을 받았을 때도 감사의 표현이 부족해 상대와의 신뢰 형성이 어려울 수 있다.

그룹 활동에서는 의견이 충돌할 때 조율하거나 수용하려는 태도 없이 고집을 보이기 쉽고, 타인과의 협력과 조화에 세심히 반응하지 못해 집단 생활 전반에서 불필요한 오해가 누적되기 쉽다.

아래의 실천 방법들은 배려와 신중함을 키우고, 상황에 맞게 자신을 조절하며 타인과 협력하는 태도를 기르는 데 도움이 된다.

① 쓸데없이 고집부리지 않는다.

② 상대의 표정이나 기분을 먼저 살피고, 말한다.

③ 불만이 생겨도 즉각적으로 표현하지 않고, 참는다.

④ 내 생각을 앞세우기보다 친구들의 의견을 수용한다.

⑤ 순간 감정이 치밀면 호흡을 고르고, 톤과 속도를 낮춘다.

⑥ 스스로를 낮추고, 상대의 장점을 찾아 구체적으로 칭찬한다.

⑦ 하루에 한 번, 주변 사람에게 진심 어린 칭찬 한 가지를 건넨다.

⑧ 거절 · 부정은 한 번 더 생각해 보고, 하더라도 부드럽게 표현한다.

⑨ 메시지를 보내기 전에 상처가 될 표현이 없는지 확인하고, 보낸다.

⑩ 도움이 필요하면 먼저 돕고, 협조가 필요한 일에는 기꺼이 협력한다.

⑪ 주변 사람들에게 "~해서 고마워"를 자주 말해 감사 표현을 생활화한다.

⑫ 그 상황에서 친구가 어떤 감정을 느꼈을지 상상해 보고, 감정 읽기 연습을 한다.

⑬ 친구의 말을 끊지 않고 끝까지 듣고, 고개 끄덕임과 맞장구로 경청하는 자세를 가진다.

AC 에너지를 키우기 위한 추가적인 실천으로는 집단의 규칙과 합의를 조용히 따르는 태도를 갖추고, 표정이나 감정을 매 순간 드러내기보다 때로는 절제하며 감출 줄 아는 연습이 도움이 된다. 하고 싶은 말을 모두 쏟아내기보다 꼭 필요한 말만 골라 부드럽게 전달하는 습관을 들이는 것이 좋다.

여기에 무언가를 제안하거나 부탁할 때 "지금 괜찮아?" "이렇게 해도 될까?" "싫으면 바로 말해줘"처럼 상대의 입장을 먼저 묻고, 확인하는 '동의 확인 습관'을 더하면 더욱더 효과적이다.

이러한 태도는 조심성과 배려심을 함께 키워주며, AC 에너지를 안정적으로 성장시키는 데 기여한다. 꾸준히 실천하다 보면 고집스럽게 자기주장만 내세우던 모습은 점차 줄어들고, 자제력과 배려, 협력의 태도가 자연스럽게 몸에 배어 학급이나 팀 안에서 조화를 이루는 힘이 생긴다.

나. 자아별 성향에 맞는 진로 탐색하기

자아 에너지는 단순히 성격 특성을 설명하는 데서 그치지 않고, 앞으로 어떤 분야에서 자신의 강점을 발휘할 수 있는지 어떤 환경에서 만족감을 느낄 수 있는지를 가늠하게 해 주는 중요한 단서다.

예를 들어, 책임감과 규범의식이 강한 사람은 조직과 절차가 분명한 환경에서 역량을 드러내기 쉽고, 따뜻한 마음으로 타인을 배려하는 사람은 사람을 직접 대하며 봉사하는 영역에서 행복감을 느끼기 쉽고, 자유로운 표현을 즐기는 사람은 창의성과 자율성이 요구되는 영역에서 성취감을 얻기 쉽다.

다만 진로는 자아 성향 하나로 결정되지 않으며 적성이나 가치관, 흥미, 삶의 경험, 주변 환경 등 다양한 요인이 함께 작용한다. 또한 자아 에너지는 성장과 역할 변화에 따라 달라질 수 있다. 따라서 이를 고정된 성격으로 보지 말고, 현재의 기준점으로 삼아 정기적으로 점검하고, 보완해 나갈 필요가 있다.

이번 장에서는 다섯 가지 자아 성향과 궁합이 좋은 직업을 살펴보며, 자아별 강점을 기준으로 그 특성과 어울리는 대표 직업을 제시하여 '성향-직업'의 대응 관계를 확인해 보고자 한다. 여기서 다루는 직업들은 성향 이해를 돕기 위한 참고 목록일 뿐 최종 해답이 아니며 개인의 적성이나 가치관, 흥미 등에 따라 해석의 폭이 달라질 수 있음을 기억해 두어야 한다.

또한 단일 자아가 아니라 두세 개 자아의 특성이 함께 드러나는 경우에는 해당 자아들에 맞는 직업군을 폭넓게 연결해 살펴봐야 한다. 제시된 직업 목록은 직업 선택을 위한 최종안이 아니라 탐색의 방향을 잡기 위한 개략적 지형도에 가깝다.

실제 선택은 자료 조사와 진로 상담 등을 통해 스스로 검증해 가야 한다. 이를 통해 학생들에게 어울리는 직업의 단서를 파악하고, 이후 심화 탐색으로 이어질 수 있도록 돕는 역할을 할 수 있다.

1) 발끈이(CP): 구조화된 환경에서 원칙이 중시되는 분야

'**발끈이**' CP는 원칙과 규범을 우선하고, 책임감이 강하며, 약속과 절차를 지키려는 성실함으로 타인의 믿음과 신뢰를 얻기 쉬운 성향이다. 말과 행동이 일치해 맡은 일을 끝까지 마무리하고, 정해진 규정과 절차를 반드시 준수하며, 누구에게나 같은 기준을 일관되게 적용해 공정하다는 평가를 받는다.

또한 원칙에서 벗어난 상황이 생기면 단호하되 공정하게 대응하며,

그 태도로 주변 사람들에게 신뢰를 준다. 이러한 태도는 조직의 질서와 안전을 지키고, 불확실성으로 인한 리스크를 낮추며 팀 차원에서는 흐트러진 절차를 정비해 실행력을 높이는 결과로 이어진다.

이러한 기질은 자율성이 과도한 환경보다 보고나 결재 라인이 명확히 정해져 있고, 일정과 마감이 주기적으로 관리되는 조직에서 빛난다. 나아가 역할과 권한, 책임이 분명하고, 업무를 뒷받침하는 시스템이나 체제가 갖춰진 곳일수록 적합하다.

또한 엄격한 기준에 따라 비판적으로 따져 볼 수 있어 규정 위반 여부와 절차의 적정성, 판단 근거의 충분성을 평가하고, 그 결과 옳고 그름을 분명히 가려 위반을 확인하며, 보완책을 제시하는 데 강점을 보일 수 있다. 이 성향은 규정과 절차를 어기는 일이 없도록 스스로를 엄격히 관리하며 맡은 일은 책임지고, 끝까지 마무리하게 만든다.

그 과정에서 판단이 신속히 이루어지고, 결과의 신뢰도도 높아질 수 있다. 이 능력은 정책, 연구, 교육, 행정, 서비스 등 다양한 분야에서 발휘될 수 있으며 올바른 판단을 가능하게 하고, 집행의 공정성을 높여 조직 내 신뢰를 기반으로 한 협업을 촉진할 수 있다.

또 CP 에너지가 강하면 위계나 예절을 중요하게 여기기 때문에 지시나 보고, 결재 같은 절차를 정확하게 따르고, 조직 내 서열도 존중하는 편이다. 이런 태도 덕분에 공식적인 소통이 깔끔하게 이루어지고, 격식을 갖춘 표현을 사용함으로써 오해나 갈등을 줄이고, 지시 내용이 정확하게 전달될 수 있다.

이처럼 절차를 중시하고, 체제를 따르는 태도는 의사결정을 예측이 가능하게 만들고, 업무의 정확도를 높이며, 책임과 권한의 경계를 분명히 해 조직의 신뢰와 실행력을 높인다. 결국 CP 성향의 핵심 가치는 '규정 준수를 통해 업무의 정확도를 높이고, 공정성을 확보하는 것'이며 이러한 가치가 성과와 직결되는 역할에서 그 잠재력이 가장 크게 발휘된다.

따라서 CP 성향은 법과 규정을 해석하고, 적용해 옳고 그름을 판단하는 사법 및 행정 분야, 질서와 안전을 유지하는 법 집행과 교정 업무, 절차 준수를 기반으로 위반 사항을 신속히 시정해야 하는 회계나 감사, 정보보안 분야, 그리고 보고와 결재 체계를 정확히 운영해야 하는 기업 관리 및 운영 지원 분야에서 특히 잘 맞는다.

구체적으로는 판사, 검사, 변호사, 법무사, 경찰관, 소방관, 교도관, 직업군인, 은행원, 회계사무원, 공인회계사, 내부감사, 준법감시인, 품질관리자, 품질보증 관리자, 산업안전보건관리자, ISO 심사원, 정보보안 관리자, 보안 감사, 개인정보보호책임자, 인사 담당자, 총무 담당자, 법무 담당자 등 기업 내 관리직에서 CP 성향은 강점을 발휘한다.

또한 근로감독관, 공정거래 조사관, 금융감독원 검사역, 세무공무원, 관세 공무원, 조달 담당자, 계약 담당자처럼 규제와 감독, 절차 중심의 공공업무에서도 CP 성향과의 궁합이 높다. 외교관(의전, 조약 체결, 국제 규범 준수 중심 보직)은 CP 성향과 매우 잘 맞는다. 기업 고위 임원 중 내부통제, 규정 준수, 조직 운영 중심 보직은 CP 성향과 높은 적합도를 보인다.

인턴이나 레지던트를 지도하고, 관리하는 교수직 의사 또한 수련 규정, 환자 안전 기준, 근거 기반 임상 지침을 체계화하고, 준수시키는 역할에서 높은 적합도를 보인다.

감사원 감사관, 선거관리위원회 조사관, 군사경찰, 국방부 군수 담당관, 감사 담당관, 국가정보원 감사 담당자 등 사법, 감독, 군, 보안 분야에서도 CP의 원칙 중심 사고는 조직의 안정성과 신뢰를 높이는 데 기여한다. 군사학교와 경찰학교 교관, 교도소 교정 교육 담당 교사, 노동조합 규약 심사나 인가 담당 공무원과 같은 교육이나 훈련, 통제 분야에서도 CP 성향은 강점을 발휘한다.

2) 따끈이(NP): 사람들과 함께하며 봉사하는 분야

'따끈이' NP는 타인의 안녕과 성장을 우선하며 상대를 공감하고, 배려하는 돌봄의 태도로 관계를 구축하고, 복잡한 절차와 기준을 상대 눈높이에 맞춰 따뜻한 언어로 전달하여 협력과 공동 실행을 자연스럽게 이끄는 성향이다.

상대의 감정과 기분을 민감하게 읽어 불편과 오해를 미리 차단하고, 문제를 지적하고 비판하기보다 도움과 대안을 먼저 제시해 갈등을 중재하며, 필요한 자원을 신속히 연계함으로써 동료 간 신뢰와 팀 결속을 높이고, 조직의 신뢰 기반과 협력 구조를 강화한다.

상대에게 꾸준히 관심을 기울이고, 따뜻한 피드백을 제공하며, 실수가 생겼을 때도 비난하기보다 지원과 격려로 관계를 유지한다. 업무를 수행할 때는 일이나 절차, 문제 자체보다 사람과 관계, 감정에 초점을 두고 성과나 결과보다는 과정을 중시하는 강점을 지닌다.

이러한 성향은 성과를 단순한 지표로만 보지 않고, 사람의 변화와 관계의 신뢰에서 비롯된다고 이해하기 때문에 고객이나 환자, 학생, 이용자처럼 직접 대면이 많은 장면에서 특히 힘을 발휘한다.

사람들 간의 신뢰와 지지가 뒷받침되고, 서로 기대며 도움을 주고받는 관계적 자원이 풍부할수록 NP의 강점은 더욱 뚜렷해진다. 따뜻한 분위기 속에서 안정감이 형성되고, 구성원들은 배려와 협력을 바탕으로 공동의 목표를 꾸준히 이어갈 수 있는 기반이 마련되기 때문이다.

NP는 따뜻함과 배려를 바탕으로 개인의 성과나 성공보다 함께하는 동료들의 입장과 상황을 먼저 고려하며, 협력하는 과정에서 힘을 발휘한다. 자신의 배려와 도움으로 상대가 만족하고, 기뻐하는 모습을 보면서 보람과 성취를 느끼고, 그 경험을 통해 계속 나아갈 에너지를 얻는다.

결국 NP의 핵심 가치는 '돌봄과 지지로 신뢰와 성장을 촉진하는 것'이며, 이 가치가 성과와 직결되는 자리에서 잠재력이 가장 크게 드러난다. 따라서 NP 성향은 환자 돌봄과 장기적 관리가 필요한 가정의학과, 소아과, 노인의학과, 정신건강의학과 등 임상 분야에서 잘 드러난다.

또한 간호와 재활치료, 호스피스 팀, 환자교육 전담과 케어 코디네이터 같은 역할에서도 강점을 보일 수 있다. 교사와 상담교사, 보건교사, 특수교사와 같은 교육 분야에서도 NP의 강점은 잘 드러나며 학습 코치와 청소년 상담처럼 개인의 성장을 돕고, 정서적 지지를 제공하는 역할에도 적합하다.

아동과 노인, 장애 영역의 사회복지와 사례관리, 보건소와 치매안심센터, 지역사회 건강증진 같은 공공보건 분야에서도 높은 적합성을 나타낸다. 더 나아가 간병인과 비행기 승무원, 여행 서비스 종사자, 웨딩플래너와 장례지도사, 커플매니저, 수의사와 애완동물 미용사, 동물보호단체 활동가, 피부미용사와 메이크업 아티스트 그리고 사람을 직접 대면하는 요리사와 같은 직업에서도 NP의 강점은 잘 발휘된다.

이처럼 사람을 배려하고, 봉사하며 성장으로 이끄는 역할에서 NP

의 '공감'과 '돌봄'은 중요한 강점으로 작용하며, 누군가가 더 행복한 하루를 보내도록 돕는 따뜻하고, 친절한 긍정성이 업무를 추진하는 힘이 된다.

3) 매끈이(A): 분석과 논리가 중심이 되는 분야

'매끈이' A는 사실과 데이터를 근거로 합리적 판단을 내리고, 감정이나 충동에 휘둘리기보다 객관적 근거와 체계적 분석에 집중하는 성향이다. 복잡한 사안도 단계적으로 정리해 핵심을 분명히 하고, 다양한 정보를 비교, 분석해 타당한 결론을 도출하며, 의사결정 과정의 신뢰성과 예측 가능성을 높인다.

업무를 수행할 때는 개인적 호감이나 기분보다 객관적 지표와 수치, 검증이 가능한 사실을 우선하며 결과의 정확성과 일관성을 중시한다. 이 성향은 장기적 목표를 세우고, 실행 전략을 논리적으로 설계하는 데 강점을 발휘하며, 다양한 변수 속에서도 사실 기반의 기준을 적용해 안정적인 결정을 가능하게 한다.

주어진 일을 꼼꼼하게 처리하고, 계획적으로 관리하며, 감정 기복 없이 일관된 태도로 임하기 때문에 동료와 상사로부터 안정적이고, 신뢰할 만한 인물로 평가받는다. 또한 육하원칙에 따라 문제를 파악하고, 보고나 문서를 작성하는 습관은 표현을 구체적이고, 논리적으로 만들어 이해를 명확히 한다.

이로써 동료와 상사와의 의사소통을 명확하게 하고, 정보 전달의 정확성을 높여 팀과 조직이 효율적으로 협력할 수 있도록 뒷받침한다.

따라서 A 자아는 반도체, 전자, 통신, 에너지, 산업, 환경, 기계공학 기술자와 같은 첨단 공학 전문가, 자연과학연구원과 같은 연구직 그리고 역사학자나 고고학자, 문헌학자, 언어학자, 사회학자, 경제학자처럼 사실 검증과 자료 분석, 논리적 해석을 중시하는 학문 분야에 적합하다. 또한 산업안전원이나 품질관리 사무원처럼 위험 요소를 체계적으로 분석하고, 합리적으로 개선하는 직무, 회계사무원, 손해사정사, 증권분석가, 자산운용가, 상품중개인과 같은 금융, 회계, 거래 전문가에게도 잘 맞는다.

더 나아가 기자나 의사, 이공계 교수 · 강사처럼 방대한 자료를 검토하고, 객관적 근거에 따라 설명하거나 결정을 내려야 하는 직업에서도 A 자아의 강점이 두드러진다. 아울러 판사나 검사, 정책분석가, 감사관과 같은 법 · 행정 직군, 데이터 분석가, 인공지능 연구원, 프로젝트 매니저, 경영컨설턴트, 보험계리사와 같은 전문직에서도 A 자아의 체계성과 합리성은 강력한 장점으로 작용한다.

그 핵심 가치는 '사실과 논리에 근거해 정확하고, 일관된 결정을 내리는 것'이며 이는 치밀한 계획성과 꼼꼼한 실행력, 차분하고, 균형 잡힌 태도, 명확한 의사소통 습관과 함께 할 때 더욱 두드러진다. 이러한 특성은 정확성과 효율성을 높이고, 문제 해결 과정에서 신뢰할 수 있는 결과를 만들어내는 데 큰 잠재력을 발휘한다.

실제 업무 현장에서는 정보를 빠짐없이 정리해 명확하게 전달하는 습관이 보고와 문서 작성의 신뢰도를 높이고, 이를 바탕으로 조직이 정확하고, 일관된 의사결정을 내릴 수 있도록 뒷받침한다. 이렇게 드러나는 A의 합리성과 체계성은 정확성과 예측 가능성을 중시하는 직무에서 안정적인 성과를 보장하며, 나아가 조직 전체의 실행력을 지속해서 강화하는 기반이 된다.

4) 화끈이(FC): 자유롭게 아이디어를 펼칠 수 있는 분야

'화끈이' FC는 자유로운 상상력과 즉흥적 표현을 통해 에너지를 발산하고, 순간의 몰입과 즐거움 속에서 자신과 타인의 감정을 크게 고양하는 성향이다. 규칙이나 절차에 얽매이기보다 창의성과 개성을 앞세우며, 새로운 자극과 경험을 추구하는 태도는 주변을 활기차게 만들고, 때로는 조직에 신선한 아이디어와 파격적 돌파구를 제공한다.

복잡하게 따지기보다 직관과 영감에 따라 행동하기 때문에 빠른 반응이 요구되는 상황에서 강점을 보이고, 틀에 얽매이지 않는 도전과 모험을 통해 자신만의 성취를 만들어낸다. 업무를 수행할 때는 완벽한 계획보다 실행과 경험 자체에 의의를 두고 참여하며, 시도해 보는 과정에서 즐거움과 배움을 얻기 때문에 유연성과 적응력이 뛰어나다.

FC 에너지는 감정 표현이 솔직하고, 꾸밈이 없어 주변 사람들에게 친근함과 편안함을 전하며, 유쾌한 에너지와 특유의 유머러스함으로 함께 일하는 동료들의 긴장을 풀어주는 강점이 있다. 이러한 강점은 협업 과정에서 활력을 불어넣고, 서로가 즐겁게 참여할 수 있는 직장 환경을 만들어 일할 맛 나는 분위기를 형성한다.

따라서 FC 성향은 가수, 연기자, 쇼핑호스트, 영화감독, 사진작가, 만화가, 애니메이터, 시각디자이너, 웹디자이너, 멀티미디어디자이너, 패션디자이너, 메이크업 아티스트, 미용사와 같은 예술이나 디자인, 미디어 분야에서 특히 잘 드러난다. 또한 공연이나 예술 영역의 댄서, 안무가, 방송인, 라디오 진행자, 성우처럼 무대와 현장에서 감정을 직접 표현하는 직업에서도 강점을 발휘한다.

이와 더불어 이벤트와 홍보 분야의 MC, 사회자, 이벤트 기획자, 홍보나 프로모션 기획자처럼 대중과 현장의 분위기를 주도해야 하는 직무에도 잘 맞는다. 아울러 창의와 서비스가 결합한 분야의 피트니스 트레이너, 레저나 액티비티 지도자, 관광, 여행 안내원, 코미디언, 유튜버를 포함한 콘텐츠 크리에이터처럼 즉흥성과 에너지로 사람들을 끌어들이는 직업에도 높은 적합성을 보인다.

즉, FC는 틀에 얽매이거나 시간 제약이 심한 환경보다는 자유로운 표현과 즉흥성이 존중되는 직업에서 자신의 에너지를 마음껏 펼칠 수 있다. 또한 운동선수와 스포츠 지도자처럼 즉각적인 반응과 몰입이 중요한 직업, 행사 기획자와 레크리에이션 지도자처럼 집단의 분위기를 이끌고, 에너지를 증폭시키는 직업, 영업사원처럼 순간적인 설득과 친화력이 성과로 직결되는 직업에도 잘 맞는다.

더 나아가 마술사, 퍼포먼스 아티스트, 크루즈 승무원, 테마파크 진행요원, 플로리스트처럼 무대나 관광, 서비스 현장에서 즉흥성과 활력이 요구되는 직종에서도 FC의 에너지는 빛을 발한다. 또한 건축가와 광고홍보 전문가, 예체능 계열 대학교수처럼 창의적 아이디어와 실험정신을 통해 새로운 가치를 만들어내는 직업군에서도 FC 성향은 강한 잠재력을 드러낸다.

이처럼 즉흥성과 몰입, 자유로운 표현을 무기로 하는 FC의 특징은 사람과 상황을 단숨에 끌어들이는 힘으로 작동하며 조직이나 사회에 활력을 불어넣을 뿐만 아니라 위축된 분위기를 전환하고, 새로운 흐름을 만들어내는 원동력이 된다.

5) 질끈이(AC): 섬세함과 인내가 필요한 분야

'질끈이' AC는 스스로 앞장서기보다는 정해진 규칙과 지침을 따르며, 권위자의 지도와 지시를 존중하는 태도로 안정감을 추구하는 성향이다. 맡겨진 일을 성실히 수행하고, 제도가 마련한 기준에 맞추어 행동하기 때문에 조직에서 신뢰할 수 있는 구성원으로 자리매김한다.

새로운 도전을 벌이는 것보다 이미 정해진 틀 안에서 차근차근 따라가는 것을 선호하여 혼란을 줄이고, 예측이 가능한 결과를 만들어낸다.

주변 사람들에게 순응적이고, 예의 바른 태도로 협조하기 때문에 집단 안에서 갈등을 최소화하며, 주어진 환경에 안정적으로 적응하는 장점이 있다. 또한 행동이 즉흥적이지 않고, 신중하여 중요한 결정을 내려야 할 때 성급하지 않고, 차분하게 처리할 수 있는 강점을 보인다.

이는 정확성과 안전성이 요구되는 직업 현장에서 특히 빛을 발한다. 더불어 상대를 존중하고, 자신을 낮추는 겸손한 태도로 동료와의 신뢰를 쌓아 협력과 조화를 끌어내는 데 도움을 준다.

AC는 이러한 직업적 성향의 특성상 NP와 겹치는 부분이 많다. 두 성향 모두 타인을 돌보고, 지원하며 관계의 안정성을 중시하기 때문이다. 다만 NP가 따뜻한 배려와 자율성을 강조하며 상대를 성장시키는 데 초점을 둔다면 AC는 정해진 규칙과 절차를 충실히 따르며, 안정과 질서를 지켜내는 데 더 무게를 둔다.

따라서 AC 성향은 간호사, 보육교사, 초 · 중 · 고 교사처럼 자신의 이익이나 욕구보다 맡겨진 책임을 우선하며 조용하고, 차분하게 환자와 학생을 돌보고, 가르치는 직업에 잘 맞는다. 또한 전문상담사, 직업상담사, 사회복지사, 청소년 지도사, 성직자처럼 타인의 감정에 민감하게 반응하고, 경청과 지원을 통해 도움을 제공하는 직업군에서도 높은 적합성을 보인다.

더불어 고객 상담원, 항공 사무원, 교육이나 훈련 사무원, 일반사무직처럼 조직의 매뉴얼과 지침에 따라 반복적이고, 규칙적인 절차를 수행하는 직무, 동물사육사, 동물조련사처럼 돌봄과 규칙성이 요구되는 직무에서도 AC의 순응적 성향은 안정적으로 발휘된다.

나아가 임상병리사, 방사선사, 물리치료사, 작업치료사와 같은 보건, 안전 관리 분야, 행정직, 세무직 공무원, 기록물관리사와 같은 행정, 자료 관리 직무, 은행 창구 직원, 병원 원무과 직원처럼 정확성과 절차 준수가 필수적인 사무 분야에서도 강점을 보인다.

또한 호텔 프런트 직원, 철도 승무원, 지하철 안내원과 같은 서비스 분야나 조리사, 제과제빵사, 요양보호사, 생활지도원, 특수학교 보조교사처럼 규칙적이면서도 반복적인 실무와 돌봄이 결합한 직무에서도 AC의 성향은 뚜렷하게 나타난다.

더 나아가 법원 서기보, 법원 사무원, 검찰 · 경찰 행정 보조처럼 공적 기록과 자료를 정확하게 다루는 법 · 행정 지원 직무, 도서관 사서, 박물관이나 미술관 관리직, 기록 보존원처럼 자료와 전시물을 정리하고, 관리하는 문화 · 정보 관리 분야에서도 꼼꼼함과 절차 준수 성향이 강점으로 드러난다.

물론 AC는 본래 다른 사람에 맞추어 협력하고, 조화를 이루려는 성향이 강하기 때문에 어떤 직업에서든 맡겨진 역할과 책임을 성실히 수행하는 태도로 평가받을 가능성이 크다. 다만 리더로서 앞장서 이끌기보다는 뒤에서 조용히 돕고, 지원하는 참모의 자리에서 그 강점이 더욱 잘 드러난다.

여기에 CP의 기준과 책임감, A의 합리적 분석력이 일정 부분 더해진다면 특별히 제한되는 직업 분야는 거의 없으며 다양한 환경에서 안정적이고, 성실한 기여를 이어갈 수 있다. 다만 FC처럼 자유롭고, 활동적이며, 직관적인 능력이 중심이 되는 분야, 즉 빠른 아이디어를 내고, 즉각적으로 결과를 산출해야 하는 직종에서는 AC의 강점이 상대적으로 덜 발휘될 수 있다.

결국 AC의 핵심 가치는 '순응과 준수로 안정과 질서를 유지하는 것'이며 이러한 성향은 조직이나 사회에서 기반을 다지고, 질서를 지키는 보이지 않는 힘으로 작용한다.

◎ 쉬어가는 코너 4 _ 학생 유형별 사례 모아보기

이번 쉬어가는 코너를 통해서는 학생들이 보이는 문제 행동이나 심리적 특성을 바탕으로 유사한 양상을 보이는 이고그램과 오케이그램의 프로파일 그래프를 살펴보고자 한다.

예를 들어, 자존감이 낮고, 우울감을 호소하는 학생들은 대체로 순응어린이 자아(AC)가 높게 나타나는 반면 어른 자아(A)는 낮게 형성되는 경향이 있다. 이는 높은 순응 어린이 자아(AC)로 인해 자신의 감정을 드러내지 못하고, 내면에 억누르며 참는 태도로 심리적 어려움을 겪지만, 어른 자아(A)가 낮게 형성되어 감정과 상황을 객관적으로 바라보거나 이성적으로 조절하는 능력이 부족하여 나타나는 결과라 할 수 있다.

반면, 학교폭력이나 교권 침해와 같은 문제 행동을 보이는 학생들은 비판적 어버이 자아(CP)와 자유 어린이 자아(FC)가 높고, 어른 자아(A)는 상대적으로 낮은 경향을 보인다. CP가 높게 형성된 학생들은 타인을 강압적으로 대하거나 지적하려는 태도를 보이며, 욕구와 충동을 그대로 표출하려는 자유 어린이 자아(FC)와 결합할 경우, 비난과 비판을 직접적으로 드러내는 결과라 할 수 있다.

이에 반해 어른 자아(A)가 낮게 형성되어 상황을 차분히 분석하거나 합리적으로 조절하는 능력이 부족해져 이러한 문제 행동으로 이어진다고 볼 수 있다. 특히 이 경우 많은 학생에게서 타인을 배려하고, 따뜻한 마음을 표현하는 양육적 어버이 자아(NP)는 낮게 나타나는 경향도 함께 보인다.

한편, 영재아의 경우 전반적으로 에너지가 높게 나타나며, 특히 어른 자아(A)가 두드러지게 높은 특징을 보인다. 이는 또래보다 호기심과 탐구심이 크고, 문제를 논리적으로 분석하며 합리적인 해결책을 찾으려는 성향이 강하기 때문으로 해석된다.

물론 A가 곧 지능을 의미하는 것은 아니지만 지성이나 이성과 깊이 연관된 A의 특성상 학업 성취가 높은 학생들에게서 높게 나타나는 경향이 있다.

이러한 분석은 2017년부터 2025년까지 축적된 학생들의 검사 자료를 기반으로 통계적으로 확인된 결과이다. 그러나 특정 프로파일의 성향을 근거로 학생들의 문제 행동을 단정 짓는 것은 매우 위험한 오류가 될 수 있다.

이고그램과 오케이그램은 유사한 행동 패턴을 보이는 학생들에게서 비슷한 양상으로 나타나는 경향을 보여주는 참고 자료일 뿐이며 비슷한 그래프를 가진 모든 학생을 동일한 행동 특성으로 일반화하거나 규정하는 것은 절대 지양되어야 한다.

1) 자존감이 낮고, 우울을 호소하는 학생들

이 학생들은 대체로 순응 어린이 자아(AC)가 높고, 상대적으로 자유 어린이 자아(FC)와 어른 자아(A)는 낮게 나타나는 경향을 보인다. 이들은 자기 생각이나 감정을 솔직하게 표현하는 데 어려움을 느끼며, 주변의 시선을 지나치게 의식하거나 타인의 기대에 부응하려는 태도로 인해 참고, 인내하는 모습을 자주 보인다.

그러나 감정과 상황을 객관적으로 인식하고 합리적으로 판단하는 A 자아가 낮게 형성되어 있어 이러한 어려움을 스스로 인지하지 못하는 경우도 있다. 이러한 상태가 지속되면 내면의 갈등이 심화하여 정서적 위축으로 이어질 수 있다.

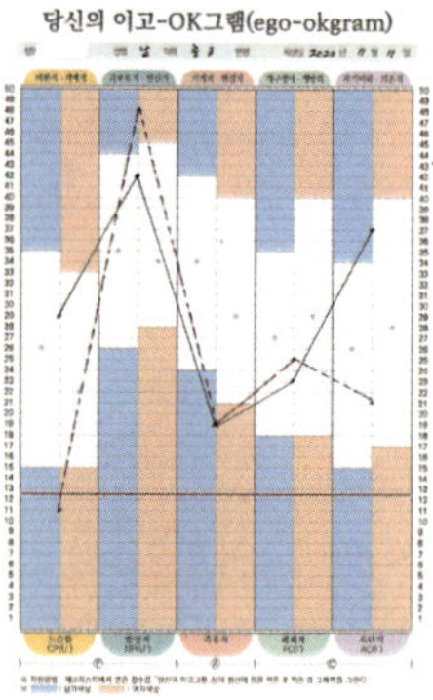

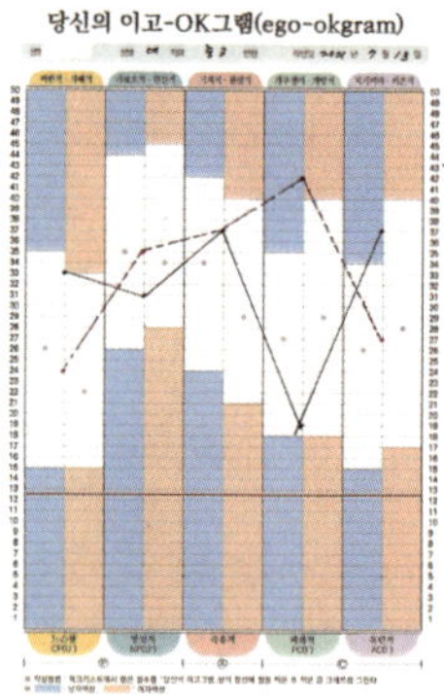

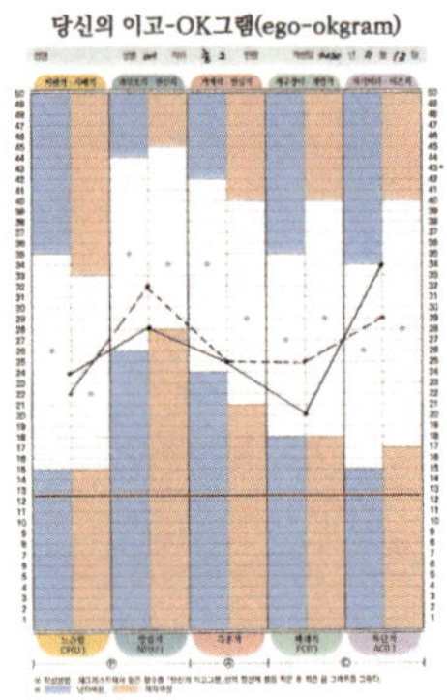

당신의 이고-OK그램(ego-okgram)

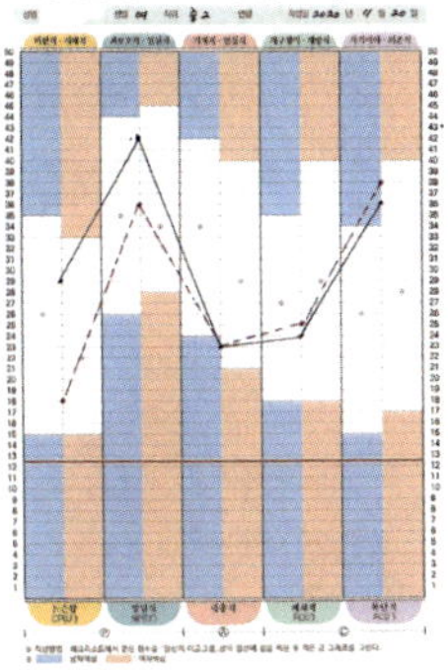

당신의 이고-OK그램(ego-okgram)

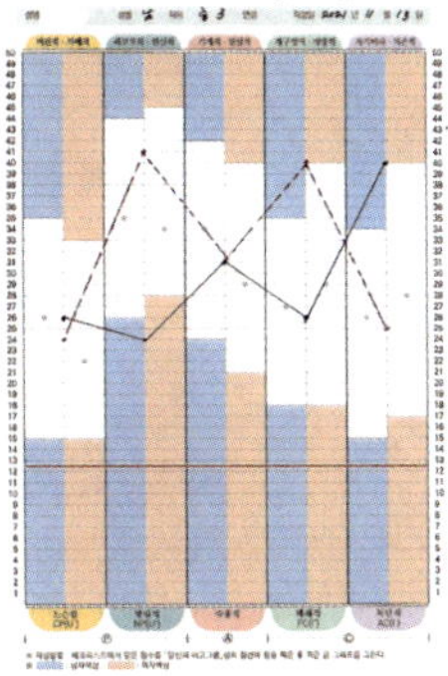

당신의 이고-OK그램(ego-okgram)

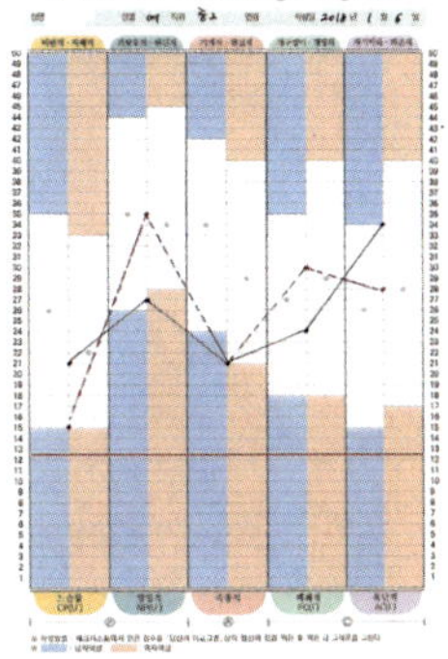

당신의 이고-OK그램(ego-okgram)

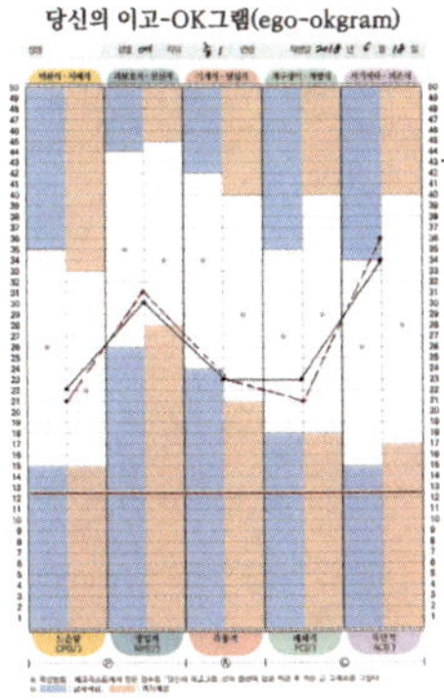

당신의 이고-OK그램(ego-okgram)

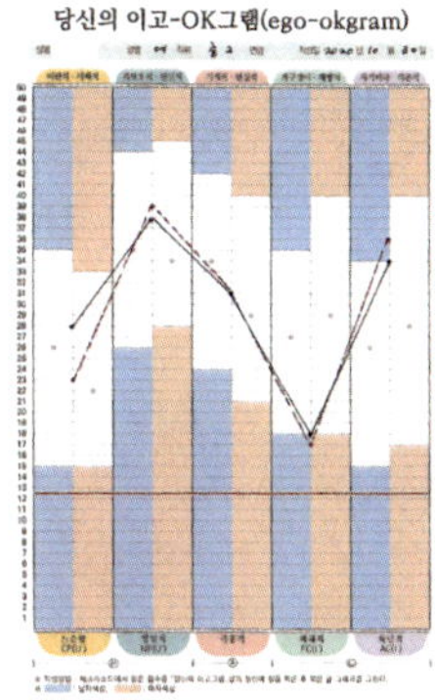

당신의 이고-OK그램(ego-okgram)

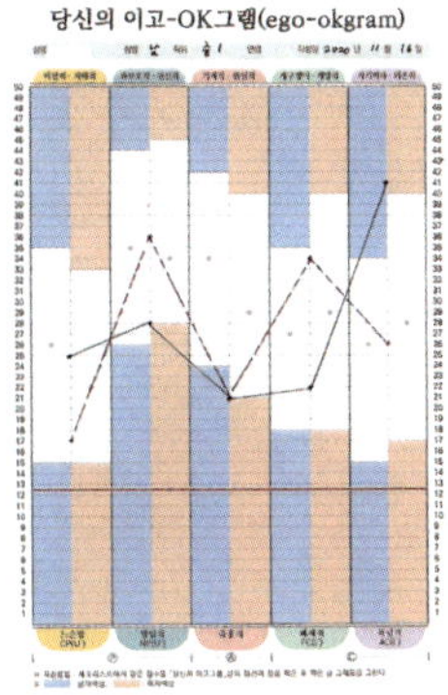

당신의 이고-OK그램(ego-okgram)

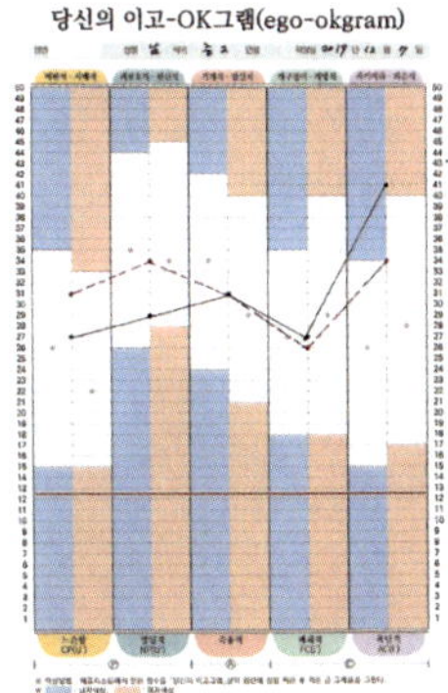

당신의 이고-OK그램(ego-okgram)

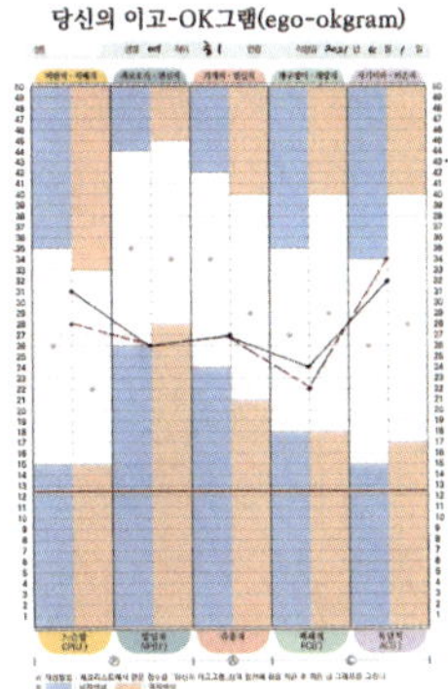

당신의 이고-OK그램(ego-okgram)

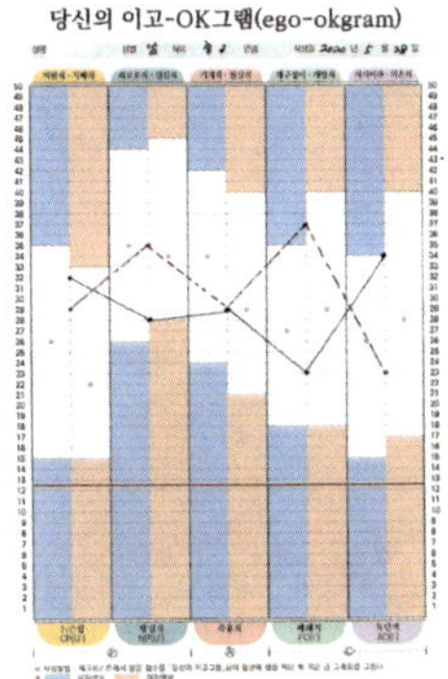

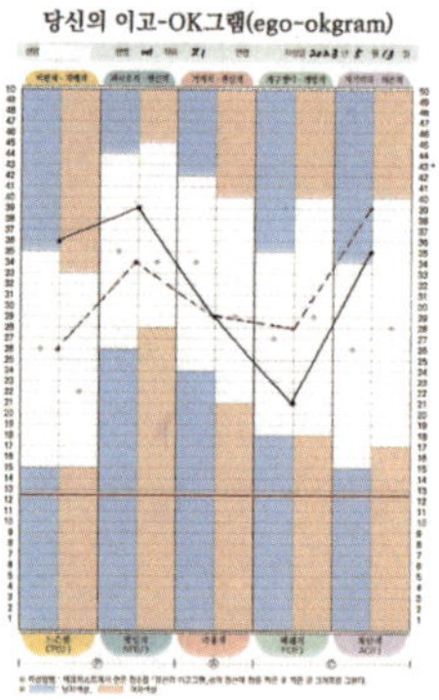

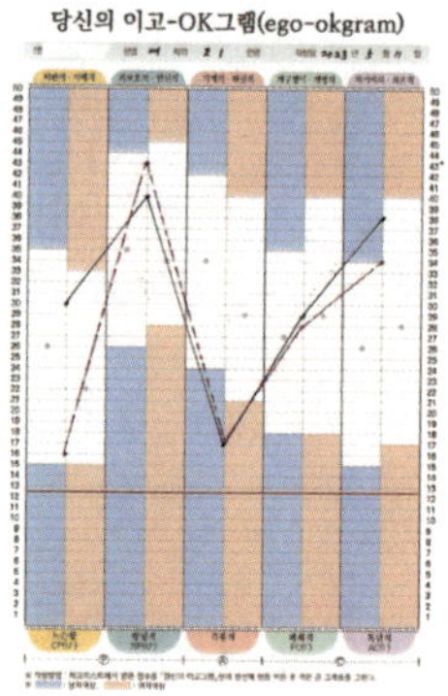

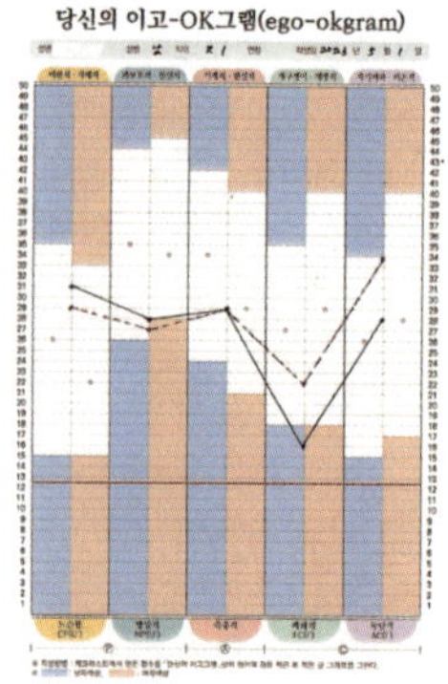

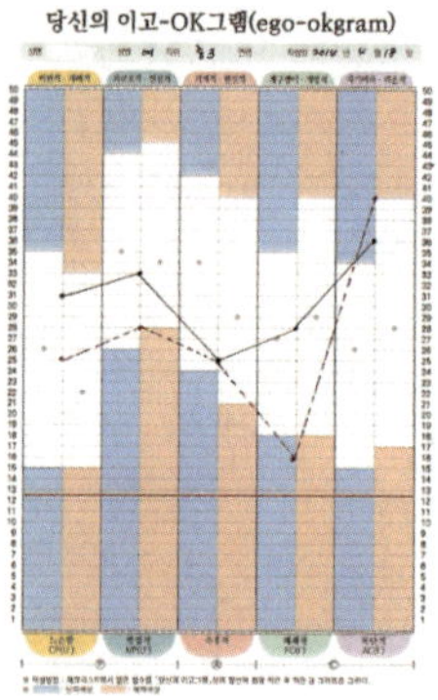

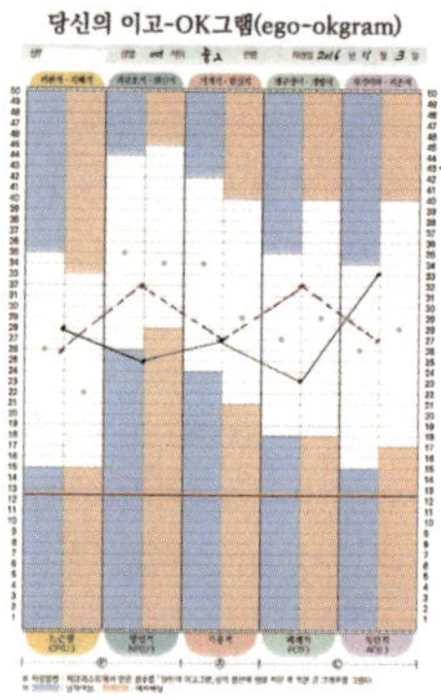

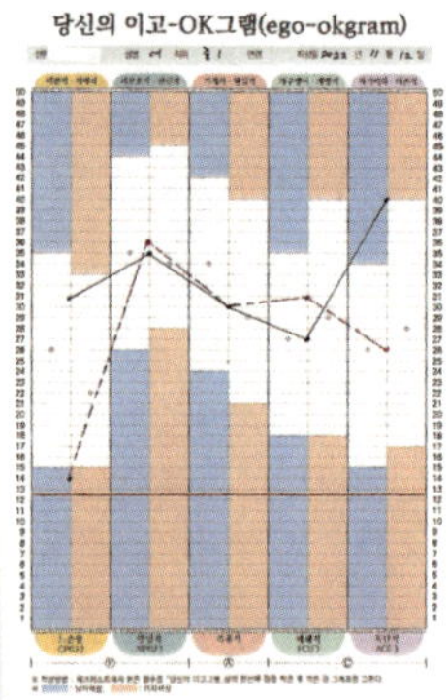

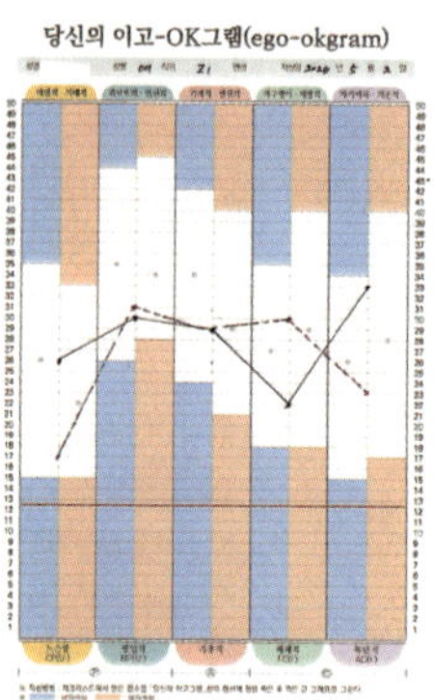

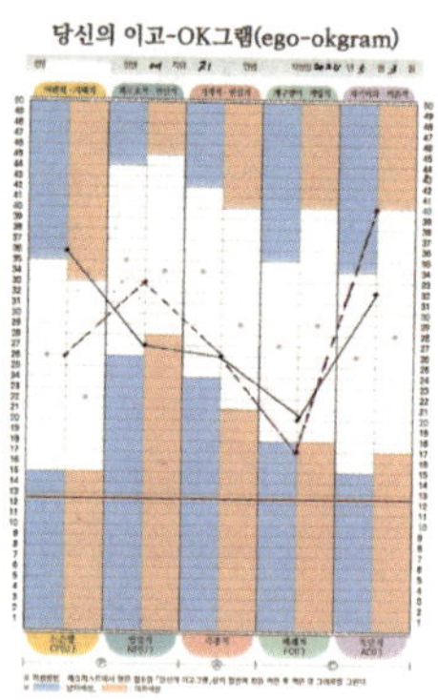

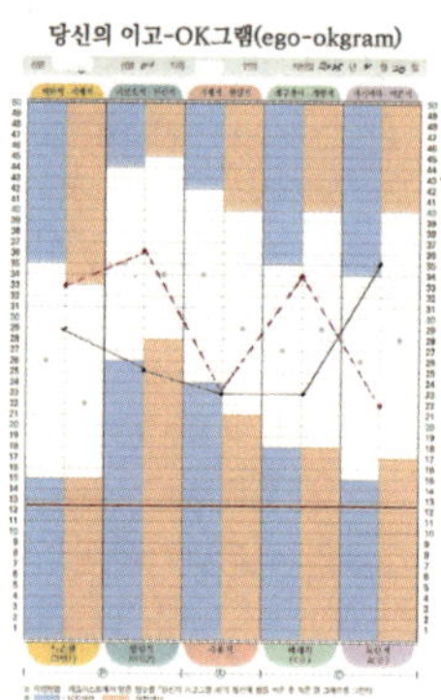

2) 학교폭력, 교권 침해 등 문제 행동을 보이는 학생들

이 학생들은 비판적 어버이 자아(CP)와 자유 어린이 자아(FC)가 높고, 어른 자아(A)는 상대적으로 낮은 경향을 보인다. 친구나 주변 사람들에게 엄격한 기준을 적용하며, 비판하거나 비난하는 태도가 나타나고, 감정 표현이 자유롭고, 자기주장이 강한 FC와 결합하면서 하고 싶은 말이나 행동을 거리낌 없이 드러내는 모습이 두드러진다.

그러나 어른 자아(A)가 낮게 형성되어 있어 이러한 감정을 이성적으로 조절하거나 통제하는 데 어려움을 겪는다. 또한 타인의 입장을 고려하고, 공감하며 배려하는 양육적 어버이 자아(NP) 역시 낮게 나타나는 경우가 많아 대인관계에서 갈등이 발생할 가능성이 높다.

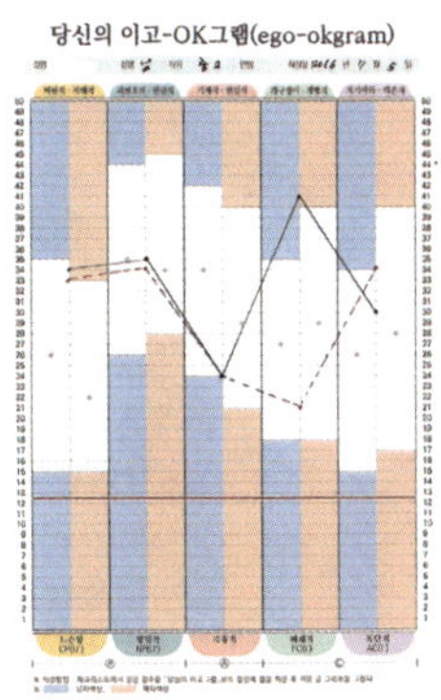

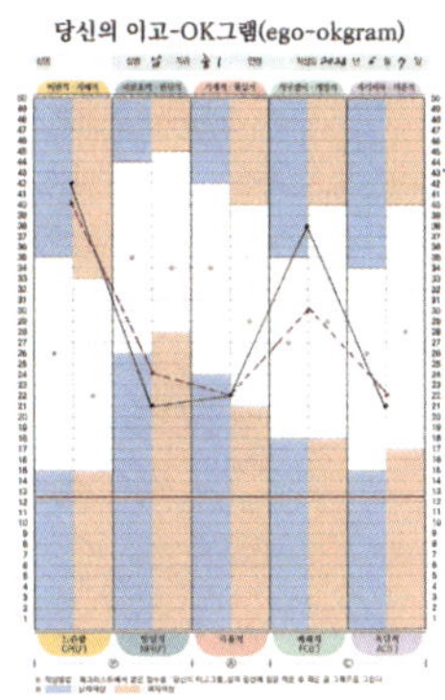

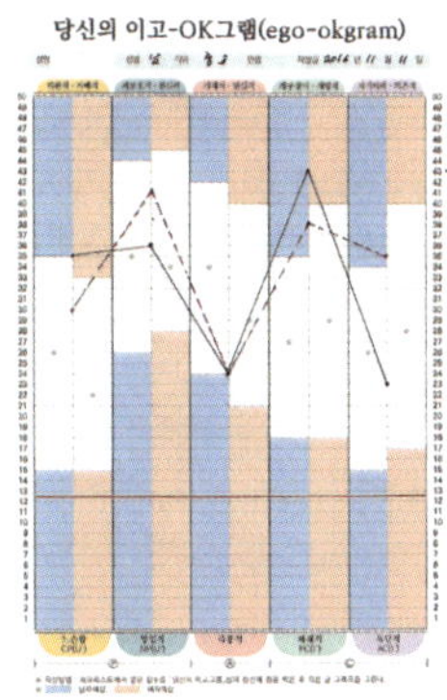

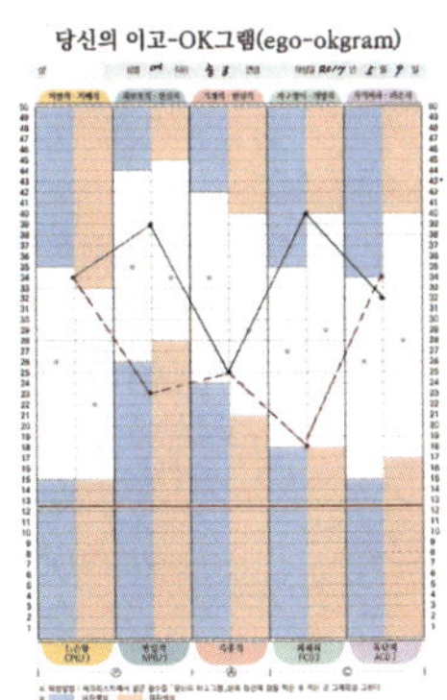

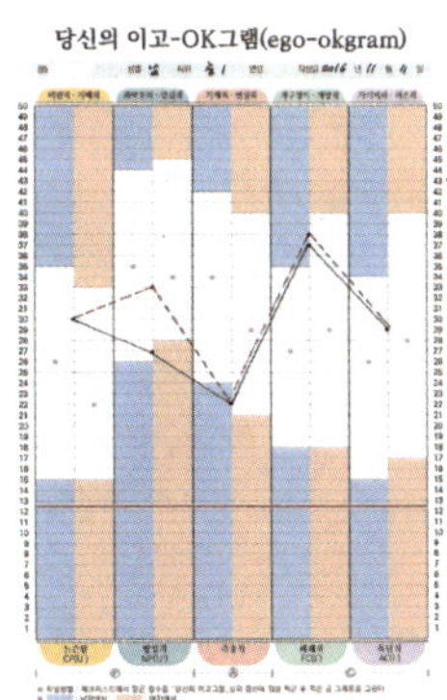

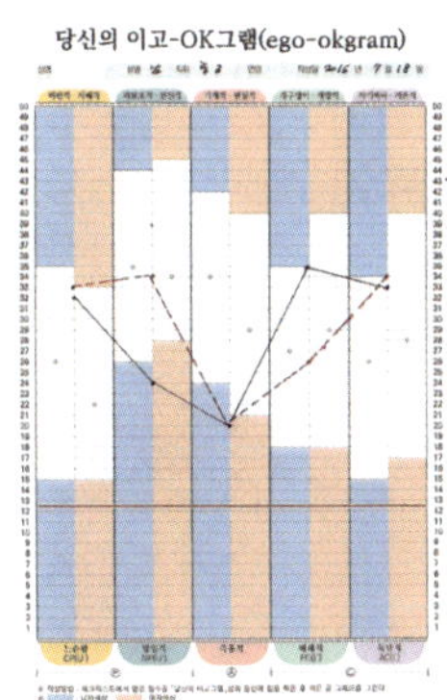

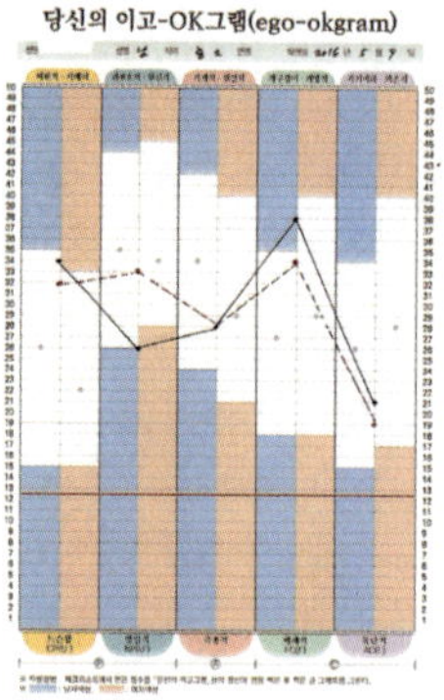
당신의 이고-OK그램(ego-okgram)

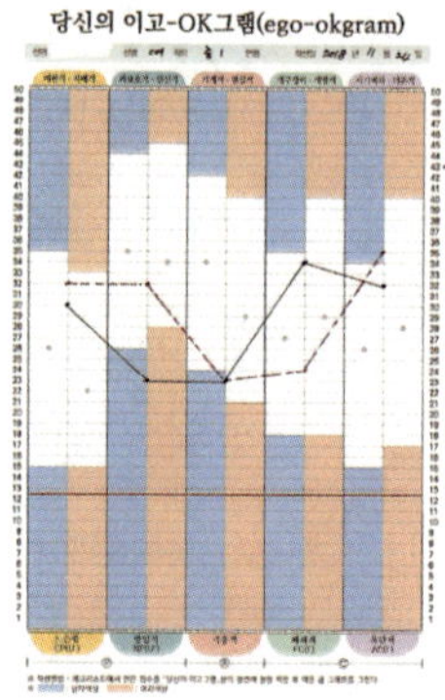
당신의 이고-OK그램(ego-okgram)

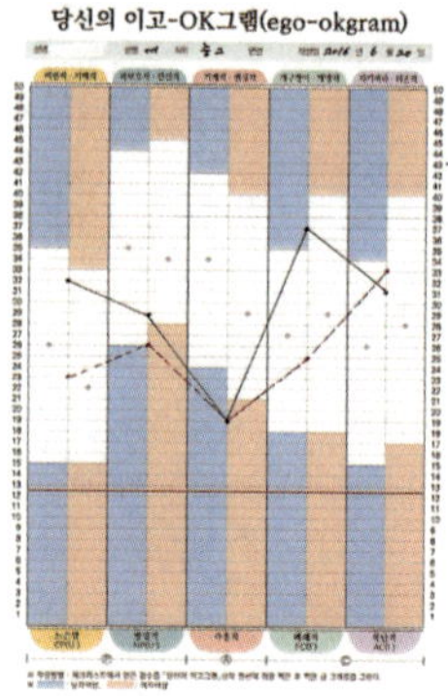
당신의 이고-OK그램(ego-okgram)

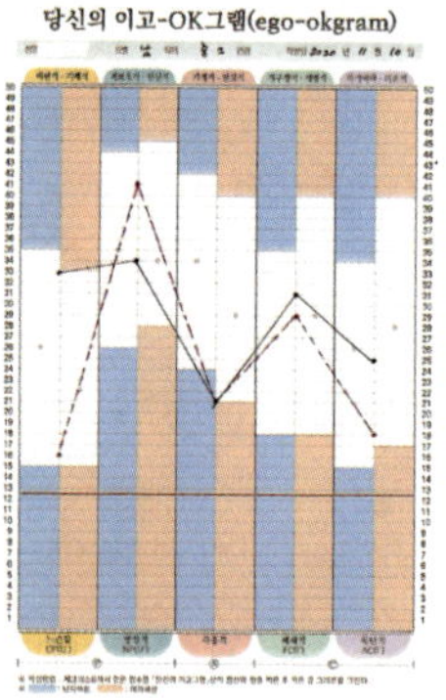
당신의 이고-OK그램(ego-okgram)

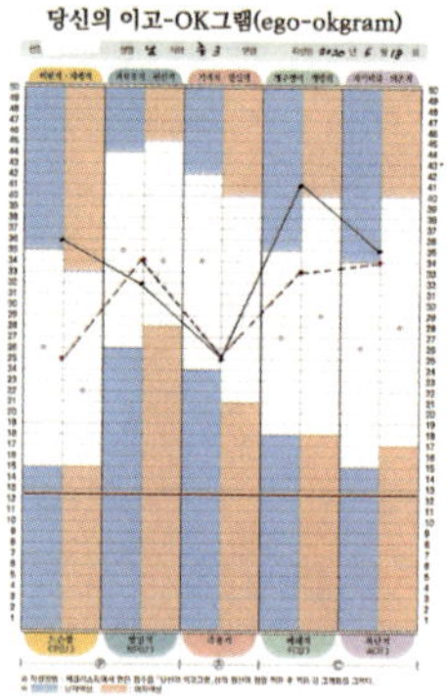
당신의 이고-OK그램(ego-okgram)

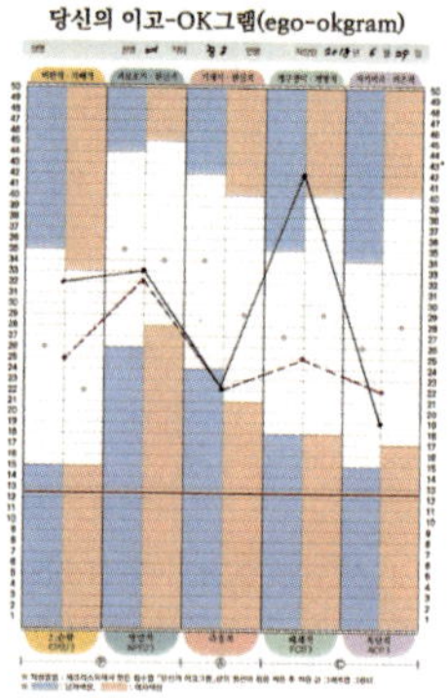
당신의 이고-OK그램(ego-okgram)

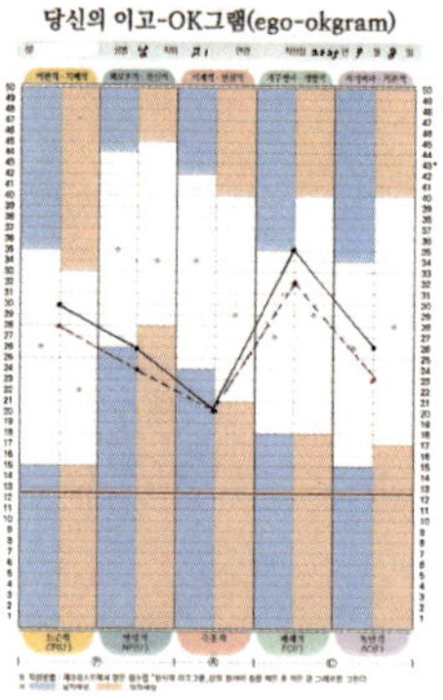
당신의 이고-OK그램(ego-okgram)

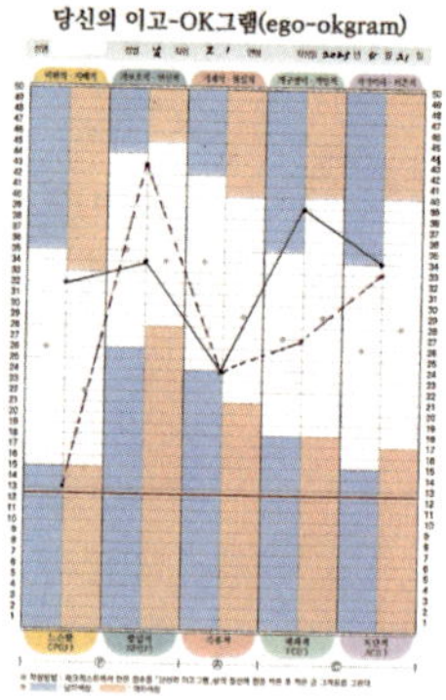
당신의 이고-OK그램(ego-okgram)

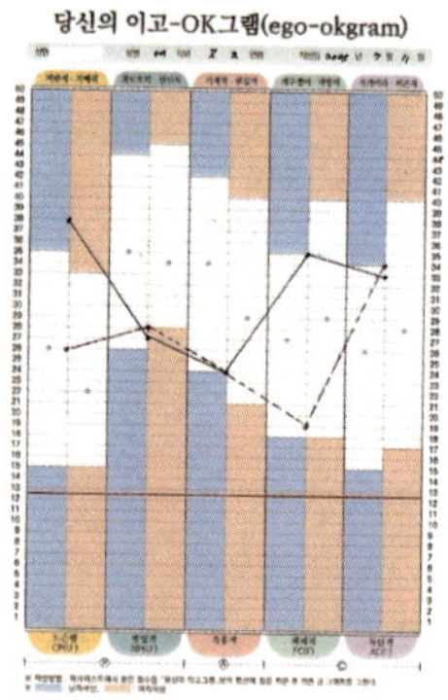
당신의 이고-OK그램(ego-okgram)

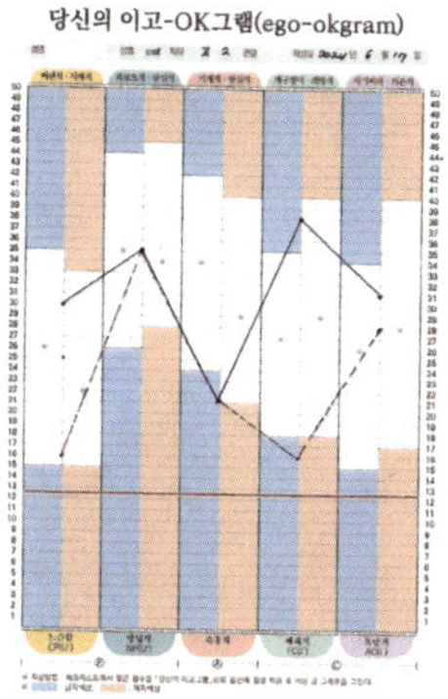

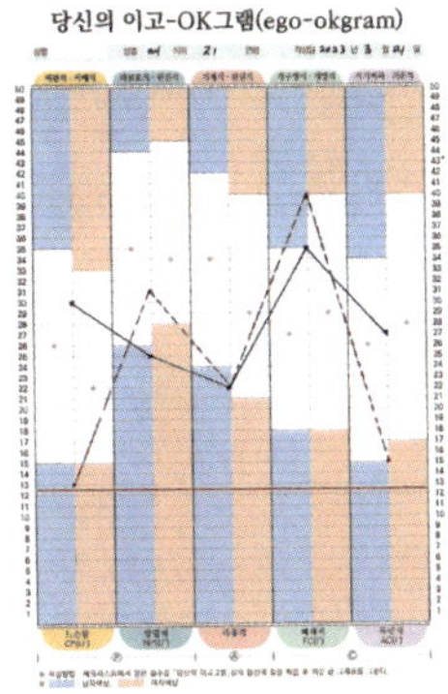

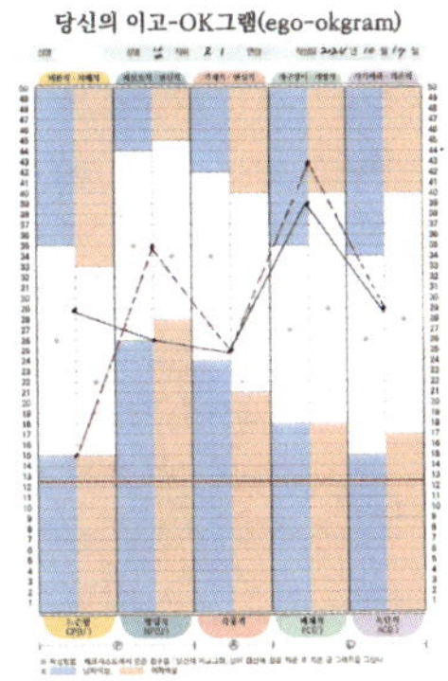

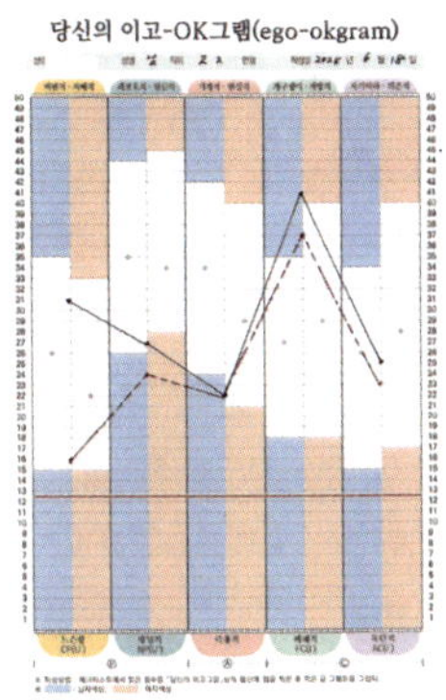

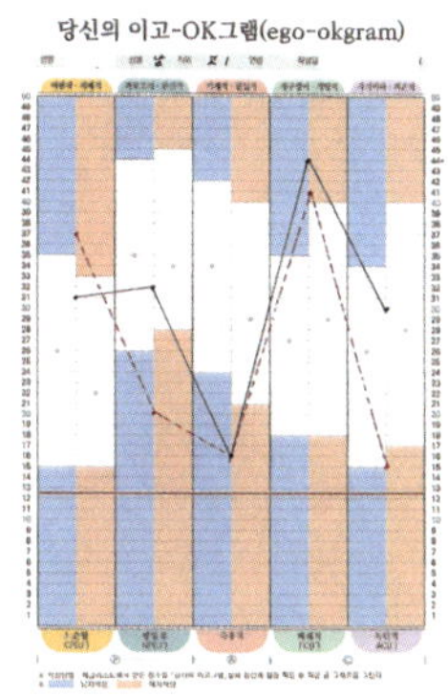

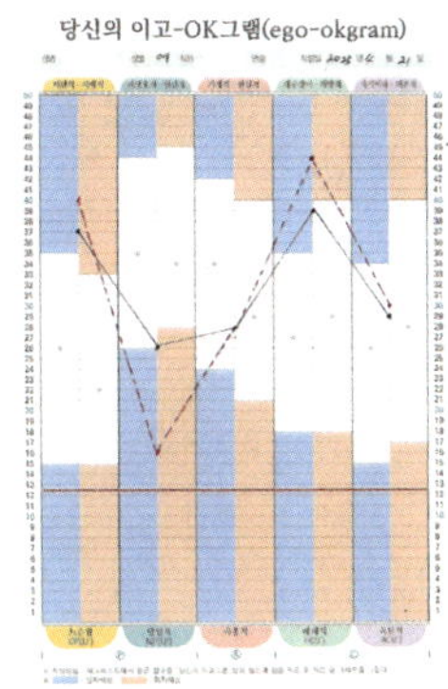

3) 충북 모 대학교 영재원 학생들

이 학생들은 전반적으로 에너지가 높게 나타나며, 특히 어른 자아(A)가 두드러지게 높은 특징을 보인다. 이는 또래보다 지적인 호기심이 많고 정보나 자료, 근거를 바탕으로 사고하고, 결정하려는 태도를 지니며 당면한 문제를 논리적으로 해결하려는 경향이 강하기 때문이다.

물론 A 자아가 높다고 해서 반드시 학업 성취가 높은 것은 아니지만 학업 성취도가 높은 학생을 대상으로 검사를 하면 A 자아가 높게 나타나는 경향이 뚜렷하게 관찰된다.

이들은 대체로 성취욕이 강하고, 자신에게 거는 기대치도 높아 목표에 도달하지 못할 경우 스트레스를 받거나 자책하며 스스로를 몰아세우는 모습을 보이기도 한다. 또한 또래 친구들의 생각이나 사고를 유치하다고 여기거나 무시하는 경향이 있어 또래 관계에서 어려움을 겪는 사례도 적지 않다.

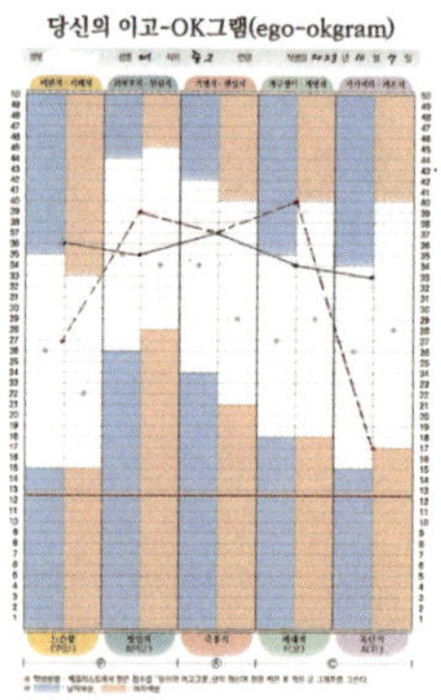

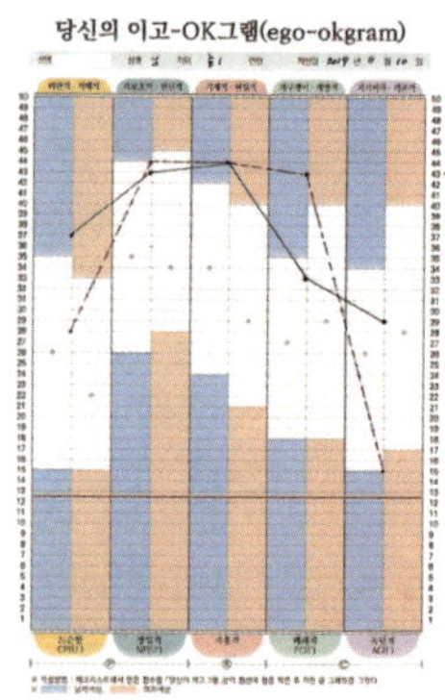

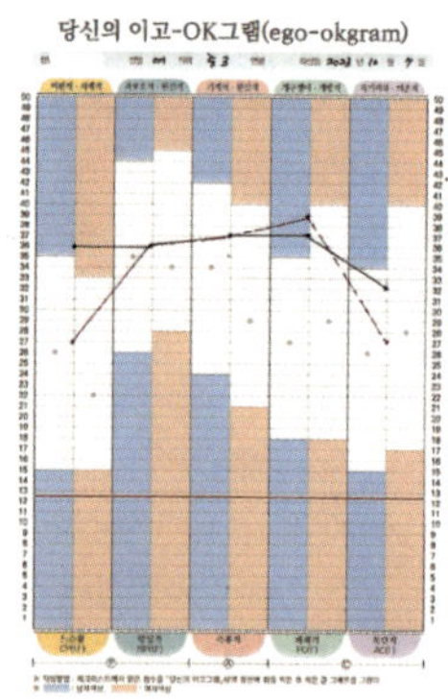

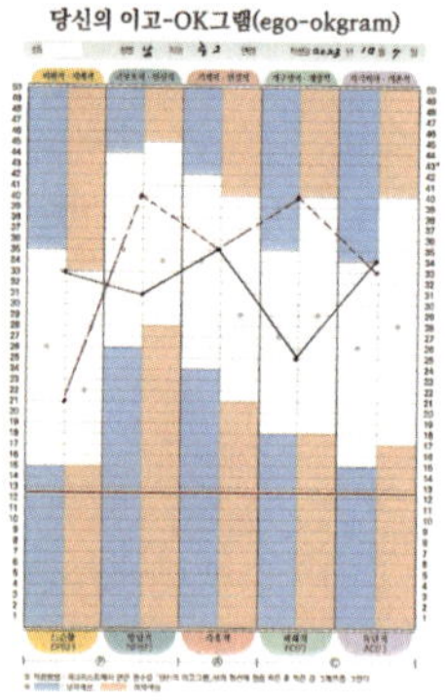

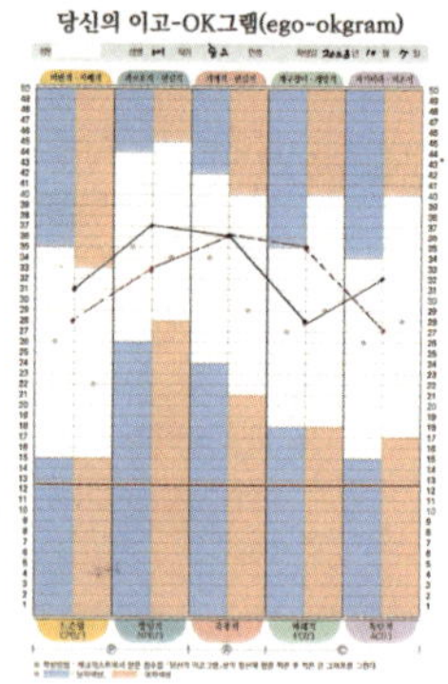

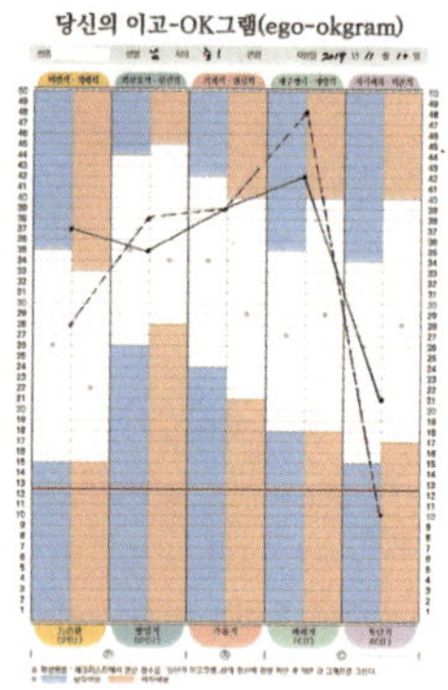

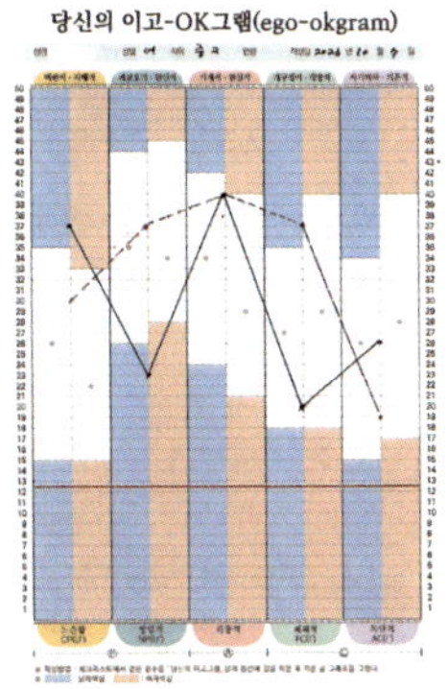
당신의 이고-OK그램(ego-okgram)

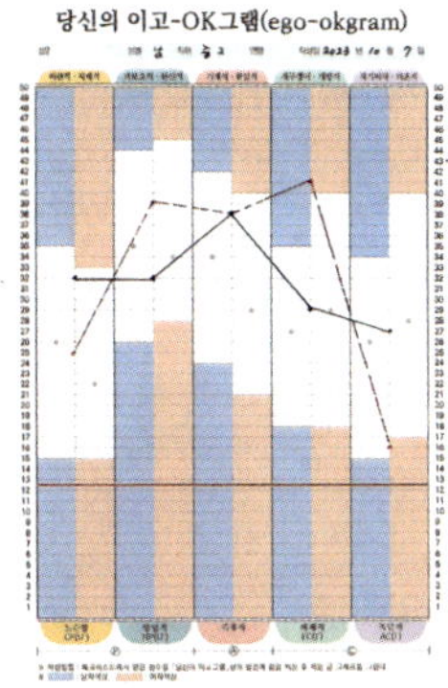
당신의 이고-OK그램(ego-okgram)

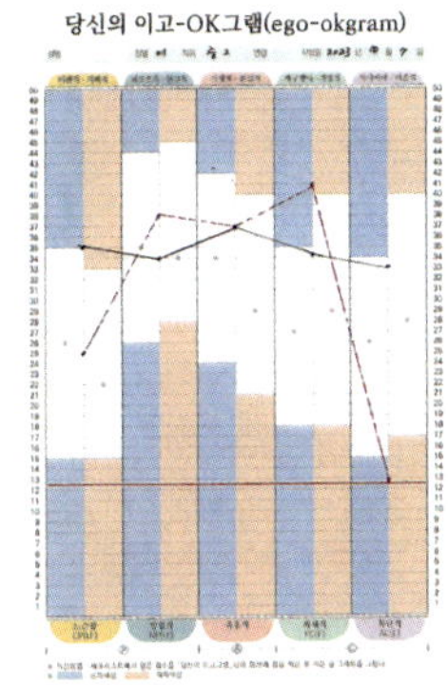
당신의 이고-OK그램(ego-okgram)

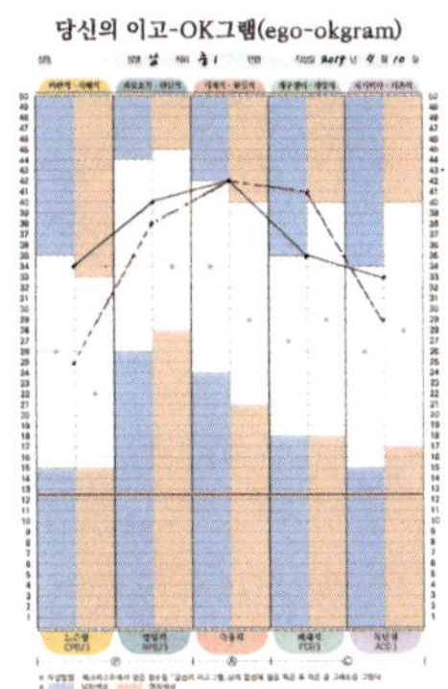
당신의 이고-OK그램(ego-okgram)

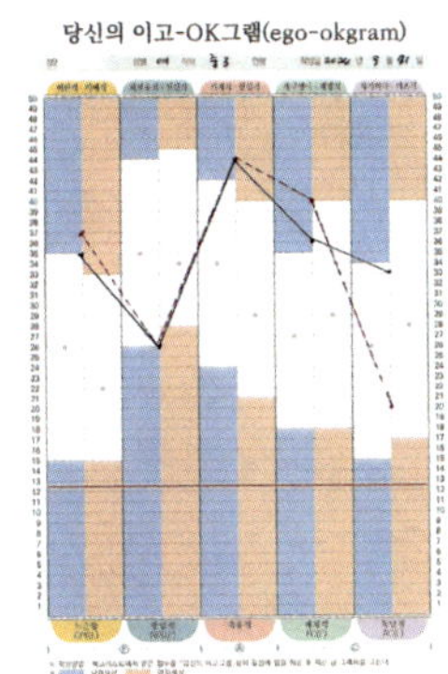
당신의 이고-OK그램(ego-okgram)

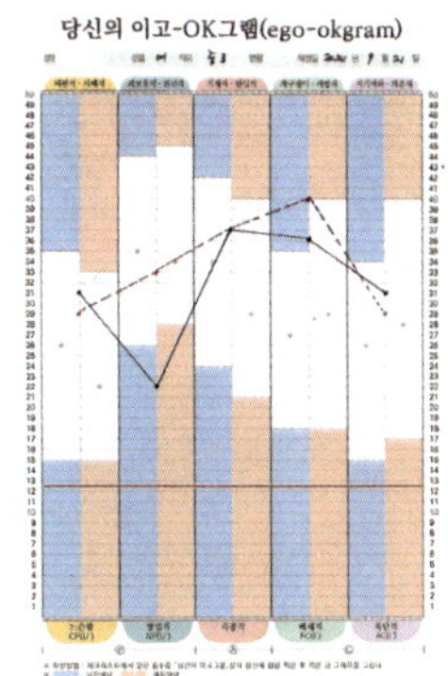
당신의 이고-OK그램(ego-okgram)

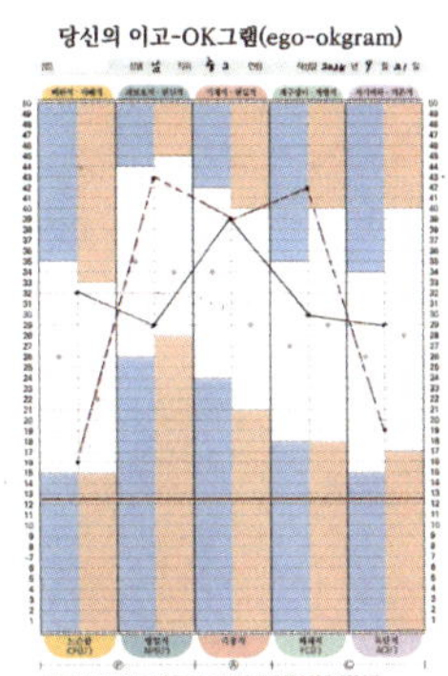
당신의 이고-OK그램(ego-okgram)

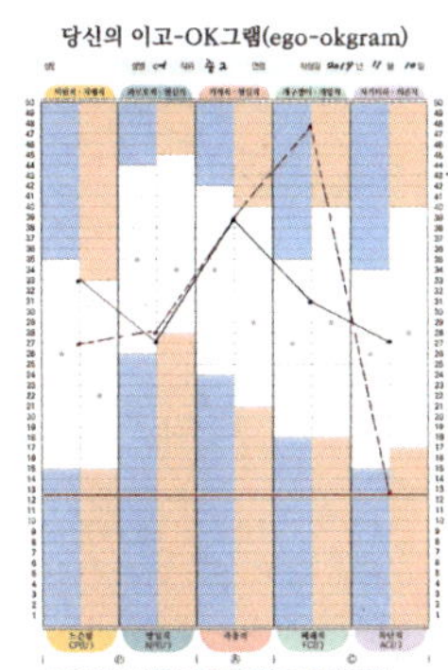
당신의 이고-OK그램(ego-okgram)

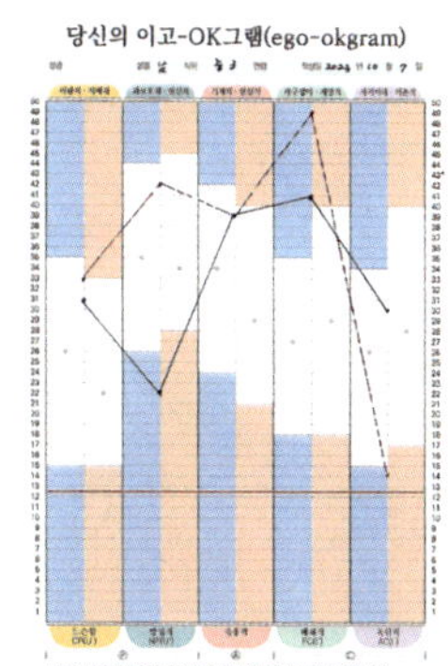
당신의 이고-OK그램(ego-okgram)

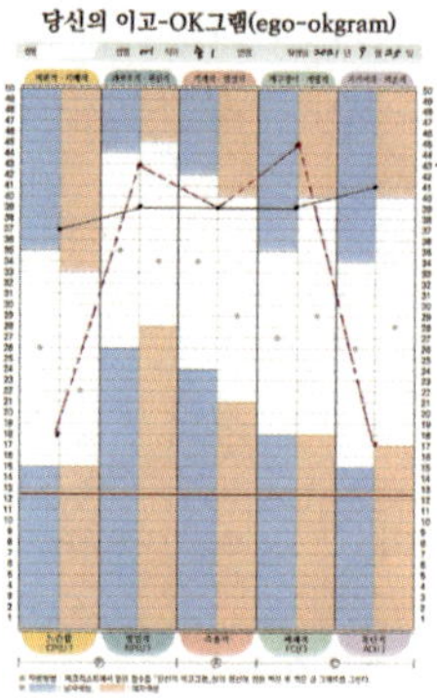
당신의 이고-OK그램(ego-okgram)

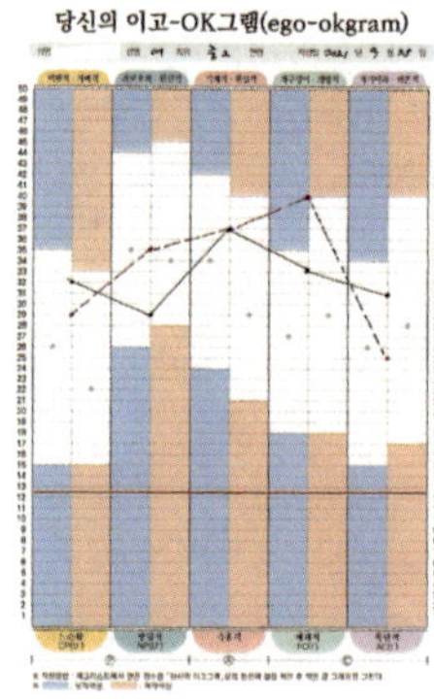
당신의 이고-OK그램(ego-okgram)

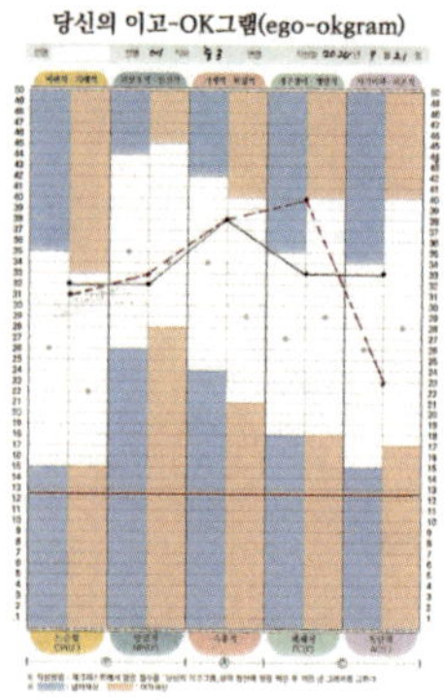
당신의 이고-OK그램(ego-okgram)

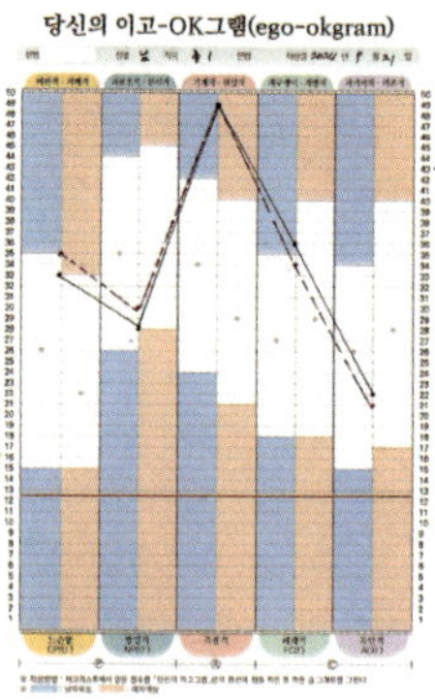
당신의 이고-OK그램(ego-okgram)

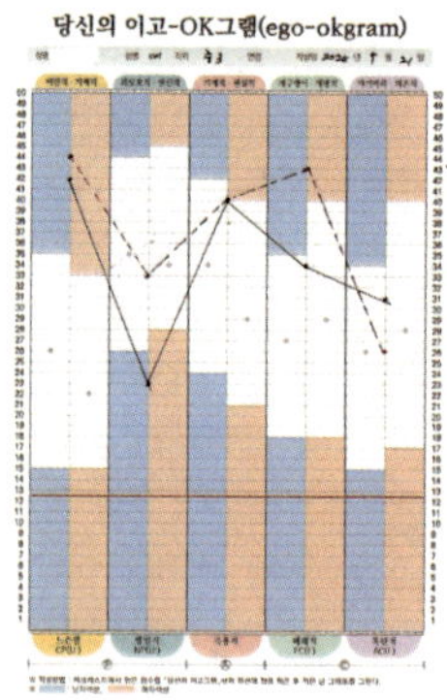
당신의 이고-OK그램(ego-okgram)

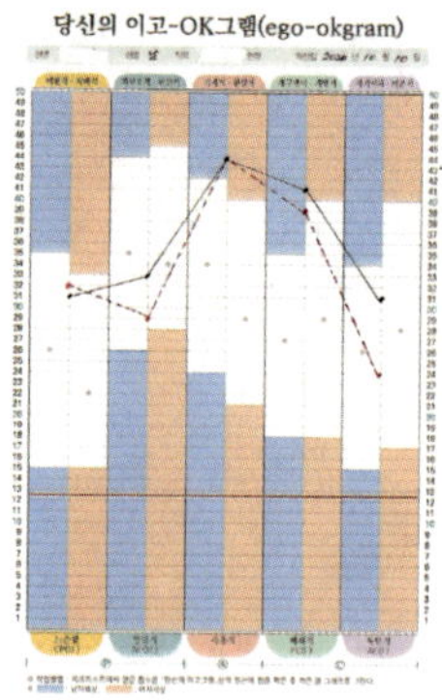
당신의 이고-OK그램(ego-okgram)

〈참고 문헌〉

교류 분석 상담, 김장회 · 이영호 공저, 학지사, 2019

드라마로 풀어보는 교류 분석 이야기, 김경미, 이담, 2013

미술치료 열두 달 프로그램, 최외선 외, 학지사, 2010

상담전문가를 위한 교류 분석 가족 상담, 서혜석 · 윤영진, 아카데미아, 2017

심성 개발을 위한 교류 분석(TA) 프로그램, 우재현, 정암서원, 2007

아동 · 청소년 그림진단 및 해석, 백양희, 학지사, 2017

에릭 번의 감정수업, 김정현, 유노북스, 2022

이고그램 243 패턴, 우재현, 정암서원, 1997

임상 교류 분석(TA) 프로그램, 우재현, 정암서원, 2007

Ego-OK-gram 분석 안내서 : 정덕규, 안수룡 한국교류 분석협회(사단법인)

교류분석으로
만나는 학생 심리

초판인쇄 2026년 1월 9일
초판발행 2026년 1월 9일

지 은 이 김경미
펴 낸 이 채종준
펴 낸 곳 한국학술정보(주)
주 소 경기도 파주시 회동길 230(문발동)
전 화 031-908-3181(대표)
팩 스 031-908-3189
투고문의 ksibook1@kstudy.com
등 록 제일산-115호(2000. 6. 19)

ISBN 979-11-7457-352-0 93370

책에 대한 더 나은 생각, 끊임없는 고민, 독자를 생각하는 마음으로 보다 좋은 책을 만들어갑니다.